“实用型”国际贸易课程教材

进出口商品归类教程

李锐文◎主　编
林坚弟◎副主编

中国海关出版社有限公司·北京

图书在版编目（CIP）数据

进出口商品归类教程 / 李锐文编著．—北京：中国海关出版社有限公司，2021.9

ISBN 978-7-5175-0518-1

Ⅰ.①进… Ⅱ.①李… Ⅲ.①进出口商品—分类—中国—教材 Ⅳ.①F752.6

中国版本图书馆CIP数据核字（2021）第184293号

进出口商品归类教程

JINCHUKOU SHANGPIN GUILEI JIAOCHENG

作　　者：李锐文　林坚弟
策划编辑：马　超
责任编辑：李　多
助理编辑：熊　芬
出版发行：中国海关出版社有限公司
社　　址：北京市朝阳区东四环南路甲1号　　邮政编码：100023
网　　址：www.hgcbs.com.cn；www.hgbookvip.com
编 辑 部：01065194242-7528（电话）　　01065194234（传真）
发 行 部：01065194221/4238/4246/4247（电话）　　01065194233（传真）
社办书店：01065195616/5127（电话/传真）　　01065194262/63（邮购电话）
印　　刷：北京铭成印刷有限公司　　经　　销：新华书店
开　　本：710mm×1000mm　1/16
印　　张：29.75　　字　　数：535千字
版　　次：2021年9月第1版
印　　次：2021年9月第1次印刷
书　　号：ISBN 978-7-5175-0518-1
定　　价：60.00元

编委会

顾　问　郭小东

主　任　宋海剑

副主任　（按姓氏笔画为序）

王金鹏　毕利民　金秉钧

主　编　李锐文

副主编　林坚弟

编　委　（按姓氏笔画为序）

叶振华　李昕婷　蒋嘉卉　温作锋

审　核　毕利民　吕　研　高　星

序 言

由我关外勤核查一科李锐文（现为四级高级主办）主编的《进出口商品归类教程》，经过几年的辛勤耕耘，终于由中国海关出版社有限公司出版了，这是件值得祝贺的事情。

进出口商品归类是海关监管、征税与统计的基础，同时其归类正确与否和报关单位的利益密切相关，直接影响进出口货物的通关效率、物流周期、物流成本，甚至影响进出口合同的安全履行。

李锐文主编的这部教程定位于教学用书，全书包括绪论和96章商品的归类内容。每章包括“本章商品范围及结构”“本章商品归类要点概述”“本章商品与相关商品的归类”三部分。每部分的侧重点不同：第一部分介绍每章包括的主要商品及其在书中的排列顺序，给读者一个总体印象；第二部分着重每章归类的重点与难点，对重点和难点知识进行一定的梳理和分析；第三部分具体讲解每章商品与相关商品的归类。这三部分密切相关，理解了前两部分，掌握第三部分就容易多了。

第三部分的编写颇有特色。它述及了每个品目包括的商品，并指出一些品目项下商品的特征，有助于读者对商品进行归类，这是该书适于作教材的一个显著特征；它善于运用归纳法处理商品的归类，如用大量的表格将相关品目的商品、同类商品归纳在一起，利于读者的学习与记忆，如第八十七章“主要机动车辆整车的归类”，这样的例子在书中比比皆是；它强调归类的方法，细心的读者会发现，书中就不少商品的归类提出了有效的思路与方法，并举出针对性的例子加以佐证，读者通过研读，就能掌握其中的归类诀窍；它侧重商品的区别，这样既增加读者的商品知识，又能使读者减少甚至避免出现归类的错误；它通过实例提醒读者注意不同章的商品归类时的关联性，起到举一反三的作用；它将注释与品目条文及子目条文有机地结合起来，提醒读者注重注释与条文的研读，重视注释对商品正确归类所起的作用。

全书结构清晰、逻辑性强，将要掌握的知识归纳到位、解释到位，是一部在商品归类方面非常实用的好书，一定会给读者以有益的启示和指导。

本教程若能与中国报关协会编的《进出口商品编码查询手册》配套使用，则会取得相得益彰的效果。

任何一部新作，都需要不断琢磨和完善，都需要接受时间和读者的检验。

是为序。

东江口海关原关长 [签名]

2021 年 6 月于广州

前　言

自1988年1月1日实施以来，世界上已有200多个国家和地区正式采用了《商品名称及编码协调制度》（以下简称《协调制度》），占国际贸易总量98%以上的贸易是在《协调制度》的框架下完成的。此外，《协调制度》也为世界海关组织（WCO）和世界贸易组织（WTO）共同发展的新国际原产地规则提供了共同的基础。

《协调制度》在我国的应用范围也不断扩大，现行的关税及进口环节税的征收、原产地管理、自贸区谈判、进出口许可证管理、贸易保障措施、检验检疫、环保管理及统计等，均离不开协调制度技术的应用。《协调制度》的广泛应用，不仅促进了口岸管理的规范统一，确保了我国税收政策和贸易管制政策的有效实施，而且大大便利了企业的进出口贸易活动。

正是基于《协调制度》的重要性，本书的主编根据自己2014年在华南农业大学珠江学院主讲《进出口商品归类》这门课程的体会、学生的建议、积累的资料和《中华人民共和国进出口税则》（以下简称《税则》），和其他编者一道，经过几年的努力，终于编写了《进出口商品归类教程》一书。

本书有如下特点：

一、实用性强

本书述及了每个品目及其所包括的商品类型，用表格将有关品目的商品列在一起，便于记忆，且许多品目不包括的主要商品都列在表格内，利于比较，加深印象。本书还对一些易混淆商品的区别做了清晰的解释，并对一些归类难点做了详细的说明。本书同时提供了大量的商品归类例子，帮助读者掌握商品归类的方法与步骤。

二、内容新颖、资料丰富

本书是根据《税则》编写的，内容新颖、资料丰富、解释到位，对指导有关人员对商品进行正确归类有很大的帮助。

三、体系完整

本书包括绪论和96章商品的归类内容，体系完整。纵观全书，其结构清晰，逻辑性强，有助于读者系统掌握商品归类的原则和方法，熟悉每个品目所包括的商品，满足不同层次读者的要求。

本书由李锐文策划、修改及统筹全稿。

全书包括绪论共97章。其中，第1章至第5章由李昕婷编写，第25章至第29章及第38章由林坚弟编写，第30章至第35章由叶振华编写，其余章节由李锐文编写。温作锋负责本书PPT的制作。

本书在编写过程中，参考了大量的相关资料，并吸收了其中一些新的研究成果。为此，谨向有关作者表示衷心的感谢！

本书在成书过程中，得到了原广州出入境检验检疫局检务处处长彭肖颜、副处长金秉钧的指点。本书的出版得到了东江口海关原关长宋海剑、现任关长郭小东、副关长王金鹏，以及长安海关副关长毕利民的大力支持，在此，向他们表示衷心的感谢！

本书适合作为大专院校国际商务专业、国际经济与贸易、物流专业、报关专业、货代专业等相关专业的教材，也可作为签证管理人员和产地证申领员的专业培训指导性教材，还可作为对外贸易公司、报关公司和物流公司的实用指南。

鉴于有关资料收集的局限性，加上编者水平所限，书中错漏之处，恳请专家、读者批评指正。

编　者

2021年3月于广州

目　录

绪 论

一、《协调制度》

（一）《协调制度》的产生和发展

《协调制度》，又称“HS”，是一部具有综合性、协调性，适用于各种用途的商品分类制度，是由一系列有结构层次的编码和与之相对应的商品名称构成的商品目录体系。该制度是由原海关合作理事会（CCC），现为世界海关组织（WCO）主持制定的，是顺应国际贸易实践的需要而产生的一种国际公约性质的商品分类标准，被称为国际贸易商品分类的一种“标准语言”，其宗旨是：便利国际贸易，便利统计资料，特别是国际贸易统计资料的收集、对比与分析，以及便利数据的传输和贸易单据的统一；减少国际贸易往来中因分类制度不同，商品重新命名、重新分类及重新编号而引起的费用。以 HS 编码“协调”涵盖了《海关合作理事会商品分类目录》（CCCN）和《国际贸易标准分类目录》（SITC）两大分类编码体系的《协调制度》于 1988 年 1 月 1 日正式实施。

目前世界上有 200 多个国家和地区正式采用了《协调制度》，占国际贸易总量 98% 以上的贸易是在《协调制度》的框架下完成的。WTO 及其成员方都采用《协调制度》作为贸易谈判的共同贸易语言；WTO 的许多产品协议，如 IT 产品、民用航空产品、药品等产品协议均已采用《协调制度》编码；大多数发达国家的关税减让表也都根据《协调制度》来制定。此外，《协调制度》也为 WCO 和 WTO 共同发展的新国际原产地规则提供了共同的基础。

我国于 1992 年正式加入《协调制度》公约，该公约是我国最早与国际接轨的公约之一。随着我国参与经济全球化进程的进一步加快，《协调制度》在我国的应用范围也不断扩大，现行的关税及进口环节税的征收、原产地管理、自贸区谈判、进出口许可证管理、贸易保障措施、检验检疫、环保管理及统计等，均离不开《协调制度》的应用。《协调制度》的广泛应用，不仅促进了口岸管理的规范统一，确保了我国税收政策和贸易管制政策的有效实施，而且大大便利了企业的进出口贸易活动。

为了不断适应科学技术的发展和贸易格局的改变，维护自身的权威性和科学性，根据《协调制度》公约建立的协调制度委员会，每四至六年对《协调制度》

进行全面的重审和修订。目前《协调制度》已经历7个版本，分别是1988年、1992年、1996年、2002年、2007年、2012年和2017年版本。与2012年版《协调制度》相比，2017年版《协调制度》共有242组修订（其中9组为后续修订），主要关注环境保护、粮食安全及生态保护、科学技术的新变化、国际贸易新业态的发展等方面，修订后4位数品目1222个、6位数子目5387个。同时，为减少相关品目/子目项下的商品范围混淆，减少商品归类争议，对相关类注、章注及子目注释作出修订，以进一步明确商品归类规则。

应简化优化《协调制度》目录结构的需要，协调制度委员会会对国际贸易总量较低的商品品目（年贸易总额低于1亿美元）和子目（年贸易总额低于5000万美元）予以合并或删除，以保持《协调制度》4位数品目和6位数子目的数量适度。例如，品目28.48项下的磷化物、品目84.69项下的打字机、子目9006.10项下的制版照相机等在2017年版《协调制度》中已被删除。

（二）《协调制度》的基本结构

《协调制度》由归类总规则、注释和商品编码表三部分组成。这三部分是《协调制度》的法律性条文，具有严格的法律效力和严密的逻辑性。

《协调制度》将商品划分为21类，共97章（其中第七十七章空缺，为备用章），每章由商品名称、商品编码、注释组成，其中编码有1000多个4位数品目及5000多个6位数子目。

《协调制度》基本上是以商品所属的生产行业为类作为划分依据，属于同一生产部类的产品归在同一类中。例如，农业产品在第一类、第二类，食品在第三类、第四类，化学工业产品在第六类，塑料橡胶工业产品在第七类，纺织工业产品在第十一类，冶金工业产品在第十五类，机电制造业产品在第十六类，车辆运输业产品在第十七类，武器、弹药在第十九类等。类由若干章组成，给某一类别的商品编码。

《协调制度》各章基本上是按商品的自然属性或用途（功能）来划分，包括章注释、按4位品目和6位子目排列的商品名称。其中，第一章至第六十八章（第六十四章至第六十六章除外）基本上是按商品的自然属性来分章的，如第二十八章为无机化学品（自然属性相同）；第六十四章至第六十六章以及第八十四章至第九十六章是按货物的用途或功能划分的，如第六十四章是鞋，第六十五章是帽，第八十四章是机械设备，第八十五章是电气设备，第八十七章是车辆，第八十九章是船舶等。

某些章，如第二十八、二十九、三十九、六十三、六十九、七十一及七十二章，又分成分章。以第六十三章为例，该章分为3个分章：第一分章（其他纺织制成品）、第二分章（成套物品）、第三分章（旧衣服和旧纺织制品；织物）。

从品目的排列看，一般也是原材料先于制品，加工程度低的产品先于加工程度高的产品，列名具体的品种先于列名一般的品种。例如，在第三十九章里，品目39.01至39.14是初级形状的塑料，品目39.16至39.21是塑料半制品，品目39.22至39.26是塑料制成品。

1. 归类总规则

《协调制度》有6条归类总规则，位于《协调制度》文本的卷首，是具有法律效力的归类依据，在品目条文、子目条文以及有关的注释不能解决商品归类的情况下使用。归类总规则确保每一个商品都能归入商品分类目录中，同时又能使每一个商品仅与目录中单一的品目（或子目）一一对应。

2. 注释

注释的作用在于准确限定子目、品目、章或类的范围，明确其包括哪些商品，不包括哪些商品，特别是对那些归类时易产生混淆和错误的货品加以限制，保证商品归类的唯一性和正确性。注释是具有法律效力的商品归类依据，包括类注、章注和子目注释。位于类标题下的注释称为类注，对类进行规定、限制和说明；位于章标题下的注释称为章注，对章进行规定、限制和说明；子目注释一般位于类注或章注或章标题下，对子目进行规定、限制和说明。

注释在表述上主要单独或综合运用下列方法：

（1）排他法。用排他性条款列举不得归入本类、章、品目及子目的商品，或不允许采用的加工方式等。例如，第十七类注释一列举了本类不包括品目95.03或95.08的物品以及品目95.06的长雪橇、平底雪橇及类似品，第八章章注一列举了本章不包括非供食用的坚果或水果。

（2）详列法。详列类、章、品目及子目的商品范围、加工程度等，用提示的方法方便归类。此类注释常用“仅”“只”等限定性字眼，或用“包括”等词语。例如，第六十一章章注一列举了本章仅适用于制成的针织品或钩编织品，第六十章章注三列举了本目录所称的“针织物”包括由纺织纱线用链式针法构成的缝编织物。

（3）列举法。列出有代表性的商品来说明类、章、品目或子目的商品范围。例如，第十二章章注一列举了归入品目12.07含油子仁及果实的范围，第二十五章章注四列举了归入品目25.30的主要商品。

（4）定义法。以定义形式来限定某个子目、品目的范围或解释商品名称及章、类中出现的专业术语（或名词）。例如，第七十八章章注解释了该章使用的5个名词。

（5）其他方法。例如，第五章章注三列举了本目录所称的“马毛”是指马科、牛科动物的鬃毛和尾毛，这就扩大了马毛的范围；第八十四章注释七阐述了多用途机器的归类原则；第九十章注释二阐述了本章货品的零件、附件的归类原则。

另外，某些注释综合运用上述几种注释方法。例如，有的注释既作了定义，又列举了一系列包括在内或列出除外的商品，这样能使含义更加明确。例如，第四十章章注四关于“合成橡胶”的定义。

3. 商品编码表

商品编码表由商品名称与商品编码两部分组成，一般商品编码排在左侧，商品名称排在右侧，从属于21大类，分布在97个章中。商品编码分为品目编码和子目编码两种。

品目编码由4位数字构成，表示品目。头两位表示品目所在的章，后两位表示该品目在所属章的次序。例如，18.02“可可壳……”是第十八章的第2个品目，61.10“套头衫……”是第六十一章的第10个品目。

品目大致分为列名品目和未列名品目。大部分品目为列名品目，未列名品目是列名品目的补充，又称为兜底品目。判断未列名品目的商品范围须结合该品目所在章的列名品目的商品范围。

子目编码用来表示子目，第5位是一级子目，第6位是二级子目。

一级子目分为两种：

（1）本身还要再分为二级子目的一级子目，本身无编号，并以冒号结尾。例如，72.02的第1个一级子目：－锰铁。

（2）本身不再细分为二级子目的一级子目。此类一级子目有编号，其第六数是0。例如，72.02的第3个一级子目：7202.30 －硅锰铁。

《协调制度》最多分为二级子目，但采用《协调制度》的国家可以采取措施对编码再细分。我国《税则》根据我国的实际进出口情况在二级子目的基础上又细分为三级子目与四级子目，即商品编码由8位组成。例如，1602.3292表示该商品在第十六章第2个品目下的第3个一级子目下的第2个二级子目下的第9个三级子目下的第2个四级子目。对一些有特殊规定的商品，我国海关又增设了第9、10位编码。

“0”和“9”是两个特殊的数字。“0”表示没有该级子目。例如，1003.10表示第十章第3个品目下的第1个一级子目没有细分二级子目，4702.00表示第四十七章第2个品目没有一级子目和二级子目。当第5～8位上出现数字“9”时，“9”表示该子目是未列名子目（又称兜底子目，即名称以“其他”表示的子目），这是说，在“9”的前面一般留有空序号，以便修订时增添新商品。例如，1703.90表示该子目是第十七章第3个品目下的未列名一级子目。当“9”被零件占用时，用8表示“未列名整机”。例如，“8515.90”为零件，“8515.80”为其他机器及装置。

子目也分为列名子目和未列名子目。判断未列名子目的商品范围须结合该子目的同级子目、上级子目乃至所属品目的商品范围。注意，同级子目、不同品目的商品范围是相互排斥的，而上下级子目之间、子目与所属品目之间的商品范围是隶属关系。

商品名称，又称为品目条文或子目条文，它是通过商品的名称、规格、成分、用途、加工程度或方式等形式限定品目或子目商品范围的具有法律效力的归类依据。品目编码所对应的商品名称栏目称为品目条文，在品目归类时处于优先使用的地位。子目编码所对应的商品名称栏目称为子目条文，在子目归类时居于优先使用的地位。

（三）《协调制度》的编排规律

《协调制度》的类、章、品目的主要编排次序归纳如下：

1. 动物→植物→其他

有动植物及其他产品的，先排动物，后排植物，最后排其他产品。例如，第一类为动物和动物产品，第二类为植物产品，第五类是矿产品。

2. 简单加工→复杂加工

有加工程度区分的，先排加工程度低的产品，后排加工程度高的产品，即按“原材料→未加工产品→半成品→成品”的顺序排列。例如，第四十四章共有21个品目，按照加工程度由浅入深的顺序排列，具体为：原材料（品目44.01～44.06）→已加工的木材（品目44.07～44.09）→压制的板材及强化木（品目44.10～44.13）→木制品（品目44.14～44.21）。

3. 具体列名→一般列名→未列名

对同类商品通常按上述的顺序排列。例如，第五章共有11个品目，就是按照上述的规律编排品目的。

4. 整机→专用零、配件

同一商品一般按上述原则排列。例如，品目84.40下先是书本装订机，然后是其零件。

二、进出口商品归类方法

（一）查找商品编码的方法

给商品归类前，应尽可能详细了解商品的外观、形状、成分、结构、功能、用途、加工方式、加工程度、包装方式等。商品的说明书、机电仪器的原理等都有助于对商品的了解，可能成为归类的关键依据。在对所要归类的商品有了一定的了解后，应按下列方法查找商品编码：

1. 确定所给出的商品名称的中心词，查阅目录，根据常识判断可归入的类、章和品目（可能有几个）。

2. 查阅相应章中品目条文和注释，如可见该商品则确定品目。若商品可能归入几个品目，则要查看所涉及的品目所在章和类的注释，检查相关章注和类注是否有特别的规定，如能根据相关注释和品目条文确定商品的归类，则确定其品目；如仍有几个品目可归而不能确定时，运用归类总规则二、三（主要是归类总规则三）。

品目确定后，接下来确定子目，具体方法是：查一级子目条文→查子目注释→确定一级子目→查二级子目条文→查子目注释→确定二级子目，以此类推。

注意，子目归类时子目注释的运用具有优先性，其次是章注和类注。例如，第四章子目注释二规定，印度酥油归入子目0405.90。

综上所述，解决商品归类的具有法律效力的依据有归类总规则、类注、章注、子目注释，它们的优先顺序是：子目注释→章注→类注→归类总规则。

例1. 全棉针织婴儿服装

【答案】6111.2000

【归类说明】根据其中心词，确定要查找的商品是针织婴儿服装。查阅类、章标题，该货品应归入第六十一章。查阅第六十一章章注六（二），针织婴儿服装的归类具有优先性，该货品应归入品目61.11。查阅品目61.11下的子目条文，有一级子目“－棉制”，应将全棉针织婴儿服装归入子目6111.2000。

例2. 某罐头食品，按重量计含有10%的鸡肉、10%的猪肉、15%的鱼肉、55%的蔬菜，其余为配料

【答案】1602.4910

【归类说明】根据第十六章章注二的规定，本章的食品按重量计必须含有20%以上的香肠、肉、食用杂碎、动物血、鱼、甲壳动物、软体动物或其他水生无脊椎动物及其混合物。依本题计算所得：10%＋10%＋15%＝35%＞20%，故其应归入第十六章。

对于同一品目的动物产品与其他品目中的材料比较重量大小时，同一品目或子目的材料的含量应合并计算。由于鸡肉和猪肉属同一品目，其含量可以相加：10%＋10%＝20%＞15%（鱼肉），故该货品应归入品目16.02（对于含有两种或两种以上前述产品的食品，按其中重量最大的产品归入本章的相应品目）。

因鸡肉和猪肉的含量同为10%，按从后归类原则，该货品应归入1602.4910（当没有一种动物产品重量最大时按从后归类原则）。

例3. 纯金烟斗

【答案】9614.0010

【归类说明】本题商品的材料为纯金，用途为烟斗。从材料上看，该商品似可归入第七十一章；从用途上看，该商品似可归入第九十六章。

查阅第七十一章和第九十六章的有关品目，品目71.14的条文为“贵金属或包贵金属制的金银器及其零件”，品目96.14的条文为“烟斗（包括烟斗头）和烟嘴及其零件”，显然，仅根据品目条文无法确定该商品应归入品目 71.14 还是 96.14。

查阅第七十一章和第九十六章的有关注释，其中第七十一章章注三（十四）规定第七十一章不包括“根据第九十六章章注四应归入该章的物品”，第九十六章章注四为“除品目 96.01 至 96.06 或 96.15 的货品以外，本章的物品还包括全部或部分用贵金属、包贵金属、天然或养殖珍珠、宝石或半宝石（天然、合成或再造）制成的物品”。根据这两个注释可知，品目 96.14 的烟斗可以用贵金属制成，该商品应按功能和用途归入品目 96.14，而不能按材料归入品目 71.14。

查阅子目，该商品应归入子目 9614.0010。

（二）归类总规则

规则一　类、章及分章的标题，仅为查找方便而设；具有法律效力的归类，应按品目条文和有关类注或章注确定，如品目、类注或章注无其他规定，按以下规则确定（即可根据规则二、三、五及六的规定办理）。

例如，“针织的紧身胸衣”属于针织的服装，若只看标题，似乎可归入第六十一章（标题为“针织或钩编的服装及衣着附件”），而不归入第六十二章（标题为“非针织或钩编的服装及衣着附件”），但能确定归类的不是标题而是品目条文、类注或章注。根据第六十一章注释二（一）、第六十二章注释一及品目 62.12 的品目条文，该商品应归入品目 62.12。又如，金属陶瓷，既有陶瓷成分，又有金属成分，是金属与陶瓷成分以极细微粒不均匀结合而成的产品，看上去似乎可作为陶瓷归入第六十九章，但该章章注二（四）指出，金属陶瓷不能归入第六十九章，而应作为贱金属产品归入第八十一章品目 81.13。根据归类总规则一，按子目条文的规定，该货品应归入有具体列名的编码 8113.0010。

规则二（1）品目所列货品，应视为包括该项货品的不完整品或未制成品，只要在进口或出口时该项不完整品或未制成品具有完整品或制成品的基本特征；还应视为包括该项货品的完整品或制成品（或按本款可作为完整品或制成品归类的货品）在报检时的未组装件或拆散件。

不完整品是指货品缺少某些部分，不完整；未制成品是指货品尚未完全制成，需进一步加工才成为制成品；未组装件或拆散件是指货品尚未组装或已拆散[是指货品的零件可通过紧固件（螺钉、螺母、螺栓等）或通过铆接、焊接等组装方法便可装配起来]。例如，一起报验的两套摩托车未组装件，尽管缺少鞍座，但仍具有摩托车的基本特征，所以其未组装件仍应按完整的摩托车归入第八十七章品目 87.11。又如，已剪成手套形的针织经编纯棉布，已具有手套的基本特征，据此应按完整的针织手套归入第六十一章品目 61.16，再考虑其加工工艺（未浸渍、涂布或包覆）和纺织材料（纯棉），按子目条文的规定将其归入编码 6116.9200。再如，报检时各零部件未组装的自行车，若组装起来缺少坐垫，这种未组装的不完整自行车仍按完整自行车归类。注意，在具有相应完整品或制成品基本特征的情况下，对于品目货品范围的扩大并不是无限制的，超出完整品的零件应按零件分别归类。

另外，上述规则二（1）的规定一般不适用于第一类至第六类的货品，但适用于第三十九章及以后各章的货品。只有在规则一无法解决归类问题时，才能运用规则二。

（2）品目中所列材料或物质，应视为包括该种材料或物质与其他材料或物质混合或组合的物品。品目所列某种材料或物质构成的货品，应视为包括全部或部分由该种材料或物质构成的货品。由一种以上材料或物质构成的货品，应按规则三归类。

规则二（2）的主要含义是：品目所列的某种材料或物质还应扩大到在该材料或物质中加入其他材料或物质，但加入其他材料或物质后，并不改变原来材料或物质的基本特征，换言之，品目所列商品包括以某种材料为主，兼有或混有其他材料或物质的商品。例如，加碘的食用盐，这种混合物并未实质性改变食用盐的基本特征，故仍应按盐归入相应品目。另外，对于部分由该种材料或物质制成的货品，不能因添加了其他材料或物质而失去品目条文所列货品的特征。例如，涂有石蜡的软木塞并未因涂有石蜡而改变软木塞的特性，故仍应按软木制品归入品目45.03。对于混合品或组合品，以及由一种以上材料或物质制成的货品，若改变了品目条文所列货品的特征，看上去可归入两个或两个以上品目的，应按规则三归类。

规则三　当货品按规则二（2）或由于其他原因看起来可归入两个或两个以上品目时，应按以下规则归类：

（1）列名比较具体的品目，优先于列名一般的品目。但是，如果两个或两个以上品目都仅述及混合或组合货品所含的某部分材料或物质，或零售的成套货品中的某些货品，即使其中某个品目对该货品描述得更为全面、详细，这些货品在有关品目的列名应视为同样具体。

（2）混合物、不同材料构成或不同部件组成的组合物以及零售的成套货品，如果不能按照规则三（1）归类时，在本款可适用的条件下，应按“构成货品基本特征的材料或部件”归类。

（3）货品不能按照规则三（1）或（2）归类时，应按号列顺序归入其可归入的最末一个品目。

规则三专用于有歧义的归类。只要按规则一和规则二不能解决的归类问题，都应先按规则三寻求正确的归类。规则三共有3个归类方法，其运用的优先顺序为：具体列名归类法→基本特征归类法→从后归类法。

①具体列名归类法

规则三（1）指出归类时列名较为具体的品目应优先于列名一般的品目。这一归类法包括两种情况：

一是同一类别货品的比较，货品的具体名称比货品的类别名称要具体。例如，丝制女性紧身胸衣涉及两个品目，一个是品目 62.08 所列的“女式内衣”，另一个是品目 62.12 所列的“紧身胸衣”。显然，后者比前者列名更具体详细，故女性紧身胸衣应归入品目 62.12。

二是不同类别货品的比较，如果某一品目所列名称更为明确地包括某一货品，则该品目要比所列名称不完全包括该货品的其他品目更为具体。例如，奔驰轿车用电动风挡刮雨器，看上去既可作为机动车辆的零件归入品目 87.08，又可按风挡刮水器归入品目 85.12，但后者比前者描述得更为具体明确，故该货品应归入 85.12，再根据子目条文的规定，应将其归入有具体列名的子目 8512.4000。

②基本特征归类法

规则三（2）适用于不能按以上规则归类的混合物、不同材料或不同部件的组合物和零售成套货品的归类。

对于混合物、不同材料或不同部件的组合物，若能确定该货品的基本特征，则按其基本特征归类。不同的货品可根据其所含材料或部件的性质、体积、数量、重量或价值来确定货品的基本特征，也可根据所含材料对货品用途的作用来确定货品的基本特征。例如，由 50% 的大麦（品目 10.03）、30% 的玉米（品目 10.05）和 20% 的大米（品目 10.06）组成的混合物，因大麦的比重最大，其构成该混合物的基本特征，故应按大麦归入品目 10.03。

零售成套货品是指为了某种需要，将可归入不同品目的两种或两种以上货品包装在一起，无须重新包装就可直接零售的成套货品。零售成套货品须同时符合下列 3 个条件才能构成货品的基本特征合并归类，否则应分别归类：一是至少由两种看起来可归入不同品目的货品构成；二是为了适应某种需要或开展某项专门活动而将这几种货品包装在一起，在功能或用途上互相补充配合使用；三是其包装形式适用于将其直接销售给用户而无须重新包装（例如，装于盒、箱内或固定于板上）。例如，将一把绘图尺、一个绘图圆规、一支铅笔和一把铅笔刀装入一个塑料盒子组成的零售成套绘图器具，因绘图尺构成这套器具的基本特征，故其应按绘图尺归入品目 90.17。又如，配制成一餐面条的成套货品，由装于一纸盒内的一包未煮的面条（品目 19.02）、一小袋乳酪粉（品目 04.06）及一小盒番茄酱（品目 21.03）组成，因未煮的面条构成了该成套货品的基本特征，故其应按面条归入品目 19.02。

但本规则不适用于包装在一起的混合产品。例如，一个礼品盒内装有一块手表和一个打火机。由于这两者在功能、用途上无互补关系，不符合规则三（2）

“零售的成套货品”的规定，故只能分开归类。

注意，有些品目（子目）条文或注释中已有规定的混合物，不能再应用规则三（2）归类。例如，由第九章不同品目的调味料组成的混合物，依照该章注释一（二）归入品目09.10。

③从后归类法

规则三（3）指出，货品若按规则三（1）或规则三（2）都不能解决归类问题，则应根据规则三（3）按号列顺序归入其可归入的最后一个品目。例如，按重量计含棉50%、聚酯短纤50%的印花梭织布（每平方米重210克），因棉织物属第五十二章，聚酯短纤织物属第五十五章，且两种纺织材料的比重相等，故应按规则三（3）从后归入品目55.14。

规则三在品目条文、类注、章注无其他规定时才能运用。

规则四　根据上述规则无法归类的货品，应归入与其最相类似的货品的品目（最相类似归类法）。

所谓“类似”要看许多因素，包括货品名称、基本特征、功能、用途、结构（成分）等。

由于规则一至规则三能解决绝大多数的归类问题，且基本上《协调制度》中的每章都设有“其他未列名货品”的品目，每个品目下基本上都设有“其他”子目，故规则四实际很少使用。

在进行货品品目归类时，对看起来可归入两个或两个以上品目的货品，在品目条文和注释均无规定时，其归类次序为：具体列名→基本特征→从后归类→最相类似。

规则五　除上述规则外，本规则适用于下列货品的归类：

（1）制成特殊形状仅适用于盛装某个或某套物品并适合长期使用的照相机套、乐器盒、枪套、绘图仪器盒、项链盒及类似容器，如果与所装物品同时进口或出口，并通常与所装物品一同出售的，应与所装物品一并归类。但本款不适用于本身构成整个货品基本特征的容器。

（2）除规则五（1）规定的以外，与所装货品同时报验的包装材料或包装容器，如果通常是用来包装这类货品的，应与所装货品一并归类。但明显可重复使用的包装材料和包装容器可不受本款限制。

规则五是关于包装容器和包装材料归类的专门规定。规则五（1）主要适用于特制的适合供长期使用的箱、盒等非简单包装容器的归类。符合以下5个方面条件的容器与所装物品一并归类：一是特殊形状专用（望远镜盒、乐器盒）；二是适合长期使用；三是与所装物品一同报验（如装香水的瓶子）；四是与所装物品一同出售；五是本身不构成货品的基本特征，包装物属于从属物品（如内装小提琴的提琴箱应按小提琴归入品目92.02）。

规则五（2）是对规则五（1）的补充，适用于明显不能重复使用的包装容器和包装材料。例如，内装电视机的纸箱，应按电视机归入品目85.28，而不是按纸箱归入品目48.19。但明显可重复使用的包装容器和包装材料可以单独归类。例如，装液化气用的煤气罐，就不能按液化气而应按钢铁制品归入品目73.11。

规则五是解决包装材料或包装容器在何种情况下可单独归类，以及在何种情况下可与所盛装的物品一并归类的问题。应当重点关注包装材料或包装容器与所盛装的物品一并归类的条件。

规则六　货品在某一品目项下各子目的法定归类，应按子目条文或有关的子目注释以及以上各条规则来确定，但子目的比较只能在同一数级上进行。除本税则目录条文另有规定的以外，有关的类注、章注也适用于本规则。

该规则主要是解决如何确定货品的子目的归类原则，包括以下几层含义：

（1）货品在子目层面归类的法律依据是子目条文或有关的子目注释，如果子目条文或子目注释无专门规定，则可按类注或章注及归类总规则一至规则五的规定归类。

（2）子目的归类须遵循同一数级比较的原则，即一级子目只能与一级子目比较，而不能与二级子目比较。归类时，应先考虑归入哪个品目，其次是该品目项下的哪个一级子目，然后才是该一级子目项下的二级子目，依此类推，即采用“同级比较，逐级确定”的原则进行归类。

（3）当类注或章注与子目条文或子目注释不一致时，品目的归类应依据类注或章注，而子目的归类应依据子目条文或子目注释。例如，第七十一章章注四（二）所规定“铂”的范围与该章子目注释二所规定“铂”的范围不同，故归类时，应先按第七十一章章注四（二）的规定将铂金属归入品目71.10，在归入子目时则根据该章子目注释二的规定将其归入子目7110.11或子目7110.19。

（4）下一级子目的货品范围不得超过其上一级子目的货品范围。即四级子目的货品总和不得超出其所属的三级子目的货品范围，三级子目的货品总和不得超出其所属的二级子目的货品范围，二级子目的货品总和不得超出其所属的一级子目的货品范围，而一级子目的货品总和也不得超出其所属品目的货品范围。

例如，活中华绒螯蟹，在确定品目03.06下的子目时，应按下列步骤进行：

首先，确定一级子目，比较两个一级子目“冻的”与“活、鲜或冷的”后归入“活、鲜或冷的”，一级子目确定为0306.3；

其次，确定二级子目，比较二级子目“岩礁虾及其他龙虾（真龙虾属、龙虾属、岩龙虾属）”“螯龙虾（螯龙虾属）”“蟹”“挪威海螯虾”“冷水小虾及对虾（长额虾属、褐虾）”“其他小虾及对虾”“其他”后归入“蟹”，二级子目确定为0306.33；

再次，确定三级子目，比较三级子目“种苗”和“其他”后归入“其他”，三级子目确定为0306.339；

最后，进一步确定它的 8 位数编码为 0306. 3391。

综上所述，商品归类的方法可归纳为：有列名归列名，无列名归用途，无用途归成分，无成分归类别，不同成分比多少，相同成分要从后。

（三）进出口商品归类的依据

1. 进出口商品归类的主要依据

在我国，进出口商品归类应当遵循客观、准确、统一的原则，进出口商品归类的主要依据如下：

（1）《中华人民共和国海关法》《中华人民共和国进出口关税条例》《中华人民共和国海关进出口货物征税管理办法》；

（2）《税则》归类总原则、类注、章注、子目注释、品目条文；

（3）《海关进出口税则 —— 统计目录商品及品目注释》；

（4）《中华人民共和国进出口税则本国子目注释》；

（5）海关总署下发的关于商品归类的有关规定，即海关总署的文件、归类问答书、预归类决定、归类技术委员会决议及海关总署转发的世界海关组织归类决定等；

（6）国家其他有关商品归类的公开规定。

2. 进出口商品归类的其他依据

在进出口商品归类过程中，海关可以要求进出口货物的收发货人提供商品归类所需的有关资料并将其作为商品归类的依据。必要时，海关可以组织化验、检验，并将海关认定的化验、检验结果作为商品归类的依据。

第一类　活动物；动物产品

一、本类商品范围及结构

本类商品共5章，除极少数特例外，包括各种活动物及其幼崽在内（参见类注一）和未经加工或仅经过有限的简单加工的动物产品。具体按以下顺序排列：

第一章，不包括第三章动物在内的活动物；

第二章，大部分适合供人食用的肉及食用杂碎；

第三章，鱼、甲壳动物、软体动物及其他水生无脊椎动物；

第四章，乳品、蛋品、天然蜜蜂、其他食用动物产品；

第五章，前四章未包括的其他动物产品。

二、本类商品归类要点概述

（一）鲸、海豚及鼠海豚，海牛及儒艮，海豹、海狮及海象等水生哺乳动物，以及可在水中生活的龟、鳖、水蛭、蛙、鳄鱼等动物应归入第一章而不是第三章。

（二）本类商品的加工程度主要限于活、鲜、冷、冻、干、熏、盐腌或盐渍、暂时保藏、切片、磨碎、细粉、粗粉等简单加工。超过本类加工程度（例如经煮、蒸、烤、煎、炸或其他方法烹饪的）和超过添加物质允许范围的食用动物产品，主要归入第三类和第四类。例如，生的冻猪肉归入第一类第二章，已炼制的猪油归入第三类第十五章，而煮熟的猪肉则归入第四类第十六章。又如，鲜的大麻哈鱼归入品目03.02，而经切块加入调料烹煮加工后制成的大麻哈鱼罐头，归入品目16.04。其中，最容易与本类的食用动物产品发生归类混淆的是第四类第十六章的商品，故应明确本类第二章至第三章的动物产品与第十六章商品的区别。

超过本类加工程度允许范围的非食用动物产品，主要归入第四类、第十二类及第二十类。例如，经洗涤、消毒或为了保藏而做处理的羽毛、羽绒归入第一类第五章品目05.05，而经漂白、染色或卷曲等处理的羽毛或羽绒及其制品则应归入第十二类第六十七章；未经加工或仅简单整理但未切割成形的兽牙、骨、玳瑁壳、角、鹿角等归入第一类第五章，而已加工的兽牙、骨、玳瑁壳、角、鹿角等供雕刻用动物质材料应归入第二十类第九十六章。其中，最容易与本类的非食用动物产品发生归类混淆的是第六十七章的有关商品，故应明确本类第五章的动物产品与第十二类第六十七章商品的区别。

但本类也有一些超出简单加工范围的例外。例如，品目03.06、04.07、04.08的产品可以用蒸或水煮的方法加工。故对动物产品进行具体归类时，应根据有关章的注释和品目条文的规定来确定。

（三）动物幼仔应按其相应的活动物归类。例如，“活马驹”应按“活马”归入品目01.01；“活牛犊”应按“活牛”归入品目01.02。

第一章　活动物

一、本章商品范围及结构

本章共1条章注、6个品目，包括各种活动物及其幼仔，不论是否食用或其他用途。

本章按牲畜到家禽再到其他动物的顺序排列品目，6个品目的顺序为：牲畜（品目01.01~01.04）→家禽（品目01.05）→其他活动物（品目01.06）。

二、本章商品归类要点概述

（一）第一章的活动物若与流动马戏团及流动动物园的设备同时报验并作为其组成部分，则应归入品目95.08。

（二）品目01.01~01.05是列名的动物。其中，品目01.01~01.04包括畜养及野生的列名活动物，但01.05的家禽必须是饲养的。其他饲养/野生的禽类（本章注释所列的动物除外），应按“其他活动物”归入品目01.06，如饲养的鸽子、孔雀。

（三）运输途中死亡的动物不归入本章。适合供人食用的，按动物种类分别归入品目02.01~02.05、02.07或02.08；不适合供人食用的则归入品目05.11。

（四）本章的子目归类时，应注意其用途：改良种用、食用与其他。用途不同的动物归入的子目不同。

三、本章商品与相关商品的归类

（一）牲畜的归类

序号	商品描述	归类
1	马、驴、骡	01.01

续表

序号	商品描述	归类
2	牛，包括家牛、水牛及四角羚和扭角羚羊属及薮羚属等	01.02
3	猪（注意个体重量），如重量小于10千克的其他猪	01.03
4	绵羊、山羊	01.04

（二）家禽的归类

家禽（鸡、鸭、鹅、火鸡及珍珠鸡）归入品目01.05。归类时，要注意家禽的个体重量，如重量不大于185克的改良种用鸡。

例1. 供食用的活珍珠鸡（重量大于2千克）

【答案】0105.9993

【归类说明】珍珠鸡属于家禽，按列名归入品目01.05。由于该货品的重量大于2千克，其应归入一级子目“其他”。因其未在二级子目列名，应归入二级子目“其他”。因题目未明确是“改良种用”，故该货品应归入三级子目“其他”，最后按列名归入四级子目0105.9993“珍珠鸡”。

（三）其他活动物的归类

品目01.06的“其他活动物”是指未在品目01.01～01.05列名的家养或野生的活动物，包括哺乳动物（如海豚、家兔）、爬行动物（如蛇、龟、鳖、鳄鱼、蜥蜴）、鸟（如野鸡、鹌鹑）、昆虫（如蜂）和蛙等。

例2. 供食用的活甲鱼

【答案】0106.2020

【归类说明】甲鱼在本章中没有列名，应按“其他活动物”归入品目01.06。甲鱼属于爬行动物，应归入一级子目“爬行动物”，然后按“食用”的条件，归入三级子目0106.2020。

第二章　肉及食用杂碎

一、本章商品范围及结构

本章共1条章注、10个品目，主要包括所有适合供人食用的整头动物（即有头或无头的动物躯体）、半头动物（整头纵向切开而得）、连腿块肉、肉块等，食用杂碎、肉及食用杂碎细粉和粗粉，不论是否供人食用的未炼制的不带瘦肉的肥猪肉、猪脂肪和家禽脂肪，听装干肉，以及经过改性空气包装（MAP）加工方法包装的肉及食用杂碎。

本章10个品目的排列顺序为：鲜、冷、冻牲畜肉及食用杂碎（品目02.01～02.06）→鲜、冷、冻家禽肉及食用杂碎（品目02.07）→其他动物的鲜、冷、冻肉及食用杂碎（品目02.08）→未炼制的猪脂肪及家禽脂肪（品目02.09）→干、熏、盐腌或盐渍的肉及食用杂碎和可食用的肉或杂碎的细粉、粗粉（品目02.10）。

二、本章商品归类要点概述

（一）归入本章的动物产品的加工程度一般仅限于鲜、冷、冻、干制、熏制、盐腌、盐渍，以及本章有关品目条文中未提到的加工，如清洗、切割、剁碎、绞碎、不同品目产品的混合，以及在肉或食用杂碎表面上撒糖或洒糖水。若经过蒸、煮、煎、烧、炸、烤、炒等烹饪方法加工及用非本章所列加工方法制作或保藏的肉及食用杂碎，包括仅用面糊或面包屑包裹、加香蕈或用胡椒和盐等调味的肉及食用杂碎，以及肝酱，应归入第十六章。例如，用盐腌制的咸鸡归入品目02.10，而油炸鸡腿归入品目16.02。

（二）杂碎一般是指动物的内脏（如心、肝、胃）及尾巴、蹄、爪、耳朵、头、舌、皮等，具体归类如下。

1. 主要供人食用的杂碎（如头、耳、尾、脚、心、舌、厚/薄横膈膜、胎膜、咽喉、胸腺等），如为鲜、冷、冻、干制、熏制、盐腌或盐渍的，归入本章；不适合供人食用的应归入品目05.11。

2. 动物的肠、膀胱、胃，不论是否供人食用，归入品目05.04。动物血归入品目05.11，而治病、防病或诊断用的动物血制品归入品目30.02。

3. 专供制药用的杂碎（如胆囊、肾上腺、胎盘等），如为鲜、冷、冻或用其他方法临时保藏的，归入品目05.10；经干制的，则归入品目30.01。

4. 既可供人食用，又可供制药用的杂碎（如肝、肾、肺、脑、胰腺、脾、脊髓、卵巢、子宫、睾丸、乳房、甲状腺、脑下腺），如用甘油、丙酮、酒精、甲醛、硼酸钠临时保藏以供药用的，归入品目05.10；如经干制供药用的，归入品目30.01；适合供人食用的，归入本章；不适合供人食用的，归入品目05.11。

5. 可供人食用或有其他用途的杂碎，如鲜、冷、冻的食用动物皮归入品目02.06；干、熏、盐腌或盐渍的动物皮，归入品目02.10；已烹煮的动物皮归入品目16.02；制革用的动物皮张归入第四十一章或第四十三章；制革过程中产生的生皮边角废料归入品目05.11。

（三）除品目02.09的商品不论是否适合供人食用外，本章其他品目的商品必须适合供人食用。不适合供人食用的肉及杂碎应归入第五章，不适合供人食用的肉及杂碎的细粉、粗粉和团粒应归入第二十三章。

三、本章商品与相关商品的归类

（一）肉及食用杂碎的归类

以下商品的加工方法为整头、半头或整只，带骨或去骨。

序号	商品描述	归类
1	鲜、冷牛肉，如鲜或冷藏的带骨野牛肉	02.01
2	冻牛肉，如冷藏的整头及半头野牛肉	02.02
3	鲜、冷、冻猪肉，包括五花肉等，如冻的整头及半头乳猪肉	02.03
4	鲜、冷、冻绵羊肉（公羊/母羊/羔羊肉）或山羊肉，如鲜或冷藏的去骨绵羊肉	02.04
5	鲜、冷、冻马、驴、骡肉	02.05
6	鲜、冷、冻牛、猪、绵羊、山羊、马、驴、骡的食用杂碎，如头及头块（包括耳）、脚、尾、心、乳房、肝、肾、胰脏、脑、肺、咽喉、脾、舌，如冻牛舌/猪肝	02.06
7	品目01.05所列活家禽的鲜、冷、冻肉及食用杂碎（整只或块及杂碎），如鲜或冷藏的整只鸡	02.07
8	其他鲜、冷、冻肉及食用杂碎，如鲜或冷的家兔肉	02.08
9	干（参见类注二）、熏、盐腌或盐渍的肉及食用杂碎，包括五花肉和带有大量肥肉的类似肉，以及带有一层瘦肉的肥肉，如其他干、熏、盐制的带骨猪腿肉	02.10

其中，鲜的，包括运输途中用盐临时保藏的肉及食用杂碎；冷的，即产品温度一般降至0℃左右，但未冻结的；冻的，即冷却到产品的冰点以下，使产品全部冻结的。

例1. 牛尾，已经去毛、清洗、切块，包装成1千克/袋，并冷冻至－10℃以下保藏

【答案】0206.2900

【归类说明】牛尾是可供食用的杂碎，而“－10℃以下保藏”属于“冻”的处理，该货品应归入品目02.06，然后归入一级子目0206.2“冻牛杂碎”，最后归入二级子目0206.2900“其他”。

例2. 干的猪蹄筋，500克/袋

【答案】0210.9900

【归类说明】干的猪蹄筋属于猪的食用杂碎，应归入品目02.10；因猪蹄筋不属于猪肉，应归入一级子目“其他”；因猪蹄筋未在相关子目中列名，应归入二级子目0210.9900“其他”。

（二）未炼制的猪脂肪及家禽脂肪的归类

品目02.09包括未炼制或用其他方法提取的不带瘦肉的肥猪肉、猪脂肪及家禽或野禽脂肪，鲜、冷、冻、干、熏、盐腌、盐渍的。但本品目不包括其他未炼制的动物脂肪及经炼制的动物脂肪（第十五章）。

（三）可供食用的肉或杂碎的细粉、粗粉的归类

品目02.10还包括可供人食用的肉或杂碎的细粉、粗粉，不论是否经烹煮。

第三章　鱼、甲壳动物、软体动物及其他水生无脊椎动物

一、本章商品范围及结构

本章共2条章注、8个品目，主要包括本章各品目所列状况的鱼（包括肝及卵）、甲壳动物、软体动物及其他水生无脊椎动物，不论是否切割、剁碎、绞碎、磨碎等（可供直接食用、罐头工业用等、产卵用或观赏用）；上述产品的细粉、粗粉及团粒（参见章注二），不论是否经过烹煮；本章不同产品的混合（组合）物；听装熏鲑鱼，以及经过改性空气包装（MAP）加工方法包装的上述动物。

本章8个品目的排列顺序为：鱼及其细粉、粗粉、团粒（品目03.01～03.05）→甲壳动物及其细粉、粗粉、团粒（品目03.06）→软体动物及其细粉、粗粉、团粒（品目03.07）→其他水生无脊椎动物及其细粉、粗粉、团粒（品目03.08）。

二、本章商品归类要点概述

（一）本章产品允许的加工程度仅限于活、鲜、冷、冻、干制、熏制、盐腌或盐渍的（具体见各品目的规定）。

本章产品可经清洗、切割、剁碎、绞碎、磨碎等加工。

为了运输途中临时保鲜，品目03.02和品目03.03所述的鱼，以及品目03.04的鱼片及其他鱼肉可以加盐、冰或喷洒盐水。上述品目的货物包装时可加有少许糖或几片月桂叶。

个别品目允许熏制、蒸或用水煮等加工方式（参见03.05～03.08的品目条文）。但用非本章所列加工方法制作或保藏的上述产品，例如，用面糊或面包屑包裹鱼片，经烹制（煮、蒸、烤、炸、炒）的产品应归入第十六章。

（二）有些商品名称中带有“鱼”字，但在生物学分类体系中并不属于鱼类，不能按鱼归类，而应分别按其生物类属归入哺乳动物、爬行动物或软体动物等所

属的品目。例如，活的鲸鱼、鳄鱼和甲鱼归入品目01.06，鲜的墨鱼、鱿鱼、章鱼和鲍鱼归入品目03.07。

（三）注意鱼、鱼片、鱼肉的区别：品目03.02～03.03的鱼，包括整条、去头、去肚或切成带骨鱼块的鱼；品目03.04的鱼片，是指顺鱼脊骨平切的长条肉片，它们构成鱼的左边或右边，但鱼头、鱼肠、鱼鳍和鱼骨已去除，两边也不连接（例如，在背部或腹部连接），有时为了使肉成片或便于随后切成薄片，鱼片可带有鱼皮，但不影响它的品目归类；品目03.04的其他鱼肉，是指去骨鱼肉（不论是否绞碎），与鱼片一样，由于清理不彻底而残存有少量鱼骨不影响该鱼肉的归类。

三、本章商品与相关商品的归类

（一）鱼及其细粉、粗粉、团粒的归类

序号	商品描述	归类
1	活鱼，包括观赏鱼及其他活鱼，如鳟鱼	03.01
2	鲜、冷鱼，但品目03.04的鱼片及其他鱼肉除外，不论是否整条、去头、去肚或切成带骨或带软骨鱼块的，如比目鱼	03.02
3	冻鱼，但品目03.04的鱼片及其他鱼肉除外，如冻红大麻哈鱼	03.03
4	鲜、冷、冻鱼片及其他鱼肉（不论是否绞碎），如鲜或冷的花鳗鲡鱼片 不包括烹煮过的鱼片及仅以面糊或面包屑包裹的鱼片，不论是否冷冻（品目16.04）	03.04
5	干、盐腌或盐渍的鱼；熏鱼，不论在熏制前或熏制过程中是否烹煮；适合供人食用的鱼的细粉、粗粉及团粒。如干、盐腌或盐渍的花鳗鲡鱼片，熏制鲱鱼及鱼片 不包括不适合供人食用的鱼杂碎及鱼废料（品目05.11），不适合供人食用的鱼的粗粉、细粉及团粒（品目23.01）等	03.05

其中，品目03.02、03.03分别包括与鱼身其他部分分离的鲜、冷或冻的可食用鱼杂碎，如鱼皮、鱼尾、鱼鳔、鱼头、鱼胃、鱼鳍、鱼舌，以及鱼肝、鱼卵及鱼精；而品目03.05包括上述干制、盐腌、盐渍或熏制的已与鱼身其他部分分离的食用鱼杂碎。

例1. 黑线鳕鱼片，用盐腌制后晒干

【答案】0305.3200

【归类说明】黑线鳕鱼片经盐腌和晒干处理，应归入品目03.05；然后归入一级子目“干、盐腌或盐渍的鱼片，但熏制的除外”；因黑线鳕鱼片属于黑鳕科，所以应归入二级子目0305.3200。

（二）甲壳动物、软体动物、其他水生无脊椎动物及其细粉、粗粉、团粒的归类

序号	商品描述	归类
1	带壳或去壳的甲壳动物，活、鲜、冷、冻、干、盐腌或盐渍的；熏制的带壳或去壳甲壳动物，不论在熏制前或熏制过程中是否烹煮；蒸过或用水煮过的带壳甲壳动物，不论是否冷、冻、干、盐腌或盐渍的；适合供人食用的甲壳动物的细粉、粗粉及团粒。如活、鲜或冷的带壳或去壳梭子蟹 不包括用水煮过的去壳甲壳动物（品目 16. 05）	03. 06
2	带壳或去壳的软体动物，活、鲜、冷、冻、干、盐腌或盐渍的；熏制的带壳或去壳软体动物，不论在熏制前或熏制过程中是否烹煮；适合供人食用的软体动物的细粉、粗粉及团粒。如冻的章鱼，活、鲜、冷的蛤	03. 07
3	不属于甲壳动物及软体动物的水生无脊椎动物，活、鲜、冷、冻、干、盐腌或盐渍的；熏制的不属于甲壳动物及软体动物的水生无脊椎动物，不论在熏制前或熏制过程中是否烹煮；适合供人食用的不属于甲壳动物及软体动物的水生无脊椎动物的细粉、粗粉及团粒。如干、盐制食用海胆纲（包括熏制的，不论在熏制前或熏制过程中是否烹煮；适合供人食用的细粉、粗粉及团粒）	03. 08

其中，品目 03. 07 和 03. 08 分别不包括用水煮过或用醋腌制的软体动物/水生无脊椎动物（品目 16. 05）。

甲壳动物的主要种类是龙虾、大螯虾、淡水小龙虾、蟹、河虾及对虾。软体动物的主要品种是牡蛎（蚝）、海扇、贻贝、墨鱼、鱿鱼、章鱼、螺、蜗牛、蛤、鸟蛤、舟贝、鲍鱼及凤螺。水生无脊椎动物的主要品种是海参、海胆及海蜇。

例 2. 牡蛎，活的，供人食用

【答案】0307. 1190

【归类说明】本题货品是一种软体动物，应归入品目 03. 07。查阅子目，该货品按列名归入一级子目 0307. 1“牡蛎（蚝）”。由于该货品是“活的”，应归入二级子目 0307. 11。因该货品未在三级子目列名，应归入三级子目 0307. 1190“其他”。

第四章　乳品；蛋品；天然蜂蜜；其他食用动物产品

一、本章商品范围及结构

本章共 4 条章注、2 条子目注释、10 个品目，主要包括乳品（全脂乳、半脱

脂或全脱脂的乳；奶油；酪乳、结块的乳及奶油、酸乳、酸乳酒及其他发酵或酸化的乳和奶油；乳清；天然乳为基本成分的未列名产品；黄油及其他从乳制得的脂和油；乳酱；乳酪及凝乳）、禽蛋及蛋黄、天然蜂蜜和未列名食用动物产品。这些乳品必须符合本章注释及品目条文对乳品的规定。

本章10个品目的排列顺序为：乳品（品目04.01～04.06）→禽蛋（品目04.07～04.08）→天然蜂蜜（品目04.09）→其他品目未列名的食用动物产品（品目04.10）。

二、本章商品归类要点概述

（一）品目04.01～04.04的乳品除含有天然乳成分外，还可含有乳品液态运输时为保持其天然浓度而加入的少量稳定剂（如磷酸二钠）及少量抗氧剂或乳中一般没有的维生素。这些乳品还可含有加工所需的少量化学品（如碳酸氢钠），成粉状或粒状的乳品可含有防结素（如磷脂、无定形二氧化硅），酸化的乳还可添加香料、水果、坚果或可可。乳中所加的物质超过上述范围的，以天然乳为基本成分制成的食品主要归入第十九章。

（二）本章章注一、二、三及子目注释一分别对“乳”“黄油”“乳酱”“乳酪”“改性乳清”等商品做出了明确的规定，对这些商品的归类不能仅凭名称，符合注释规定的才能归入相应品目或子目。

（三）本章商品的加工程度不得超出各个品目所列范围，具体见各个品目条文的规定。例如，不论是否浓缩、加糖或其他甜物质的乳品，不论是否蒸过或水煮的去壳禽蛋及蛋黄，都归入本章。但添加麦精、豆粉等物质的奶粉应作为奶制品归入第十九章。加入蜂王浆的天然蜜蜂归入品目21.06。

三、本章商品与相关商品的归类

（一）乳品的归类

品目04.01～04.02的乳及稀奶油归类时要注意按重量计脂肪的含量；品目04.01～04.06的货品归类时要注意其成分含量。

序号	商品描述	归类
1	未浓缩及未加糖或其他甜物质的乳及稀奶油；从成分上看其质和量都与天然产品完全一样的再造乳及奶油	04.01
2	浓缩、加糖或其他甜物质的乳及稀奶油，不论是否经保藏或再造 不包括加可可或其他香料的乳品饮料（品目22.02）等	04.02

续表

序号	商品描述	归类
3	酪乳、结块的乳及稀奶油、酸乳、酸乳酒及其他发酵或酸化的乳及稀奶油，不论是否浓缩、加糖、加其他甜物质、加香料、加坚果、加水果或可可	04.03
4	乳清，不论是否浓缩、加糖或其他甜物质；其他品目未列名的含天然乳的产品，不论是否加糖或其他甜物质 不包括乳清酪（品目04.06）及以天然乳为基本成分的食品，但含有本章不能添加的物质（品目19.01）等	04.04
5	黄油及其他从乳提取的脂和油；乳酱 不包括人造黄油（品目15.17），含乳脂以外的其他脂或含乳脂少于39%的“乳酱”（品目15.17或21.06）等	04.05
6	乳酪及凝乳	04.06

其中，乳清经浓缩并加入乳或乳脂制成的产品，若同时具有下列三种特性，则视为乳酪归入品目04.06：一是按干重计乳脂含量在5%及以上的；二是按重量计干质成分含量至少为70%，但不超过85%的；三是已成型或可以成型的。

例1. 全脂奶粉（脂肪含量23%），未加糖，450克/袋

【答案】0402.2100

【归类说明】本题的全脂奶粉是粉状的浓缩乳，应归入品目04.02，然后根据“粉状”“脂肪含量23%”“未加糖”的条件归入子目0402.2100。

例2. “达能”草莓果粒酸奶，125克/瓶

【答案】0403.1000

【归类说明】本题的酸奶符合品目04.03的条文规定，应归入品目04.03，然后按列名归入子目0403.1000。

（二）禽蛋的归类

序号	商品描述	归类
1	带壳的禽蛋（包括家禽/野禽蛋和其他禽类蛋），鲜、腌制或煮过的。如孵化用受精禽蛋、咸蛋、皮蛋	04.07
2	去壳禽蛋及蛋黄，鲜、干、冻、蒸过或水煮、制成型（如圆柱形“长蛋”）或用其他方法保藏的，不论是否加糖或其他甜物质 不包括蛋黄油（品目15.06），含有调味品、调味香料或其他添加剂的蛋制品（品目21.06），卵磷脂（品目29.23）	04.08
3	禽蛋白（又称蛋清）	35.02

（三）天然蜂蜜的归类

天然蜂蜜归入品目 04.09，但不得加糖或其他甜物质。

（四）其他品目未列名的食用动物产品的归类

品目 04.10 包括燕窝（即金丝燕的一种分泌物）、蜂产品（鲜蜂王浆、鲜蜂王浆粉及蜂花粉等）、河鳖或海龟蛋，鲜、干或用其他方法保藏的，但不能蒸过或水煮。

例 3. 供食用的鲜甲鱼蛋

【答案】 0410.0090

【归类说明】 该货品应按“蛋品”归入本章。查阅品目，因甲鱼不属于禽类，该货品不能按“禽蛋”归入品目 04.07 或 04.08，只能按“未列名的食用动物产品”归入品目 04.10。查阅子目，该货品未在子目中列名，故归入三级子目 0410.0090“其他”。

第五章　其他动物产品

一、本章商品范围及结构

本章共 4 条章注、9 个品目（品目 05.03、05.09 已被删除），包括各种未经加工或仅经简单加工的动物产品。除品目 05.04 的某些动物的肠、膀胱及胃，品目 05.11 的动物血以外，归入本章的动物产品一般不能供人食用，也不被其他章所包括。

本章 9 个品目的排列顺序为：毛发（品目 05.01 ~ 05.02）→动物的肠、膀胱及胃（品目 05.04）→羽毛、羽绒及鸟皮（品目 05.05）→动物的骨、兽牙、角、壳等（品目 05.06 ~ 05.08）→香料、药料用动物产品（品目 05.10）→其他品目未列名的动物产品（品目 05.11）。

二、本章商品归类要点概述

本章的动物产品一般只能进行品目条文和章注规定的加工，否则不能归入本章。本章部分品目与相关章的品目具有关联性：品目 05.01 未经加工的人发经进一步加工后归入品目 67.03 或 67.04，品目 05.02 制刷用兽毛经进一步加工后归入品目 96.03，品目 05.04 的商品经进一步加工后归入品目 16.02，品目 05.05 的商品经进一步加工后归入品目 67.01，品目 05.06 ~ 05.08 的商品经进一步加工后归入品目 96.01。

三、本章商品与相关商品的归类

（一）毛发的归类

毛发归入品目05.01～05.02。毛发及其相关产品归类如下：

序号	商品描述	归类
1	未加工的人发，不论是否洗涤；废人发	05.01
2	按发根和发梢整理或经简单洗涤外的其他加工（例如，稀疏、染色、漂白、卷曲或为制作假发进行加工）的人发	67.03
3	猪鬃、猪毛；獾毛及其他制刷用兽毛；上述鬃毛的废料	05.02
4	成束或成簇的鬃毛	96.03

其中，品目05.02的商品可以是散装、松扎成捆或紧扎成束（鬃毛平行排放、根端较为平齐），也可未经加工，或经洗涤、漂白、染色或消毒。

（二）动物的肠、膀胱及胃的归类

品目05.04包括整个或切块的动物（鱼除外）的肠、膀胱及胃，不论可否供食用或鲜、冷、冻、干、熏、盐腌或盐渍的，如盐渍绵羊肠衣，冷、冻的鸡胗，肚及瘤胃，未加工的金箔肠衣（即牛或羊盲肠的外膜）等。但本品目不包括：经其他加工或保藏的（品目16.02）；将皮纤维浆挤出后，用甲醛和苯酚溶液硬化的“人造肠”（品目39.17）及将破裂天然肠胶合在一起的“人造”肠（品目42.06）。

例1. 冷冻的鸭胗

【答案】0504.0029

【归类说明】本题商品是鸭胃，应归入本章。查阅品目，该商品符合05.04品目条文的规定，应归入品目05.04。再查阅子目，因该商品未在子目中列名，应归入四级子目0504.0029“其他”。

（三）羽毛、羽绒及鸟皮的归类

品目05.05的商品经进一步加工后归入品目67.01。

序号	商品描述	归类
1	带有羽毛或羽绒的鸟皮及鸟体其他部分；羽毛及不完整羽毛（不论是否修边）、羽绒，仅经洗涤、消毒或为保藏而做过处理，但未经进一步加工；羽毛或不完整羽毛的粉末及废料	05.05
2	漂白、染色、卷曲或制成标本的鸟皮及鸟体其他部分、羽毛及不完整羽毛制品等	67.01

但不带羽毛或羽绒的鸟皮归入品目 41.03。

（四）骨、兽牙、角、壳及珊瑚等的归类

序号	商品描述	归类
1	骨及角柱，未经加工或经脱脂、简单整理（但未切割成形）、酸处理或脱胶；上述产品的粉末及废料	05.06
2	未经加工或仅经简单整理但未切割成形的兽牙、龟壳、鲸须、鲸须毛、角、鹿角、蹄、甲、爪和喙；上述产品的粉末及废料	05.07
3	珊瑚及类似品，未经加工或仅简单整理但未经进一步加工；未经加工或仅简单整理而未切割成形的软体动物壳、甲壳动物壳、棘皮动物壳、墨鱼骨，上述壳、骨的粉末及废料	05.08

其中，上述品目已经加工的兽牙、骨、玳瑁壳、角、鹿角、珊瑚、珍珠母及其动物质雕刻材料和其他制品归入品目 96.01 或其他更为具体列名的品目。这里所述的“已经加工”是指已切割成形（包括正方形和长方形），抛光或用磨、钻、铣、车等加工方法。

例 2. 猪骨粉

【答案】0506.9019

【归类说明】猪骨粉属于动物的不可食用产品，应归入第五章。因猪骨粉符合 05.06 品目条文的规定，应归入品目 05.06。查阅子目，因该货品未在相关子目列名，应归入子目 0506.9019“其他”。

（五）香料、药料用动物产品的归类

品目 05.10 包括：黄药；龙涎香、海狸香、灵猫香及麝香；斑蝥（已干制或呈粉末状）；不论是否干制的胆汁；供配制药用的腺体及其他动物器官（如胰腺、睾丸、卵巢、胆囊、甲状腺、脑下腺等，经干制或萃取的，则归入品目 30.01），鲜、冷、冻或用其他方法暂时保藏的（如浸在甘油、丙酮或酒精中）。

例 3. 猴枣

【答案】0510.0010

【归类说明】猴枣是猕猴内脏的结石，在中医上作为一种黄药用于治病，应作为专供制药用的动物产品归入品目 05.10，然后按黄药的列名归入三级子目 0510.0010“黄药”。

（六）其他动物产品的归类

品目 05.11 包括：其他品目未列名的动物产品，如动物精液/胚胎；液体或干制的动物血（不论是否可供食用）；蚕种；不适合供人食用的第一章或第三章的死动物；生皮或皮张的边角料及类似废料；马毛及废马毛（不论是否制成有或无衬垫的毛片）（参见章注四）。但本品目不包括：用以制药的非食用鱼肝（品目05.10）；制成供治疗、预防或诊断用的动物血（品目30.02）；经纺制或发梢打结连接的马毛（第五十一章）等。

第二类　植物产品

一、本类商品范围及结构

本类商品主要包括各种活植物以及未经加工或仅经有限的简单加工的植物产品。本类商品共9章（第六章至第十四章），分成三部分，按如下顺序排列：活植物（第六章）→未经加工或仅经简单加工的食用植物产品（第七章至第十二章）→未经加工或仅经简单加工的非食用植物产品（第十三章、第十四章）。

但也有许多植物产品不归入本类。归入其他类的产品主要是指通常作为某些行业原材料使用的植物产品。例如，天然橡胶归入第七类第四十章，木材及软木分别归入第九类第四十四章、第四十五章，棉花归入第十一类第五十二章等。

二、本类商品归类要点概述

本类商品的加工仅限于鲜、冷、冻、干、去壳或去皮、切片、切丝、切碎、捣碎、磨碎或用其他方法暂时保藏。但本类部分品目（例如品目07.10、08.11）可以蒸过或用水煮。故对植物产品归类时，应首先在本类相应章的有关品目条文与章注、类注中查找。若与规定相符，则归入本类；否则视为其加工程度已超出允许范围，应作为深加工而归入后面有关类。

加工程度以及添加的物质超过了本类所允许范围的食用植物产品主要归入第三类和第四类。例如，生花生归入本类第十二章，花生油归入第三类第十五章，炒花生归入第四类第二十章。其中，最容易与本类的食用植物产品发生归类混淆的是第十九章和第二十章的商品，故应明确本类第七章和第八章的植物产品与第二十章商品的区别，第十章和第十一章的植物产品与第十九章商品的区别等。

超出本类所允许的加工程度的非食用植物产品主要归入第四类、第九类或第二十类。例如，用于雕刻的硬种子、硬果核、硬果壳、坚果归入本类第十四章；已经雕刻的，则归入第二十类第九十六章。其中，最容易与本类的非食用植物产品发生归类混淆的是第九十六章的商品，故应明确本类植物产品与第九十六章植物产品的区别。

第六章　活树及其他活植物；鳞茎、根及类似品；插花及装饰用簇叶

一、本章商品范围及结构

本章共2条章注、4个品目，包括由苗圃、园林或花店供应的适于种植或装饰用的各种活植物以及菊苣植物及其根（参见章注一）。上述植物包括：树、灌木、植物幼苗及药用植物；装饰用的插花和花蕾、簇叶、枝干及植物其他部分，以及由此制成的花束、花圈、花篮及类似的花店制品。

本章4个品目的排列顺序为：球根（品目06.01）→其他活植物（品目06.02）→装饰用花（花蕾）（品目06.03）→装饰用枝叶（品目06.04）。

二、本章商品归类要点概述

（一）制花束或装饰用的插花及花蕾归入品目06.03，制花束或装饰用的不带花及花蕾的植物枝、叶或其他部分归入品目06.04，主要用作香料、药料、杀虫、杀菌或类似用途的花（包括花瓣及花蕾）、草、叶归入品目12.11，主要供编结用的植物及其部分归入品目14.01。

（二）种植用植物须是活的植物，不论是否处于休眠、生长或开花的状态。明显不适合再栽种（如根被锯除或根被沸水灼死）的天然圣诞树归入品目06.04，而作为圣诞节日用品的圣诞树，则归入品目95.05。

三、本章商品与相关商品的归类

（一）种植用植物的归类

活的种植用植物分成球根与其他。前者归入品目06.01，后者归入品目06.02。归类时，注意前者所列货品所处的状态（休眠、生长、开花）及种类（球茎、块茎、鳞茎、块根等）和是否种用；注意后者的栽培方法（无根插枝、接穗等）和是否种用。

序号	商品描述	归类
1	休眠、生长或开花的鳞茎（水仙）、块茎（仙客来）、块根（大丽花）、球茎（香雪兰）、根颈及根茎（荷花）；菊苣植物及其根，但品目12.12的根除外	06.01
2	其他活植物（包括其根）、插枝及接穗；蘑菇菌丝。例如，无根插枝及接穗；食用水果或食用坚果的树、灌木，不论是否嫁接；杜鹃、玫瑰，均不论是否嫁接；种用苗木、兰花、菊花、百合、康乃馨、仙人掌	06.02

品目06.01不包括第七章的某些鳞茎、块茎、块根、球茎、根茎及根颈（如洋葱、青葱、大蒜、马铃薯、洋蓟），生姜（品目09.10）。品目06.02的树木、灌木及其他植物报验时，其根部可以裸露或用泥包成球形，或栽在盆、桶、盒或类似品中。子目0602.20、0602.30、0602.40及0602.90的活根应按植物归入其相应的子目。

此外，菊苣植物具体归类如下：

序号	商品描述	归类
1	种植用的菊苣植物及其根（含未烘焙菊苣根）	06.01
2	食用菊苣（鲜的或冷藏的）	07.05
3	未焙制的可作咖啡代用品的菊苣根	12.12
4	用菊苣根制成的含咖啡的咖啡代用品	09.01
5	用菊苣根制成的不含咖啡的咖啡代用品	21.01

例1. 水仙球，用于家庭栽培

【答案】 0601.1099

【归类说明】 水仙球属于处于休眠状态的球茎，应归入品目06.01。查阅子目，因该货品是休眠的球茎，应归入一级子目0601.1。因该货品未在三级子目列名，故归入三级子目“其他”，然后归入四级子目0601.1099。

（二）装饰用植物的归类

此类植物按有无花（花蕾）分别归入品目06.03和06.04（参见章注二）。

序号	商品描述	归类
1	制花束或装饰用的插花及花蕾，鲜、干、染色、漂白、浸渍或用其他方法处理的。如康乃馨、百合花等，用花或花蕾制成的花束、花圈、花篮及类似品	06.03
2	制花束或装饰用的不带花及花蕾的植物枝、叶或其他部分、草、苔藓及地衣，鲜、干、染色、漂白、浸渍或用其他方法处理的	06.04

带有花或花蕾（如木兰花及某种蔷薇花）的树枝、灌木枝可视同插花或花蕾归入品目06.03。品目06.04的货品可带有装饰性水果。

例2. 装饰用的干菊花

【答案】 0603.9000

【归类说明】 本题货品属于植物产品，应归入本章。查阅品目，该货品做“装饰用”，符合06.03品目条文的规定，应归入品目06.03。查阅子目，因该货品是“干的”，应归入一级子目0603.9000“其他”。

例 3. 天然圣诞树（未经装饰）

【答案】0604.2090

【归类说明】未经装饰的天然圣诞树不具有明显节日用品的特征，不能作为圣诞用品归入品目 95.05。根据归类总规则一的规定，天然圣诞树按品目条文归入子目 0604.2090。

第七章　食用蔬菜、根及块茎

一、本章商品范围及结构

本章共 4 条章注、14 个品目，包括各种食用蔬菜，不论是否鲜、冷、冻、干或经临时保藏处理的，还包括某些鲜、冷、冻或干的高淀粉或高菊粉块茎及块根和球茎，听装洋葱粉，以及经过改性空气包装（MAP）加工方法包装的本章产品。

归入本章的鲜或干的蔬菜，可供食用、种用或种植（如马铃薯、洋葱、青葱、大蒜、豆类蔬菜）。

本章的 14 个品目的排列结构为：鲜或冷藏的蔬菜（品目 07.01 ~ 07.09）→冷冻蔬菜（品目 07.10）→暂时保藏的蔬菜（品目 07.11）→干蔬菜（品目 07.12）→脱荚的干豆（品目 07.13）→其他块茎、根茎（品目 07.14）。

二、本章商品归类要点概述

（一）本章商品的加工程度在品目条文及注释中做出了规定，可以是鲜、冷、冻（未烹煮、蒸过或水煮）、干（包括脱水、蒸干或冻干）或经临时保藏处理的（例如使用二氧化硫气体、盐水、亚硫酸水或其他防腐液）。此外，除条文另有规定的以外，本章的商品还可经清洗、切片、切碎、切丝、捣碎、磨碎、去皮或去壳的加工，但加工成粉状的应归入第十一章，而制作或保藏方式超出本章所允许范围的一般应归入第二十章。例如，鲜或冷冻的甜玉米（含煮熟后冷冻）归入第七章，加工成粉状及团粒（参见本类类注）的甜玉米归入第十一章，煮熟的甜玉米归入第二十章。

（二）品目 07.12 的干蔬菜包括干制的归入品目 07.01 ~ 07.11 的各种蔬菜，但不包括品目 07.13 的脱荚干豆等。（参见章注三）

（三）可作为水果对待的番茄、黄瓜、萝卜及胡萝卜、甘薯及油橄榄归入本章；可作调味香料对待的洋葱、青葱、大蒜、韭葱等葱属蔬菜归入本章，而生姜、姜黄等归入第九章；豌豆、鹰嘴豆、豇豆、菜豆、扁豆、蚕豆等豆类蔬菜归入本章，而大豆归入品目 12.01；甜玉米归入本章，但玉米归入第十章。

（四）本章所称的"蘑菇及块菌"主要包括：白蘑菇（伞菌属蘑菇）、木耳（黑木耳）、银耳（白木耳）、香菇、金针菇、草菇、平菇、茶树菇、猴头菇、松茸、口蘑、块菌、牛肝菌、羊肚菌、鲍鱼菇、竹荪等。

（五）经均化的产品不能作为本章产品归类，而应归入第二十章的制品。

三、本章商品与相关商品的归类

（一）鲜或冷藏的蔬菜的归类

序号	商品描述	归类
1	马铃薯（种用及其他）	07.01
2	番茄	07.02
3	洋葱（包括洋葱头和春洋葱）及青葱；大蒜（包括蒜头、蒜薹及蒜苗）；韭葱、大葱、细香葱及其他葱蔬菜	07.03
4	菜花及硬花甘蓝、抱子甘蓝、其他硬花芥属蔬菜（如白/红卷心菜、大白菜）、西兰花、羽衣甘蓝、球茎甘蓝等 不包括其他根状芥属蔬菜，如萝卜（品目07.06）、芜菁甘蓝（品目12.14）	07.04
5	莴苣（如结球莴苣）和菜用菊苣（如维特罗夫菊苣） 不包括菊苣植物及菊苣根（品目06.01或12.12）	07.05
6	胡萝卜、萝卜、色拉甜菜根、婆罗门参、块根芹（萝卜根芹或德国芹菜）、小萝卜、雅葱、辣根、甘露子、牛蒡及防风根 不包括临时保藏的牛蒡根（品目07.11）及品目12.14的饲料	07.06
7	黄瓜及小黄瓜	07.07
8	豆类蔬菜，不论是否脱荚，如豌豆、豇豆、菜豆 不包括大豆（品目12.01）和稻子豆（品目12.12）	07.08
9	其他蔬菜，如芦笋、茄子、芹菜、蘑菇及块菌、辣椒（包括甜椒）、菠菜、南瓜、笋瓜及瓠瓜、竹笋、洋蓟、甜玉米、菜葫芦、油橄榄、大黄、食用菜蓟、茴香、刺山柑及酸模、莙荙菜（白甜菜）及秋葵、欧芹、细叶芹、龙蒿、水芹、香薄荷、芫荽、莳萝、甜苿乔栾那（参见章注二） 不包括块根芹（品目07.06）、荸荠（品目07.14）、辣椒干及辣椒粉（品目09.04）及野苿乔栾那（品目12.11）	07.09

其中，马铃薯及其相关产品归类如下：

序号	商品描述	归类
1	鲜或冷藏的马铃薯	07.01
2	冷冻的马铃薯	07.10
3	简单干燥、脱水的马铃薯	07.12
4	马铃薯粗粉、细粉	11.05
5	马铃薯淀粉	11.08
6	进一步加工的马铃薯制品	第四类

番茄及其相关产品归类如下：

序号	商品描述	归类
1	鲜或冷藏的番茄	07.02
2	冷冻的番茄	07.10
3	干的番茄	07.12
4	暂时保藏的番茄	07.11
5	用醋或醋酸制作或保藏的番茄	20.01
6	用其他方法制作或保藏的番茄	20.02
7	干重量在7%及以上的番茄汁	20.02
8	干重量在7%以下的番茄汁，未发酵或酒精含量不超过0.5%	20.09
9	发酵或酒精含量超过0.5%的番茄汁	22.06
10	番茄沙司及其他番茄调味汁	21.03
11	番茄汤料及其制品	21.04

甜玉米及其相关产品归类如下：

序号	商品描述	归类
1	鲜或冷藏的甜玉米	0709.9990
2	冷冻的甜玉米	0710.4000
3	甜玉米的细粉、粗粉	11.02~11.04
4	甜玉米的团粒	1103.2090
5	用其他方法制作或保藏的甜玉米	第二十章

例1. 鲜辣椒

【答案】0709.6000

【归类说明】本题货品属于蔬菜，应归入本章。查阅品目，因该货品是“鲜”的且未在其他品目列名，应归入品目07.09，然后按列名归入一级子目0709.6000

“辣椒，包括甜椒”。

（二）冷冻蔬菜的归类

品目07.10包括鲜或冷藏时归入品目07.01～07.09的冷冻蔬菜（通常是以工业速冻法制得），主要品种有马铃薯、豌豆、豇豆及菜豆、菠菜、甜玉米、芦笋、胡萝卜及甜菜根。本品目还包括冷冻什锦蔬菜及冻前加有盐或糖的蔬菜和冻前蒸过或用水煮过的蔬菜。但本品目不包括以其他方法烹煮过的蔬菜（第二十章）或与其他物料一起制作的蔬菜，如“配餐”（第四类）。

例2. 冷冻的煮熟甜玉米粒，塑胶袋装

【答案】0710.4000

【归类说明】根据第十章注释二和第七章注释二的规定，甜玉米是一种蔬菜型玉米。因冷冻的煮熟甜玉米粒符合07.10品目条文的规定，应归入品目07.10。然后按列名归入一级子目0710.4000“甜玉米”。

（三）暂时保藏的蔬菜的归类

品目07.11包括暂时保藏的蔬菜，主要品种有洋葱、油橄榄、刺山柑、黄瓜、小黄瓜、蘑菇、块菌、竹笋、大蒜、番茄，以及什锦蔬菜等。这些蔬菜通常是以木桶或琵琶桶包装，主要用作食品工业的原材料，不适于直接食用。本品目不包括用苏打液或经乳酸发酵处理的货品（如油橄榄、泡菜、小黄瓜及青豆）（第二十章）。

（四）干蔬菜的归类

品目07.12包括干制（包括脱水、蒸干或冻干）的归入品目07.01～07.11的各种蔬菜（如马铃薯、洋葱、蘑菇、胡萝卜、菠菜、大蒜，以及什锦蔬菜），整个、切块、切片、破碎或制成粉状，但未经进一步加工的。例如，精制香菇归入子目0712.3910。（参见章注三）

（五）脱荚的干豆的归类

品目07.13包括供人或动物食用的、作种用或其他用途的脱荚干豆，包括豌豆、鹰嘴豆、绿豆、赤豆、芸豆、牛豆、兵豆、扁豆、蚕豆、马蚕豆、木豆、瓜尔豆，不论是否去皮或分瓣。但本品目不包括白羽扇豆（品目12.09）和刺槐豆（品目12.12）等。

例3. 绿豆（晒干的，非种用），2千克/袋

【答案】0713.3190

【归类说明】绿豆又名青豆，属于豆类蔬菜中的豇豆属植物，应归入第七章。晒干的绿豆符合07.13品目条文的规定，应归入品目07.13，然后根据“非种用”的条件，该商品按列名归入子目0713.3190“其他”。

（六）其他食用根及块茎的归类

品目07.14包括含有高淀粉或菊粉而用于生产食品或其他工业产品的块茎及

根，如鲜、冷、冻或干制的木薯、竹芋、兰科植物块茎、菊芋、甘薯（番薯）、山药、芋头（芋属）、箭叶黄体芋（黄肉芋属）、荸荠、藕，不论是否切片或制成团粒，以及西谷茎髓（制西米粉的原材料）。

第八章　食用水果及坚果；柑橘属水果或甜瓜的果皮

一、本章商品范围及结构

本章共3条注释、14个品目，主要包括通常供人食用的水果、坚果、柑橘属果皮或甜瓜（包括西瓜）皮，以及干果（如椰枣及梅脯）。本章还包括听装梅脯或干坚果，以及经过改性空气包装（MAP）加工方法包装的本章产品。

本章的14个品目的排列结构为：鲜或干的坚果（08.01～08.02）→鲜或干的水果（品目08.03～08.10）→冷冻水果及坚果（品目08.11）→暂时保藏的水果及坚果（品目08.12）→其他干果、什锦坚果或干果（品目08.13）→柑橘属水果的果皮或甜瓜皮（品目08.14）。

二、本章商品归类要点概述

（一）与第七章类似，本章所允许的加工程度在品目条文及注释中做出了规定，除品目08.11的冷冻水果及坚果可以蒸煮、加糖或其他甜物质外，仅限于鲜、冷、冻（不论是否事先蒸过或用水煮过或含有甜物质）、干（包括脱水、蒸干或冻干）或作不适合直接食用的暂时保藏。上述水果及坚果还可以切片、切碎、切丝、去核、捣浆、磨碎、去皮或去壳。

本章的果实若仅加入少量的糖，不影响其归类。

（二）注意区分品名相似但品种不同的水果与坚果。例如，椰枣（品目08.04）与红枣（子目0813.4030），番石榴（品目08.04）与石榴（品目08.10），番荔枝与荔枝（均归入品目08.10），杨桃（品目08.10）与油桃（品目08.09），鳄梨（品目08.04）与梨（品目08.08）。

（三）果仁与核仁的区别：果仁是指去壳的坚果，如松子仁；核仁是指果核的子仁，如杏仁。可食用的坚果果仁归入第八章，核仁归入第十二章。

（四）本章不包括非供食用的坚果或水果，以及加工成粉状的本章产品（第十一章）。

三、本章商品与相关商品的归类

（一）鲜或干的坚果的归类

鲜或干的坚果，不论是否去壳或去皮，归入品目08.01～08.02。

序号	商品描述	归类
1	椰子（种用及其他）、巴西果、腰果及干椰子肉 不包括干椰肉（品目 12.03）	08.01
2	其他坚果：巴旦杏、榛子、核桃、栗子、阿月浑子果（开心果）、马卡达姆坚果（夏威夷果）、可乐果、槟榔果、白果、山核桃、松子（意大利五叶松果）及菱角 不包括花生（品目 12.02）、核桃壳及杏仁壳（品目 14.04）、七叶树果（品目 23.08）等	08.02

其中，品目 08.01 的干椰子肉是干制且切成丝条状的椰肉，而干椰肉用于榨取椰子油而不适合供人食用。

（二）鲜或干的水果的归类

鲜或干的水果归入品目 08.03～08.06。

序号	商品描述	归类
1	香蕉，包括芭蕉	08.03
2	椰枣、无花果、菠萝、鳄梨、番石榴、芒果及山竹果	08.04
3	柑橘属水果，如橙、柑橘、葡萄柚（包括柚）、柠檬、香橼 不包括柑橘皮（品目 08.14）和“橘豆”（品目 12.11）	08.05
4	葡萄和葡萄干	08.06

例 1. 泰国产鲜芒果

【答案】0804.5020

【归类说明】芒果是一种食用水果，应归入第八章。查阅品目条文，该货品应归入品目 08.04，最后按“芒果”的列名归入子目 0804.5020。

（三）其他鲜的水果的归类

其他鲜的水果归入品目 08.07～08.10。

序号	商品描述	归类
1	甜瓜（包括西瓜）及番木瓜，如哈密瓜、罗马甜瓜	08.07
2	苹果、梨（如鸭/雪/香梨）及榅桲（供制果酱或果冻用）	08.08
3	杏子、樱桃、桃（包括油桃）、李及黑刺李	08.09
4	其他鲜果，如草莓、木莓、黑莓、桑葚及罗甘莓，黑、白或红的穗醋栗（加仑子）及醋栗，蔓越橘及越橘、猕猴桃、榴梿、柿子、番荔枝、杨桃、莲雾、荔枝、龙眼、火龙果、乌饭树越橘、桃金娘浆果（岗捻）、波伊森莓、花楸果、接骨木果、大常青树果、石榴、梨果仙人掌（霸王树）的果实、蔷薇果、枣子、欧楂果、刺果番荔枝、巴婆果 不包括杜松果（品目 09.09）	08.10

例 2. 鲜水蜜桃

【答案】0809.3000

【归类说明】水蜜桃是一种食用桃属水果，应归入本章。查阅品目，该货品按“桃”的列名归入品目 08.09，然后再按“桃”的列名归入一级子目 0809.3000。

（四）冷冻水果及坚果的归类

根据本章注释二的规定，冷藏的水果和坚果应按相应的鲜果品目归类。例如，冷藏的香梨按相应的鲜香梨归入子目 0808.3020。

品目 08.11 项下货品主要为新鲜或冷藏时归入本章以上各品目的冻水果及坚果，包括冻前蒸过或用水煮过的（如草莓、木莓、黑莓、桑葚、罗甘莓、鹅莓），不论是否蒸煮、加糖或其他甜物质，以及加盐。但本品目不包括冻前用其他方法烹煮的冻水果及坚果（第二十章）。

例 3. 蒸煮后冷冻的去壳板栗

【答案】0811.9090

【归类说明】本题货品属于食用坚果，应归入本章。查阅品目，该货品符合 08.11 品目条文的规定，应归入品目 08.11。查阅子目，因该货品未在一级子目列名，故其应归入一级子目 0811.9。然后根据“去壳”的条件，该货品应归入三级子目 0811.9090“其他”。

（五）暂时保藏的水果及坚果的归类

品目 08.12 包括使用前在运输或储存过程中仅为暂时保藏而进行处理过的水果及坚果（不适合直接食用）。这些产品（如樱桃、草莓、橙子、枸橼、杏子及青梅）主要用于食品工业（制果酱、蜜饯水果等），并常用桶、盘或敞开式板条箱包装。

（六）什锦坚果或干果的归类

品目 08.13 包括新鲜时归入品目 08.07 ~ 08.10 的干果，如杏、梅、李、柿饼、红枣、荔枝干、龙眼干等。除梅脯外，其他果品通常都切为两半或切片、去核、去心或去籽。

本章的什锦坚果或干果归入品目 0813.5000，包括鲜或干的什锦坚果、什锦干果（坚果除外）、鲜或干的坚果与干果的混合品。

本品目也包括由本品目的某些干果或什锦干果可包装（如用小香袋包装）为草本植物浸泡剂或草本植物“茶”。但本品目不包括由本品目的一种或多种干果与其他章的植物或植物部分品，或与一种或多种植物精汁等其他物质组成的混合物（品目 21.06）。

注意，干果外部覆有一层干的天然糖粉，其外表看上去与品目 20.06 的裹糖果有些相似。根据章注三，本章的干果可以部分复水或为下列目的进行其他处理，但须保持干果的特征：

1. 为保藏或保持其稳定性（例如，经适度热处理或硫化处理、添加山梨酸或山梨酸钾）；

2. 为改进或保持其外观（例如，添加植物油或少量葡萄糖浆）。

（七）柑橘属水果等果皮的归类

品目 08. 14 包括鲜、冻、干或用盐水、亚硫酸水或其他防腐液暂时保藏的柑橘属水果或甜瓜（包括西瓜）的果皮，如柑橘皮、柠檬皮及香橼皮（主要用于制蜜饯或提取精油），但不包括果皮粉（品目 11. 06）及蜜饯果皮（品目 20. 06）。

第九章　咖啡、茶、马黛茶及调味香料

一、本章商品范围及结构

本章共 2 条章注，10 个品目，主要包括咖啡、含咖啡的咖啡代用品、茶、马黛茶，以及各种调味香料。这些产品可以是完整的，也可以是捣碎或制成粉末的；可以是单一的，也可以是本章多种调味香料的混合物。

本章 10 个品目的排列顺序为：咖啡及咖啡代用品（品目 09. 01）→茶（品目 09. 02）→马黛茶（品目 09. 03）→调味香料（品目 09. 04 ~09. 10）。

二、本章商品归类要点概述

（一）《税则》中对茶叶的分类以茶叶的发酵程度为准，分为发酵茶、半发酵茶、全发酵茶。例如，完全发酵的普洱茶熟茶及湿仓普洱归入子目 0902. 30 或 0902. 40；未发酵的当年的普洱新茶，应按绿茶归入子目 0902. 10 或 0902. 20；尚未发酵完全的 2 ~5 年的干仓普洱，应按半发酵茶归入子目 0902. 30 或 0902. 40；陈化 5 年以上的干仓普洱归入子目 0902. 30 或 0902. 40。

（二）本章调味香料与第二十一章混合调味品的区别：前者不论是单一的还是混合的，均保持植物本性；后者除了芥末粉以外，都是混合制品且不具有植物的基本特征。

（三）本章不包括荜澄茄椒或品目 12. 11 的其他产品。

三、本章商品与相关商品的归类

（一）咖啡的归类

品目 09. 01 包括：咖啡，不论是否焙炒或浸除咖啡碱；咖啡壳及咖啡皮等。咖啡及其相关产品的归类如下：

序号	商品描述	归类
1	咖啡	09.01
2	含有任何比例咖啡的咖啡代用品	09.01
3	不含咖啡的焙炒咖啡代用品及浓缩精汁	21.01
4	含咖啡的咖啡代用品的浓缩精汁及不含咖啡的咖啡代用品的浓缩精汁	21.01
5	咖啡蜡	15.21
6	咖啡碱	29.39
7	咖啡精汁或浓缩物（如速溶咖啡）	2101.1100
8	“1+2”速溶咖啡（属于以速溶咖啡为基本成分的制品）	2101.1200
9	咖啡伴侣（单独报验）	2106.9090
10	与速溶咖啡同时报验的咖啡伴侣	2101.1100
11	与“1+2”速溶咖啡同时报验的咖啡伴侣	2101.1200
12	咖啡饮料	22.02

（二）茶的归类

归类时，应注意品目09.02项下货品的制作或保存方法：未发酵、半发酵、发酵，以及该品目所列茶的内包装每件净重。

序号	商品描述	归类
1	从茶属（山茶属）植物获得的各种不同的茶（如绿茶、红茶、清茶、黑茶、黄茶、白茶等）	09.02
2	马黛茶	09.03
3	茴香茶	09.09
4	水果茶	08.13
5	供制草本植物浸泡剂或草本植物“茶”的产品	08.13、09.09、12.11或21.06等
6	单味植物浓缩茶	13.02
7	玄米绿茶	21.01
8	人参茶	21.06
9	冰红茶	22.02
10	药用茶	30.03

其中，品目09.02的绿茶是未发酵茶；红茶是全发酵茶；清茶（又称乌龙茶）是半发酵茶；黑茶、黄茶属于发酵茶，而白茶属于轻微发酵茶（均归入0902.30或0902.40）。浸除咖啡碱的茶也归入品目09.02。

例 1. “龙井”绿茶，150 克塑料袋装

【答案】0902.1090

【归类说明】本题货品是茶，应归入本章。查阅品目，该货品符合 09.02 品目条文的规定，应归入品目 09.02。因其净重不超过 3 千克，该货品按列名归入一级子目 0902.1，最后归入三级子目 0902.1090“其他”。

（三）调味香料的归类

调味香料是富含精油及芳香素的一组植物产品（包括籽仁等），其特有的味道使其主要用作调味品：

序号	成分	商品描述	归类
1	单一成分	胡椒（如长椒）、胡椒地脚；辣椒（包括多香果）干及辣椒粉	09.04
2		香子兰豆	09.05
3		肉桂及肉桂花、肉桂废料及肉桂果实	09.06
4		丁香（母/公丁香及丁香梗） 不包括丁香树皮及树叶（品目 12.11）	09.07
5		肉豆蔻（不论是否去壳）、肉豆蔻衣及豆蔻	09.08
6		茴芹子、八角茴香、小茴香子、芫荽子、枯茗子及贳蒿子；杜松果	09.09
7		姜（包括鲜姜、暂时盐渍的姜）、番红花、姜黄或郁金、（野）麝香草及月桂叶（不论是否干制）、咖喱粉、莳萝子及葫芦巴子以及品目 09.04～09.10 所列产品的混合物 不包括用糖浆腌制的姜（品目 20.08）	09.10
8	混合成分（参见章注一）	本章同一品目的两种或两种以上产品的混合物	仍归原品目
9		本章不同品目的两种或两种以上产品的混合物	0910.9100
10		第九章与其他章的产品构成的混合调味品（注意成分含量）	21.03

综上所述，调味香料，单一成分的归入第九章；多种成分的，若所有成分均为第九章产品，则亦归入第九章，若有一种或以上成分为其他章的，则归入品目 21.03。

例 2. 含辣椒粉与胡椒粉各 50% 的混合物

【答案】0904.2200

【归类说明】本题货品是由辣椒粉（品目 09.04）与胡椒粉（品目 09.04）混

合而成，根据本章注释一（一）的规定，同品目的混合物应归入原品目，故该货品应归入品目09.04。查阅子目，该混合物在品目09.04项下子目的归类，章注和条文都没有规定，因辣椒粉与胡椒粉等量，故根据归类总规则三（3），该混合物从后归入子目0904.2200。

例3. 丁香50克、八角茴香50克、肉桂50克的混合物

【答案】0910.9100

【归类说明】该混合物是由丁香（品目09.07）、八角茴香（品目09.09）与肉桂（品目09.06）混合而成，根据本章注释一（二）的规定，本章不同品目的调味香料的混合物应归入品目09.10，然后按子目条文归入子目0910.9100。

例4. 15%辣椒粉、25%肉豆蔻衣、60%玉米粉的混合物

【答案】2103.9090

【归类说明】根据本章注释一（二）的规定，品目09.04～09.10的产品的混合物，如添加其他物质而改变其基本特征的，则构成混合调味品，应归入品目21.03。本题货品中的“15%辣椒粉、25%肉豆蔻衣”属于品目09.04～09.10的产品的混合物，其合计含量为40%，少于所添加的其他物质“玉米粉”的含量（60%）。这样所添加的其他物质改变了原产品的基本特性，故本题货品应按“混合调味品”的列名归入品目21.03。查阅子目，由于该货品未在一级子目中列名，故归入一级子目2103.9“其他”。又因该货品未在三级子目中列名，故归入三级子目2103.9090“其他”。

第十章　谷物

一、本章商品范围及结构

本章共2条章注、1条子目注释、8个品目，仅包括谷物，不论是否成捆或成穗。

本章的8个品目的排列顺序为：麦类谷物（品目10.01～10.04，品目10.08）→玉米（品目10.05）→稻谷、大米（品目10.06）→食用高粱（品目10.07）→谷子及其他谷物（品目10.08）。

二、本章商品归类要点概述

（一）本章各品目所列产品须带有谷粒，不论是否成穗或带杆。

（二）除去壳、碾磨、上光、磨光、半熟或破碎的稻米仍归入品目10.06外，其他谷物，如果已去壳或经其他加工，一般归入第十一章，例如已脱壳的青稞归入品目11.04。经膨化或烹煮加工的食品则归入第十九章（如爆米花）。

（三）不同“属”的杂交谷物，如用小麦（禾本科小麦属）与黑麦（禾本科黑麦属）杂交得到的黑小麦，应作为其他谷物归入品目 10.08。

（四）本章商品包括种用及其他。

三、本章商品与相关商品的归类

（一）麦类谷物的归类

序号	商品描述	归类
1	小麦（普通小麦和硬粒小麦）及混合麦（参见子目注释）	10.01
2	黑麦 不包括有麦角寄生的黑麦（品目 12.11）	10.02
3	大麦（含青稞麦）	10.03
4	燕麦	10.04
5	黑小麦	10.08
6	荞麦	10.08
7	麦类谷物粉	11.01 ~ 11.03
8	经去壳、滚压、制片等加工的麦类谷物及谷物胚芽	11.04
9	麦芽	11.07
10	麦类谷物淀粉	11.08
11	经膨化或烘炒、预煮等加工的麦类谷物	19.04

此外，大麦及其相关产品归类如下：

序号	商品描述	归类
1	未经加工的大麦，不论是否种用	10.03
2	发芽大麦（麦芽），不论是否焙制、麦芽细粉及烘焙麦芽	11.07
3	不含咖啡的烘焙大麦或麦芽（咖啡代用品）	21.01
4	含咖啡的烘焙大麦或麦芽	09.01
5	大麦粉	第十一章或品目 23.02
6	麦精	19.01
7	麦芽废料	23.03

例 1. 硬粒小麦（非种用）

【答案】1001.1900

【归类说明】本题货品属于谷物，应归入本章。查阅品目，该货品按列名归入一级子目1001.1。因该货品是非种用，故应归入二级子目1001.1900“其他”。

（二）玉米的归类

玉米归入品目10.05，但甜玉米归入第七章。

（三）稻谷、大米的归类

品目10.06包括稻谷、糙米、半精米、全精米（白米）、碎米，以及营养米与半熟米。但本品目不包括处理后米粒结构有很大变化的大米。例如，全煮熟或半煮熟的大米经脱水制成的速食米以及经膨化加工可即供食用的爆米花（均归入品目19.04）。

（四）食用高粱的归类

食用高粱归入品目10.07，包括白高粱、棕高粱及中国高粱等。高粱的归类如下：

序号	商品描述	归类
1	未去壳的食用高粱，不论是否种用	10.07
2	已去壳的食用高粱	11.04
3	甜高粱（用于制糖浆）	12.12
4	饲料高粱（用于制干草或青贮饲料）及草高粱（用作牧草）	12.14
5	帚用高粱	14.04
6	甜高粱、饲料高粱及草高粱、帚用高粱的种子	12.09

例2. 食用高粱（非种用，净重50千克）

【答案】1007.9000

【归类说明】食用高粱是一种谷物，应归入本章，然后按列名归入品目10.07。因该货品不作种用，故应归入一级子目1007.9000“其他”。

（五）谷子及其他谷物的归类

品目10.08还包括谷子、加那利草子、直长马唐（马唐属）、昆诺阿藜（籽粒形似粟，是一种新的粮食作物）与某些杂交谷物（如黑小麦）等。

第十一章　制粉工业产品；麦芽；淀粉；菊粉；面筋

一、本章商品范围及结构

本章共3条章注、9个品目，主要包括：碾磨或经其他方法加工第十章的谷物及第七章的甜玉米所得的产品（如细粉、粗粉、粗粒、团粒，以及经去壳、滚压、制片、制成粒状、切片或粗磨的谷物）；将第十章的谷物按本章各品目所列其他方法（例如，麦粒发芽、提取淀粉或面筋等）加工的产品；以品目 07.01、07.13、07.14 及第八章的产品为原料，经类似方法加工的产品。

本章 9 个品目的排列顺序为：谷物粉（品目 11.01～11.03）→经其他加工的谷物（品目 11.04）→马铃薯粉（品目 11.05）→其他细粉、粗粉（品目 11.06）→麦芽（品目 11.07）、淀粉及菊粉（品目 11.08）→面筋（品目 11.09）。

二、本章商品归类要点概述

（一）本章商品可制成粉状（细粉、粗粉、团粒等），还可经去壳、滚压、制片或磨碎，以及发芽干制、制成面筋等加工处理；经进一步加工的，一般归入第十九章（例如，用面粉制成的面包或面条，经制作的细粉、粗粉、粗粒或淀粉应归入品目 19.01）。

（二）同时符合本章注释二（一）规定的淀粉及灰分含量标准的谷物粉归入本章，不符合的则归入品目 23.02；符合本章注释二（二）规定的过筛率指标的，归入品目 11.01 或品目 11.02，不符合的则归入品目 11.03 或品目 11.04；符合本章注释三规定的过筛率指标的，归入品目 11.03，不符合的则归入品目 11.04。

三、本章商品与相关商品的归类

（一）谷物碾磨产品的归类

谷物碾磨产品归入品目 11.01～11.04（参见章注二、三）。

序号	商品描述	归类
1	小麦或混合麦的细粉	11.01
2	其他谷物细粉，如玉米细粉	11.02
3	谷物的粗粒、粗粉及团粒，如小麦的粗粒及粗粉（参见章注三）；小麦的团粒	11.03
4	滚压或制片的谷物；去壳、制成粒状、切片或粗磨的谷物；整粒、滚压、制片或磨碎的谷物胚芽 不包括去壳、碾磨的大米及碎米（品目 10.06）等	11.04

其中，品目 11.01 和 品目 11.02 的细粉可加有改良用的极少量矿物磷酸盐、抗氧剂、乳化剂、维生素或发酵粉；面粉还可加有一般不超过 10% 的面筋以进一步提高其营养价值。

例 1. 玉米粉，淀粉含量为 50%，灰分含量为 1%，用 500 微米孔径的金属丝网筛过筛的通过率为 85%，但用 2 毫米孔径的金属丝网筛过筛的通过率为 96%

【答案】 1103.1300

【归类说明】 本题货品的淀粉含量和灰分含量同时符合本章注释二（一）规

定的淀粉及灰分含量标准，应归入本章。因该货品用500微米孔径的金属丝网筛过筛的通过率为85%，不符合本章注释二（二）规定的过筛率指标，故该货品不能归入品目11.02。但该货品用2毫米孔径的金属丝网筛过筛的通过率为96%，符合本章注释三（一）规定的过筛率指标，故该货品应归入品目11.03，然后按列名归入二级子目1103.1300。

例2. 经粗碾、破碎后呈不规则形状的薏米粗粒

【答案】1104.2990

【归类说明】本题货品是薏苡去壳后经粗碾破碎而得，应按去壳谷物归入本章。查阅品目，该货品符合11.04品目条文的规定，应归入品目11.04。因该货品是经粗碾、破碎加工，但未滚压成片，故应归入一级子目1104.2。因薏米没有列名，所以应归入三级子目1104.2990“其他”。

（二）其他碾磨产品的归类

序号	商品描述	归类
1	马铃薯的细粉、粗粉、粉末、粉片、颗粒及团粒 不包括马铃薯淀粉（品目11.08）等	11.05
2	用品目07.13的干豆或品目07.14的西谷茎髓及植物根茎、块茎制成的细粉、粗粉及粉末；用第八章的产品（栗子、杏仁、椰枣、香蕉、椰子及罗望子果）制成的细粉、粗粉及粉末；果皮粉 不包括未脱脂大豆细粉（品目12.08），供预防或治疗疾病用的零售包装罗望子果粉（品目30.04）等	11.06

（三）其他加工产品的归类

序号	商品描述	归类
1	完整的麦芽、粗磨麦芽、麦芽细粉及焙制麦芽	11.07
2	（小麦、玉米、大米、马铃薯、木薯等）淀粉；菊粉 不包括制成香粉及盥洗用品的淀粉（第三十三章），糊精及其他改性淀粉（品目35.05），分离淀粉所得的离析支链淀粉及离析直链淀粉（品目39.13）等	11.08
3	面筋，不论是否干制 不包括加有面筋的营养面粉（品目11.01），作胶用或作纺织工业上光料或浆料用的面筋（品目35.06或38.09）等	11.09

其中，淀粉的化学成分为碳水化合物；菊粉的化学成分与淀粉相似，但遇碘不呈蓝色而呈浅黄棕色。

本章细粉与淀粉的区别在于，前者用手指搓捏时，不会发出轻微爆破声，而后者则会发出轻微爆破声。

第十二章　含油子仁及果实；杂项子仁及果实；工业用或药用植物；稻草、秸秆及饲料

一、本章商品范围及结构

本章共5条章注、1条子目注释、14个品目，主要包括提取食用或工业用油脂的含油子仁及果实，农牧业种植用的种子，酿啤酒用的啤酒花及蛇麻腺，制糖业用的甜菜及甘蔗，饲料用的稻草、秸秆及其他植物，工业用或药用植物，海草及其他藻类，以及主要供食品工业用的其他品目未列名的食用果核、果仁及植物产品。

本章14个品目的排列顺序为：含油子仁及果实（品目12.01～12.08）→种植用的种子（品目12.09）→啤酒花及蛇麻腺（品目12.10）→香料及药用植物（品目12.11）→其他食用的植物（品目12.12）→饲料用植物（品目12.13～12.14）。

二、本章商品归类要点概述

（一）本章的加工程度在各品目条文中做出了规定，一般可以是破碎、压碎、去衣或去壳的，也可以进行热处理。本章的含油子仁或果实经炼制加工的归入第十五章（如花生油），食用产品经烹饪加工的一般归入第二十章（如五香花生），饲料植物经配制加工的归入第二十三章。

（二）品目12.13与14.01所列“谷类植物的茎、秆”的区别：适于编结的归入品目14.01，而适于作饲料的归入品目12.13。

（三）品目12.14与23.08所列“饲料植物”的区别：前者仅指专门为饲养动物而种植的植物，如饲料甜菜；后者的植物虽可用作动物饲料，但并不是专门为饲养动物而种植的，如甜菜、胡萝卜叶和玉米叶。

三、本章商品与相关商品的归类

（一）含油子仁、果实及其粉的归类

品目12.01～12.07包括供提取食用或工业用油脂的各种子仁及果实，不论是否破碎、去衣或去壳的，也不论其报验时是否准备用于榨油、播种或其他用途。

序号	商品描述	归类
1	大豆，如黄/黑/青大豆等 不包括作为咖啡代用品的烘焙大豆（品目21.01）	12.01

续表

序号	商品描述	归类
2	未焙炒或未烹煮的花生 不包括已焙炒或已烹煮的花生（第二十章）	12.02
3	干椰子肉 不包括椰子干（品目08.01）	12.03
4	亚麻子	12.04
5	油菜籽，包括低芥子酸油菜籽（参见子目注释）	12.05
6	葵花子	12.06
7	其他含油子仁及果实，如棕榈果及棕榈仁、蓖麻子、芝麻、红花子、甜瓜的子、巴巴苏果仁、卡瑞帕坚果、葡萄种子、木棉子、盏金花子、苏子、乌臼子、木斛果、巴豆子、大麻子、莫子、麻风子、臭气乔木子、茶子、石栗果、大风子种子、月见草子、紫荆子、芥子、罂粟子、油桐子等（参见章注一）	12.07
8	含油子仁或果实的细粉及粗粉（如大豆粉）（参见章注二） 不包括花生酱（品目20.08）、脱脂细粉及粗粉（品目21.03的芥子粉除外）（品目23.04～23.06）	12.08

例1. 黄大豆种子

【答案】 1201.1000

【归类说明】 大豆主要是用来提取油脂供人食用，应归入本章，然后按品目条文归入品目12.01。因黄大豆种子是做种用的，故应归入子目1201.1000“种用”。

（二）植物种子的归类

序号	商品描述	归类
1	含油子仁及果实的种子	12.01～12.07
2	豆类蔬菜、马铃薯、甜玉米及淀粉或菊粉含量高的植物种子	第七章
3	调味香料及其他产品的种子	第九章
4	谷物的种子	第十章
5	可食用的种用坚果	08.01或08.02
6	主要用作香料、药料、杀虫、杀菌或类似用途的植物种子	12.11

续表

序号	商品描述	归类
7	刺槐豆的种子	12.12
8	种植用的其他植物种子、果实及孢子，如甜菜子、草子及其他草本植物种子（紫苜蓿子、驴喜豆、三叶草子等）、观赏花卉的种子、果树种子、蔬菜种子、林木种子（包括含子松果）、巢菜籽（蚕豆除外）、羽扇豆（属植物种子）等（参见章注三）	12.09

（三）啤酒花及蛇麻腺的归类

品目 12.10 包括鲜或干的啤酒花（不论是否研磨或制成团粒）及蛇麻线，不包括用溶剂提取的啤酒花浸膏（子目 1302.1300）、用液态二氧化碳萃取的啤酒花浸膏（子目 3301.2999）、废啤酒花（品目 23.03），以及蛇麻精油（品目 33.01）等。

（四）香料及药用植物的归类

品目 12.11 包括主要用作香料、药料、杀虫、杀菌或类似用途的植物产品（包括子仁及果实），鲜、冷、冻、干、切割、捣碎、研磨、研粉或去壳的，或用酒精浸渍的。它们可以是完整的植物、苔藓或地衣，也可以是部分品，例如，木（削片、刨片、碎片或粉末状）、皮、根、梗、叶、花、果实及子仁，还可以是机械处理后所剩的废料。

本品目包括下列植物或这些植物的某部分：罗勒、琉璃苣、人参、海索草、甘草、薄荷、迷迭香、芸香、鼠尾草、苦艾、田七、党参、菊花等，以及由单一品种的植物或植物某部分（包括子仁及果实）构成的草本植物浸泡剂或草本植物“茶”，如薄荷“茶”。但本品目不包括用于提取第十五章固定油类的子仁及果实（品目 12.01～12.07）；经混合或制成零售包装的杀虫剂、杀菌剂或类似产品（品目 38.08）；直接用作饮料香精或用于制造饮料的调制精汁的由本品目的不同种类植物或植物某部分构成的混合物（品目 21.06），以及由本品目的植物或植物某部分与其他章（如第七章、第九章、第十一章）的植物产品构成的混合物（第九章或品目 21.06）。

例 2. 长寿牌西洋参片，干的，50 克/盒

【答案】 1211.2010

【归类说明】 西洋参是一种可作药用的植物，应归入本章。干的西洋参片符合 12.11 品目条文的规定，应归入品目 12.11，然后按西洋参的列名归入子目 1211.2010。

（五）其他食用植物的归类

品目 12.12 包括鲜、冷、冻、干或碾磨的以下货品：不论是否可供食用的海草和其他藻类（如海带、发菜），以及其粗粉；甜菜及甘蔗；刺槐豆（或稻子豆）

及其胚乳、胚芽、子及胚芽粉，不论是否与其皮粉混合；主要供人食用的其他品目未列名的果核、果仁及其他植物产品（包括未烘焙的可作咖啡代用品的菊苣根）。例如，梅或李的核及核仁，白瓜子、莲子、甜叶菊叶及发酵虫草菌粉（子目1212.9999）等，主要用于制蜜饯的当归梗茎，主要用于制糖浆的糖用高粱。但本品目不包括：海草及其他藻类制品（品目13.02）；已死的单细胞藻类（品目21.02）（参见章注五）；作为胶黏剂或增稠剂而归入品目13.02的刺槐豆胚乳粉；雕刻用的果核（品目14.04）；烘焙果仁（一般作为咖啡代用品归入品目21.01）；蔗渣，即甘蔗榨汁后剩下的纤维部分（品目23.03）；作为咖啡代用品的烘焙菊苣根（品目21.01）；其他未烘焙菊苣根（品目06.01）等。

例3. 晒干的莲子，500克袋装

【答案】1212.9994

【归类说明】莲子是莲藕开花后所结的果实，可食用，应按杂项子仁归入本章，然后按品目12.12“主要供人食用的其他品目未列名的果核、果仁及植物产品”归类，最后按列名归入四级子目1212.9994“莲子”。

（六）饲料用植物的归类

序号	商品描述	归类
1	未经处理的谷类植物的茎、秆及谷壳，不论是否切碎、碾磨、挤压或制成团粒 不包括已净、漂白或染色的谷类植物的草、秆（品目14.01）	12.13
2	专门为饲养动物而种植的植物，不论是否制成团粒：芜菁甘蓝、饲料甜菜/萝卜/胡萝卜（白色或淡黄色）及其他所列用根；鲜或干、完整、切开、剁碎或压制的干草、紫苜蓿、三叶草、驴喜豆、饲料羽衣甘蓝、羽扇豆、巢菜及类似饲料 不包括品目07.06橘黄色的胡萝卜等	12.14

第十三章　虫胶；树胶、树脂及其他植物液、汁

一、本章商品范围及结构

本章共1条章注、1条本国子目注释、2个品目，包括：虫胶；天然树胶、树脂、树胶脂、含油树脂及香树脂；植物液汁及浸膏；果胶；从植物产品中制得的琼脂及其他胶液和增稠剂。

本章2个品目的排列顺序为：虫胶（品目13.01）→树胶、树脂、树胶脂及油树脂（品目13.01）→植物液汁（品目13.02）。

二、本章商品归类要点概述

按重量计蔗糖含量在10%以上或制成糖食的甘草浸膏应归入品目17.04，而按重量计蔗糖含量未超过10%的甘草浸膏应归入品目13.02。

三、本章商品与相关商品的归类

（一）虫胶、天然树胶、树脂、树胶脂及油树脂的归类

序号	商品描述	归类
1	虫胶（梗胶、原胶、片胶、废虫胶）（扭成绞状） 不包括虫胶染料（品目32.03）	13.01
2	天然树胶、树脂、树胶脂及油树脂（如阿拉伯胶，乳香、没药及血歇，阿魏、松脂，龙血树脂、大麻脂） 不包括从本品目物质中提取的香膏及提取的油树脂（品目33.01）及品目40.01的货品	13.01

其中，天然树胶、树脂、树胶脂及油树脂都是植物分泌物，可经洗涤、提纯、漂白、捣碎或研粉，但不得经进一步处理。故本品目不包括加水加压处理成为可溶于水的树胶和树胶脂（品目13.02），经硫酸处理成为可溶性树胶（品目35.06），经热处理成为可溶于干性油的树脂（品目38.06）。

例1. 没药

【答案】1301.9020

【归类说明】没药是一种活血消肿的中药材，由没药树的树脂加工而成，应按树脂归入品目13.01，然后按列名归入三级子目1301.9020。

（二）植物液汁的归类

品目13.02包括：

1.《税则》其他品目未列名植物液汁及浸膏（通常为自然渗出、从切口流出或用溶剂提取的植物产品），如鸦片液汁及浸膏、甘草液汁及浸膏、啤酒花液汁及浸膏、除虫菊浸膏、大麻属植物汁和酊剂、生漆、印楝素。

液汁通常经增稠或固化。浸膏可以是液状、浆状或固体。

本品目的植物液汁及浸膏通常为多种产品的原料。若加入其他物质使其具有食品、药品等的性质，就不能归入品目13.02。例如，品目13.02不包括：含有植物浸膏的加味糖浆（品目21.06）；由植物浸膏与其他产品混合制成的药品（品目30.03或30.04），如鸦片酊、茴香油、樟脑及苯甲酸的混合制品；为治疗或预防疾病用而混合或复合（不加其他物质）的植物浸膏（品目30.03或30.04）等。

上述液汁和浸膏不同于品目33.01的精油、香膏及提取的油树脂，除了挥发

性的芳香成分外，它们所含的其他植物物质（如叶绿素、鞣酸、苦味素、碳酸化合物和其他提取物）的比例亦高得多。

例 2. 中国产生漆

【答案】 1302.1910

【归类说明】 生漆是从漆树切口处流出的未经加工的树液，应按植物液汁归入品目 13.02，然后按列名归入三级子目 1302.1910 “生漆”。

2. 果胶、果胶酸盐及果胶酸酯（其性能和用途大致相同）。

3. 用植物产品制得的胶液及增稠剂，不论是否改性，也不论是否加糖或其他产品。例如，琼脂、刺槐豆或瓜尔籽胚乳粉、角叉胶、增稠剂、罗望子的子叶粉等。

本品目不包括未制过或已干燥的海草及其他藻类（品目 12.12），麦芽膏（品目 19.01），构成含酒精饮料的植物汁、液（第二十二章），做血型试剂用的浸膏（品目 30.06），鞣料膏（品目 32.01），染料膏（品目 32.03）等。

增稠剂是一类能提高食品黏度并改进其流变性能的食品添加剂。增稠剂根据不同成分、来源等归入相关的品目号：从各类植物组织（果皮、种子等）提取的增稠剂，如果胶、海藻胶、瓜尔豆胶，一般归入品目 13.02；黄原胶等属于微生物分泌的产物，不属于植物胶，应归入品目 39.13；明胶、酪蛋白酸盐、改性淀粉则归入第三十五章。

第十四章　编结用植物材料；其他植物产品

一、本章商品范围及结构

本章是未经加工或仅经过有限的简单加工的植物产品的兜底章，共 3 条章注、2 个品目（品目 14.02、14.03 已被删除），包括各种非食用的植物产品：用于编结、制帚、制刷或作填充、衬垫用的未经加工或经简单加工的植物材料；供雕刻、制扣及其他花哨小商品用的子、核、壳、果；棉短绒等未列名的其他植物产品。

本章的 2 个品目的排列结构为：编结用的植物材料（品目 14.01）→其他用途的植物材料（品目 14.04）。

二、本章商品归类要点概述

本章商品只能进行简单加工，超过简单加工的范围，一般按其用途归入其他有关章的品目。例如，除未加工谷物草秆归入品目 12.13 外，经洗涤、劈条、剥皮、磨光、漂白、染前处理、染色、涂漆或进行不燃处理的植物编结材料，均归入品目 14.01；本品目的货品也可以切段，不论是否圆端（例如制饮料吸管的草、制钓竿的棒等)，或分成便于包装、储存、运输等的稍有扭绞的捆或束。但捻搓成条用以代替缏条的本品目所列植物材料，以及用草编成的席子均归入品目46.01。又如，用于染料或鞣料用的植物原料（如用云石科云石属植物塔拉的豆壳经晾干、碾碎后制得的塔拉粉）归入品目14.04，而将这些原料加工成的染料植物浸膏，则应归入品目32.03。再如，用于雕刻的硬种子、硬果核、硬果壳、坚果，不论是完整的或切片的，均应归入品目14.04；已经雕刻的，应归入品目96.02。

三、本章商品与相关商品的归类

（一）编结用的植物材料的归类

品目14.01包括主要用于编结草席、盘、各种篮筐、有盖大篮、袋、家具(如桌、椅)、帽子等物品，以及用于制造刷、伞柄、手杖、钓竿、粗绳等和纸浆的植物原料：竹子、藤（包括藤心、藤丝及藤片）、芦苇及灯芯草、柳条、酒椰叶、带穗或不带穗的谷物草秆（已净、漂白或染色）及椴树皮，以及有类似用途的猴面包树皮、某些柳树皮或白杨树皮（参见章注二）。但本品目不包括本片条(品目44.04)。

编结材料制品主要归入第四十六章，但家具（包括坐具）归入第九十四章。例如，竹的原料及制品归类如下：

序号	商品描述		归类
1	原料	竹	14.01
2	制品	竹制品（如竹筷）	第四十四章
3		竹的编结品	第四十六章
4		竹制的家具	第九十四章

（二）其他品目未列名的植物材料的归类

品目14.04包括：棉短绒，又名棉籽绒（其长度不大于5毫米，不能纺纱）；主要供染料或鞣料用的植物原料（如木、树皮、根）；用于雕刻的硬种子、硬果核、硬果壳、坚果（如象牙果、椰枣壳、美人蕉种子）；主要作填充或衬垫用的植物材料（如木棉、植物毛、大叶藻），不论是否制成有或无支承材料的层片；供制帚、制刷用的植物材料（如帚用高粱、纤维榈纤维、匍匐须芒草根及龙舌兰纤维），不论是否成绞或成捆；其他植物产品（如针茅的茎及叶、丝瓜络、金雀花茎、日本米纸）。但本品目不包括木丝（品目44.05）及供制帚、制刷用成束、成簇的材料（品目96.03）。

例　木棉，用于填充坐垫

【答案】1404.9090

【归类说明】 木棉是指木棉科植物的种子在轧棉后所包裹的一层纤细绒毛，有弹性，主要做填充用。因该用途并未在第二类有关品目条文中列目，该货品应作为“其他品目未列名的植物产品”归入品目 14.04。因该货品未在一级子目列名，应归入一级子目 1404.9“其他”，然后归入三级子目 1404.9090“其他”。

第三类　动、植物油、脂及其分解产品；精制的食用油脂；动、植物蜡

第十五章　动、植物油、脂及其分解产品；精制的食用油脂；动、植物蜡

一、本章商品范围及结构

本章共4条章注、1条子目注释、21个品目（品目15.19已被删除），包括：以第一、二类的动植物为原料加工得到的动、植物油、脂，不论是否初榨、纯净、精制或用某些方法处理的（例如，硫化或氢化）；从油、脂所得的某些产品，特别是油、脂的分解产品（如粗甘油）；混合食用油、脂（如人造黄油）；动、植物蜡；处理油脂物质或动、植物蜡所剩的残渣。

本章21个品目的排列顺序为：未经化学改性的动物油脂（品目15.01～15.06）→未经化学改性的植物油脂（品目15.07～15.15）→经化学改性的动、植物油脂及混合油脂（品目15.16～15.18）→粗甘油（品目15.20）→动、植物蜡（品目15.21）→处理油脂物质或动、植物蜡所剩的残渣（品目15.22）。

二、本章商品归类要点概述

（一）除本章注释一所列不包括的商品外，动、植物油、脂及其分解产品不论是否供食用，或是供技术或工业用（如供制肥皂、蜡烛用），均归入本章。

（二）除鲸油及希蒙得木油外，动、植物油、脂均是含脂肪酸（如软脂酸、硬脂酸及油酸）甘油的酯类。通过分离加工得到它们的分离品。品目15.04、15.06～15.15包括这些动、植物油、脂的分离品。

（三）动、植物油、脂应根据其加工程度归类。例如，初榨的豆油应归入子目1507.1000，精制的豆油应归入子目1507.9000，氢化的豆油应归入子目1516.2000，氧化的豆油应归入子目1518.0000，混合的豆油应归入子目1517.9090。

（四）变性的油、脂及其分离品应归入其相应的未变性油、脂及其分离品的

品目。例如，加入变性剂的豆油仍应归入品目 15.07。

经化学改性的油、脂归入品目 15.16 或 15.18。例如，经氢化加工的玉米油应归入品目 15.16，经过氧化等化学方法改性处理的鱼肝油应归入品目 15.18。

（五）本章的动、植物蜡不能混合，由其混合制成的产品应作为人造蜡归入品目 34.04。

三、本章商品与相关商品的归类

（一）未经化学改性的动物油脂的归类

以动物原料加工得到的未经化学改性动物油脂归入品目 15.01～15.06。

序号	商品描述	归类
1	已炼制的猪油、其他猪脂肪（包括骨脂、从废料制得的脂肪及其他不适合供人食用的脂肪）及家禽脂肪 不包括品目 02.09 的货品、人造猪油（品目 15.17）等	15.01
2	牛、羊脂肪，鲜、冷、冻、干、熏、盐腌或腌制的，也可以是炼制的油脂状（牛羊脂） 不包括品目 15.03 的货品、名为植物牛脂的产品（品目 15.15）等	15.02
3	压榨猪油（即猪油硬脂及液体猪油）或压榨牛羊油（即食用或非食用脂油、油硬脂），未经乳化、混合或其他方法制作 不包括乳化、混合或其他方法制作的产品（品目 15.16、15.17 或 15.18）	15.03
4	鱼或海生哺乳动物油、脂及其分离品（都有一股独特的鱼腥味），不论是否精制，例如，鱼肝油，“鱼硬脂精”及深海鱼油胶囊 不包括：加入其他营养物质，构成保健品特征的深海鱼油（子目 2106.9090）；制成药品，或经乳化或加有其他物质以供治疗疾病用的鱼肝油（第三十章）	15.04
5	羊毛脂及从羊毛脂制得的脂肪物质（包括纯净的羊毛脂） 不包括：加入药料，构成药品特征的精羊毛脂（品目 30.03、30.04）；加入香料的精羊毛脂（第三十三章）；羊毛脂残渣（品目 15.22）等	15.05
6	其他动物油、脂及其分离品，不论是否精制，包括：从马、河马、熊、兔、陆栖蟹、海龟等制取的脂肪；牛脚油及类似油；骨油；骨髓油；蛋黄油；海龟蛋油；金蛹油 不包括骨焦油（品目 38.24）等	15.06

（二）未经化学改性植物油脂的归类

除可可脂、可可油归入品目 18.04 外，单一的固定植物油、脂归入品目

15.07～15.15。其中，品目15.07～15.14是列名的植物油、脂及其分离品，其他未列名的植物油、脂及其分离品归入品目15.15。这些固定油、脂具有不分解、不易被蒸馏、不会挥发及不被过热蒸汽带走（但会被分解及皂化）等特征。

这些品目包括初榨油、脂或其分离品，精制或纯净的（例如，澄清、洗涤、过滤、脱色、脱酸、脱臭的）也包括在内，但未经化学改性。这些品目包括的油、脂主要来源于品目12.01～12.07的含油子仁及果实，也有从其他品目的植物原料制得（例如，橄榄油，从品目12.12的桃、杏或李的仁制取的油）。具体归类如下：

序号	商品描述	归类
1	豆油其分离品 不包括大豆卵磷脂（品目29.23）	15.07
2	花生油及其分离品	15.08
3	油橄榄油及其分离品；初榨的油橄榄油与精制油橄榄油的混合物（参见章注二） 不包括从橄榄油中制取的再酯化油（品目15.16）等	15.09
4	其他橄榄油及其分离品，包括橄榄渣油及油橄榄油与橄榄渣油的混合油	15.10
5	棕榈油及其分离品（如棕榈液油、棕榈硬脂）	15.11
6	葵花油、红花油或棉籽油及其分离品	15.12
7	椰子油、棕榈仁油或巴巴苏棕榈果油及其分离品	15.13
8	菜籽油或芥子油及其分离品（如低芥子酸菜籽油及其分离品）（参见子目注释）	15.14
9	其他单一的固定植物油、脂及其分离品：亚麻子油、玉米油、蓖麻油、芝麻油、桐油、希蒙得木油（被称为液体蜡）、印楝油、名为植物牛脂的产品（主要为婆罗洲柏脂及乌柏脂）、桃金娘蜡及漆蜡（实为植物脂）	15.15

其中，品目15.09的油橄榄油与品目15.10的其他橄榄油的区别是：前者是从油橄榄制得的；后者是从前者剩下的残渣中再用溶剂萃取制得的橄榄渣油，以及品目15.09的橄榄油与品目15.10的橄榄渣油混合的油。此外，归入品目15.09的油橄榄油必须是仅用机械或其他物理方法（例如，压榨）处理油橄榄制得的，而如果用溶剂提取的橄榄油，则应归入品目15.10。

品目15.11的棕榈油与品目15.13的棕榈仁油的区别是：前者是从油棕果的果肉制取的一种植物脂肪，主要来源于非洲油棕榈，饱和程度约为50%；后者是从非洲油棕榈的果实仁而不是果肉制得，饱和程度达80%以上。

例 1. 未经过化学改性的精制豆油

【答案】 1507. 9000

【归类说明】 豆油是一种食用植物油，应归入本章，然后按列名归入品目 15. 07。因本题货品已精制，应归入子目 1507. 9000。

例 2. 精制的玉米油

【答案】 1515. 2900

【归类说明】 玉米油属于植物油，应归入本章。因玉米油在品目 15. 07 ~ 15. 14 没有列名，应归入品目 15. 15，然后按列名归入一级子目 1515. 2。因玉米油是“精制的”，应归入二级子目 1515. 2900“其他”。

（三）经化学改性的动、植物油、脂及混合的油、脂的归类

仅经全部或部分氢化、相互酯化、再酯化或反油酸化的动、植物油、脂及其分离品（不论是否精制，但未经进一步加工）归入品目 15. 16，人造黄油及化学改性的混合食用油脂归入品目 15. 17，化学改性的混合非食用油脂及其分离品归入品目 15. 18。品目 15. 17 和品目 15. 18 均不包括品目 15. 16 的产品。具体归类如下：

序号	商品描述	归类
1	部分/全部氢化油、脂［最常见的氢化油是鱼油、海生哺乳动物油及某些植物油（棉籽油、芝麻油、花生油、菜籽油、豆油、玉米油等）；通称为“乳白油”的氢化蓖麻油］；相互酯化、再酯化或反油酸化的油、脂（如含有再酯化油的橄榄油） 不包括经进一步加工（如改变组织及晶体结构）作食品用的氢化等油、脂及其分离品（品目 15. 17）等	15. 16
2	本章的各种动、植物油、脂及其分离品混合制成的人造黄油及其他食用油脂或制品（如人造猪油、液体人造黄油及糕饼油） 不包括按重量计含黄油或其他乳脂超过 15% 的制品（第二十一章）等	15. 17
3	经过氧化、脱水、硫化、吹制或在真空、惰性气体中加热聚合及用其他化学方法改性的动、植物油、脂及其分离品［如氧化油、吹制油、氧化亚麻油、脱水蓖麻油、硫化油、在真空或惰性气体中加热聚合的油；其他改性油类：马来油、干性油（如亚麻子油）、环氧油及溴化油］；本章各种油、脂及其分离品混合制成的未列名的非食用油、脂或制品，包括使用过的煎炸油 不包括变性的油、脂及其分离品（参见章注三），磺化油（即用硫酸处理过的油）（品目 34. 02）等	15. 18

其中，氢化、相互酯化、再酯化或反油酸化的油、脂及其分离品，仅有一种油或脂发生改性的，归入品目 15. 16；超过一种油或脂发生改性的，归入品目

15. 17 或 15. 18。

混合食用油、脂或制品常为液体或固体，由以下成分组成：

1. 不同的动物油、脂及其分离品；
2. 不同的植物油、脂及其分离品；
3. 动物和植物油、脂及其分离品。

例 3. 经过氢化处理的精制玉米油

【答案】1516. 2000

【归类说明】本题货品属于植物油，应归入本章。查阅品目，因该货品经过氢化处理，符合 15. 16 品目条文的规定，故应归入品目 15. 16。因该货品是植物油，应归入子目 1516. 2000。

例 4. 由多种食用植物油调制而成的王牌超级烹调油

【答案】1517. 9090

【归类说明】该烹调油是由多种食用植物油混合制成的，应归入品目 15. 17。因该货品未在相关子目中列名，应归入三级子目 1517. 9090“其他”。

（四）粗甘油的归类

品目 15. 20 包括粗甘油、甘油水（制脂肪酸的副产品）及甘油碱液（制皂的副产品）。

序号	商品描述	归类
1	纯度在 95% 以下（以干燥产品的重量计）的粗甘油	15. 20
2	纯度在 95% 及以上（以干燥产品的重量计）的甘油（丙三醇）	29. 05
3	制成药品或加有药料的甘油（例如，开塞露）	30. 03 或 30. 04
4	加有香水或化妆品的甘油	第三十三章

（五）动、植物蜡的归类

动、植物蜡，不论是否精制、漂白或着色，归入品目 15. 21。

序号	商品描述	归类
1	未混合的动物蜡（蜂蜡、虫胶蜡、白蜡及鲸蜡）或植物蜡（巴西棕榈蜡、棕榈蜡、小烛树蜡、甘蔗蜡、墨西哥树蜡、棉蜡及亚麻蜡等）	15. 21
2	矿物蜡，包括不同种类的矿物蜡的混合物	27. 12
3	具有人造蜡性质的固体多氯联苯及固体氯化石蜡	34. 04
4	其他氯化石蜡	38. 24

续表

序号	商品描述	归类
5	人造蜡，不论是否为水溶性的，包括用矿物蜡经化学改性的人造蜡	34.04
6	各种蜡混合制成的调制蜡（不同植物蜡的混合物、不同动物蜡的混合物、植物蜡或动物蜡与颜料以外其他材料的混合物等）	34.04 或 34.05
7	蜂箱用的人造蜡蜂房	96.02

（六）处理油脂物质或动、植物蜡所剩的残渣的归类

品目15.22包括天然或人造油鞣回收脂；处理油脂物质或动、植物蜡所剩的残渣，主要包括油脚、皂料、硬脂沥青、羊毛脂残渣、甘油沥青、使用过的含脂肪或动、植物蜡的脱色土以及过滤动、植物蜡所得的残渣。但本品目不包括仅经氧化或聚合的鱼油（品目15.18），从已炼制的猪脂肪或其他动物脂肪中所得的脂渣及膜渣（品目23.01）等。

第四类　食品；饮料、酒及醋；烟草、烟草及烟草代用品的制品

一、本类商品范围及结构

本类共9章（第十六章至第二十四章），包括：以动物产品为原料的食品（第十六章），以植物产品为原料的食品（第十七章至第二十一章），饮料、酒及醋（第二十二章），食品工业残渣及配制的动物饲料（第二十三章），烟草及其制品（第二十四章）。

二、本类商品归类要点概述

（一）本类的货品主要由第一类的动物产品与第二类的植物产品为原料制成的，其加工程度或加入的物质超过第一、二类所允许的范围，且在本类各章品目条文中并没有完全明确其具体的加工方式，故应以相应类章的注释和品目条文的规定，并结合第一、二类相关章的注释及品目条文，完成动、植物产品的归类。

《税则》前四类商品归类规律如下：

加工程度	归类				
简单加工	第二、三、五章	第四、十、十一章	第七、八、十二章	第九章	第二、三、十二章
深加工	第十六章	第十九章	第二十章	第二十一章	第十五章

例1. 水煮后冷冻的去壳对虾（密封包装）

【答案】 1605. 2900

【归类说明】 根据加工程度，第三章的加工程度包括“水煮后带壳”，不包括“水煮后去壳”。“水煮后去壳”超出了第三章的加工程度，该货品应归入第十六章。因对虾是“甲壳动物”，该货品应归入品目16. 05，最后按列名和“密封包装”的条件归入子目1605. 2900。

例2. 水煮后冻的带壳鳌龙虾

【答案】 0306. 1200

【归类说明】 根据加工程度，第三章的加工程度包括“水煮后带壳”，该商品

应归入第三章。因螯龙虾是“甲壳动物”，故该货品应归入品目 03.06，最后按列名和“冻的”条件归入子目 0306.1200。

（二）均化食品的归类。本类第十六章、第二十章和第二十一章都有均化食品，且在注释中对均化食品作出了明确的规定。据此，均化食品须同时符合以下 3 个条件：

1. 精细均化制作，可以含有少量可见的粒状物。例如，肉粒或食用杂碎粒（第十六章）、蔬菜粒、果粒（第二十章）或小块配料（第二十一章）；

2. 适合供婴幼儿食用或营养用；

3. 零售包装，每件净重不超过 250 克。

混合食品与均化食品的归类如下：

商品		归类	备注
混合食品	动物类原料含量在 20% 以上	第十六章	动植物原料混合
	动物类原料含量在 20% 及以下	其他章（应按比重最大的那种货品归类）	
均化混合食品 （含有两种或两种以上的基本配料：肉、鱼、甲壳动物、软体动物、其他水生无脊椎动物、蔬菜、果实等） （每件净重不超过 250 克）		2104.2000	动植物原料均化
均化食品 （只含有一种基本配料） （每件净重不超过 250 克）		1602.1000	主要由动物原料均化
均化蔬菜 （只含有一种基本配料） （每件净重不超过 250 克）		2005.1000	蔬菜原料均化
均化食品 （只含有一种基本配料） （每件净重不超过 250 克）		2007.1000	果实原料均化

均化食品分为单一成分和混合成分两种。其中，所有的肉、食用杂碎或动物血算一种，所有的蔬菜算一种，所有的果实算一种，所有的鱼算一种，调味料不能计入配料种类。

例 3. 某罐头食品按重量计含有 10% 的鸡肉、10% 的猪肉（混合的）、15% 的鱼肉、55% 的蔬菜，其余为配料

【答案】1602. 4910

【归类说明】该食品中动物类原料含量超过了20%，其应归入第十六章。鸡肉与猪肉为同一品目16. 02项下的原料，合并计重达到20%，其超过了鱼肉含量，故该罐头应归入品目16. 02。因鸡肉和猪肉的含量相同，该货品应按从后归类的原则归入子目1602. 4910。

例4. 一种可用微波炉加热的方便快餐食品，净含量250克，其中含面条200克、瘦肉20克、卷心菜30克。食品已预先烧制过，装于一次性泡沫塑料盒中

【答案】1902. 3030

【归类说明】因瘦肉的含量不超过20%，该商品不能归入第十六章，应按构成商品基本特征的面食归入品目19. 02。因该货品为快熟面条，应归入子1902. 3030。

例5. 以牛肉和蔬菜为基本配料（其中牛肉含量占25%），制成细腻糊状，专供婴儿食用的食品，200克装

【答案】2104. 2000

【归类说明】该商品是由牛肉和蔬菜这两种基本配料组成的“均化混合食品”，符合第二十一章注释三的规定，该商品应按归入子目2104. 2000。

例6. 由鱼肉30%、猪肉30%、牛肉40%组成的适合供婴儿食用的食品，制成细腻糊状，零售包装（240克/袋）

【答案】1602. 1000

【归类说明】本题货品属于以动物为原料的均化食品，应归入第十六章。因该货品符合第十六章子目注释一关于“均化食品”的归类规定，应归入子目1602. 1000。

例7. 精细均化制作的适合供婴儿食用的瓶装土豆泥，净重200克

【答案】2005. 1000

【归类说明】本题货品属于以蔬菜为原料的均化食品，应归入第二十章。因该货品符合第二十章子目注释一关于“均化蔬菜”的归类规定，应归入子目2005. 1000。

例8. 精细均化制作并经烹煮的适合供婴儿食用的瓶装苹果泥，净重250克

【答案】2007. 1000

【归类说明】本题货品属于以果实为原料的均化食品，应归入第二十章。因该货品符合第二十章子目注释二关于“均化食品”的归类规定，应归入子目2007. 1000。

故用单一原料制作的均化食品，应根据其原料的不同分别归入第十六章或第二十章：以第二章的动物肉、第二章或第五章的食用杂碎或动物血为原料制作的均化食品应归入品目16. 02，以鱼肉为原料制作的均化食品应归入品目16. 04，以甲壳动物、软体动物或其他水生无脊椎动物为原料制作的均化食品应归入品目16.05，以番茄为原料制作的均化食品归入品目20.02，以蘑菇及块菌为原料制作的均化食品应归入品目20.03，以其他蔬菜为原料制作的未冷冻均化食品应归入品目20.05，以烹煮的水果和坚果为原料制作的均化食品应归入品目20.07。

注意，每件净重大于250克的均化食品，按相应的非均化食品归类。

例9. 密封塑料袋装的婴儿均化食品，由30%牛肉（可见小肉块）、65%胡萝卜、5%其他配料组成，净重500克

【答案】1602.5090

【归类说明】本题商品的净重超过250克，其应按非均化食品归类。根据第十六章注释二的规定，按重量计含有20%以上的香肠、肉、食用杂碎、动物血、鱼、甲壳动物、软体动物或其他水生无脊椎动物及其混合物的食品，应归入第十六章。因本题的食品符合16.02品目条文的规定，应归入该品目。因牛肉的重量超过食品的20%，本题的食品应归入子目1602.5090。

注意，品目19.02所列的包馅食品、品目21.03所列的调味汁及其制品、混合调味品和品目21.04所列的汤料及其制品、均化混合食品，不论其中动物类原料的含量是否在20%以上，仍应分别归入上述有关品目。

例10. 粤皇水饺（含猪肉30%、30%甜玉米、面粉40%）

【答案】1902.2000

【归类说明】本题货品的猪肉含量超过20%，但因水饺属于品目19.02的包馅面食，故根据本章注释二的规定，水饺应归入品目19.02，然后按“包馅面食”的条件归入子目1902.2000。

第十六章　肉、鱼、甲壳动物、软体动物及其他水生无脊椎动物的制品

一、本章商品范围及结构

本章共2条章注、2条子目注释、5个品目，包括通过采用超出第二章、第三章及品目05.04所列加工范围以外的其他方法加工上述章及品目的肉、食用杂碎、血、鱼（包括鱼皮）、甲壳动物、软体动物及其他水生无脊椎动物所得的食品，以及由香肠、肉、食用杂碎、血、鱼、甲壳动物、软体动物或其他水生无脊椎动物及其混合物（报验时配制食品所含肉、鱼等的重量要超过20%）与蔬菜、面条、调味汁等组成的配制食品（包括所谓“配餐”）。例如，按重量计含有超过20%的肉、食用杂碎或动物血的配餐食品归入品目16.02。

本章5个品目的排列顺序为：香肠及其食品（品目16.01）→其他方式制作

或保藏的肉、食用杂碎、动物血（品目16.02）→动物精及汁（品目16.03）→鱼、鲟鱼子酱及代用品（品目16.04）→制作或保藏的甲壳动物、软体动物及其他水生无脊椎动物（品目16.05）。

二、本章商品归类要点概述

（一）本章货品的加工程度已超出了第二章、第三章及品目05.04的规定，其加工方法主要包括：香肠及类似产品的制作；蒸、煮、煎、烤、炸、炒或其他方法烹饪；加工成精、汁，制成鲟鱼子酱或鲟鱼子酱代用品，表面仅涂面浆、撒面包屑、加香蕈、放作料（例如，放胡椒和盐）等；精细均化制作；用醋、油等制作或保藏。例如，熏沙丁鱼归入品目03.05，而沙丁鱼罐头因经过烹煮加工，应按“制作或保藏的鱼”归入品目16.04。

但某些货品即使经过烹煮，也不归入本章。例如，经烹煮制成的可食用肉或杂碎的细粉、粗粉（品目02.10），蒸过或用水煮过的带壳甲壳动物（品目03.06），其他例子可参见品目03.05、03.06、03.07及03.08。故应结合第二章、第三章及第五章注释及品目条文中对加工方式的规定，完成本章商品的归类。

（二）根据本章注释二的规定，本章食品要求动物质产品含量必须超过20%。对于含有两种或两种以上前述产品的食品，按其中重量最大的产品归入本章的相应品目。对于同一品目的动物产品与其他品目比较重量大小时，同一品目或子目的材料应合并计算。当没有一种动物产品重量最大时按从后归类原则（归类总规则三）。

若动物原料的含量低于20%或两种及两种以上动物原料的含量相加低于20%，则不能归入第十六章，而应按比重最大的那种货品归类。（详见本类“均化食品的归类”）

三、本章商品与相关商品的归类

（一）香肠及类似产品的归类

品目16.01包括肉、食用杂碎或动物血制成的香肠及类似品（如用天然肠衣做外包装的香肠及类似品，灌入肠衣或压成香肠特有形状的肉馅混合物、肉酱、肉冻及肉糜），用香肠制成的食品。

本品目不包括：未经剁碎或绞碎即灌入膀胱、肠或类似肠衣的肉（品目02.10或16.02）；剁碎或绞碎但不含其他配料（脂肪、淀粉、调味料、香料等）的生肉，不论是否已灌入肠衣（第二章）。

（二）其他方法制作或保藏的肉、食用杂碎及动物血的归类

品目16.02包括：用任何方法烹煮（煮、蒸、烤、煎、炸、炒）及用本章所列加工方法制作或保藏的肉及食用杂碎（包括仅用面糊或面包屑包裹、加香蕈或

用胡椒和盐等调味的家禽、猪、牛等的肉、食用杂碎）；肝酱；动物血制品；制成香肠及类似品以外的其他鱼肉馅、肉酱、肉冻及肉糜等。但本品目不包括包馅面食（饺子等），以肉或食用杂碎做馅的食品（品目19.02）等。

均化食品（子目1602.10）归类时优先于品目16.02的其他子目。此外，归类时应考虑该品目所列商品的成分含量。

（三）肉、鱼等动物产品的精及汁的归类

品目16.03包括肉、鱼、甲壳动物、软体动物或其他水生无脊椎动物的精及汁。其中，“精”用于制造某些配制食品，如汤料（不论是否浓缩）及调味汁，而“汁”主要作为营养食品。本品目不包括胨及胨化品（品目35.04）等。

（四）鱼、鲟鱼子酱及其代用品的归类

品目16.04包括用任何方法烹煮（煮、蒸、烤、煎、炸、炒）及用本章所列加工方法制作或保藏的鱼（包括仅涂面浆或撒面包屑的鱼片、经制作的充精生殖腺及鱼肝、精细均化的鱼及经杀菌或消毒的鱼、用醋或油等制作或保藏的鱼，腌泡鱼、鱼香肠、鱼酱、鳀鱼酱及鲑鱼酱），鲟鱼子酱及鱼卵制的鲟鱼子酱代用品。

上述的鱼可以是整条或切块，但未绞碎（如鲑鱼、沙丁鱼），或制成罐头等，如鱼翅罐头。上述产品不论是否装于密封容器，均归入本品目。

（五）制作或保藏的甲壳动物、软体动物及其他水生无脊椎动物的归类

品目16.05包括制作或保藏的甲壳动物、软体动物及其他水生无脊椎动物，例如蟹、小虾、牡蛎、扇贝、墨鱼、鲍鱼、蛤、蜗牛及螺；海胆、海参及海蜇。归类时，应注意小虾及对虾是否为非密封包装的。

本品目所用的加工方法与品目16.04的相同。另外，根据本章子目注释二，品目16.04或16.05项下各子目所列的是鱼、甲壳动物、软体动物及其他水生无脊椎动物的俗名，它们与第三章中相同名称的鱼、甲壳动物、软体动物及其他水生无脊椎动物的种类范围相同。

第十七章　糖及糖食

一、本章商品范围及结构

本章共1条章注、2条子目注释、4个品目，包括糖（如5种化学纯糖：蔗糖、乳糖、麦芽糖、葡萄糖及果糖）、糖浆、人造蜜、焦糖、提取或精炼糖时所剩的糖蜜，以及不含可可的糖食。

本章4个品目的排列顺序为：固体糖（品目17.01～17.02）→制糖后所剩的

糖蜜（品目 17.03）→不含可可的糖食（品目 17.04）。

二、本章商品归类要点概述

（一）本章的固体糖及糖蜜可加着色剂、香料（如香草精）或人造甜味剂（如阿斯巴甜）。此外，未加香料或着色剂的糖浆归入品目 17.02，而加了香料或着色剂的糖浆则应归入品目 21.06。

（二）以糖（糖浆）为原料制得的糖食归入品目 17.04；而以合成甜味剂替代糖做原料制得的“糖食”（主要供糖尿病人用），糖果、口香糖及类似品（如木糖醇口香糖）应归入品目 21.06。

三、本章商品与相关商品的归类

（一）固体糖的归类

固体糖归入品目 17.01～17.02，归类时注意按重量计干燥无水乳糖的含量和按重量计干燥状态的果糖含量。

序号	商品描述	归类
1	固体（粉末状在内）的甘蔗糖和甜菜糖以及固体化学纯蔗糖。如甘蔗或甜菜的原糖和精制糖（砂糖、绵白糖）、黄糖等。（参见子目注释一、二）	17.01
2	其他固体（粉末状在内）的糖，包括：乳糖、麦芽糖、葡萄糖、果糖；从甘蔗及甜菜以外的原料制得的蔗糖（最重要的是槭糖）；糊精麦芽糖；转化糖；未加香料或着色料的糖浆（如上述糖的糖浆；单一糖浆、佐餐糖浆等）；人造蜜（不论是否掺有天然蜜蜂）；焦糖	17.02

注意：还原糖含量按干燥右旋糖计超过 10% 但低于 20% 的麦芽糖糊精，归入品目 17.02；还原糖含量不超过 10% 的，归入品目 35.05。

从乳清中制得的商品乳糖，按重量计干燥无水乳糖含量超过 95% 的，归入品目 17.02，不超过 95% 的，通常归入品目 04.04。

例 1. 化学纯果糖

【答案】 1702.5000

【归类说明】 本题货品属于其他固体糖，应归入本章。查阅品目，该货品按列名归入品目 17.02，然后按列名归入子目 1702.5000。

（二）糖蜜的归类

品目 17.03 包括制糖后所剩的糖蜜，如甜菜糖蜜、甘蔗糖蜜和玉米糖蜜等。糖蜜的主要用途是作为蒸馏酒精或酒精饮料的原料，用作牲口饲料及咖啡代用品，有时也用于提取糖。

（三）不含可可的糖食的归类

品目17.04包括不含可可的糖食，其中大部分通常可供直接食用，如含糖胶（包括甜味口香糖及类似品）、硬糖（包括含麦精的在内）、口香片、喉片或止咳糖（主要含糖及香料）、白巧克力。但本品目不包括糖渍蔬菜、果实/皮等的糖食（品目20.06），含蔗糖重量在10%及以下未制成糖果的甘草精（品目13.02）等。

此外，果冻可归入子目1704.9000，子目2007.9及品目21.06，其区别如下：子目1704.9000的果冻是作为糖食供直接食用的，通常是用香料、色素、糖、胶体等制作而成的；子目2007.9的果冻是指烹煮制得的果冻，通常是用糖和水果汁煮沸后冷凝而成的，呈冻状、透明、无果肉碎块；品目21.06的果冻是餐用果冻，一般是用明胶、糖及果汁或人造果精制而成的。

例2. 盒装白巧克力

【答案】1704.9000

【归类说明】白巧克力由糖、可可脂、奶粉及香料制成，因可可脂不视为可可，该食品应按糖食归入品目17.04。因该货品未在一级子目中列名，应归入一级子目1704.9000“其他”。

第十八章　可可及可可制品

一、本章商品范围及结构

本章共2条章注、6个品目，主要包括各种形状的可可（包括可可豆）、可可脂、可可油及任何含量的可可食品。

本章6个品目的排列顺序为：可可豆及废料（品目18.01～18.02）→可可膏、可可脂、可可油（品目18.03～18.04）→未加糖的可可粉（品目18.05）→可可制品（品目18.06）。

二、本章商品归类要点概述

（一）酸奶及其他乳品归入品目04.03；按重量计含全脱脂可可在40%以下的细粉、粗粒、粗粉、淀粉或麦精食品，以及按重量计含全脱脂可可在5%以下的、用品目04.01～04.04所列货品制的食品，归入品目19.01；按重量计含全脱脂可可不超过6%的膨化或焙炒谷物归入品目19.04，但按重量计含全脱脂可可在40%及以上的细粉、粗粉、淀粉或麦精调制食品和按重量计含全脱脂可可在5%及以上的品目04.01～04.04所列产品的调制食品归入品目18.06；按重量计全脱脂可可含量超过6%或裹巧克力的食品，以及品目18.06的其他含可可食品，归入品目 18.06；含可可的糕饼点心、饼干及类似焙烘品归入品目 19.05；冰激凌及其他冰制食品归入品目 21.05；即可饮用的含可可饮料（如可可奶油），不论是否含酒精归入品目 22.02 或 22.08；从可可提取的可可碱归入品目 29.39；含有仅作为药物赋形剂或载体可可粉的药品归入品目 30.03 或 30.04。（参见章注一）

（二）品目 18.06 项下的子目归类时，应考虑重量、形状（块、片、条、锭、丸、粒、粉等），是否夹心等因素。

三、本章商品与相关商品的归类

（一）可可豆及废料的归类

序号	商品描述	归类
1	生的或焙炒的可可豆，整颗或破碎的	18.01
2	可可荚、壳、皮及废料	18.02

（二）可可膏、可可脂、可可油的归类

序号	商品描述	归类
1	未脱脂、全脱脂或部分脱脂的可可膏（可可饼） 不包括含糖或其他甜物质的可可膏（品目 18.06）	18.03
2	可可脂及可可油	18.04

（三）可可粉的归类

序号	商品描述	归类
1	未加糖或其他甜物质的可可粉，主要为溶性可可粉	18.05
2	加糖或其他甜物质的可可粉及加奶粉或胨的可可粉	18.06

（四）可可制品的归类

品目 18.06 包括巧克力及巧克力食品（可制成块、片、条、锭、丸、粒、粉等形状，也有用奶油、果子、酒等夹心的），以及各种含有任何比例可可的糖食（包括巧克力果仁糖食）、甜可可粉、巧克力粉、巧克力酱及所有含可可食品（章注一所列的除外）。例如，夹心或不夹心的其他块状或条状的含可可食品。（参见章注二）

例 1. 蛋形巧克力

【答案】 1806.9000

【归类说明】 巧克力是由可可膏及糖或其他甜物质制成的可可食品，应归入品目 18.06。因该货品为蛋形，应归入子目 1806.9000 “其他”。

例 2. 巧克力爆米花（巧克力完全包裹），袋装，配料：玉米粒（爆米花专用）70 克、玉米油 5 克、黄油 25 克、细砂糖 40 克、糖浆 50 克、巧克力 60 克

【答案】 1806.9000

【归类说明】 该商品是含可可的膨化食品，似乎应归入第十九章，但根据第十九章注释三、第十八章注释二的规定，应归入品目 18.06。因该商品不符合列名的一级子目条文的规定，故应归入子目 1806.9000“其他”。

第十九章　谷物、粮食粉、淀粉或乳的制品；糕饼点心

一、本章商品范围及结构

本章共 4 条章注、5 个品目，主要包括通常用作食品的许多调制产品，这些产品直接从第十章的谷物、第十一章的产品、其他章的植物质食物粉（如谷物粉、淀粉、果粉、其他植物粉）或品目 04.01～04.04 的货品制得。本章还包括糕饼点心及饼干，不论是否含细粉、淀粉或其他谷物产品。

本章 5 个品目按未列名食品、列名食品的顺序排列，具体为：麦精、谷物粉、淀粉、乳制的食品（品目 19.01）→面食（品目 19.02）→珍粉及其代用品（品目 19.03）→膨化、烘炒、预煮的谷物食品（品目 19.04）→烘焙食品（品目 19.05）。

二、本章商品归类要点概述

（一）本章是用谷物、粮食粉、淀粉、果粉等植物质食物粉或乳品制成的食品，其制作或加工程度超过第十章或第十一章各品目或注释所规定范围，应根据本章注释及各品目条文的规定，并结合第十章或第十一章的有关规定完成本章商品的归类。例如，品目 19.01 不包括未经调制的混合谷物细粉（品目 11.01 或 11.02）、混合豆粉及混合果子粉（品目 11.06），而用谷物的细粉、粗粒、粗粉或淀粉制成的食品则归入品目 19.01。

（二）注意本章食品的成分含量。本章的食品常可添加一些配料，若配料中含有可可，可可含量一般可通过将可可碱和咖啡因的含量相加后乘以因数 31 而计算出来，然后根据本章相关注释或品目条文的规定进行归类。不符合以上规定的，应作为可可制品归入品目 18.06；若配料中含有香肠、肉、食用杂碎、动物血、鱼、甲壳动物、软体动物或其他水生无脊椎动物及其混合物，根据本章注释一（一）的规定，除了品目 19.02 的包馅面食外，若上述配料超过 20% 的，应归入第十六章。

三、本章商品与相关商品的归类

（一）麦精、谷物粉、淀粉、乳制的食品的归类

品目 19.01 包括：麦精；以细粉、粗粒、粗粉（参见章注二）、淀粉或麦精为基料制成的其他品目未列名的调制食品（可加入其他辅料，如乳、糖、蛋、脂、油、酪蛋白、白蛋白、香料、色料、维生素、果子等以增强其营养价值），不含可可或按重量计含全脱脂可可低于 40%（如由蛋粉、奶粉、麦精及可可粉组成的调制食品、揉好的面团、未烘烤的比萨饼）；品目 04.01 ~ 04.04 所列货品制的其他品目未列名食品，不含可可或按重量计含全脱脂可可低于 5%（如供婴幼儿食用的零售包装食品、制冰激凌用的混合物及基料）等。但该品目不包括预烘烤或已烘烤的比萨饼（品目 19.05），用牛奶做基料的冰激凌及其他冰制食品（品目 21.05）等。

本品目的食品与品目 04.01 ~ 04.04 的货品的区别在于：后者一般除天然乳外，只允许加糖等甜物质和加香料、水果、坚果、可可等；而前者还含有品目 04.01 ~ 04.04 所不允许添加的辅料，例如豆粉、谷物片、酵母等。

特殊配方婴儿奶粉（包括不含乳糖的婴儿配方奶粉、部分水解奶粉、完全水解奶粉），以乳制品（品目 04.01 ~ 04.04 所列货品）为基本成分的，应归入品目 19.01；非以品目 04.01 ~ 04.04 所列货品为基本成分的，应归入品目 21.06。其中，乳蛋白部分水解配方、乳蛋白深度水解配方、氨基酸配方、无乳糖配方特殊婴儿奶粉应归入子目 2106.9090。

例 1. 含脱脂奶粉、豆粉、植物油、矿物质和维生素等多种添加物的爱儿乐牌奶粉

【答案】 1901.1010

【归类说明】 该奶粉中加入了豆粉、植物油、矿物质和维生素等多种添加物，实际上是以乳品为基本成分制成的食品，应归入品目 19.01。根据该奶粉品牌，可知该奶粉是直接供应市场的零售包装且是供婴幼儿食用的，故应归入一级子目 1901.1“供婴幼儿食用的零售包装食品”。因该奶粉按一定标准添加了其他成分，应归入子目 1901.1010“配方奶粉”。

（二）面食的归类

品目 19.02 包括面食，不论是否经煮熟、包馅（肉馅或其他馅）或其他方法制作，如通心粉、面条、汤团、馄饨、饺子、奶油面卷、米粉干、粉丝；古斯古斯面食（一种经热处理的硬麦粗粉，可经烹调或用其他方法制作）。其中，包馅面食可完全包馅（如饺子）、可尾端张开（如锥形奶油面卷）或层叠（如千层饼）。

例 2. 芝麻馅的汤团，500 克/袋

【答案】 1902.2000

【归类说明】 本题货品属于面食，应归入品目 19.02。因该货品有芝麻馅，应按包馅面食归入子目 1902.2000。

（三）珍粉及其代用品的归类

品目 19.03 包括珍粉及淀粉制成的珍粉代用品，呈粉片状、颗粒状、珠状、粉屑状或类似形状，用于做汤、布丁或营养食品。

（四）膨化、烘炒、预煮的谷物食品的归类

根据章注四的规定，品目 19.04 所称的“其他方法制作的”，是指制作或加工程度超过第十章或第十一章各品目或注释所规定范围的，故品目 19.04 包括：

序号	商品描述
1	用谷物或谷物产品（如玉米、小麦、大米、大麦等，并可加入盐、糖、糖蜜、麦精、水果或可可等）经膨化或烘炒制得的食品，如玉米片、爆米花、爆麦花等，主要用作早餐食品
2	未烘炒谷物片制成的食品及未烘炒的谷物片与烘炒的谷物片或膨化的谷物混合制成的食品（可含有干果、坚果、糖、蜜等，常用作早餐食品）
3	布尔古小麦（碾碎的干小麦）
4	预煮或经其他方法制作的谷粒（玉米除外），包括完全或部分经煮熟后脱水从而改变米粒结构的大米，如全煮熟大米、半煮熟大米，以及在速食大米中加入蔬菜、调味料等配料的产品（如日本手卷水果寿司）

其中，碾碎的干小麦与小麦粉的区别是：前者（子目 1904.3000）的加工方法是将硬麦粒煮熟→干燥→去壳或皮→破碎→粗磨 →精磨，而后者（品目 11.01）的加工方法是生小麦→直接碾磨。

本品目不包括：章注三所列货品，经制作供食用的玉米棒子及玉米粒（第二十章）等。

例 3. 供早餐用的加有少量糖的燕麦片，已经烘炒加工，冲泡后即可食用

【答案】 1904.1000

【归类说明】 该燕麦片已经烘炒加工，属于深加工，应归入第十九章，然后按谷物经烘炒制成的食品归入品目 19.04，最后按子目条文的规定归入子目 1904.1000。

（五）烘焙食品的归类

品目 19.05 的烘焙食品是以谷物细粉、酵素及盐等为原料（也可含有其他成分，如淀粉、豆粉、麦精、乳、糖、蜜、蛋、脂肪、水果、可可、肉、鱼等）和成的面团经预烘焙或烘焙（包括烘焙、烘烤或油炸）的食品：面包、糕点、饼干及其他烘焙糕饼，不论是否含可可；圣餐饼、装药空囊、封缄、糯米纸及类似制品。它们用细粉浆或淀粉浆制成，通常烘焙成圆片状或其他薄片状。

本品目不包括未烘焙的食品。例如，未烘焙的比萨饼归入品目 19.01，将某些棕榈木髓切成薄片制成的“米纸”归入品目 14.04 等。

第二十章　蔬菜、水果、坚果或植物其他部分的制品

一、本章商品范围及结构

本章共 6 条章注、3 条子目注释、9 个品目，包括用蔬菜、水果、坚果及植物其他食用部分制作的食品（可以是完整、切开或捣碎的）。

本章 9 个品目的排列顺序为：用醋或醋酸加工的蔬菜、水果、坚果等（品目 20.01）→用醋或醋酸以外方法制作或保藏的蔬菜（品目 20.02 ~ 20.05）→糖渍的蔬菜、水果、坚果等（品目 20.06）→烹煮的果酱、果冻、果泥及果膏等（品目 20.07）→用其他方法制作或保藏的水果、坚果等（品目 20.08）→未发酵及未加酒精的水果汁、蔬菜汁（品目 20.09）。

二、本章商品归类要点概述

（一）本章产品的制作或保藏方法超过了第七、八、十一章及其他章所列的加工范围。本章具体的加工方法各品目有规定，例如，经均化制作或保藏的、用渗透脱水法保藏的。归类时，应结合第二类相关章的注释或品目条文的规定。

（二）根据本章子目注释一、二的规定，归类时，子目 2005.10（均化蔬菜）优先于品目 20.05 的其他子目；子目 2007.10（均化食品）优先于品目 20.07 的其他子目。但均化制作的番茄、蘑菇及块菌应分别归入品目 20.02 和 20.03。

对于均化蔬菜和均化食品，若每件净重超过 250 克，则应按相应的非均化蔬菜和非均化食品归类。

（三）糖渍与糖泡的区别。糖渍是先用开水处理产品，然后将其放入糖浆中反复加热至沸点，使糖浆逐渐浓缩，直至完全浸透产品，使其耐于保藏。用糖渍加工的蔬菜、水果、坚果、果皮或植物其他部分应归入品目 20.06，例如沥干品、糖渍品、饯糖品。糖泡是用糖水浸泡产品。糖泡的蔬菜归入品目 20.02、20.03 或 20.05，糖泡水果、坚果、果皮或植物其他食用部分应归入品目 20.08。

（四）按容量计酒精浓度不超过 0.5% 的水果汁（原果汁、浓缩果汁及复制汁）或蔬菜汁（未发酵及未加酒精）归入品目 20.09，否则应归入 22.04 或 22.06。例如，干重量在 7% 以下的番茄汁，未发酵或酒精含量不超过 0.5%，归入品目 20.09；而半发酵的酿酒葡萄汁（不论其发酵是否已中止），以及加酒精的未发酵酿酒葡萄汁，按容量计酒精浓度已超过 0.5% 的，应归入品目 22.04。

在正常的水果汁或蔬菜汁中加入水，或在浓缩汁中加入的水超出复制原天然

汁所需的量，其稀释品具有饮料的特征，应归入品目22.02；二氧化碳含量超过处理时所需正常含量的水果汁（充气水果汁）或蔬菜汁、柠檬水和果汁汽水，应归入品目22.02。

若果汁不做直接饮用，加入了香料或着色糖浆等超过品目20.09范围的物质，或加入的柠檬酸等品目20.09可添加的物质，但其含量明显大于天然果汁含量，则应归入品目21.06。若果汁饮料可直接饮用，加入了香料或着色糖浆等超过品目20.09范围的物质，或加入的柠檬酸等品目20.09可添加的物质的含量明显大于天然果汁含量，则应按果汁含量归入子目2202.1000（果汁含量小于2.5%）或子目2202.9900（果汁含量不小于2.5%）。

三、本章商品与相关商品的归类

（一）用醋或醋酸加工的蔬菜、水果、坚果等的归类

品目20.01包括用醋或醋酸制作或保藏的蔬菜、水果、坚果，不论是否含有盐、调味香料、芥末、糖或其他甜物质，还可含有油或其他添加剂。例如，糖醋黄瓜、芥末泡菜。

（二）用醋或醋酸以外方法加工的蔬菜的归类

序号	商品描述	归类
1	整个或切开的番茄、经制作或保藏的均化番茄（如番茄泥、番茄膏或番茄精）和番茄干量在7%及以上的番茄汁（参见章注四），不论其包装形式如何（如重量大于5千克的番茄酱罐头）	20.02
2	整朵、切开（如切片）或均化的蘑菇（梗在内）及块菌，如小白蘑菇罐头	20.03
3	其他冷冻蔬菜（未冷冻时归入品目20.05的蔬菜），如用油炸或半炸后冷藏的马铃薯片，冷冻的甜玉米棒子、胡萝卜、豌豆	20.04
4	其他未冷冻蔬菜（常用罐头或其他密封容器装），如均化蔬菜、食用油橄榄、德式泡菜、甜玉米粒、胡萝卜	20.05

其中，品目20.01、20.04及20.05仅酌情包括用本章注释一（一）以外的方法制作或保藏的第七章或品目11.05、11.06的产品（第八章产品的细粉、粗粉除外）。品目20.05的产品可以是整个、切开或破碎的，可用水或番茄调味汁浸渍，也可加有其他配料，还可均化或混合（沙拉）。

例1. 预炸薯条，4千克/袋，马铃薯经清洗、去皮、切条、油炸、冷冻、包装而成

【答案】 2004.1000

【归类说明】 预炸薯条经过油炸，超出了第七章“蔬菜”的加工范围，应归入本章，然后根据品目条文归入品目20.04，最后按列名归入子目2004.1000“马铃薯”。

（三）糖渍蔬菜、水果、坚果等的归类

品目20.06包括糖渍蔬菜、水果、坚果、果皮及植物的其他部分（沥干、糖渍或裹糖的）。糖渍的产品有整果（樱桃、杏、梨、李、栗、核桃等）、果瓣或果块（柑橘、柠檬、菠萝等的）、果皮（香橼皮、柠檬皮、柑橘皮、甜瓜皮等）、植物其他部分（当归、姜、薯蓣、甘薯等）及花（紫罗兰、含羞草等）。如蜜枣、糖渍制松茸。

（四）烹煮的果酱、果冻、果泥及果膏的归类

品目20.07包括烹煮制得的果酱（如柑橘酱）、果冻、果泥及果膏，不论是否加糖或其他甜物质。（参见章注五）

果泥不同于果酱，其果子含量更高，质地更为细腻。果酱带有果肉碎块而果冻无果肉碎块。

（五）用其他方法加工的水果、坚果等的归类

品目20.08主要包括用其他方法（如烹煮、炒、炸、糖泡、浸渍、渗透等）制作或保藏的其他品目未列名水果、坚果及植物的其他食用部分，不论是否加酒、糖或其他甜物质。如花生米/龙眼罐头、调味紫菜。

本品目的产品通常用罐、坛或其他密封容器包装，也有用大桶、琵琶桶或类似容器包装。

本品目不包括用汽蒸或水煮后冷藏的水果（品目08.11）等。

另外，根据本章章注二，品目20.07及20.08不包括制成糖食的果冻、果膏、糖衣杏仁或类似品（品目17.04）及巧克力糖食（品目18.06）。

例2. 糖浆浸泡的桂圆肉（罐头包装）

【答案】2008.9990

【归类说明】本题货品的加工程度超出了第八章的范围，应归入本章。因糖浆浸泡的加工方法在第二十章有关品目条文中未提到，故该货品应归入品目20.08。桂圆又名龙眼，该货品应归入子目2008.9920“龙眼罐头”。

（六）水果汁、蔬菜汁的归类

品目20.09包括未发酵及未加酒精的水果汁（包括酿酒葡萄汁）、蔬菜汁，不论是否加糖或其他甜物质，也不论是否冷冻、混合等。例如，橙汁、葡萄柚（包括柚）汁、同类或不同类的水果汁和蔬菜汁之间的混合汁及复制汁（即在浓缩汁中加入不超过非浓缩汁正常含量的水制得的汁）。

本品目不包括从几乎不含果汁的新鲜果实或干果实（如刺柏果、蔷薇果）用水加热制得的稍呈液状的产品（品目21.06）等。

例3. 鲜榨的西瓜胡萝卜混合汁，其中西瓜汁和胡萝卜汁的含量各为50%

【答案】2009.9090

【归类说明】本题货品是水果与蔬菜的混合汁，应归入品目20.09。因西瓜汁

和胡萝卜汁的含量各为50%，故归入三级子目2009.9090“其他”。

第二十一章　杂项食品

一、本章商品范围及结构

本章共有3条章注、6个品目，包括：咖啡、茶、马黛茶的浓缩精汁及其制品，烘焙咖啡代用品及其浓缩精汁，酵母、发酵粉，调味汁及其制品、混合调味品，芥子粉及其调制品，汤料及其制品、均化混合食品，冰激凌及其冰制食品，其他品目未列名的食品。

本章6个品目的排列顺序为：咖啡、茶及马黛茶的浓缩精汁及其制品（品目21.01）→酵母、发酵粉（品目21.02）→调料（品目21.03）→汤料及均化混合食品（品目21.04）→冰制食品（品目21.05）→其他品目未列名的食品（品目21.06）。

二、本章商品归类要点概述

（一）均化混合食品归入子目2104.2000。对于不符合注释条件的非均化混合食品，如每件净重超过250克，则应按相应的非均化混合食品归类（详见第四类“本类商品归类要点概述”及本章章注三）。

（二）作为本章的兜底品目，品目21.06包括不能归入《税则》其他品目的食品，主要有：直接供人食用或加工（如用水或乳等烹煮、溶解）后供人食用的制品；全部或部分由食物组成的用于制造饮料或食品的制品。本品目还包括由化学品（有机酸、钙盐等）与食物（细粉、糖、奶粉等）混合而成，可作为配料或改善食品特征（外形、耐储性等）掺入食品的制品。

（三）归类时，注意有关货品的成分含量。

三、本章商品与相关商品的归类

（一）咖啡、茶及马黛茶的浓缩精汁及其制品的归类

品目21.01包括：咖啡、茶或马黛茶的精汁及浓缩品，以及以其为基本成分的制品，包括加有淀粉或其他碳水化合物的精汁等；以咖啡、茶、马黛茶为基本成分的制品，如咖啡膏；由茶、奶粉及糖混合组成的茶制品；烘焙菊苣和其他烘焙咖啡代用品及其精汁和浓缩品；用作咖啡代用品的烘炒麦芽。但本品目不包括含咖啡的烘焙咖啡代用品（品目09.01）、加香料的茶（品目09.02）等。

例1. 一个纸制礼盒，内装一瓶速溶咖啡（500克）、一瓶咖啡伴侣（250克）、两把不锈钢餐匙、两只瓷杯

【答案】2101.1200

【归类说明】本题货品是一种零售的成套货品。因速溶咖啡为500克，构成了成套货品的基本特征，故该成套货品应按"速溶咖啡"归类。"速溶咖啡"是咖啡豆经加工而得的浓缩精汁。查阅品目，因该成套货品是以浓缩精汁为基本成分的制品，故应归入品目21.01。再查阅子目，该成套货品应按"以浓缩精汁为基本成分的制品"归入子目2101.1200。

（二）酵母、发酵粉等的归类

品目21.02包括：酵母（活性酵母或非活性酵母）；已死的其他单细胞微生物（如死细菌及死的单细胞藻类）；发酵粉，但不包括自溶酵母（品目21.06）；药用酵母（品目30.03或30.04）。

（三）调料的归类

品目21.03包括调味汁及其制品、混合调味品。例如，蛋黄酱、沙拉油、酱油、辣酱油、番茄沙司及其他番茄调味酱、芹盐、味精、某些制香肠用的混合调味品，料酒及烹饪用干邑酒，包括别特酒；芥子粉及其调制品（如调制芥末、芥末酱）。但本品目不包括芥子（品目12.07）、固定芥子油（品目15.14）、芥子油饼（品目23.06）及芥子精油（品目33.01）等。

以上制品具有调味香料重的特点，它们用不同的配料（如蛋、蔬菜、肉、水果、细粉、淀粉、油、醋、糖、调味香料、芥末、香料等）制成，用于某些菜肴的调味。调味汁一般为液状，调味制品一般为粉状。

某些以蔬菜或水果为基料的调制品与第二十章的制作或保藏的蔬菜或水果的区别在于：前者用作调味汁，即用来作食物的配料或用来制作某些菜肴，但其本身不直接供食用。

混合调味品不同于品目09.04～09.10的调味香料及混合调味香料。混合调味品也含有一种或多种归入第九章以外其他章的香料或调味料，但各种香料比例表明其基本特征已超出第九章所规定范围之外。

（四）汤料、均化混合食品的归类

品目21.04包括汤料及其制品（片状、饼状、方块状、粉状或液状）、均化混合食品（常装于密封的瓶或罐内，其量相当于一餐），但不包括干蔬菜的混合品，不论是否粉状（品目07.12）等。

（五）冰制食品的归类

品目21.05包括用乳或奶油作基料的冰激凌及其他冰制食品（如冰糕、冰棍），不论是否含可可。但本品目不包括制冰激凌用的混合物及基料（应按其基本材料归入品目18.06、19.01或21.06等）。

（六）其他未列名食品的归类

品目21.06主要包括浓缩蛋白质及人造蛋白物质（俗称“人造肉”），制造碳酸饮料的浓缩物，制造饮料用的复合酒精制品，蜂王浆制剂，椰子汁，海豹油胶囊，加蜂王浆的天然蜂蜜，含香料或着色料的甘蔗糖或甜菜糖水溶液，蔗糖含量超过5%的甘蔗糖、甜菜糖与其他食品原料的简单固体混合物等。

另外，品目21.06中的制造碳酸饮料的浓缩物以及制造饮料用的复合酒精制品等食品与第22章碳酸饮料和酒精的不同之处在于：前者在报验时还不适用于作饮料饮用，须对其稀释，而后者可直接饮用，无须进一步加工。

例2. 蜂胶胶囊，400粒/瓶，含有蜂胶、玉米油、甘油、明胶等，长期服用可调节血糖、降血脂、增强免疫力

【答案】2106.9090

【归类说明】蜂胶胶囊是一种营养保健品，应按食品归入第四类。因该食品未在第四类各品目中具体列名，故应按“未列名的食品”归入品目21.06，最后归入子目2106.9090“其他”。

第二十二章　饮料、酒及醋

一、本章商品范围及结构

本章共3条章注、1条子目注释、9个品目，主要包括：水、其他无酒精饮料及冰，经发酵的酒精饮料（啤酒、葡萄酒等），经蒸馏的酒和酒精饮料（利口酒、烈性酒等）及乙醇，醋及其代用品。

本章9个品目的排列顺序为：水及无酒精饮料（品目22.01～22.02）→经发酵的酒精饮料（品目22.03～22.06）→乙醇以及含酒精饮料（品目22.07～22.08）→醋及其代用品（品目22.09）。

二、本章商品归类要点概述

（一）根据章注二，本章、第二十章和第二十一章所称的“按容量计酒精浓度”是指温度在20℃时测得的浓度。品目22.02所称的“无酒精饮料”是指按容量计酒精浓度不超过0.5%的饮料，如人参花蕾花饮、莱菲得番茄饮品（均归入子目2202.9900）。发酵酒归入品目22.03～22.06，而蒸馏酒归入品目22.07～22.08。

（二）本章包括的产品与本章以前各章的食品种类完全不同。其分为四大类：一是水、其他无酒精饮料及冰；二是经发酵的酒精饮料（啤酒、汽酒、云杉酒等）；三是经蒸馏的酒和酒精饮料（威士忌酒、杜松子酒、伏特加酒等）及乙醇；四是醋及其代用品。

归类时，注意上述货品的加工方法：未加糖或其他甜物质及未加味（品目22.01）；加糖、加味或其他甜物质（品目22.02）；麦芽酿造（品目22.03）；鲜葡萄酿造（品目22.04）；鲜葡萄酿造，加植物或香料（品目22.05）；发酵、混合（品目22.06）；未改性、改性（品目22.07）。此外，还要注意不同酒的酒精浓度。

三、本章商品与相关商品的归类

（一）水的归类

序号	商品描述	归类
1	未加糖或其他甜物质及未加味的天然水、天然或人造矿泉水、汽水、冰（包括人造冰）、雪	22.01
2	加味、加糖或其他甜物质的水，包括矿泉水及汽水（如柠檬水、橘子水、可乐）；其他无酒精饮料（如罗望子果饮料、无醇啤酒）	22.02
3	海水	25.01
4	蒸馏水、导电水及类似的纯净水	28.53
5	香水或盥洗品	第三十三章
6	冰激凌及其他冰制品	21.05
7	“碳酸雪”或“干冰”（即固体二氧化碳）	28.11

例1. “王老吉”凉茶，易拉罐装，含有水、白砂糖、仙草、布渣叶、菊花、金银花、夏枯草、甘草等成分，有清热去火的功效

【答案】2202.1000

【归类说明】本题货品是一种饮料，应归入本章。因该货品是加糖的无酒精饮料，应归入品目22.02，最后按子目条文的规定，归入子目2202.1000。

（二）经发酵的酒精饮料的归类

发酵酒归入品目22.03～22.06。

序号	商品描述	归类
1	麦芽酿造的啤酒，如淡色啤酒、烈性黑啤酒	22.03
2	鲜葡萄酒（如掺酒精葡萄酒、汽酒）、酿酒葡萄汁，包括半发酵的葡萄汁（不论其发酵是否已中止）、加酒精的未发酵葡萄汁（两者的酒精浓度按容量计均须超过0.5%） 不包括未发酵或按容量计酒精浓度不超过0.5%的葡萄汁（品目20.09）	22.04

续表

序号	商品描述	归类
3	用鲜葡萄酒和植物叶、根、果子等浸剂或芳香料浸剂制成的各种饮料（一般用作开胃酒或健身酒），如味美思酒 不包括用葡萄干和芳香植物或物料制得的酒（品目22.06）	22.05
4	除品目22.03～22.05所列以外的各种发酵饮料（如黄酒、苹果酒、麦芽/云杉/棕榈酒、姜啤酒及草药啤酒），其他品目未列名的发酵饮料的混合物及无酒精饮料与发酵饮料的混合物（但混合后按容量计酒精浓度大于0.5%，如啤酒与苹果酒的混合物）	22.06

例2. “女儿红”牌米酒（酒精浓度15%），用2升的陶罐盛装

【答案】2206.0010

【归类说明】本题货品属于酒，应归入本章。因它是一种发酵酒，酒精浓度15%，应归入品目22.06。“女儿红”牌米酒属于黄酒，应归入子目2206.0010“黄酒”。

（三）乙醇及含酒精饮料的归类

序号	商品描述	归类
1	按容量计酒精浓度在80%及以上的未改性乙醇，任何浓度的改性乙醇及其他酒精 不包括“固体酒精”（品目36.06）等	22.07
2	按容量计酒精浓度在80%以下的未改性乙醇；蒸馏酒；利口酒及柯迪尔酒；伏特加酒、白酒及其他酒精饮料（含酒精的开胃酒、柠檬水） 不包括以治病为主要目的中药酒（如祛风壮骨酒）（品目30.04）等	22.08

例3. 按容量计浓度为95%的未改性乙醇，瓶装，500毫升

【答案】2207.1000

【归类说明】乙醇俗称酒精，根据第二十九章注释二（二）的规定，应归入品目22.07或22.08。因本题货品按容量计酒精浓度为95%，应归入品目22.07。因该货品为未改性乙醇，应归入一级子目2207.1000。

（四）醋及醋代用品的归类

序号	商品描述	归类
1	酒/酒精醋，啤酒/麦芽醋，苹果/梨醋或其他发酵水果醋，用谷物、糖蜜、水解马铃薯、乳糖清液等制得的醋，醋代用品（用于调味或腌制食品）	22.09

续表

序号	商品描述	归类
2	按重量计浓度超过10%的醋酸	29.15
3	盥洗用醋（美容盥洗用，带香味）	33.04

第二十三章　食品工业的残渣及废料；配制的动物饲料

一、本章商品范围及结构

本章共1条章注、1条子目注释、9个品目，包括食品加工工业所用植物原料的残渣及废料、某些动物质产品及配制的动物饲料。这些产品的大部分单独或与其他物料混合，主要用作动物饲料，但有些也适于供人食用。某些产品如酒渣、粗酒石、油渣饼，则用于工业。

本章9个品目的排列顺序为：动物质残渣（品目23.01）→植物质残渣（品目23.02～23.06）→葡萄酒渣及粗酒石（品目23.07）→未列名的植物原料及废料（品目23.08）→配制的动物饲料（品目23.09）。

二、本章商品归类要点概述

（一）除了品目23.08～23.09要求须作饲料用外，其他品目（23.01～23.07）只要符合品目条文的规定即可，而不管其具体用途如何。例如，棉籽、芝麻等的油渣饼及残渣是很好的动物饲料；蓖麻子的油渣饼及残渣不适于作动物饲料，但可用作肥料；蔗渣可用于造纸；苦杏仁及芥子饼可用于提取精油。

（二）本章产品主要由第一类的动物原料和第二类的植物原料制得，要注意相互之间的区别。

对于动物产品，不适于供人食用的未经加工的动物产品应归入第五章。而通过加工动物产品（骨、角、壳等除外）所得的细粉、粗粉和团粒，人可食用的，应归入第二章或第三章；非供人食用的，应归入本章品目23.01。

对于植物产品，已在第二类列名的应归入其相应品目。例如，谷物脱粒时产生的谷壳，应归入品目12.13，而加工过程中产生的米糠、大米漂白时脱出的皮，均应归入品目23.02；饲料甜菜、饲料胡萝卜应归入品目12.14，而甜菜叶或胡萝卜叶应归入品目23.08。

三、本章商品与相关商品的归类

(一) 动物质残渣的归类

品目 23. 01 包括不适于供人食用的肉、杂碎、鱼、甲壳动物、软体动物或其他水生无脊椎动物的渣粉（如含牛羊肉成分的肉骨粉、饲料用鱼粉）及团粒（主要用作动物饲料及肥料），以及油渣（用于制动物饲料及可供人食用）。

例 1. 肉骨粉（甲壳动物肉杂碎）

【答案】 2301. 1019

【归类说明】 本题货品是不适于供人食用的杂碎的渣粉，按列名归入子目 2301. 1。因该货品是不含牛羊成分的，应归入子目 2301. 1019 “其他”。

(二) 植物质残渣的归类

品目 23. 02 ~ 23. 06 为植物质残渣，其中 23. 02 ~ 23. 03 的货品不论是否制成团粒，23. 04 ~ 23. 06 的货品不论是否碾磨或制成团粒。

序号	商品描述	归类
1	谷物或豆类植物在筛、碾或其他加工过程中产生的糠、麸及其他残渣（如玉米/小麦/豆类植物糠、麸及其他残渣，大米漂白时脱出的皮）	23. 02
2	制造淀粉所剩的残渣及类似残渣（如大米、马铃薯等的残渣），甜菜渣、甘蔗渣及制糖过程中的其他残渣（如压滤渣），酿造或蒸馏过程中的糟粕及残渣（如谷物渣滓、废啤酒花） 不包括蔗渣浆（品目 47. 06）等	23. 03
3	提炼豆油所得的油渣饼及其他固体残渣；适于供人食用的非组织化脱脂大豆粉	23. 04
4	提炼花生油所得的油渣饼及其他固体残渣	23. 05
5	品目 23. 04 或 23. 05 以外的含油子仁及果实、谷物胚芽经溶剂、挤压或螺杆压提取油类后所剩的油渣饼及其他固体残渣（如棉籽/亚麻籽油渣饼及固体残渣）；作为稻米谷糠榨油后所剩残渣的脱油谷糠；可食用的非组织化脱脂细粉	23. 06

(三) 葡萄酒渣及粗酒石的归类

品目 23. 07 包括葡萄酒渣（用于制作动物饲料）、粗酒石（用作媒染剂）与洗涤粗酒石，但提取出来的酒石酸、酒石酸盐及酒石酸酯应归入品目 29. 18。

(四) 未列名的植物原料及废料的归类

品目 23. 08 包括动物饲料用的其他品目未列名的植物原料、废料、残渣及副产品，不论是否制成团粒（如橡果及七叶树果、已脱粒的玉米芯、玉米秆及叶、棉籽壳、甜菜叶或胡萝卜叶、蔬菜皮、作为破碎芥子副产品的糠）。

（五）配制的动物饲料的归类

品目 23.09 包括：甜饲料及由数种营养物质混合而成的配制动物饲料，如零售包装的猫食或狗食等；狗或其他动物的饲料饼干；甜味配制饲料，不论是否含可可；配制的鸟食或鱼食，以及制成的饲料添加剂等（参见本章注释）。本品目的配制动物饲料常制成团粒状。但本品目不包括：单一材料制成的团粒或归入同一具体列名品目的多种材料混合制成的团粒，不论是否加入了按重量计不超过3%的黏合剂（糖蜜、淀粉物质等）（品目 07.14、12.14、23.01 等）；既可用于喂动物，又可供人食用的制品（品目 19.01 及 21.06）。

例 2. 颗粒状综合营养性专用狗粮，包装袋印制精美并标有喂食方法，每袋净重 18 千克

【答案】2309.1090

【归类说明】本题货品属于饲料，应归入本章。因该货品是配制的动物饲料，应归入品目 23.09。该货品的包装袋印制精美并标有喂食方法，属于零售包装，其应归入一级子目 2309.1。因该货品是袋装而不是罐头，应归入三级子目 2309.1090“其他”。

第二十四章　烟草、烟草及烟草代用品的制品

一、本章商品范围及结构

本章共 1 条章注、1 条子目注释、3 个品目，包括烟草及烟草废料、烟草及烟草代用品的制品、不含烟草的烟草代用品。

本章 3 个品目的排列顺序为：烟草及其废料（品目 24.01）→雪茄烟及卷烟（品目 24.02）→烟草及烟草代用品的其他制品（品目 24.03）。

二、本章商品归类要点概述

子目 2403.11 主要包括：由烟草、糖蜜或糖的混合物组成的产品，用水果、甘油、芳香油及提取物调味（如“果味水烟”），以及不含糖蜜或糖的产品（如图巴克水烟）。但本子目不包括用于水烟筒的，不含烟草的产品（如杰拉克水烟）（子目 2403.99）。

三、本章商品与相关商品的归类

（一）烟草及其废料的归类

品目 24.01 包括未去梗/部分或全部去梗的烟草（如烤烟）和烟草废料（烟

草的茎、柄、梗、切边、末等)。

烟草的制作方法有多种，有晒烟(露天晒制)、晾烟(在空气自由流通的封闭棚内制得)、烘烤烟(通过热气烟道烤制)、熏烤烟(用明火烤制)。

(二)烟草制品的归类

序号	商品描述	归类
1	用烟草或烟草代用品制成的雪茄烟及卷烟；用专门配制的某些不具药物性质的产品制成的戒烟用卷烟 不包括药用卷烟(第三十章)	24.02
2	供吸用的烟草(不论是否含有任何比例的烟草代用品，如制成的烟斗或卷烟用烟)、咀嚼烟、鼻烟、制鼻烟用的加压或浸酒烟草、水烟料(参见子目注释)、制成的烟草代用品(如不含烟草的吸用烟混合品)、“均化”或“再造”烟草、烟草精汁 不包括尼古丁(品目29.39)	24.03

第五类　矿产品

一、本类商品范围及结构

本类共分3章（第二十五章至第二十七章），主要包括从陆地或海洋中直接获取的原产状态及其经过有限加工的矿产品，分为无机矿产品和有机矿产品。无机矿产品又分为非金属矿产品和金属矿产品。

本类的矿产品按照非金属矿、金属矿、有机矿产品的顺序排列章次。其中，非金属矿产品归入第二十五章，金属矿产品归入第二十六章，有机矿产品归入第二十七章。

无机矿产品一般为天然状态，或只允许使用有限的加工方法；有机矿产品包括天然状态的煤、矿物油及其蒸馏产品和用任何其他方法获得的类似产品。

二、本类商品归类要点概述

（一）除有特别规定以外，凡属于矿产品的均应归入本类。对于矿产品的归类，应从其加工程度入手。归类时，注意本类各章注释或条文所允许的加工方法，用本类所不允许的方法加工的矿产品应归入《协调制度》后面的有关章。

（二）注意少数“纯的”化工产品也归入本类，如纯的氯化钠、纯的氧化镁、纯的甲烷、纯的丙烷。

第二十五章　盐；硫磺；泥土及石料；石膏料、石灰及水泥

一、本章商品范围及结构

本章共4条章注、29个品目（品目25.27已被删除），仅包括天然的或经洗涤（包括用化学物质清除杂质但不改变产品本身结构的洗涤）、砸碎、磨碎、研粉、淘洗、细筛、粗筛以及用浮选、磁选或其他机械或物理方法（不包括结晶法）精选的矿产品。本章产品可含有添加的抗尘剂，但所加剂料并不使原产品改变其一般用途而仅适合于某些特殊用途。

本章29个品目基本上按矿产品的基本成分、聚集状态及来源排列，具体为：盐、未焙烧的黄铁矿、硫磺、天然石墨（品目25.01～25.04）→各种天然砂、土、石料、石膏、石灰等（品目25.05～25.22）→水泥、水泥熟料（品目25.23）→石棉、云母、天然冻石、天然硼酸盐、长石等（25.24～25.26及25.28～25.29）→其他品目未列名的矿产品（包括稀土金属矿）（品目25.30）。

二、本章商品归类要点概述

（一）本章矿产品的加工方法

本章矿产品允许的加工方法如本章章注一所示：经洗涤（包括用化学物质清除杂质而未改变产品本身结构的）、破碎、磨碎、研粉、淘洗、筛分以及用浮选、磁选和其他机械物理方法（不包括结晶法）。经其他方法加工的矿物，如通过再结晶提纯的产品、将本章同品目或不同品目的矿物加以混合获得的产品、经模制或雕刻的产品等，一般归入以后的相关各章（如第二十八章或第六十八章）。例如，原状或粗加修整的大理石归入子目2515.1100，经简单切削或锯开的大理石及制品（具有一个平面）归入子目6802.2110。

此外，本章货品不得经过焙烧、煅烧、混合或超过品目所列的加工范围，但归入本章某些品目的货品的加工程度（因其品目条文或本章注释四有明确规定）也可以超出上述的加工范围：

1. 某些化学纯的货品，如纯氯化钠（品目25.01）、精制硫（品目25.03）、纯氧化镁（品目25.19）；

2. 经过煅烧的某些货品，如高岭土及类似土（品目25.07），其他黏土、红柱石、蓝晶石及硅线石（品目25.08），天然碳酸钡（品目25.11），硅质化石粗粉（如硅藻土）及类似的硅质土（品目25.12），白云石（品目25.18），天然硼酸盐及其精矿（品目25.28），三氧化二铁含量在70%以下的土色料（品目25.30），菱锶矿（品目25.30）。经过热处理的某些货品，如天然石榴石及其他天然磨料（品目25.13），铺路用的碎石等（品目25.17），碑用或建筑用石的碎粒、碎屑及粉末（品目25.17），白云石（品目25.18），熔凝镁氧矿、烧结镁氧矿（品目25.19）等；

3. 经过粗加修整或仅用锯或其他工具简单切割成矩形（包括正方形）板、块状的矿物，如石英石（品目25.06），板岩（品目25.14），大理石等石灰质碑用或建筑用石（品目25.15），花岗岩、玄武岩等碑用或建筑用石（品目25.16），白云石（品目25.18）及天然冻石（品目25.26）等。

除此之外的更深加工的石材主要归入第六十八章。

（二）优先归类原则

根据本章章注三的规定，既可归入品目25.17又可归入本章其他品目的产品，应归入品目 25.17。

例 1. 用作混凝土集料、铺路或铁道路基的砸碎的白云石

【答案】 25.17

【归类说明】 白云石是一种非金属矿产品，其加工方式符合本章注释一的规定，该货品应归入本章。本题货品看上去既符合品目 25.18 的规定，又符合品目 25.17 的规定，但根据本章注释三的规定，该货品应归入品目 25.17。

三、本章商品与相关商品的归类

（一）盐、未焙烧的黄铁矿、硫磺、天然石墨的归类

1. 盐（氯化钠）的归类

序号	商品描述	归类
1	盐（包括精制盐及变性盐）及纯氯化钠，不论是否为水溶液及是否添加抗结块剂或松散剂；海水	25.01
2	加调味料的盐，如芹盐	21.03
3	装于安瓿的氯化钠溶液包括海水，以及其他制成药品的氯化钠	第三十章
4	制成零售包装的卫生用氯化钠溶液（医药用的除外），不论是否经消毒	33.07
5	每颗重量不低于 2.5 克的培养氯化钠晶体（光学元件除外）	38.24
6	氯化钠光学元件	90.01

2. 黄铁矿（俗称硫铁矿）的归类

序号	商品描述	归类
1	未焙烧的（含铜）黄铁矿 不包括白铁矿（半宝石）（品目 71.03）	25.02
2	已焙烧的黄铁矿（主要成分为三氧化二铁，按铁矿砂归类）	26.01

3. 硫磺的归类

序号	商品描述	归类
1	升华硫磺、沉淀硫磺及胶态硫磺	28.02
2	零售包装或配定剂量制成药的硫磺	30.04
3	作为杀菌剂等并制成零售形状或包装的硫磺	38.08
4	含矿物油的硫磺（加工程度超出第二十五章允许范围的）	3824.9999
5	其他硫磺，例如自然/研磨硫、未精制/精制硫	25.03

4. 石墨及其制品的归类

石墨及其制品主要根据原料来源、生产工艺、加工程度、功能用途等要素归类。

序号	商品描述	归类
1	天然石墨（即黑铅），碳的一种，包括鳞片石墨（子目2504.1010）、致密结晶状石墨、微晶石墨	25.04
2	人造石墨、胶态或半胶态石墨	38.01
3	以石墨为基料的膏状、块状、板状制品或半制成品	38.01
4	非电器用的石墨或其他碳精制品	68.15
5	电器用的石墨或其他碳精制品，如碳电极、碳刷等	85.45
6	石墨制的耐火建材	69.02
7	石墨制的耐火陶瓷制品	69.03
8	含有银粉的石墨半制品	71.06

另外，归类时应注意天然石墨的外观（粉末、鳞片、块等），以及是否经球化加工。

（二）各种天然砂、土、石料、石膏、石灰等的归类

1. 天然砂的归类

品目25.05包括各种天然海沙、湖沙、河沙或碎石砂，不论是否着色。例如，硅砂及石英砂、土质砂（包括高岭土砂）、长石砂。

本品目不包括人工制得的砂及粉（品目25.17或按有关石料归类）、有商业提取价值的金属矿砂（第二十六章）、焦油砂或沥青砂（品目27.14）。

2. 石英及其制品、石英岩的归类

序号	商品描述	归类
1	石英	25.06
2	用于制造宝石（水晶和玛瑙）的石英	第七十一章
3	石英制的光学元件	90.01
4	天然状态或加工范围未超出本章注释一所列范围的石英岩，用锯或其他方法粗加修整或简单切割成矩形（包括正方形）块、板状的石英岩	25.06
5	形状明显是作筑路及铺地用的长方砌石、路缘石、扁平石的石英岩	68.01

石英是硅石的天然结晶体，符合以下两个条件的才可归入品目25.06：一是天然状态或加工范围未超出本章注释一所列范围；二是品种和质量都不适合于制

造宝石，例如，水晶及墨晶等。

3. 黏土的归类

序号	商品描述	归类
1	高岭土及其他陶土，不论是否经煅烧	25. 07
2	其他黏土，如膨润土、耐火黏土、红柱石、蓝晶石及硅线石，不论是否经煅烧；富铝红柱石；火泥及第纳斯土	25. 08
3	活性黏土	38. 02
4	膨胀黏土，包括仅煅烧天然黏土制得的在内	68. 06
5	作为品目 25. 30 所述颜料土范围的黏土	25. 30

品目 25. 07 所列货品的主要成分为高岭矿物。品目 25. 08 包括各种由硅酸铝为基本成分的沉积土或沉积岩组成的天然黏土物质。

4. 白垩的归类

序号	商品描述	归类
1	白垩（一种天然碳酸钙）	25. 09
2	磷酸白垩（白垩与磷酸钙天然混合物）	25. 10
3	“法国白垩”（块滑石或滑石）	25. 26
4	制成牙粉的白垩粉	33. 06
5	粉状碳酸钙，其粉粒为脂肪酸防水膜包裹的	38. 24

5. 天然磷酸钙的归类

品目 25. 10 仅包括磷灰石及其他天然磷酸钙（磷酸三钙或磷钙石）、天然磷酸铝钙及磷酸盐白垩，不论是已磨成粉以供肥料用或仅经热处理清除杂质的。但本品目不包括经煅烧或超出清除杂质范围的热处理的磷酸钙（品目 31. 03 或 31. 05），经提纯成为纯净的磷酸钙（品目 28. 35）。

6. 天然硫酸钡及天然碳酸钡的归类

品目 25. 11 包括天然硫酸钡与天然碳酸钡（不论是否经煅烧），以及含有大量不纯氧化钡的煅烧毒重石。但本品目不包括精制或用化学方法制取的硫酸钡（品目 28. 33）、碳酸钡（品目 28. 36）及纯净氧化钡（品目 28. 16）。

例 2. 经煅烧的毒重石

【答案】 2511. 2000

【归类说明】 毒重石又名天然碳酸钡，应归入品目 25. 11，然后按列名归入子目 2511. 2000。

7. 硅质土的归类

品目 25. 12 包括硅质化石粗粉（如各种硅藻土）及类似的硅质土（含硅藻成

分），不论是否经煅烧，其表观比重不超过1。

硅质土主要有恺塞古尔硅藻土、的利波里硅藻土、代亚脱迈硅藻土及莫勒硅藻土，但不包括名为“风化石”的利波里土（品目25.13）、活性代亚脱迈硅藻土（品目38.02）。此外，锯成块状的代亚脱迈硅藻土，未经煅烧的，归入品目68.06；否则归入品目69.01。

综上所述，非活性硅藻土归入子目2512.0010，活性硅藻土归入子目3802.9000。

8. *石料等的归类*

序号	商品描述	归类
1	浮石；刚玉岩；天然刚玉砂；天然石榴石（其粉末在内）及其他天然磨料，不论是否经热处理 不包括人造磨料（如人造刚玉）（品目28.18），其他品目列名的磨料（品目25.17）等	25.13
2	原状板岩、粗加修整的板岩，仅用锯或其他方法剥成矩形（包括正方形）块状、板状的板岩，板岩粉末及废料 不包括已加工的板岩及板岩或黏聚板岩的制品（品目68.03）等	25.14
3	仅限于列名的石料：大理石、石灰华、“埃卡辛”钙质石、其他石灰质碑用或建筑用石（表观比重为2.5及以上）、蜡石 不包括经浮雕，用镐、锤、凿等修琢、砂光、磨光、抛光、切角等的石块（品目68.02）等	25.15
4	花岗岩、斑岩、玄武岩、砂岩及其他碑用或建筑用石、表观比重低于2.5的碑用或建筑用石灰质石（包括建筑用石灰石或卜特兰石）和蛇纹石 不包括溶凝玄武岩（品目68.15）等	25.16
5	通常作混凝土粒料、铺路、铁道路基或其他路基用的卵石、砾石及碎石，圆石子及燧石，不论是否经热处理；矿渣、浮渣及类似的工业残渣，不论是否混有子目2517.10所列的材料；沥青碎石；品目25.15、25.16所列各种石料的碎粒、碎屑及粉末，不论是否经热处理 不包括切成块的燧石或人工磨圆的球墨机用卵石（品目68.02），经人工着色的品目25.15或25.16所列石料的颗粒、碎片（品目68.02）等	25.17

续表

序号	商品描述	归类
6	白云石，不论是否经煅烧或烧结；粗加修整或仅用锯或其他方法切割成矩形（包括正方形）的板、块；用作耐火材料的夯混白云石（呈粉状或小颗粒状） 不包括混凝土集料、铺路或铁道路基用的砸碎白云石（品目25.17）	25.18

品目25.14～25.16及25.18的货品，报验时为原状、粗加修整或仅切、锯或用其他方法加工成矩形（包括正方形）的块状、板状。此外，品目25.15或25.16不包括经简单切削或锯开并具有一个平面的其他碑石或建筑用石（如大理石、石灰华及蜡石，花岗岩等）及其制品（品目68.02）。

品目25.17还包括品目25.15或25.16的粒状、碎片状或粉状的石料。

9. 镁氧矿的归类

品目25.19包括天然碳酸镁、熔凝镁氧矿、烧结镁氧矿（不论烧结前是否加入少量其他氧化物）、碱烧镁氧矿、煅烧水镁石，其他氧化镁（不论是否纯净），但不包括水合碱式碳酸镁（品目28.36）、不小于2.5克/颗的氧化镁培养晶体（品目38.24）等。

例3. 氧化镁（符合化学定义、非培养晶体、非光学元件）

【答案】2519.9091

【归类说明】本题货品是一种无机化合物，似乎可归入第二十八章，但该章章注三（一）已将其排除。该货品应归入本章。查阅品目，该货品符合25.19品目条文的规定，应归入品目25.19，然后按列名归入子目2519.9091。

10. 生石膏、熟石膏和硬石膏的归类

品目25.20包括生石膏；硬石膏；熟石膏（由煅烧的生石膏或硫酸钙构成），不论是否着色或带有少量促凝剂或缓凝剂。但本品目不包括以熟石膏为基本成分的牙科用制品（品目34.07），石膏制品（品目68.09）。

11. 石灰石助溶剂及石灰石的归类

品目25.21包括石灰石助溶剂（用作钢铁工业的助溶剂）和通常用于制造石灰或水泥的石灰石及其他石灰质石，以及用于改良土壤的这些材料的粉末。

12. 生石灰、熟石灰及水硬石灰的归类

品目25.22包括生石灰（一种不纯的氧化钙）、熟石灰（氢氧化钙，常用于土壤改良或制糖工业）及水硬石灰，但不包括纯净的氧化钙及氢氧化钙（品目28.25）。

（三）水泥及水泥熟料的归类

品目25.23包括硅酸盐水泥（如白水泥）、矾土水泥、矿渣水泥、富硫酸盐水泥、火山灰水泥、天然水泥等及以上水泥的混合物，不论是否着色，以及水泥熟料。但本品目不包括干固水泥（加明矾的熟石膏）（品目25.20），以火泥或第纳斯土等为基料的耐火水泥及灰泥（品目38.16），非耐火的灰泥及混凝土（品目38.24），硅酸盐水泥的制品（第六十八章）等。

（四）石棉、云母、天然冻石、天然硼酸盐、长石等的归类

序号	商品描述	归类
1	岩石状的天然石棉、天然石棉纤维、搅打或洗涤石棉纤维（不论是否按长度进行分拣）；石棉粉片、粉末及废料 不包括经进一步加工（梳理、染色等）的石棉纤维及石棉制品（品目68.12）	25.24
2	天然云母、云母厚/薄片和云母废料及粉末 不包括品目68.14的制品	25.25
3	天然冻石（如皂石），不论是否经粗加修整或仅用锯或其他方法切割成矩形（包括正方形）的块、板；滑石（原状或粉状）	25.26
4	天然硼酸盐及其精矿（不论是否经煅烧）、天然粗硼酸（含硼酸干重不超过85%）。其中天然硼酸盐包括硼酸钠、硼酸钙、氯硼酸镁 不包括所含硼酸干重超过85%的硼酸（品目28.10），通过化学方法处理四水硼砂制得的硼酸钠（精制硼砂），以及通过蒸发某些盐湖的复盐水制得的硼酸钠（品目28.40）	25.28
5	长石、白榴石、霞石及霞石正长岩，萤石及萤石粉 不包括长石砂（品目25.05）、作为宝石或半宝石的长石或萤石（第七十一章）	25.29

其中，天然冻石及滑石均是富含水合硅酸镁的矿物质，冻石较为密质、粗大；滑石为页片状，其手感更为柔软、滑腻。

（五）其他品目未列名的矿产品的归类

品目25.30包括未膨胀的蛭石、珍珠岩及绿泥石、硫镁矾矿及泻盐矿（天然硫酸镁）、矿物性药材（例如雄黄、雌黄、毒砂、硝石、玄明粉等）、稀土金属矿（例如氟碳铈镧矿、磷钇矿、硅铍钇矿）、硅灰石（参见章注四）。以上货品的加工方法为天然开采、简单破碎、磨粉、未膨胀等。

例4. 氟碳铈镧矿，用于制取铈族稀土元素

【答案】 2530.9020

【归类说明】 本题货品是一种含稀土金属的矿砂，应归入品目25.30，然后按

列名归入子目 2530.9020。

第二十六章　矿砂、矿渣及矿灰

一、本章商品范围及结构

本章共 3 条章注、2 条子目注释、21 个品目，分为两部分：第一部分（品目 26.01 ~ 26.17）是冶金工业用的金属矿砂及其精矿，用于提取第七十一章所述的贵金属（银、金、铂、铱、钯、铑或钌）、第十五类所述的贱金属、水银（品目 28.05）及品目 28.44 的金属，但不包括不是以冶金工业正常加工方法处理的各种矿物；第二部分（品目 26.18 ~ 26.21）是各种加工过程中产生的矿渣和矿灰。

本章 21 个品目的排列顺序为：金属矿砂（品目 26.01 ~ 26.17）→冶炼金属所产生的熔渣及其他矿渣、矿灰（品目 26.18 ~ 26.21）。

二、本章商品归类要点概述

（一）本章不包括：经煅烧或焙烧以外其他处理后改变了基本矿砂的化学成分或晶体结构的精矿，如熔融氧化钒（第二十八章）；不是以冶金工业正常加工方法处理的各种矿物，如锗“精矿”（品目 28.25）、铀“精矿”（品目 28.44）等。

（二）本章矿砂所允许的加工方法如下：

1. 物理或物理—化学加工，包括破碎、磨碎、磁选、重力分离、浮选、筛选、分级、矿粉造块（例如通过烧结或挤压等制成粒、球、砖、块状，不论是否加入少量黏合剂）、干燥、煅烧、焙烧以使矿砂氧化、还原或使矿砂磁化等（但不得使矿砂硫酸盐化或氯化等）。

2. 化学加工（如溶解加工），主要为了清除不需要的物质。

注意，除煅烧、焙烧或燃烧（不论是否烧结）引起的变化外，上述加工不得改变所要提炼金属的基本化合物的化学成分。

（三）除条文另有规定的以外，含有一种以上矿物的矿砂及精矿，应按归类总规则三（2）或三（3）归入品目 26.01 ~ 26.17 的相应品目，即混合矿砂按构成该矿砂“基本特征”的那种矿砂归类。“基本特征”需根据开采价值、含量（品位）、开采成本、目的等多种因素综合考虑，有时可参考相关的国家标准。无法确定“基本特征”时，按“从后归类”原则归类。

三、本章商品与相关商品的归类

（一）金属矿砂的归类

根据章注二，品目26.01～26.17所称的“矿砂”是指冶金工业中提炼的汞、品目28.44的金属，以及第十四类、第十五类金属的矿物，即使这些矿物不用于冶金工业也包括在内。

序号	商品描述	归类
1	铁矿砂及其精矿，如焙烧黄铁矿或黄铁矿烬滓；以干重计锰含量低于20%的铁矿砂及其精矿	26.01
2	锰矿砂及其精矿，如褐锰矿、软锰矿；以干重计锰含量达20%及以上的含铁锰矿砂及其精矿 不包括用于干电池的调制软锰矿（品目25.30）	26.02
3	铜矿砂及其精矿，如水硫酸铜矿（水胆矾）、硅孔雀石、赤铜矿、透视石、黝铜矿、孔雀石 不包括用化学方法由天然铜矿提取出的硫化铜（品目28.30）	26.03
4	镍矿砂及其精矿，如硅镁镍矿、含镍磁黄铁矿	26.04
5	钴矿砂及其精矿，如辉钴/水钴矿	26.05
6	铝矿砂及其精矿，如铝土矿（水合氧化铝）、铝矾土粉	26.06
7	铅矿砂及其精矿，如铅矾、白铅矿、磷氯铅矿	26.07
8	锌矿砂及其精矿，如闪锌矿、异极矿	26.08
9	锡矿砂及其精矿，如锡石、黄锡矿	26.09
10	铬矿砂及其精矿，包括铬矿，即铬铁氧化物	26.10
11	钨矿砂及其精矿，如钨铁矿、黑钨矿	26.11
12	铀或钍矿砂及其精矿，如钙铀云母、钛铀矿、钒钾铀矿；独居石、钍石	26.12
13	钼矿砂及其精矿，如辉钼矿、焙烧辉钼精矿（工业三氧化钼） 不包括用作润滑剂的辉钼矿（品目25.30）	26.13
14	钛矿砂及其精矿，如钛铁矿、金红石	26.14
15	铌、钽、钒或锆矿砂及其精矿，如斜锆矿、锆石及锆砂；钽铁矿及铌（钶）铁矿；钒铅锌矿、钒铅矿 不包括宝石形态的锆石（品目71.03）、搪瓷生产上用作遮光料的微化锆砂（品目25.30）等	26.15
16	贵金属矿砂及其精矿，如辉银矿、角银矿、含金或铂的矿砂	26.16
17	其他矿砂及其精矿：锑矿砂（如黄锑矿、辉锑矿、锑华）；铍矿砂（如绿柱石、硅铍石）；铋矿砂（如辉铋矿、赭铋矿）；锗矿砂，包括锗石；汞矿，包括朱砂（辰砂）	26.17

归类时，注意品目26.01的铁矿砂及其精矿按不同的加工方法、颗粒度归入相关的子目。

例1. 原状铁矿砂，平均粒度为0.6毫米

【答案】2601.1110

【归类说明】本题货品是一种贱金属矿砂，应归入本章。查阅品目条文，其应归入品目26.01。因该货品是原状的且平均粒度小于0.8毫米，应归入子目2601.1110。

例2. 具有放射性的钍矿砂

【答案】2612.2000

【归类说明】本题货品似乎可归入第二十八章，但根据第六类类注一（一）的规定，该货品不能归入第二十八章。放射性矿砂应归入第二十六章，故该货品应按列名归入品目26.12，然后按列名归入一级子目2612.2000。

（二）冶炼金属所产生的熔渣及其他矿渣、矿灰的归类

冶炼钢铁所产生的熔渣归入品目26.18～26.19，其他矿渣、矿灰归入品目26.20～26.21。

序号	商品描述	归类
1	冶炼钢铁所产生的粒状熔渣（熔渣砂） 不包括泡沫矿渣（品目68.06）等	26.18
2	冶炼钢铁所产生的熔渣、浮渣、氧化皮及其他废料 不包括含磷熔渣（“碱性熔渣”）（第三十一章）等	26.19
3	含有金属、砷及其化合物的矿渣、矿灰及残渣（冶炼钢铁所产生的灰、渣除外），如含铅汽油的淤渣及含铅抗震化合物的淤渣（参见章注三及子目注释一、二）	26.20
4	矿质（如煤、褐煤及泥煤）灰及烧结块，包括飞灰、底灰、炉渣、流化床炉膛；海草灰及其他植物灰（包括稻壳灰）；骨灰；粗钾盐；焚烧城市垃圾所产生的灰、渣 不包括动物炭黑（品目38.02）	26.21

其中，品目26.19的“废料”与品目72.04的“钢铁废碎料”的区别在于：前者是在冶炼钢铁时产生的，后者是在钢铁加工过程或使用废弃后产生的。

品目26.20的“残渣”与第十五类的“金属废碎料”的区别在于：前者是处理矿砂或冶金中间产品（如锍）时所得的或从不属机械加工金属的电解、化学或其他工序所得的，而后者是在金属加工过程或使用废弃后产生的。

第二十七章　矿物燃料、矿物油及其蒸馏产品；沥青物质；矿物蜡

一、本章商品范围及结构

本章共3条章注、5条子目注释、16个品目，包括煤及其他天然矿物燃料、石油及从沥青矿物提取的油、这些油的蒸馏产品及用任何其他方法获得的类似产品，以及矿物蜡、天然沥青物质和电力（品目27.16）。本章的货品可以是天然的或精制的。

本章16个品目的排列顺序为：煤及其制品（品目27.01～27.08）→石油及其蒸馏产品（品目27.09～27.11）→矿物蜡、沥青等其他产品（品目27.12～27.15）→电力（品目27.16）。

二、本章商品归类要点概述

（一）加工石油或用其他方法制得的按重量计以芳族成分（是指含有芳香素的整个分子而不是仅指这些分子的芳香部分）为主的油（如吡啶、喹啉及吖啶碱），归入品目27.07；以非芳族成分为主的（如"拔顶原油"包括轻油、中油及重油，这些油包括汽油、石油溶剂、煤油、粗柴油、燃料油、锭子油及润滑油、白油），则应归入品目27.10。

品目27.10项下的油品归类时，应遵循以下原则：一是确定是否为废油（子目2710.9）；二是是否含有生物柴油（子目2710.2）；三是依据产品的馏程（从低到高排列），结合加工工艺和多种油品指标（馏程、黏度、密度、闪点、灰分、水分及沉积物）确定产品的归类。

（二）本章的煤、石油、天然气可以进行化学提取和其他加工，但一般是一些粗产品，若经进一步化学提纯的，则应归入第二十九章。例如：

苯、甲苯、二甲苯按重量计纯度在95%以下50%以上的，归入品目27.07；纯度不小于95%的，归入品目29.02。

萘的结晶点低于79.4℃且含量大于50%的，归入品目27.07；结晶点不低于79.4℃的，归入品目29.02。

甲酚、二甲苯酚按重量计纯度小于95%的，归入品目27.07；纯度不小于95%的，归入品目29.07。

蒽、苯酚按重量计纯度小于90%的，归入品目27.07；纯度不小于90%的，归入品目29.07。

吡啶按重量计纯度小于95%的，归入品目27.07；纯度不小于95%的，归入品目29.33。甲基吡啶按重量计纯度小于90%的，归入品目27.07；纯度不小于90%的，归入品目29.33。

三、本章商品与相关商品的归类

（一）煤及其制品的归类

序号	商品描述	归类
1	煤（包括无烟煤、烟煤、粉化煤等）、煤砖、煤球及用煤制成的类似固体燃料（参见子目注释一、二）	27.01
2	褐煤，不论是否制成型，但不包括黑玉	27.02
3	泥煤（包括肥料用泥煤），不论是否制成型；具有泥煤基本特征的泥煤与沙或黏土的混合物，不论是否含有少量的肥料元素氮、磷或钾	27.03
4	煤、褐煤或泥煤制成的焦炭及半焦炭，不论是否粉化、黏聚或制成型；甑炭（气碳） 不包括电气用甑炭制品（品目85.45）	27.04
5	煤气、水煤气、炉煤气及类似气体；在蒸汽存在下裂化或重整矿物油、石油气或天然气所得的混合气体，但石油气及其他烃类气除外	27.05
6	从煤、褐煤或泥煤蒸馏所得的焦油及其他矿物焦油，不论是否脱水或部分蒸馏，包括再造焦油 不包括用非矿物原料提取的焦油（如木焦油）（品目38.07）	27.06
7	用稍宽馏分的高温煤焦油精馏可制得苯、甲苯、混合二甲苯、溶剂石脑油、萘油及粗萘、蒽油及粗蒽、酚油（酚、甲酚、二甲苯酚等）、吡啶、喹啉及吖啶碱、杂酚油等以芳族化合物为主要成分的油；通过汽提煤气、加工石油或其他方法制得以芳族成分为主的类似油及产品（参见子目注释三）	27.07
8	从煤焦油或其他矿物焦油所得的沥青及沥青焦（用于制造电极等）	27.08

其中，主要含二甲苯、乙苯的芳烃混合物，按重量计含二甲苯异构体不大于50%的，归入子目2707.5000；混合二甲苯异构体，按重量计含二甲苯异构体不小于95%的，归入子目2902.4400。

此外，归入子目2707.5000的芳烃混合物，必须同时满足芳烃含量在50%以上，且在250℃时蒸馏出的芳烃含量以体积计（包括损耗）在65%及以上（以美国标准试验法D86方法为准），否则归入子目2707.9990。

例 1. **液化煤气**

【答案】 2705. 0000

【归类说明】 本题货品是一种氢、甲烷、一氧化碳等的复杂混合物，应作为矿物燃料归入本章。该货品属于煤气，应按列名归入品目 27. 05，最后归入子目 2705. 0000。

（二）石油及其蒸馏产品的归类

序号	商品描述	归类
1	石油原油及沥青矿物原油，即从沥青矿物（如页岩、石灰质石、矿砂）提取的原油；凝析油（天然气提取稳定过程中所得的原油）	27. 09
2	石油及从沥青矿物提取的油类（原油除外）；以上述油为基本成分（按重量计不低于 70%）的其他品目未列名制品［如轻油及其制品、液体石蜡、生物柴油（子目 2710. 2000）等（石油含量小于 70% 的生物柴油归入品目 38. 26）］；废油（参见章注二、三及子目注释四、五）	27. 10
3	石油气及其他烃类气，包括不论是否液化的以下气体：甲烷及丙烷（不论是否纯净）、乙烷及乙烯、丙烯、丁烷、丁烯及丁二烯，以及丙烷及丁烯的相互混合物。如直接灌注香烟打火机用的液体燃料或液化气燃料，其包装容器的容积超过 300 立方厘米的，归入子目 2711. 1310 或 2711. 1910，否则归入品目 36. 06	27. 11

其中，燃料油分为 5 号 ~7 号燃料油（子目 2710. 1922）和其他燃料油（子目 2710. 1929）。

按照所含基础油成分的不同，润滑油可分为矿物油润滑油和合成润滑油。

润滑油类商品按不同的成分、含量、用途归入相关的品目：从石油及沥青矿物提取的油类为基本成分（按重量计不低于 70%）的润滑油，归入品目 27. 10；从石油及沥青矿物提取的油类按重量计小于 70% 的润滑油脂，归入品目 34. 03，包括矿物油含量低于 70% 的矿物润滑油和全合成润滑油。

品目 27. 10 不包括：《税则》其他品目已列名的含任何比例（包括按重量计超过 70% 的）石油或沥青矿物油的制剂或非以石油及沥青矿物油为基料的制剂，包括品目 34. 03 的防锈剂；消毒剂、杀虫剂等（品目 38. 08）；矿物油用的配制添加剂（品目 38. 11）；清漆用的复合溶剂及稀释剂（品目 38. 14）及品目 38. 24 的某些制剂。

品目 27. 11 与品目 29. 01 的部分货品的区分如下：

序号	商品描述	归类
1	甲烷及丙烷（不论是否纯净）	27.11
2	丙烯、丁烯、丁二烯，纯度小于90%的	27.11
3	丙烯、丁烯、丁二烯，纯度不小于90%的	29.01
4	乙烷、乙烯、丁烷，纯度小于95%的	27.11
5	乙烷、乙烯、丁烷，纯度不小于95%的	29.01

以上纯度，气态的按容量计算，液体的按重量计算。

例2. 正构烷烃

【答案】2710.1919

【归类说明】本题货品呈液体，是一类饱和链烃的混合物，由石油分馏制得，应按“矿物燃料”归入本章。查阅品目，因该货品属于“石油及从沥青矿物提取的油类”，故应归入品目27.10。又因该货品属于煤油的分馏产品，应按煤油的馏分归入子目2710.1919“其他”。

（三）矿物蜡、沥青等其他产品的归类

归类时，应注意品目27.13的石油焦的加工方法（是否经煅烧）及其含硫量，以及品目27.15所列货品的成分含量。

序号	商品描述	归类
1	粗制/脱色/精制凡士林、合成制得的凡士林；原蜡或精制蜡，相互混合蜡或着色蜡［石蜡（按重量计含油量小于0.75%）、微晶石蜡、地蜡、褐煤蜡、泥煤蜡、其他矿物蜡（疏松石蜡及磷状蜡）、合成石蜡、合成微晶石蜡］ 不包括零售包装的适于作护肤品的凡士林（品目33.04）；品目34.04的人造蜡及调制蜡，包括高聚物蜡（如聚乙烯蜡）	27.12
2	石油焦（绿焦或煅烧焦）、石油沥青（蒸馏原油所剩的一种残余物）、其他石油残渣（如含有一定比例石油的酸性残渣及废漂白土）、处理页岩油及其他沥青矿物油所得的沥青、焦炭及其他残余物	27.13
3	天然沥青（地沥青）；乳化沥青；沥青页岩、油页岩及焦油砂；沥青石灰石及其他沥青岩，不论是否进行脱水或除脉石处理，也不论是否粉化或相互混合 不包括沥青褐煤（品目27.02）等	27.14
4	以天然沥青（地沥青）、石油沥青、矿物焦油或矿物焦油沥青为基本成分的沥青混合物：稀释沥青、沥青或焦油与水的乳状液或稳定悬浮液、沥青胶黏剂及混有砂、石棉等矿物质的类似沥青混合物、使用前需再熔化的块状黏聚沥青混合物	27.15

另外，沥青及相关产品归类如下：

序号	商品描述	归类
1	硬脂沥青、羊毛脂沥青及甘油沥青	15.22
2	煤焦油沥青、沥青焦	27.08
3	石油沥青（用于铺路或防水等）	27.13
4	天然沥青（地沥青），包括分散于水中的脱水并粉化的天然沥青、乳化沥青、沥青页岩、沥青岩	27.14
5	以天然沥青（地沥青）、石油沥青、矿物焦油或矿物焦油沥青为基本成分的沥青混合物	27.15
6	植物沥青（包括木沥青、松香沥青及硫酸盐沥青）、啤酒桶沥青、嵌缝沥青	38.07
7	沥青碎石	25.17
8	沥青及类似原料（如石油沥青或煤焦油沥青）的制品	68.07
9	沥青与杂酚油或其他煤焦油蒸馏产品的混合物（即再造焦油）	27.06
10	沥青涂料及清漆	32.10

第六类　化学工业及其相关工业的产品

一、本类商品范围与结构

本类共11章，可分为两部分。第一部分：第二十八章至第二十九章，主要为单独的已有化学定义的化学品，其中，元素和无机化合物归入第二十八章；有机化合物归入第二十九章。第二部分：第三十章至第三十八章，为不符合化学定义的混合物，基本按用途分类，包括药品，肥料；鞣料、染料、颜料、涂料、油漆、油墨，化妆品，表面活性剂及其制品，蛋白类物质，炸药、烟火、易燃制品，感光材料以及杂项化学产品。但有一个例外：若是维生素与维生素之间的混合物，应归入品目29.36。

本类产品绝大多数是由人工合成的（特别是基本化工原料部分），如无机化合物、有机化合物、化肥等。少数产品是以天然的动植物或矿物为原料，经过一系列复杂加工处理制得的，如从橙皮提取的橙油等。

二、本类商品归类要点概述

（一）优先归类原则

1. 优先于《税则》其他品目的归类原则

根据本类注释一（一）的规定，放射性矿砂归入第五类。例如，铀矿砂及其精矿归入品目26.12。所有的放射性化学元素、放射性同位素及其化合物，不论是无机的还是有机的，不论是否已有化学定义，即使本来可以归入其他品目，也应一律归入品目28.44。例如，放射性甘油应归入品目28.44，而不归入品目29.05。

所有非放射性同位素及其化合物，不论是无机的还是有机的，不论是否已有化学定义，应一律归入品目28.45。例如，碳的同位素应归入品目28.45，而不归入28.03。又如，重氢是氢的非放射性同位素，重水是氢的非放射性同位素的化合物，故应归入品目28.45，然后归入子目2845.9000。

2. 优先于本类其他品目的归类原则

根据本类注释一（二）的规定，除品目28.44或28.45以外，若某化工产品既可归入品目28.43、28.46或28.52，又可归入本类的其他品目，也应一律归入品目28.43、28.46或28.52。即，贵金属的无机或有机化合物、贵金属汞齐及胶态贵金属优先归入品目28.43；稀土金属、钇、钪及其混合物的无机或有机化合物优先归入品目28.46（稀土金属的天然化合物应归入第五类）；汞的无机或有机化合物优先归入品目28.52。例如，硝酸银即使已制成零售包装供摄影用，也应归入品目28.43，而不归入品目37.07。

品目28.43、28.46或28.52，只在第六类中优先于其他品目。若上述品目所述货品也可归入其他类时，其归类取决于有关类或章的注释以及归类总规则。例如硅铍钇矿，一种稀土金属化合物，本应归入品目28.46，但第二十八章的注释三（一）规定该章不包括所有归入第五类的矿产品，故应归入品目25.30。

3. 对制成一定剂量或零售包装货品的归类原则

根据本类注释二的规定，如果一种化工品制成一定剂量或制成零售包装且同时符合品目30.04（治病或防病用药品）、30.05（医疗用软填料、纱布、绷带等）、30.06（特定的医药用品）、32.12（染料或其他着色料）、33.03～33.07（各种化妆盥洗用品）、35.06（零售包装且净重不超过1千克的调制胶、调制黏合剂及适于作胶或黏合剂用的其他产品）、37.07（摄影用化学制剂）、38.08（杀虫剂、杀鼠剂等类似产品）的规定，应优先归入上述品目（品目28.43～28.46或28.52的货品除外）。如零售包装的染料归入品目32.12；供治病用零售包装的胶态硫磺应归入品目30.04，而不是品目28.02；做胶用零售包装的糊精应归入品目35.06，而不是品目35.05。

应用本类类注一和类注二解决归类问题时，使用的优先顺序是：类注一（一）→类注一（二）→类注二。即，品目28.44或28.45最优先，品目28.43、28.46或28.52次优先，最后是品目30.04、30.05、30.06、32.12、33.03、33.04、33.05、33.06、33.07、35.06、37.07、38.08。

（二）由两种或两种以上单独成分组成的配套货品的归类原则

本类注释三规定，由两种或两种以上单独成分配套的货品，其部分或全部成分属于本类范围以内，混合后则构成第六类或第七类的货品，应按混合后产品归入相应的品目。但其组成成分必须符合下列条件：其包装形式足以表明这些成分无须经过改装就可一起使用的；一起报验的；这些成分的属性及相互比例足以表明是相互配用的。即，准备混合后使用的配套化工品（第六类或第七类）（报验时还未混合），按混合后产品归入相应品目。

例1. 袋装牙科粘固剂，供一次性治牙使用（袋内装有分别包装的氯化锌、氧化铁、古塔波胶）

【答案】 3006.4000

【归类说明】 氯化锌（品目28.27）与氧化铁（品目28.17）这两个组分是属于第六类的货品，古塔波胶是属于第七类的组分。混合后构成第六类牙科粘固剂

（品目 30.06）。按照上述配套货品的归类原则应按混合后产品牙科粘固剂归类，最终归入子目 3006.4000 。

若各组分不是混合后使用而是逐个连续使用的，则不属于本规定的范围。这些货品已制成零售包装的，按归类总规则三（2）（基本特征）的原则归类；未制成零售包装的，应分别归类。

（三）单独的化学元素和单独的已有化学定义的化合物的归类

单独的化学元素和单独的已有化学定义的化合物是指由一种分子组成的物质。其中，化学元素由一种元素组成，如氧气（由氧一种元素组成）；化合物由两种或两种以上的元素组成，如二氧化硫（由氧和硫两种元素组成的无机化合物）、甲醇（由碳、氢、氧三种元素组成的有机化合物），各元素的比例是固定的（例如二氧化硫中氧和硫的比例是 2：1），且其分子具有确定的结构。

除条文另有规定的以外，符合下列条件的无机化学品归入第二十八章（参见章注一）：

1. 单独的化学元素及单独的已有化学定义的化合物，不论是否含有杂质，同时还包括该化合物的水溶液。例如，硝酸银的水溶液应按硝酸银归入品目 28.43。

2. 若是溶于其他溶剂的上述化合物，该溶液状态只是为了安全或运输所采取的正常必要方法，其所用溶剂并不使该产品改变其一般用途而仅适合于某些特殊用途。

3. 上述产品中加入了稳定剂（包括抗结块剂），但该稳定剂仅是为了保存或运输需要。例如，加入硼酸稳定的过氧化氢仍归入品目 28.47。

4. 上述产品中加入了抗尘剂或着色剂，但该抗尘剂或着色剂仅是为了便于识别和安全起见，并不使原产品改变其一般用途而适合于某些特殊用途。

同样，除条文另有规定的以外，符合下列条件的有机化学品归入第二十九章：

1. 单独的已有化学定义的有机化合物，不论是否含有杂质。

2. 同一有机化合物的两种或两种以上异构体的混合物（不论是否含有杂质）。但无环烃异构体的混合物（立体异构体除外），不论是否饱和，应归入第二十七章。例如，邻硝基甲苯与对硝基甲苯属于异构体（化学功能相同的化合物的混合物），故邻硝基甲苯与对硝基甲苯的混合物仍应归入第二十九章。

3. 品目 29.36～29.39 的产品，品目 29.40 的糖醚、糖缩醛、糖脂及其盐类和品目 29.41 的产品，不论是否已有化学定义。

4. 上述 1～3 所列产品的水溶液。例如，福尔马林是有机化学品甲醛的水溶液，应按甲醛归入子目 2912.1100。

5. 上述 1～3 所列溶于其他溶剂的产品，该溶液状态只是为了安全或运输所采取的正常必要方法，其所用溶剂并不使该产品改变其一般用途而仅适合于某些特殊用途。

但溶于非水介质所形成的溶液，使产品适用于特殊用途而不适于一般用途的，此种溶液一般应归入品目38.24。例如，溶于甲苯的氯氧化碳、氨的酒精溶液应归入品目38.24。

6. 上述1~5所列产品加入了稳定剂（包括抗结块剂），但该稳定剂仅是为了保存或运输的需要。

7. 上述1~6所列产品加入了抗尘剂、着色剂或气味剂，但所加剂料仅是为了便于识别或安全起见，并不使原产品改变其一般用途而仅适合于某些特殊用途。例如，苯乙烯加入作为抑制用的叔丁基邻苯二酚后仍归入品目29.02。又如，加入少量三氯硝基甲烷（气味剂）的溴甲烷仍归入品目29.03。

8. 为产生偶氮染料而稀释至标准浓度的重氮盐，用于重氮盐、可重氮化的胺及其盐类的耦合剂。

上述所称的“杂质”仅指那些在制造（包括净化）单一化合物过程中残留的物质。这些物质可以因为制造时的任何因素而残留下来，主要包括：未转化原料，原料的杂质，制造（包括净化）过程中所使用的试剂，以及副产品。但如果这些物质是故意残留下来，并使产品适合于特殊用途而不适合于一般用途的，则不能视为所允许的杂质。例如，为使乙酸甲酯更适合于作溶剂用而故意残留甲醇，这种产品应归入品目38.14而不是第二十九章。

此外，无机化合物在第二十八章是按照其分子结构的特点来排列的，有机化合物在第二十九章也是按照其分子结构的特点来排列的，故归类时须先了解其分子结构的特点，才能正确归类。

例2. 三氯氧化磷

【答案】 2812.1900

【归类说明】 本题货品的分子结构是$POCl_3$，其是由非金属元素（磷）与氧和卤素形成的化合物，属于非金属卤氧化物，应归入品目28.12。因该货品属于氯氧化物，应归入一级子目2812.1，然后归入二级子目2812.1900。

例3. 苯甲酸甲酯

【答案】 2916.3100

【归类说明】 本题货品的分子结构是$C_6H_5COOCH_3$，根据第二十九章章注五（一）“本章第一分章至第七分章的酸基有机化合物与这些分章的有机化合物构成的酯，应归入有关分章的最后一个品目”的规定，该货品可看成是由苯甲酸C_6H_5COOCH（品目29.16）与甲醇CH_3OH（品目29.05）所形成的酯，故该货品应按照“从后归类”的规则，归入品目29.16，然后归入二级子目2916.3100。

另外，在确定化工产品归类时，应仔细核对货品的化学成分、加工工艺、包装形式、功能用途及使用方法，必要时可送具有相关资质的化验机构化验，以确定货品的成分和正确归类。

例 4. 单一成分的盐酸金刚烷胺原料药，非零售包装且未配定剂量

【答案】 2921. 3000

【归类说明】 金刚烷胺（分子式为 $C_{10}H_{17}N$）属于“环烷单胺”；盐酸金刚烷胺为金刚烷胺的盐酸盐，属于“环烷单胺的盐类”。该货品属于品目 29. 21 项下具体列名货品，应归入子目 2921. 3000。

第二十八章　无机化学品；贵金属、稀土金属、放射性元素及其同位素的有机及无机化合物

一、本章商品范围及结构

本章共 8 条章注、1 条子目注释、6 个分章、50 个品目（品目 28. 38、28. 48 和 28. 51 已被删除），包括：

（一）含有杂质或溶于水的绝大部分单独化学元素和已有化学定义的单独化合物。

（二）既不是单独化学元素，也不是单独的已有化学定义的化合物：胶态硫磺；炭黑；发烟硫酸；磺硝酸；多磷酸；三硫化磷；人造刚玉；含氧化铁重量在 70% 及以上的土色料；商品氧化钴；铅丹及铅橙；商品次氯酸钙；多硫化物；经有机物稳定的连二亚硫酸盐及次硫酸盐；多磷酸盐；含氨基甲酸铵的商品碳酸铵；商品碱金属硅酸盐；硅铝酸盐；胶态贵金属；贵金属汞齐；贵金属的有机或无机化合物；放射性元素、放射性同位素或含这些物质的化合物（有机或无机）及混合物；其他同位素及其化合物（有机或无机）；稀土金属、钇、钪及其混合物的有机或无机化合物；碳化物；氢化物、氮化物、叠氮化物、硅化物及硼化物；汞的无机及有机化合物，汞齐除外；磷化物；液体空气及压缩空气；贵金属以外的汞齐。

本章 50 个品目按商品分子结构从简单到复杂排列，即按化学元素→非金属化合物→金属化合物→杂项产品顺序排列。

本章的 6 个分章具体如下：

第一分章（品目 28. 01 ~ 28. 05），化学元素；

第二分章（品目 28. 06 ~ 28. 11），无机酸及非金属氧化物；

第三分章（品目 28. 12 ~ 28. 13），非金属卤化物及硫化物；

第四分章（品目 28. 14 ~ 28. 25），无机碱和金属氧化物、氢氧化物及过氧化物；

第五分章（品目 28. 26 ~ 28. 37，28. 39 ~ 28. 42），无机盐和金属酸盐；

第六分章（品目28.43~28.47，28.49~28.50，28.52~28.53），杂项产品。

二、本章商品归类要点概述

（一）品目28.09、28.30、28.35、28.42、28.43、28.45、28.49、28.50，可以含有相应的混合物，其品目条文内有“不论是否已有化学定义”。

（二）品目28.26~28.37及28.39~28.42只适用于金属盐、铵盐及过氧酸盐。某些复盐或络盐在品目28.26~28.37及28.39~28.41中已具体列名，例如，氟硅酸盐、氟硼酸盐及其他氟络盐（品目28.26），矾（品目28.33），络氰化物（品目28.37）。其他未列名的复盐或络盐应归入品目28.42。（参见章注五）

（三）经掺杂用于电子工业的化学元素（例如硅、硒），若拉制后未经加工或呈圆筒形、棒形，应归入子目2804.61；若切成圆片、薄片或类似形状，则归入品目38.18。（参见章注八）

（四）汞及其汞齐的归类如下：

序号	商品描述	归类
1	汞	2805.4000
2	汞的无机或有机化合物（汞齐除外）	28.52
3	贵金属汞齐，同时含有贵金属和贱金属的汞齐	2843.9000
4	非贵金属的汞齐	2853.9090
5	汞矿砂（朱砂）	2617.9010
6	药用汞的胶态溶液及悬浮液（如胶体汞，未配定剂量，非零售包装）	30.03

（五）碳物质的归类如下：

序号	商品描述	归类
1	天然石墨（即黑铅）	25.04
2	主要含碳的煤及石油	第二十七章
3	焦炭、半焦炭、甑炭	27.04
4	碳（炭黑及其他未列名的碳）	28.03
5	二氧化碳、一氧化碳、碳酸	28.11
6	碳化物	28.49
7	印刷油墨、书写墨水	32.15
8	含有碳成分的矿物着色料	32.06
9	木炭	44.02

续表

序号	商品描述	归类
10	碳纤维及其制品，非电器用的石墨或其他碳精制品（如轴承、管子、过滤器）	68.15
11	石墨耐火材料	69.02
12	石墨耐火制品	69.03
13	电器用石墨或碳精制品（如碳电极、碳电刷、灯碳棒、电池碳棒）	85.45
14	钻石、金刚石（碳的结晶）	71.02
15	钻石粉末	71.05
16	图画炭笔	96.09

（六）部分归入本章的化合物的俗称与其学名的对照表如下：

俗称	学名	归类
盐酸	氯化氢	28.06
干冰	固体二氧化碳	28.11
磷酰氯	氧氯化磷	28.12
光气	碳酰二氯	28.12
烧碱	氢氧化钠	28.15
苛性钾	氢氧化钾	28.15
人造刚玉	经过煅烧的氢氧化铝	28.18
铅黄、黄丹	一氧化铅	28.24
人造冰晶石	六氟铝酸钠	28.26
洋硝	氯酸钾	28.29
纯碱、苏打	碳酸钠	28.36
小苏打	碳酸氢钠	28.36
精炼硼砂	四硼酸钠	28.40
重水	氧化氘	28.45
双氧水	过氧化氢	28.47

（七）归类时，应注意本章项下货品的成分含量。

三、本章商品与相关商品的归类

（一）化学元素的归类

元素分为非金属元素和金属元素。前者按品目条文的列名归入品目 28.01 ~

28.04；后者的贵金属归入第七十一章及品目28.43，贱金属归入第七十二章至第七十六章及第七十八章至第八十一章，放射性化学元素和同位素归入品目28.44，稳定同位素归入品目28.45，而碱金属、碱土金属、稀土金属、钪、钇和汞归入品目28.05。

序号	商品描述	归类
1	卤素的非金属：氟、氯、溴及碘 不包括砹（品目28.44）	28.01
2	升华硫磺、沉淀硫磺，胶态硫磺 不包括品目25.03所列的各种硫磺	28.02
3	碳（炭黑及其他品目未列名的其他形态的碳）	28.03
4	氢、稀有气体（氦、氖、氩、氪、氙）、其他非金属（氮、氧、硼、碲、硅、磷、砷、硒） 不包括氘（稳定的氢同位素）（品目28.45）及氚（放射性氢同位素）（品目28.44），氡（放射性惰性气体）（品目28.44），胶态悬浮硒（用于药品）（第三十章）	28.04
5	碱金属（锂、钠、钾、铷、铯）、碱土金属（钙、锶、钡）；稀土金属（铈类：镧、铈、镨、钕、钐。铽类：铕、钆、铽。铒类：镝、钬、铒、铥、镱、镥）、钪及钇，不论是否相互混合或相互熔合；汞（水银） 不包括稀土金属、钇和钪的盐及其他化合物（品目28.46）	28.05

其中，应注意品目28.04项下的硅的用途（用于电子工业等）、加工方法（经掺杂等）、成分含量、直径，以及硒的用途（用于电子工业等）、加工方法（经掺杂等）、成分含量。此外，品目28.05项下的混合稀土应注明各组分含量。

（二）无机酸及非金属无机氧化物的归类

序号	商品描述	归类
1	氯化氢（盐酸）、氯代硫酸（氯磺酸）	28.06
2	硫酸和发烟硫酸	28.07
3	硝酸和磺硝酸 不包括亚硝酸及各种氮氧化物（品目28.11）等	28.08
4	五氧化二磷，磷酸，焦磷酸、偏磷酸及其他多磷酸（包括连二磷酸）	28.09

续表

序号	商品描述	归类
5	硼的氧化物（如三氧化二硼）；硼酸，包括按干重量计含硼酸超过 85% 的天然粗硼酸（不超过 85% 的归入品目 25.28）及偏硼酸 不包括甘油硼酸（品目 29.20）等	28.10
6	其他无机酸及其酐（如氟化氢、氰化氢，亚硒酸及其酐），其他非金属无机氧化物［如三氧化二砷（砒霜）］（参见章注四）	28.11

（三）非金属卤化物及硫化物的归类

序号	商品描述	归类
1	非金属卤化物及卤氧化物，包括氯化物及氯氧化物［如碳酰二氯（光气）、氧氯化磷、亚硫酰氯］；氟化物及氟氧化物（如三氟化氮） 不包括氯化磷（品目 28.53）、氯磺酸（品目 28.06）等	28.12
2	非金属硫化物［如二硫化二砷（人造雄黄）、三硫化二砷（人造雌黄）］，商品三硫化二磷	28.13

（四）无机碱和金属氧化物、氢氧化物及过氧化物的归类

归类时，应注意子目 2818.1 项下货品的外观（颜色、形状等）、晶型及莫氏硬度。

序号	商品描述	归类
1	氨及氨水 不包括氨的酒精溶液（品目 38.24）	28.14
2	氢氧化钠（烧碱）（包括固体及水溶液）、氢氧化钾（苛性钾）、过氧化钠及过氧化钾 不包括碳酸钠（纯碱）（品目 28.36）等	28.15
3	氢氧化镁及过氧化镁，锶或钡的氧化物、氢氧化物及过氧化物（氧化锶、过氧化锶，氢氧化钡） 不包括氧化镁（品目 25.19，若为每颗重量不低于 2.5 克的培养晶体则归入品目 38.24）等	28.16
4	氧化锌（锌白）及过氧化锌 不包括天然氧化锌（品目 26.08）、不纯的氧化锌（品目 32.06）等	28.17

续表

序号	商品描述	归类
5	人造刚玉，不论是否已有化学定义（如棕刚玉）；氧化铝（无水或煅烧矾土）；氢氧化铝（水合矾土）；活性矾土 不包括活性矾土矿（品目38.02）、氢氧化铝胶体溶液（可溶矾土）（品目38.24）、人造刚玉和其他物质的机械混合物（子目3824.9999）、以纸、纸板或其他材料为衬背的人造刚玉（品目68.05）等	28.18
6	铬的氧化物及氢氧化物，如三氧化铬、氢氧化铬	28.19
7	锰的氧化物，如二氧化锰（锰酐）、氧化锰、高锰酸酐 不包括高锰酸（品目28.25）等	28.20
8	铁的氧化物及氢氧化物；土色料，按重量计三氧化二铁含量不低于70%（低于70%的，归入品目25.30） 不包括用于纯化气体的碱性化氧化铁（品目38.25）等	28.21
9	钴的氧化物及氢氧化物，如一氧化钴、商品氧化钴、氢氧化钴 不包括处理含银矿物所得的粗钴氧化物（品目26.20）等	28.22
10	钛的氧化物，如二氧化钛或钛酐	28.23
11	铅的氧化物，如一氧化铅（铅黄、黄丹）；铅丹及铅橙	28.24
12	肼（联氨）和胲（羟胺）及其无机盐（如水合肼、硫酸肼，氯化胲、硫酸羟胺），其他无机碱，其他金属氧化物、氢氧化物及过氧化物（如锂的氧化物及氢氧化物） 不包括肼或胲的有机衍生物（品目29.28）等	28.25

例1. 饼状过氧化钠（分子式为 Na_2O_2）

【答案】 2815.3000

【归类说明】 本题货品是一种无机化合物，应归入本章，然后按列名归入品目28.15，最后按列名归入子目2815.3000。

（五）无机酸盐、无机过氧酸盐及金属酸盐、金属过氧酸盐的归类

序号	商品描述	归类
1	氟化物（如氟化铝），氟硅酸盐（如六氟硅酸钙）、氟铝酸盐及其他氟络盐［如六氟铝酸钠（人造冰晶石）、氟硼酸盐（如氟硼酸钠）、氟硫酸盐等］	28.26
2	氯化物、氯氧化物及氢氧基氯化物（如氯化铵，铜的氯氧化物及氢氧基氯化物），溴化物及溴氧化物（如溴化钠），碘化物及碘氧化物（如碘化钙、碘氧化锑）	28.27

续表

序号	商品描述	归类
3	次氯酸盐（如次氯酸钠）、商品次氯酸钙、亚氯酸盐（如亚氯酸钠）、次溴酸盐（如次溴酸钾）	28.28
4	氯酸盐及高氯酸盐（如氯酸钠、高氯酸铵）、溴酸盐及过溴酸盐（如溴酸钾）、碘酸盐及高碘酸盐（如碘酸钠、高碘酸钡）	28.29
5	硫化物［如硫化钾（洋硝）］、多硫化物［是同一种金属的各种硫化物的混合物，如多硫化钾（硫肝）］ 不包括非金属硫化物（品目28.13）等	28.30
6	连二亚硫酸盐及次硫酸盐（如连二亚硫酸钠、甲醛次硫酸盐）	28.31
7	亚硫酸盐（如亚硫酸氢钠）、硫代硫酸盐（如硫代硫酸铵） 不包括浓缩的亚硫酸盐碱液（品目38.24）等	28.32
8	硫酸盐（如硫酸钠）、矾（如钾铝钒）、过硫酸盐（如过二硫酸二铵）	28.33
9	亚硝酸盐（如亚硝酸钠）、硝酸盐（如硝酸钾，也称钾硝或硝石，作肥料用）	28.34
10	次磷酸盐（如次磷酸钠）；亚磷酸盐（如亚磷酸铵）；磷酸盐（如饲料级或食品级的正磷酸氢钙）；多磷酸盐（如多磷酸铵），不论是否已有化学定义	28.35
11	碳酸盐［如碳酸钠（纯碱）、碳酸氢钠（小苏打）］、过碳酸盐（如过碳酸钠）、含氨基甲酸铵的商品碳酸铵 不包括其微粒裹上一层防水脂肪酸（如硬脂酸）膜的粉状碳酸钙（品目38.24）等	28.36
12	氰化物及氧氰化物（如氰化钠及氧氰化钠）、氰络合物	28.37
13	硅酸盐（如硅酸钠）、商品碱金属硅酸盐（如硅酸铯）	28.39
14	硼酸盐（如四硼酸钠）、过硼酸盐（其氧化度高于硼酸盐，通常是络合物，如过硼酸钠）	28.40
15	金属酸盐及过金属酸盐（如重铬酸钠）、过铬酸盐、钼酸盐（如钼酸铵）、钨酸盐（如仲钨酸铵） 不包括作为无机发光体归类的发光钨酸盐（如钨酸钙或钨酸镁）（品目32.06）等	28.41
16	其他无机酸盐或过氧酸盐（包括不论是否已有化学定义的硅铝酸盐），雷酸盐、氰酸盐及硫氰酸盐（如氰酸铵、硫氰酸钠），碲化镉、锂镍钴锰氧化物、磷酸铁锂等	28.42

例 2. 元明粉（精制硫酸钠，分子式为 Na_2SO_4）

【答案】2833. 1100

【归类说明】元明粉是俗名，硫酸钠是化学名称。硫酸钠是一种无机化合物，应归入本章。硫酸钠是金属钠的硫酸盐，应归入品目 28. 33。根据其分子式（Na_2SO_4），该货品应归入子目 2833. 1100。

例 3. 纯碱（化学纯）

【答案】2836. 2000

【归类说明】纯碱的学名叫碳酸钠，是一种无机化合物，应归入本章。查阅品目，碳酸钠是一种碳酸盐，应归入品目 28. 36，然后按列名归入子目 2836. 2000。

（六）杂项产品的归类

序号	商品描述	归类
1	胶态贵金属（即银、金、铂、铱、锇、钯、铑及钌的胶态悬浮体）；贵金属的无机或有机化合物（不论是否已有化学定义），包括银化合物（如硝酸银）、金化合物（如硫化金）、钌化合物（如二氧化钌）、铑化合物（如氯氧化铑）、钯化合物（如氧化钯）、锇化合物（如四氯化锇）、铱化合物（如氧化铱）、铂化合物（如氯化铂）；贵金属汞齐（贵金属与汞的合金，如银汞齐），包括同时含有贵金属和贱金属的汞齐（如某些用于牙科的汞齐） 不包括仅含贱金属的汞齐（品目 28. 53）等	28. 43
2	放射性化学元素及放射性同位素（包括可裂变或可转换的化学元素及同位素）及其化合物，含上述产品的混合物及残渣（参见章注六）	28. 44
3	品目 28. 44 以外的稳定的同位素，即非放射性同位素及其无机或有机化合物（不论是否已有化学定义）：重氢或氘；重水（氘的氧化物）；用氘制成的其他化合物（重乙炔、重甲烷、重醋酸及重石蜡）；锂的同位素（称为锂 6 或锂 7）及其化合物；碳的同位素（称为碳 13）及其化合物	28. 45
4	稀土金属、钇、钪及其混合物的无机或有机化合物（如氧化铈、氢氧化铈、碳酸铈）；其他稀土金属化合物，包括氧化稀土（氧化铈除外）（如氧化钇）；氯化稀土（氯化铽、混合氯化稀土）；氟化稀土（如氟化铽）；碳酸稀土（如碳酸镧）；镧、钕、铽、镝、镨、钇等的其他化合物等	28. 46
5	过氧化氢，不论是否用尿素固化 不包括制成一定剂量或零售形状或包装用作药剂的过氧化氢（品目 30. 04）	28. 47

续表

序号	商品描述	归类
6	碳化物，不论是否已有化学定义，包括：二元碳化物（为碳与电正性比碳大的另一种元素的化合物）（如碳化钙）、乙炔化合物；由碳与一种以上金属元素化合组成的碳化物（如钛、钨碳化物）；由一种或多种金属元素与碳及其他非金属元素化合组成的化合物（如鹏碳化铝）	28.49
7	氢化物（如氢化钙）；氮化物，包括非金属氮化物和金属氮化物（如氮化硼）；叠氮化物（如叠氮化钠）；硅化物（如硅化钙）；硼化物（如硼化钙） 不包括氢化钯及其他贵金属氢化物（品目28.43）、钍和铀的氮化物（品目28.44）、铂及其他贵金属的硅化物（品目28.43）等	28.50
8	汞的无机或有机化合物，不论是否已有化学定义，如氧化汞；氯化汞；碘化汞；硫酸汞；硝酸亚汞；氧氰化汞；有机—无机汞化物	28.52
9	磷化物，不论是否已有化学定义，但磷铁（品目72.02）除外，如磷化铜及含磷重量在15%以上的铜母合金（含磷重量低于15%的归入第七十四章）（参见章注七）；蒸馏水、导电水及类似的纯净水及经离子交换介质处理的水；杂项无机化合物（如氯化氰、氧硫化砷、氯硫化磷、氨基化钠、碘化磷、三氯硅烷）；液态空气（不论是否除去稀有气体）及压缩空气；汞齐，如碱金属汞齐、铝/铜/锌/镉汞齐，以及锑—锡汞齐 不包括磷与氧的化合物（品目28.09）、磷与卤素的化合物（品目28.12）或磷与硫的化合物（品目28.13），以及作为药物并制成一定剂量或零售包装的水（品目30.04）等	28.53

其中，胶态金属（例如金），若制成含有保护胶体（例如明胶、酪蛋白、鱼胶）的胶体溶液时仍归入本品目。

品目28.50包括四类化合物，每种化合物含有两个及两个以上元素，其中一个元素用以命名该类化合物（氢、氮、硅或碳），其他元素为非金属或金属。

例4. 钴60

【答案】2844.4020

【归类说明】钴是一种贱金属，应归入第八十一章。但钴60是放射性同位素，根据第六类类注一（一）的规定，应优先归入品目28.44，最后归入子目2844.4020“钴及钴盐”。

例5. 重醋酸

【答案】2845.9000

【归类说明】醋酸是第二十九章的有机化合物，但重醋酸是由氢的同位素氘

（又称重氢）制得的醋酸，应作为同位素的化合物归类。根据第六类类注一（一）的规定，重醋酸应归入品目 28.45。因该货品未在一级子目列名，故应归入一级子目 2845.9000“其他”。

例 6. 硫化汞（符合化学定义）

【答案】 2852.1000

【归类说明】 硫化汞是一种无机化合物，应归入本章。根据第六类类注一（二）的规定，除品目 28.44 和 28.45 的货品外，汞的化合物应优先归入品目 28.52。由于硫化汞属于“已有化学定义的”，应归入子目 2852.1000。

第二十九章　有机化学品

一、本章商品范围及结构

本章共有 8 条章注、2 条子目注释、13 个分章、42 个品目，包括大部分单独的已有化学定义的化合物、部分不是单独的已有化学定义的化合物：过氧化酮（品目 29.09）；环聚醛；多聚甲醛（品目 29.12）；乳磷酸盐（品目 29.19）；卵磷脂及其他磷氨基类脂（品目 29.23）；核酸及其盐（品目 29.34）；维生素原及维生素（包括浓缩物及相互混合物），不论是否溶于溶剂（品目 29.36）；激素（品目 29.37）；苷及其衍生物（品目 29.38）；植物碱及其衍生物（品目 29.39）；糖醚、糖缩醛和糖脂以及它们的盐（品目 29.40）；抗菌素（品目 29.41）。

本章的 13 个分章、42 个品目，按照商品分子结构从简单到复杂排列，具体如下：

第一分章（品目 29.01 ~ 29.04），烃类及其卤化、磺化、硝化或亚硝化衍生物；

第二分章（品目 29.05 ~ 29.06），醇类及其卤化、磺化、硝化或亚硝化衍生物；

第三分章（品目 29.07 ~ 29.08），酚、酚醇及其卤化、磺化、硝化或亚硝化衍生物；

第四分章（品目 29.09 ~ 29.11），醚、过氧化醇、过氧化醚、过氧化酮、三节环环氧化物、缩醛及半缩醛及其卤化、磺化、硝化或亚硝化衍生物；

第五分章（品目 29.12 ~ 29.13），醛基化合物；

第六分章（品目 29.14），酮基化合物及醌基化合物；

第七分章（品目 29.15 ~ 29.18），羧酸及其酸酐、酰卤化物、过氧化物和过氧酸，以及它们的卤化、磺化、硝化或亚硝化衍生物；

第八分章（品目 29.19 ~ 29.20），非金属无机酸酯及其盐，以及它们的卤化、磺化、硝化或亚硝化衍生物；

第九分章（品目29.21～29.29），含氮基化合物；

第十分章（品目29.30～29.35），有机—无机化合物、杂环化合物、核酸及其盐，以及磺（酰）胺；

第十一分章（品目29.36～29.37），维生素原、维生素及激素；

第十二分章（品目29.38～29.39），天然或合成再制的苷、植物碱及其盐、醚、酯和其他衍生物；

第十三分章（品目29.40～29.42），化学纯糖、抗菌素及其他有机化合物。

二、本章商品归类要点概述

（一）可以归入本章两个或两个以上品目的货品，应归入有关品目中的最后一个品目。如化学化合物的衍生物可能归入两个或多个品目时，应运用本章章注来确定其归类。但应注意，品目29.40条文最后一句明确规定不包括品目29.37、29.38及29.39的货品，故涉及该组品目的货品归类时不能运用从后规则。此外，本章章注不适用于本章子目。

例　抗坏血酸

【答案】29.36

【归类说明】本题货品既可看成品目29.32的“仅含有氧杂原子的杂环化合物”，也可视为品目29.36的“天然或合成再制的维生素”。根据本章章注三“可以归入本章两个或两个以上品目的货品，应归入有关品目中的最后一个品目”的规定，该货品应归入品目29.36。

本章章注五对酯类、盐类、配位化合物及某些卤化物的归类作出了规定，注意按规定归类。

根据本章章注四的规定，品目29.04～29.06、29.08～29.11及29.13～29.20的卤化、磺化、硝化或亚硝化衍生物均包括复合衍生物，如卤磺化、卤硝化、磺硝化及卤磺硝化衍生物。

品目29.11、29.12、29.14、29.18及29.22所称的“含氧基”，仅限于品目29.05～29.20的各种含氧基（其特征为有机含氧基）。

属于本章任一品目项下的一种（组）化合物的衍生物，若该品目其他子目未明确将其包括在内，且有关的子目中又无列名为“其他”的子目，则其应与该种（组）化合物归入同一子目。

（二）具有抗菌、抗寄生虫、消炎或类似功效的有机原料药的归类如下：

1. 具有抗菌、消炎作用的喹啉类杂环化合物应酌情归入品目29.33或29.34项下。常见的此类商品包括盐酸环丙沙星和环丙沙星（均归入品目29.33）、氧氟沙星和左氧氟沙星（均归入品目29.34）、诺氟沙星（品目29.33）、恩诺沙星

（品目 29.33）等。

2. 具有抗菌、杀虫等作用的内脂类杂环化合物（如阿维菌素、伊维菌素、青蒿素）应归入子目 2932.2090。

3. 属于“非甾体抗炎药”范畴的有机化合物（如布洛芬、酮洛芬、扎托洛芬）具有消炎、镇痛、解热等作用。非甾体抗炎药的化学成分和化学结构式通常符合《税则》及《进出口税则商品及品目注释》对品目 29.01～29.34 中的某个品目的描述，故非甾体抗炎药通常应归入品目 29.01～29.34 中的相应品目。例如，布洛芬属于环一元酸，应按列名归入子目 2916.3920；酮洛芬属于含酮基但不含其他含氧基的羧酸，应归入子目 2918.3000；扎托洛芬属于含硫的杂环化合物，应按照“其他杂环化合物”归入子目 2934.9990。

4. 其他具有抗菌或消炎等作用的有机化合物（如甲硝唑、盐酸金刚烷胺）应按其自身的结构式特征归入本章的相应品目项下。例如，甲硝唑属于“仅含氮杂原子的杂环化合物”，应按照“结构上含有一个非稠合咪唑环（不论是否氢化）的化合物”归入子目 2933.2900；盐酸金刚烷胺为金刚烷胺的盐酸盐，属于“环烷单胺的盐类”，应归入子目 2921.3000。

5. 抗菌素的作用原理是通过某种方式杀灭或抑制细菌、病毒、真菌等微生物，其应归入品目 29.41。

（三）归类时，应注意本章商品的成分含量与用途。

（四）本章部分化合物的化学名与俗名或商业名的对照表如下：

化学名	俗名或商业名	归类
三氯甲烷	氯仿	29.03
三硝基甲苯	TNT	29.04
丙三醇	甘油	29.05
甲醛水溶液	福尔马林	29.12
乙酸	醋酸	29.15
乙二酸	草酸	29.17
邻乙酰水杨酸	阿司匹林	29.18
己二酸己二胺盐	尼龙 66 盐	2921.2210
环己基氨基磺酸钠	甜蜜素	29.29
甲硫氨酸	蛋氨酸	29.30
青霉素	盘尼西林	29.41
羟氨苄青霉素	阿莫西林	29.41
四环素	金霉素、土霉素、强力霉素	29.41
头孢菌素	先锋霉素	29.41

归类时，通过对以商业俗称命名的商品的化学分子式或结构式分析、研究来

确定商品的归类。例如，“水杨醇”的化学分子式为 $HOC_6H_4CH_2OH$，其属于品目 29.07 的酚醇类，不能归入品目 29.05 的无环醇和品目 29.06 的环醇；“苹果酸”的化学分子式为 HOOCCH（OH）CH_2COOH，其属于品目 29.18 的含醇基的羧酸，不能归入品目 29.16 的一元羧酸和品目 29.17 的多元羧酸。

三、本章商品与相关商品的归类

（一）烃类及其衍生物的归类

烃是由碳氢两种元素组成的有机化合物。按其结构是否成环，烃可分为无环烃与环烃。

序号	商品描述	归类
1	无环烃，包括饱和无环烃（如乙烷）和不饱和无环烃（如乙烯）	29.01
2	环烃，包括环烷及环烯（如环丙烷）、环萜烯（如蒎烯）、芳香烃（如甲苯）	29.02
3	烃的卤化衍生物，如无环烃的饱和/不饱和氯化衍生物（如氯仿、氯乙烯），无环烃的氟化、溴化或碘化衍生物（如溴甲烷、碘代甲烷）	29.03
4	烃的磺化、硝化或亚硝化衍生物，不论是否卤化（如乙烯磺酸、硝基苯、亚硝基苯，全氟辛基磺酸、三氯硝基甲烷、硝基萘磺酸）	29.04

注意，氟利昂类商品按不同的成分结构归入不同的税号，主要分布于品目 29.03 烃的卤化衍生物项下，而在品目 29.03 项下的商品根据其碳原子、氟原子、氯原子的数量不同归入相应的税号。

（二）醇类及其衍生物的归类

醇是指烃中的 H 被羟基 -OH 代替而形成的化合物。根据烃的结构，醇分为无环醇与环醇。

序号	商品描述	归类
1	无环醇及其卤化、磺化、硝化、亚硝化衍生物，包括饱和一元醇（如甲醇），不饱和一元醇（如无环萜烯醇），二元醇（如 1，2-乙二醇），其他多元醇［如山梨醇、丙三醇（甘油）］，无环醇的卤化、磺化、硝化或亚硝化衍生物（如三氯化叔丁醇）不包括粗甲醇（品目 38.07）、粗甘油（品目 15.20）、山梨醇（品目 38.24）、纯度在 90% 以下（以干燥产品的重量计）的脂肪醇（品目 38.23）等	29.05

续表

序号	商品描述	归类
2	环醇［包括环烷醇、环烯醇、环萜烯醇（如薄荷醇、固醇）］，芳香醇（如苄醇、肉桂醇），以及它们的卤化、磺化、硝化或亚硝化衍生物 不包括麦角甾醇（品目 29.36）	29.06

其中，除乙醇外，金属醇代物应按相应的醇归类（品目 29.05）。

（三）酚、酚醇及其衍生物的归类

酚是指芳香环上的 H 被羟基 – OH 代替而形成的化合物。根据芳香烃的不同，酚可分为苯酚、萘酚、蒽酚等；根据与芳香烃相连的羟基的数目，可分为一元酚、多元酚。酚醇是指分子结构中既含有酚又含有醇的有机化合物。

酚及酚醇中一个或数个氢原子被卤素原子、磺基（$-SO_3H$）、硝基（$-NO_2$）、亚硝基（– NO）或它们的复合基所取代，即得酚及酚醇的卤化、磺化、硝化或亚硝化衍生物。

序号	商品描述	归类
1	酚，包括一元酚（如苯酚及其盐）、多元酚（如间苯二酚及其盐）；酚醇（如水杨醇）	29.07
2	酚及酚醇的卤化、磺化、硝化或亚硝化衍生物：卤化衍生物（如对氯苯酚）、磺化衍生物（如苯酚磺酸）、硝化衍生物（如对硝基酚）、亚硝化衍生物（如亚硝基萘酚）	29.08

（四）醚、缩醛及半缩醛及其衍生物的归类

序号	商品描述	归类
1	醚（如乙醚）、醚醇、醚酚、醚醇酚、过氧化醇、过氧化醚、过氧化酮（不论是否已有化学定义）以及其卤化、磺化、硝化或亚硝化衍生物 不包括过氧缩酮（品目 29.11）	29.09
2	三节环环氧化物（如环氧乙烷）、环氧醇、环氧酚、环氧醚及其卤化、磺化、硝化或亚硝化衍生物 不包括四节环的环氧化物（品目 29.32）	29.10
3	缩醛及半缩醛，不论是否含有其他含氧基（如缩甲醛、过氧缩酮），以及其卤化、磺化、硝化、亚硝化衍生物 不包括聚乙烯醇缩醛（品目 39.05）	29.11

（五）醛基化合物的归类

序号	商品描述	归类
1	醛：不含其他含氧基的无环醛/环醛（如甲醛、苯甲醛）；醛醇、醛醚、醛酚及其他含氧基的醛（如香草醛）；环聚醛（如仲乙醛、晶体或粉末形式的四聚乙醛）；多聚甲醛 不包括制成一定形状（如片、条或类似形状）供用作燃料的四聚乙醛（品目36.06）	29.12
2	品目29.12所列产品的卤化、磺化、硝化或亚硝化衍生物（如三氯乙醛，一种安眠药） 不包括水合三氯乙醛（品目29.05）	29.13

（六）酮基化合物及醌基化合物的归类

品目29.14包括不含其他含氧基的无环酮（如丙酮）、环烷铜、环烯酮或环萜烯酮（如樟脑、环己酮）、芳香酮（如苯丙酮），酮醇及酮醛、酮酚及含有其他含氧基的酮，醌（如蒽醌），以及其卤化、磺化、硝化及亚硝化衍生物（如樟脑磺酸），但不包括冰片（品目29.06）。

（七）羧酸及其酸酐、酰卤化物、过氧化物和过氧酸及其衍生物的归类

羧酸可含有一个或数个羟基（-COOH）（分别为一元羧酸或多元羧酸）。若除去羧酸中的羟基（-OH），则残余物是可用化学式（RCO-）表示的酰基。酸酐、酰卤化物、过氧化物、过氧酸、酯及盐的化学式中均有酰基。

另外，本分章仅包括归入本分章的化学品的磺化衍生物。

序号	商品描述	归类
1	饱和无环一元羧酸及其酯酐、酰卤化物、过氧化物、过氧酸、酯及盐，以及它们的卤化、磺化、硝化或亚硝化衍生物（包括复合衍生物），如甲酸及其盐和酯，乙酸及其盐，棕榈酸、硬脂酸及其盐和酯 不包括粗硬脂酸的盐及酯（品目34.01、34.04或38.24）等	29.15
2	不饱和无环一元羧酸、环一元羧酸及其酸酐、酰卤化物、过氧化物、过氧酸、酯及盐，以及它们的卤化、磺化、硝化或亚硝化衍生物（包括复合衍生物），如丙烯酸及其盐、二溴菊酸、苯甲酸及其盐与其衍生物（如苯甲酰氯）	29.16
3	多元羧酸及其酸酐、酰卤化物、过氧化物、过氧酸、酯及盐，以及它们的卤化、磺化、硝化或亚硝化衍生物（包括复合衍生物），如草酸及其盐和酯、四氢苯酐、邻苯二甲酸酐	29.17

续表

序号	商品描述	归类
4	含附加含氧基的羧酸及其酸酐、酰卤化物、过氧化物和过氧酸，以及它们的卤化、磺化、硝化或亚硝化衍生物，如乳酸及其盐和酯、邻乙酰水杨酸（阿司匹林）、乙酰乙酸乙酯及其钠衍生物、茴香酸 不包括粗酒石（品目 23. 07），粗酒石酸钙、粗柠檬酸钙（品目 38. 24）	29. 18

对于单羧脂肪酸，纯度不小于 85%（以干重计）的油酸应归入品目 29. 16；纯度不小于 90%（以干重计）的其他单羧脂肪酸应归入品目 29. 15、29. 16 和 29. 18 的对应各项。纯度在 85% 以下（以干重计）的油酸及纯度在 90% 以下（以干重计）的脂肪酸应归入品目 38. 23。

（八）非金属无机酸酯及其盐以及其衍生物的归类

非金属无机酸酯通常是由醇或酚与非金属无机酸反应生成的，其通式为 ROX。非金属无机酸酯的盐仅得自非金属无机多元酸（硫酸、磷酸、硅酸等）。

序号	商品描述	归类
1	磷酸酯及其盐，包括乳磷酸盐（如乳磷酸钙）、甘油磷酸等，以及它们的卤化、磺化、硝化或亚硝化衍生物	29. 19
2	其他非金属无机酸酯（不包括卤化氢的酯）及其盐［包括硫代磷酸酯及其盐、亚磷酸酯及其盐、硫酸酯及其盐、亚硝酸酯及硝酸酯、碳酸酯、过碳酸酯及其盐、硅酸酯及其盐（硅酸四乙酯等）］，以及它们的卤化、磺化、硝化或亚硝化衍生物 不包括氯代碳酸乙酯（品目 29. 15）；归入本分章以后本章各品目的酯类，如硫化氢的“酯”（品目 29. 30）等	29. 20

（九）含氮基化合物的归类

含氮基化合物（如胺、酰胺、酰亚胺）是指分子结构中含有氮 N 的有机化合物，但不包括仅以所含的硝基或亚硝基作为其氮基的化合物。

序号	商品描述	归类
1	氨基化合物，如甲胺及其盐，乙二胺及其盐，环已烷，甲苯胺及其衍生物以及它们的盐，二氨基甲苯及其衍生物以及它们的盐 不包括含有品目 29. 05 ~ 29. 20 的含氧基取代衍生物及其盐（品目 29. 22）等	29. 21
2	含氧基氨基化合物，如单乙醇胺及其盐，氨基羟基萘磺酸及其盐，茴香胺，安非他酮及其盐，赖氨酸及其酯以及它们的盐，对羟基苯甘氨酸及其邓钾盐	29. 22

续表

序号	商品描述	归类
3	季铵盐及季铵碱；卵磷脂及其他磷氨基类脂，不论是否已有化学定义，如胆碱及其盐、甜菜碱	29. 23
4	羧基酰胺基化合物；碳酸酰胺基化合物，如甲丙氨酯（INN），酰脲及其衍生物以及它们的盐，非那西丁、扑热息痛、阿斯巴甜 不包括尿素（品目 31. 02 或 31. 05）；杂环酰脲，如马来酰脲（品目 29. 33）等	29. 24
5	羧基酰亚胺化合物（包括糖精及其盐）及亚氨基化合物，如杀虫脒（ISO） 不包括无机酸的酰亚胺有机衍生物（品目 29. 29），以糖精或其盐类与非食用物质（如酒石酸）制成的产品（品目 38. 24）等	29. 25
6	腈基化合物，如丙烯腈，双腈胺，对氯氰苄、间苯二甲腈 不包括丙烯腈的聚合物及共聚物（第三十九章或第四十章）	29. 26
7	重氮化合物、偶氮化合物及氧化偶氮化合物，如氯化重氮苯、偶氮苯、氧化偶氮苯、重氮及偶氮化合物所生成的取代衍生物	29. 27
8	肼（联氨）及胲（羟胺）的有机衍生物，如苯肼、苯胲、丁二酮肟、乙醛苯腙、异羟肟酸、氨基脲 不包括联氨或羟胺本身及其无机盐	29. 28
9	其他含氮基化合物，包括异氰酸酯（如六亚甲基二异氰酸酯）、甜蜜素、乙酰甲胺磷、硝基胍等 不包括聚（亚甲基苯基异氰酸酯）（粗 MDI 或聚合 MDI）（品目 39. 09）	29. 29

其中，品目 29. 27 所列化合物最重要的应属芳族系列，其特征基团为两个氮原子以双键键合。此外，硝基及亚硝基不作为品目 29. 29 的含氮基官能团。

（十）有机—无机化合物、杂环化合物、核酸及其盐的归类

有机—无机化合物是分子中除含有氢、氧或氮外，还含有直接与碳原子相连的金属或其他非金属（如硫、砷、铅、铁等）的有机化合物。杂环化合物是指由一个或数个环组成的有机化合物，这些化合物的环中除含有碳原子外，还含有其他原子（如氧、氮或硫）。

序号	商品描述	归类
1	其分子含有直接与碳原子相连接的硫原子的有机硫化合物，如硫代氨基甲酸盐（或酯）、甲硫氨酸（蛋氨酸）	29. 30

续表

序号	商品描述	归类
2	其他有机—无机化合物，如四甲基铅及四乙基铅、三丁基锡化合物 不包括无机硅化合物（第二十八章）等	29.31
3	仅含氧杂原子的杂环化合物，如四氢呋喃，香豆素，苯并呋喃、异黄樟脑 不包括四卤化钛钠（品目 29.18）、抗坏血酸（品目 29.36）等	29.32
4	仅含有氮杂原子的杂环化合物，如安乃近、乙内酰脲及其衍生物、吡啶及其盐、左非诺（INN）及其盐、丙二酰脲（巴比土酸）及其盐、三聚氰胺（蜜胺）、内酰胺、甲基谷硫磷（ISO）	29.33
5	核酸及其盐，不论是否已有化学定义；其他杂环化合物（如磺内酯） 不包括核酸汞（品目 28.52）等	29.34
6	磺（酰）胺，如 N－甲基全氟辛基磺酰胺、邻甲苯磺酰胺	29.35

其中，根据本章章注六的规定，品目 29.30 及 29.31 不包括某些磺化或卤化衍生物（含复合衍生物）。这些衍生物分子中除氢、氧、氮之外，只有具有磺化或卤化衍生物（或复合衍生物）性质的硫原子或卤素原子与碳原子直接连接。

归入品目 29.32～29.34 的含有一个以上杂环的化合物，若仅有其中一个杂环在品目 29.32～29.34 的子目中有具体列名，则该化合物应归入该列名的子目；但若有两个或两个以上的杂环在品目 29.32～29.34 的同级子目中有具体列名的，则该化合物应归入最后一个列名的子目。

根据本章章注七的规定，品目 29.32、29.33 及 29.34 不包括三节环环氧化物、过氧化酮、醛或硫醛的环聚合物、多元羧酸酐、多元醇或酚与多元酸构成的环酯及多元酸酰亚胺。这一规定只适用于由本条所列环化功能形成环内杂原子的化合物。

（十一）维生素原、维生素及激素的归类

上述物质主要具有生理作用，用于医药及工业上。

序号	商品描述	归类
1	天然或合成再制的维生素原和维生素及其主要用作维生素的衍生物，天然维生素浓缩物（如维生素 A 或维生素 D 浓缩物），各种维生素、维生素原及其浓缩物的相互混合物（如在不同比例的维生素 A 和维生素 D 的天然浓缩物中加入维生素 A 或维生素 D 混合而成），溶于任何溶剂（如油酸乙酯、乙二醇、植物油）的上述产品 不包括名为维生素，但没有维生素活性或其维生素活性与其他用途相比处于次要地位的产品（如维生素 H1）；维生素合成代用品（如维生素 K3）	29.36

续表

序号	商品描述	归类
2	天然或合成再制的激素、前列腺素、血栓烷和白细胞三烯及其衍生物和结构类似物，包括主要用作激素的改性链多肽，如多肽激素、蛋白激素、糖蛋白激素及其衍生物和结构类似物（如胰岛素及其盐）；甾族激素及其衍生物和结构类似物（如可的松）；不同于上述激素的其他激素，包括儿茶酚胺激素及其衍生物和结构类似物和氨基酸衍生物（参见章注八）	29.37

其中，本分章及第十二分章所称的“衍生物”是指可通过相关品目的初始化合物制得的化学化合物，这种化合物仍保留母体化合物的基本特征，包括其基本的化学结构。

此外，对于维生素的归类，特做以下说明：天然胡萝卜素、叶黄素归入品目32.03；用作色料的维生素 A 归入品目 32.03（天然）或品目 32.04（合成）；维生素 K3，视具体成分归入品目 29.14 或 29.07；制成药品的维生素归入品目 30.03 或 30.04。

（十二）苷、生物碱及其盐、醚、酯和其他衍生物的归类

序号	商品描述	归类
1	天然或合成再制的苷（配糖物）及其盐、醚、酯和其他衍生物，如芸香苷（芦丁）及其衍生物；其他，包括齐多夫定、拉米夫定、司坦夫定、地达诺新及它们的盐，以及甘草次酸及其衍生物等 不包括核苷及核苷酸（品目 29.34）等	29.38
2	天然或合成再制的生物碱及其盐、醚、酯和其他衍生物，如鸦片碱及其衍生物和它们的盐；咖啡碱及其盐 不包括植物液汁的提取物，如鸦片膏（品目 13.02）	29.39

品目 29.39 包括未经混合的生物碱及生物碱的天然混合物（如藜芦碱）及氢化、脱氢、氧化及脱氧的生物碱衍生物。

以上两个品目均不包括人工制成的混合物或制剂。

（十三）其他有机化合物的归类

序号	商品描述	归类
1	化学纯糖，如半乳糖、山梨糖（均为葡萄糖的异构体）、木糖、海藻糖（蔗糖的异构体）、核糖及阿拉伯糖（均为木糖的异构体）；糖醚、糖缩醛和糖脂及其盐 不包括品目 29.37～29.39 的产品	29.40

续表

序号	商品描述	归类
2	抗菌素，如青霉素和具有青霉烷酸结构的青霉素衍生物及其盐（如氨苄青霉素、青霉素 V）；链霉素、四环素、氯霉素、红霉素及其衍生物和它们的盐 不包括用于动物饲料的抗菌素制剂（品目 23.09）；在制备抗菌素过程中过滤及初步提取而得的中间产品，其抗菌素含量一般不超过 70%（品目 38.24）等	29.41
3	未列名的已有化学定义的单独有机化合物，包括烯酮类（如乙烯酮），三氟化硼及乙酸、二乙醚或苯酚的络合物，碘化麝香草酚 不包括双烯酮（品目 29.32）	29.42

其中，品目 29.40 的糖是含多羟基的醛或酮，其分子结构较复杂，包括单糖、二糖与低聚糖。本品目的糖可呈水溶液状态。

第三十章　药品

一、本章商品范围及结构

本章共有 4 条章注、2 条子目注释、6 个品目，包括两类货品：一是具有治病或防病作用的产品；二是本身没有治病及防病作用，但可单独供医疗、外科、牙科或兽医用的产品。

本章 6 个品目的排列顺序为：用于医疗的人体或动物制品（品目 30.01）→血制品、疫苗、毒素（品目 30.02）→药品（品目 30.03 ~ 30.04）→不具有治病或防病作用的医药用品（品目 30.05 ~ 30.06）。

二、本章商品归类要点概述

根据本章注释三的规定，品目 30.03、品目 30.04 及本章注释四（四）所述的非混合产品是指：溶于水的非混合产品；第二十八章及第二十九章的所有货品（据此规定这两章具体列名的混合物在本章将被视为非混合产品，例如品目 29.36 所列混合维生素若未配定剂量或制成零售包装则不应归入品目 30.03），包括胶态硫磺及已稳定的过氧化氢溶液；仅经标定或溶于溶剂的品目 13.02 的单一植物浸膏。混合产品是指：胶体溶液及悬浮液（胶态硫磺除外），从植物性混合物加工所得的植物浸膏，以及蒸发天然矿质水所得的盐及浓缩物。

三、本章商品与相关商品的归类

（一）用于医疗的人体或动物制品的归类

品目 30.01 包括：已干燥的器官疗法用动物腺体及其他器官（如脑、脊髓、肝、肾、脾、胰腺、乳腺、睾丸、卵巢），不论是否制成粉末；器官疗法用腺体、其他器官及其分泌物的提取物，包括胆汁提取物；肝素及其盐（主要用作抗血液凝结剂）；其他品目未列名的供治疗或预防疾病用的其他人体或动物制品，包括保存于甘油中的红骨髓；制成干粉片的蛇毒液或蜂毒液，以及由这类毒液形成的非微生物隐毒素；用于永久移植的活的或保藏的骨骼、器官及其他人体或动物组织（装入无菌包装并标有使用说明等）。但本品目不包括：鲜、冷、冻或其他方法暂时保藏的腺体及其他动物器官（第二章或第五章）；胆汁，不论是否干燥（品目 05.10）。

上述用于医疗的人体或动物制品，若具有品目 30.03 或 30.04 所列药品的特征，则应归入品目 30.03 或 30.04。

（二）血制品、疫苗、毒素等的归类

品目 30.02 包括：人血；治病、防病或诊断用的动物血制品；疟疾诊断试剂盒；抗血清（包括特效免疫球蛋白）、其他血分及免疫制品（参见章注二），不论是否修饰或通过生物工艺制得；疫苗（如新型冠状病毒疫苗）、毒素（如蓖麻毒素）、培养微生物（不包括酵母但包括酵素）、病毒及抗病毒、噬菌体等。但本品目不包括其他用途的动物血（品目 05.11），非供治病或防病用的血清白蛋白（品目 35.02）及球蛋白（品目 35.04）等。

本品目的产品，不作为品目 30.03 或 30.04 的药品看待，不论是否已配定剂量或制成零售包装，也不论是否成散装或分成小包装，一律归入本品目。例如，未配定剂量或制成零售包装的混合的免疫制品，归入子目 3002.14；已配定剂量或制成零售包装的免疫制品，仍归入子目 3002.15。

对子目 3002.13 及 3002.14 所述的非混合产品、纯物质及混合产品的处理，请参阅本章子目注释一。

例 1. 人用狂犬病疫苗，2 毫升装

【答案】 3002.2000

【归类说明】 本题货品属于防病的药品，应归入本章。查阅品目，因品目 30.02 已有“疫苗”的具体列名，故应按列名归入品目 30.02。因该货品是人用的，应按列名归入子目 3002.2000

（三）药品的归类

本章的药品是指用以防治人类或动物疾病的内服或外用药品，分为已配定剂

量或制成零售包装的和未配定剂量也未制成零售包装的两种。药品原料及药品的归类如下：

序号	商品描述	归类
1	动物性药品原料（如麝香）	第五章
2	植物性药品原料（如人参）	第十二章
3	有机性药品原料（如抗菌素、阿司匹林、扑热息痛、维生素、激素、安乃近），未配定剂量或未构成零售包装的	第二十九章
4	两种或两种以上成分混合而成的治病或防病用药品（不包括品目30.02、30.05或30.06的货品），未配定剂量或制成零售包装的，例如，氨苄青霉素、头孢噻肟（参见子目注释二）	30.03
5	由混合或非混合产品构成的治病或防病用药品（不包括品目30.02、30.05或30.06的货品），已配定剂量（包括制成皮肤摄入形式的）或制成零售包装的，例如，头孢噻肟制剂、白药、清凉油（参见子目注释二）	30.04

例如，血液透析干粉一般分为A干粉（由氯化钠、氯化钾、氯化镁、氯化钙、冰醋酸、醋酸钠等组成）和B干粉（由碳酸氢钠组成），该类商品按不同的成分、含量、进口报验状态和用途归入相关的税号。以袋装、桶装等报验状态进口的药用级A干粉，其为未配定剂量的专用于医用的多种化合物的混合物，应归入子目3003.9000。以袋装、桶装等报验状态进口的B干粉，其为有明确化学定义并在《税则》中有具体列名的无机化合物碳酸氢钠，应归入子目2836.3000。以零售包装报验状态进口的筒装A干粉，其为已配定剂量的专用于医用的多种化合物的混合物，应归入子目3004.9090。以零售包装报验状态进口的筒装B干粉，其为已配定剂量的专用于医用的有化学定义的化合物，应归入子目3004.9090。

注意，归入品目30.04的药品须同时符合下列三个条件：

1. 所述药品必须已配定剂量或制成零售包装。

已配定剂量是指药品被制成供用户一次使用的剂量，例如片剂、安瓿、胶囊剂、扁囊剂、滴剂、锭剂、针剂等。其剂量直接标注于药品上或其包装和说明书上。如剂量为0.2克的阿司匹林药片就属于已配定剂量的用品。

已制成零售包装是指药品的包装形式，尤其是所附的说明（注明适应症、用法、用量）明显显示该药品不需重新包装即可直接售给用户使用。例如，10毫升装的氯霉素眼药水就属于已制成零售包装的药品。

2. 所述药品须具有明确的防病或治病作用。

3. 各项归类原则及归类依据均未将所述药品从品目30.04中排除，且所述药品在《税则》除品目30.04外的其他品目（尤其是除品目30.04外《税则》第六类的其他品目）中无更为具体列名。例如，疫苗是一种具有明确防病作用的化工产品，且报验时通常已配定剂量，但根据品目 30.02 的品目条文，疫苗应归入品目 30.02，而不应按已配定剂量或制成零售包装的药品归入品目 30.04。

此外，含有药性物质（芳香剂除外）的喉糖、咳嗽糖，若已配定剂量或制成零售包装，且每颗糖所含的药性物质已具有治病或防病的作用，应归入品目 30.04。但主要由糖和芳香剂组成的喉糖、咳嗽糖应归入品目 17.04。

注意，品目 28.43 ~ 28.46 及 28.52 的未混合产品，即使已配定剂量或包装成药物形式，也不能归入品目 30.04。例如胶态银，即使已配定剂量或包装成药物形式，仍应归入品目 28.43。

例 2. 含有头孢克洛的药品（未配定剂量或制成零售包装）

【答案】3003.2015

【归类说明】本题货品已制成药品，应归入本章。因该货品含有两种或两种以上成分，且未配定剂量或制成零售包装，应归入品目 30.03，然后按列名归入子目 3003.2015。

例 3. 达菲，一种抗 H5N1 型禽流感病毒的口服药物，0.25 克/粒，化学名称磷酸奥司他韦

【答案】3004.9090

【归类说明】本题货品是药品，应归入本章。因已制成 0.25 克/粒，属于已配定剂量的药品，应归入品目 30.04。因该货品的化学名称是磷酸奥司他韦，未含有抗菌素、激素、生物碱、维生素等成分，应归入子目 3004.9090 “其他”。

（四）不具有治病或防病作用的医药用品的归类

序号	商品描述	归类
1	已经药物浸涂的供医疗、外科、牙科或兽医用的软填料、纱布、绷带及类似物品（如敷料、橡皮膏、泥罨剂）；未经药物浸涂，但已制成零售包装供医疗、外科、牙科或兽医用的以上物品 不包括未经药物浸涂，也未制成零售形式或零售包装供医疗、外科、牙科或兽医用的以上物品。如，未制成零售形式或包装的供医疗用的橡皮膏，应归入品目 59.06	30.05
2	章注四所规定的医药用品，如血型试剂，骨骼粘固剂，急救药箱、药包（指箱或包中的药品、器具等） 不包括未消毒的缝合材料（应按其属性归类）。例如，肠线（品目 42.06）、蚕肠线（第十一类）；非病人用的诊断试剂，如病人体外验血、验尿等用的试剂或实验室用试剂（应按其制成的材料归入相应的品目，如第二十八章、第二十九章、品目 30.02 或 38.22）	30.06

其中，具有药物作用的橡皮膏（如风湿止痛膏）应归入子目 3005.1090。

第三十一章　肥料

一、本章商品范围及结构

本章共6条章注、5个品目，其中品目31.05是重要品目。本章主要包括通常作天然或人造肥料用的绝大多数产品：动植物肥料、一元矿物或化学肥料、多元矿物或化学肥料、其他混合肥料以及零售包装的肥料。

本章5个品目的排列顺序为：动、植物肥料（品目31.01）→单一肥效成分的矿物或化学肥料（品目31.02～31.04）→多种肥效成分的复合肥料、其他混合肥料以及零售包装的肥料（品目31.05）。

二、本章商品归类要点概述

（一）在本章注释二至四中没有具体列名的产品，即使作肥料用也不能归入本章。如氯化铵（子目2827.1010）、硝酸钾（子目2834.2110）、硝酸钙（品目28.34），磷酸二氢钾（品目28.35），碳酸钾、碳酸氢铵（品目28.36）。

（二）在本章注释二至四中已具体列名的产品，即使不作肥料用仍应归入本章。如硝酸钠、硝酸铵、硫酸铵、氰氨化钙、尿素（即碳酸二酰胺）、硫酸铵及硝酸铵的复盐、硝酸钙及硝酸铵的复盐、硝酸钙及硝酸镁的复盐（品目31.02或品目31.05），氯化钾、硫酸钾、硫酸镁钾（品目31.04或品目31.05），磷酸二氢胺及磷酸二氢铵（品目31.05），磷酸二氢氨及磷酸氢二氨（品目31.05）。

（三）本章注释二（二）、二（三）、二（四），注释三（二）、三（三），以及注释四（二）所述的混合物只有是用作肥料的才归入以上相应的品目。

（四）本章注释注二、三、四对归入品目31.02、31.03及31.04的货品做了详细规定。以上品目的矿物或化学肥料是指仅含氮、磷、钾三种肥效元素中的一种元素的肥料，以及同一品目下不同肥料的混合物，且未制成片状及类似形状或每包毛重超过10千克。

（五）制成片状及类似形状或每包毛重不超过10千克的本章各项货品应归入子目3105.1000。

例1：氯化钾（符合化学定义、粉状、每包毛重10千克、肥料用）；氯化钾（符合化学定义、粉状、每包毛重20千克、肥料用）

【归类说明】该组商品均是符合化学定义作肥料用的氯化钾，只是毛重不同。毛重为10千克的氯化钾符合品目31.05的条文规定，应归入该品目，然后归入子目3105.1000。毛重为20千克的氯化钾未制成品目31.05所述的形状或包装，应归入品目31.04，然后归入子目3104.2020。

例 2. 氯化铵（符合化学定义、粉状、每包毛重 10 千克、肥料用）；氯化钾（符合化学定义、粉状、每包毛重 10 千克、肥料用）

【归类说明】 该组商品均是符合化学定义作肥料用的无机化学品。其中，氯化铵含有氮，氯化钾含有钾，看上去这两者既可按无机化学品归入第二十八章，又可按肥料归入本章。但本章注释二中没有“氯化铵”的列名，而注释四中有“氯化钾”的列名，因此，根据本章商品归类要点概述，氯化钾应归入本章而氯化铵则应归入第二十八章。

三、本章商品与相关商品的归类

（一）动植物肥料的归类

品目 31. 01 包括：动植物肥料，不论是否相互混合或经化学处理；动植物产品经相互混合或经化学处理制成的肥料（品目 31. 03 的骨骼过磷酸盐除外）。例如，（已粉碎的）海鸟粪，干血和骨粉的混合物，经城市污水处理厂处理的性质稳定的下水道淤泥等。但本品目不包括天然肥料与化学肥料混合而成的混合物（品目 31. 05），性质稳定的下水道淤泥与硝酸钾或硝酸铵的混合物（品目 31. 05），其他物质含量很高而不适合作为肥料使用的上述淤泥（品目 38. 25）等。

（二）矿物、化学肥料的归类

肥料可分为单一肥料和复合肥料。前者是指仅含氮、磷、钾中一种肥效元素的肥料，后者是指含氮、磷、钾中两种或三种肥效元素的肥料。

单一肥料应按其所含的肥效元素（氮、磷、钾）而分别归入品目 31. 02、31. 03、31. 04，但必须是未制成片状或类似形状或每包毛重不超过 10 千克，若是单独的已有化学定义的化合物，须符合本章注释二（一）、三（一）及四（一）的规定。

混合及复合肥料应归入品目 31. 05，但若是单独的已有化学定义的化合物，须符合本章注释五的规定，方能归入品目 31. 05。具体归类如下：

序号	商品描述	归类
1	矿物氮肥及化学氮肥，如硝酸钠、硝酸铵、尿素（参见章注二）	31. 02
2	矿物磷肥及化学磷肥，如碱性熔渣、其他按重量计五氧化二磷含量不小于 35% 的过磷酸钙（参见章注三）	31. 03
3	矿物钾肥及化学钾肥，如纯氯化钾（按重量计氯化钾含量不小于 99. 5%）、硫酸钾（参见章注四）	31. 04
4	制成片及类似形状或每包毛重不超过 10 千克的本章各项货品，含氮、磷、钾中两种或三种肥效元素的矿物肥料或化学肥料，其他肥料（参见章注五和六）	31. 05

例 3. 脲，毛重大于 10 千克，生产脲醛树脂用原料

【答案】 3102.1000

【归类说明】 脲即碳酸二酰胺，又称尿素，归类时似可按“有机化学品”归入第二十九章，也可按“肥料”归入第三十一章。但根据第二十九章注释二“本章不包括：（六）尿素（品目 31.02 或 31.05）”的规定，脲应归入第三十一章。查阅品目，脲看上去既可归入品目 31.02，又可归入品目 31.05，但根据本章章注二的规定，不超过 10 千克包装的肥料才归入品目 31.05。故脲应归入品目 31.02，最后按列名归入子目 3102.1000。

第三十二章　鞣料浸膏及染料浸膏；鞣酸及其衍生物；染料、颜料及其他着色料；油漆及清漆；油灰及其他类似胶黏剂；墨水、油墨

一、本章商品范围及结构

本章共 6 条章注、15 个品目，主要包括：用于鞣制及软化皮革的制剂［植物鞣膏、合成鞣料（不论是否与天然鞣料混合）以及人造脱灰碱液］；植物、动物或矿物着色料及有机合成着色料和用这些着色料制成的大部分制剂（油漆、陶瓷着色颜料、墨水等），以及清漆、干燥剂及油灰等各种其他制品。

本章 15 个品目的排列顺序为：鞣料（品目 32.01 ~ 32.02）→着色料（品目 32.03 ~ 32.06）→色料的部分制剂（品目 32.07 ~ 32.10）→其他（品目 32.11 ~ 32.15）。

二、本章商品归类要点概述

（一）根据第六类类注二的规定，制成零售形状或零售包装的染料、颜料或其他着色料应优先归入品目 32.12。例如，零售包装的硫化染料硫化氢应归入品目 32.12，而不归入品目 32.04。

（二）根据本章注释四以及第三十九章注释二（四）的规定，品目 39.01 ~ 39.13 所列的任何聚合物溶于挥发性有机溶剂（包括沸点相对较高的溶剂，如松节油）的溶液，如果溶剂的重量超过溶液重量的 50%，则应归入品目 32.08；如果溶剂的重量不超过溶液重量的 50%，则按塑料归入第三十九章相应的品目。但溶于挥发性溶剂的胶棉，不论其溶剂的比率如何，均应归入品目 39.12。

例 1. 溶于挥发性有机溶剂中的丙烯酸聚合物，丙烯酸聚合物占溶液总重量的 45%

【答案】 3208.2010

【归类说明】本题货品看似可按塑料归入第三十九章，但根据第三十九章章注二（四）的规定，若溶剂的重量不超过溶液重量的50%，则溶液按塑料归入品目39.06；若溶剂的重量超过溶液重量的50%，则溶液归入品目32.08。本题货品的重量占溶液总重量的45%，即其他溶剂比重为55%，故该货品应归入品目32.08。然后按列名该货品归入一级子目“以丙烯酸聚合物或乙烯聚合物为基本成分”，同理，归入三级子目3208.2010“以丙烯酸聚合物为基本成分”。

（三）归入本章的搪瓷玻璃料及其他玻璃须呈粉状、粒状及粉片状，否则归入第七十章，如块状的玻璃料及“瓷漆”玻璃归入品目70.01，条、棒或管状的“瓷漆”玻璃归入品目70.02。

（四）品目32.08～32.10的某些油漆及清漆或品目32.14的胶黏剂，如果各种混合组分或某些添加组分（如硬化剂）须在使用时才进行调配的，其组分若符合下列条件仍应归入上述品目：一是其包装形式足以表明这些成分无须经过改装就可一起使用的；二是一起报验的；三是这些成分的属性及相互比例足以表明是相互配用的。

但对于使用时应加入硬化剂的产品，如报验时无硬化剂，只要这些产品的组分或包装形式足以表明用于调制油漆、清漆或胶黏剂，则仍应归入这些品目。

（五）本章不包括由已有化学定义的化学元素或化合物构成的产品（一般归入第二十八章或第二十九章），但品目32.03及32.04的货品、用作发光体的无机产品（品目32.06）、品目32.07所述形状的熔融石英或其他熔融硅石制成的玻璃、制成零售形式或包装的染料及其他着色料（品目32.12）除外。

（六）归类时应注意本章所列货品的成分含量。

三、本章商品与相关商品的归类

（一）鞣料的归类

鞣料主要用于鞣制皮革，按来源可分为植物鞣料和合成鞣料，后者又分为无机鞣料和有机鞣料。

序号	商品描述	归类
1	植物鞣料浸膏（如坚木浸膏）；鞣酸（如坚木鞣酸）及其盐（如铝、铋、钙等的鞣酸盐）、醚、酯和其他衍生物（如乙酰单宁） 不包括与合成鞣料物质混合的鞣料浸膏（品目32.02）等	32.01
2	有机合成鞣料；无机鞣料或“矿物鞣料”（如以铬、铝、铁或锆盐为基料的鞣料）；鞣料制剂，不论是否含有天然鞣料；预鞣用酶制剂	32.02

（二）着色料的归类

着色料一般包括染料与颜料。但本章所称“着色料”不包括作为油漆填料的产品，不论这些产品能否用于水浆涂料的着色。

按照来源，着色料可分为天然着色料和合成着色料。天然着色料包括动物、植物、矿物着色料，合成着色料包括无机着色料和有机着色料。其中，有机着色料包括有机染料和有机颜料，例如偶氮染料、蒽醌染料，偶氮颜料、色淀颜料。

对于有机着色料，在归入品目 32.04 下的子目时，《税则》有以下规定：

1. 报验时处于既可用作瓮染料，又可用作颜料的，应按瓮染料归入子目 3204.15；

2. 其他可归入子目 3204.11 ~ 3204.17 中两个或多个具体列名子目的，应归入有关子目的最后一个子目；

3. 既可归入子目 3204.11 ~ 3204.17 中的某一具体列名子目，又可归入“其他”子目 3204.19 的有机合成着色料，应归入具体列名的有关子目项下。

有机合成着色料混合物及以其为基本成分的制剂应按下列原则归类：

1. 归入同一子目的两种及以上产品的混合物，应归入相同的子目内；

2. 归入不同子目（3204.11 ~ 3204.19）的两种及以上产品的混合物，应归入“其他”子目 3204.19 项下（该子目主要包括本章注释二所述的混合物及溶剂染料）。

具体归类如下：

序号	商品描述	归类
1	植物质着色料及染料浸膏［如姜黄素（子目 3203.0019）］、动物质着色料（如胭脂虫浸膏、虫胭脂、乌贼染料），以动植物质着色料为基本成分的制品（如分散于水介质或水与水溶溶剂混合组成的介质中的天然珍珠颜料） 不包括制成零售形式或包装的染料或其他着色料（品目 32.12）等	32.03
2	有机着色料，不论是否已有化学定义，包括分散染料、酸性染料、媒染染料、碱性染料、直接染料、瓮染料、活性染料及颜料，以及由子目 3204.11 ~ 3204.19 中两个或多个子目所列着色料组成的混合物；以有机着色料为基本成分的制品（如有机合成着色料与较大量的表面活性产品或有机黏合剂混合的混合物）；用作荧光增白剂或发光体的有机合成产品，不论是否已有化学定义；其他，包括生物染色剂及染料指示剂、胡萝卜素及类胡萝卜素等（参见章注二）	32.04

续表

序号	商品描述	归类
3	矿物着色料及无机着色料（如群青、锌钡白）；以无机着色料及矿物着色料为基本成分的制品，例如矿物着色料与相当大量表面活性产品或有机黏合剂混合的混合物（常呈膏状，用于塑料等的本体着色或作为纺织品印花制剂的拼料）；用作发光体的无机产品，不论是否已有化学定义	32.06
4	色淀（常呈粉状），色淀分散于塑料、橡胶、增塑剂或其他介质中的浓缩分散体，以色淀为基本成分的制品（如由胭脂红色淀分散于塑料中制成的色母粒）	32.05

根据章注三，品目32.03、32.04、32.05及32.06包括以着色料为基本成分的制品，用于任何物料的着色或用作色料制剂的拼料。

例2. 乌贼染料，由乌贼的墨囊制得的一种色料

【答案】 3203.0020

【归类说明】 本题货品是着色料，应归入本章。该货品属于天然的动物着色料，应归入品目32.03。查阅子目条文，该货品应归入子目3203.0020。

例3. 红色还原颜料（铁桶装）

【答案】 3204.1700

【归类说明】 本题货品是一种有机合成着色料，应归入本章。铁桶装被视为非零售包装，不能根据第六类类注二的规定归入品目32.12。还原颜料是一种有机合成颜料，应归入品目32.04，然后按列名归入子目3204.1700“颜料及以其为基本成分的制品”。

例4. 一种色母粒，选用高浓度色素（炭黑，含量45%）、ABS树脂（含量52%）、颜料助剂（含量3%），经高速密炼挤出水冷切粒而成，用于ABS塑料制品的着色

【答案】 3206.4990

【归类说明】 色母粒是一种以炭黑为基本成分的着色料，应归入本章。因本题货品符合本章注释三的规定，应按“以着色料为基本成分的制品”归类。本题货品中的颜料是炭黑（一种无机成分），故应归入品目32.06，最后按“其他”归入子目3206.4990。

（三）色料的部分制剂的归类

1. 调制颜料等的归类

品目32.07包括用于陶瓷工业、玻璃工业或供金属物品着色或装饰用的制品：调制颜料、遮光剂、着色剂及类似制品；珐琅和釉料、釉底料（泥釉）及类似制品；金、银、铝或铬的光瓷釉及类似制品；粉状、粒状或粉片状的搪瓷玻璃料及其他各种玻璃（包括从熔融石英或其他熔融硅石制得的玻璃料及玻璃），不论是否着色或镀银。

2. 油漆的归类

载体由清漆组成的油漆称作磁漆。清漆是指不加颜料的透明漆。

根据成膜剂、介质的不同种类，油漆及清漆的归类如下：

序号	商品描述	归类
1	成膜剂由合成聚合物（如聚酯、乙烯聚合物、合成橡胶等）或化学改性天然聚合物（如纤维素化学衍生物或天然橡胶的化学衍生物）组成，介质为非水介质的油漆（包括磁漆）及清漆（包括大漆）	32.08
2	成膜剂由合成聚合物或化学改性天然聚合物组成，介质为水介质（指由水或水与水溶性溶剂的混合物）的油漆（包括磁漆）及清漆（包括大漆）	32.09
3	成膜剂由上述1、2以外的成分组成的，或者没有介质的油漆（包括磁漆）、清漆（包括大漆）及水浆涂料（包括胶凝刷白剂、酪蛋白水浆涂料、硅酸盐水浆涂料及供清洁鞋靴用的白鞋粉）；加工皮革用的水性颜料	32.10

此外，品目32.08还包括本章章注四所列产品。

（四）其他有关产品的归类

序号	商品描述	归类
1	配制的催干剂	32.11
2	制造油漆（含磁漆）用的颜料（包括金属粉末或金属粉片），分散于非水介质（如干性油、石油溶剂、树胶、木松节油或清漆）中呈液状或浆状的；压印箔（参见章注六）；制成零售形状（如球、片及类似形状）及零售包装（如袋装粉、瓶装液）的染料或其他着色料（非成膜产品）（供家用及实验室用） 不包括金箔（品目71.08）、铜箔（品目74.10）、铝箔（品目76.07）	32.12
3	艺术家、学生和广告美工用的颜料、调色料、文娱颜料及类似品（水彩、树胶水彩画颜料、油涂料等），片状、管装、罐装、瓶装、扁盒装及类似形状或包装的，包括成套销售的颜料，不论是否附带画笔、调色板、调色刀、擦笔及扁盘等	32.13
4	安装玻璃用油灰、接缝用油灰、树脂胶泥、嵌缝胶及其他类似胶粘剂（主要用于堵塞、封闭或嵌填缝隙），漆工用填料（如以油、橡胶、胶水等为基本成分的填料），非耐火涂面制剂 不包括沥青胶黏剂及其他含沥青的胶黏剂（品目27.15），铸模及铸芯用的调制胶黏剂（品目38.24）等	32.14

续表

序号	商品描述	归类
5	印刷油墨（或色料）、书写或绘图墨水及其他墨类，不论是否浓缩或固体（即粉末、片、条等）。如油印机用墨、印台或打印色带用墨水 不包括复印机用墨粉（或称碳粉）（品目 37.07）等	32.15

其中，品目 32.14 所列制剂常呈糨糊状，一般在施用后即行硬化或凝结。上述产品施用时通常使用嵌缝枪、抹刀、灰匙、抹灰工镘刀或类似工具。

漆工用填料和非耐火涂面制剂与上述的胶黏剂等产品不同，它们通常涂布在较大面积的表面上。它们与油漆、清漆及类似产品的差别在于含有大量的填料及颜料（若含有颜料的话），且这些物料的含量一般大大超过黏合剂、溶剂或分散液。

漆工用填料常用于物体表面（如室内墙面）上漆前准备工序，即填平凹凸不平的表面，还可用于填塞表面的缝隙、孔洞或砂眼。如供油漆打底用的腻子。

非耐火涂面制剂（如由等量的石膏和加有增塑剂的砂组成的粉末制剂），用于涂门面、内墙、地板、天花板、游泳池等，使其防水并改善外观。如沥青酚醛防水涂料（由酚醛树脂、沥青和其他添加剂配制而成，主要用于屋面防水）符合品目 32.14 “非耐火涂面制剂，涂门面、内墙、地板、天花板等用”，应归入品目 32.14。

第三十三章　精油及香膏；芳香料制品及化妆盥洗品

一、本章商品范围及结构

本章共 4 条章注、7 个品目，包括香料、香料制品及化妆盥洗品。

本章 7 个品目的排列顺序为：天然香料（品目 33.01）→混合香料（品目 33.02）→化妆盥洗品（品目 33.03 ~ 33.07）。

二、本章商品归类要点概述

（一）凡零售包装或配定剂量可归入品目 33.03 ~ 33.07 的货品，应优先归入其中的某个品目，而不归入《税则》的其他品目（但品目 28.43 ~ 28.46 及品目 28.52 的货品除外）。如制成零售包装供润肤用的凡士林归入品目 33.04 而不归入品目 27.12。

（二）除具有条文所列用途外还具有其他用途的制剂（如清漆）及未混合产品（如未加香料的滑石粉、漂白土、丙酮、明矾），当该货品是零售包装并贴有标签、说明及其他标志，表明其用作芳香料制品、化妆盥洗品或室内除臭剂，例如零售包装的未混合、未加香料的滑石粉（品目 33.04）；或者该货品的包装形式足以表明该货品是专供这些用途的（如配有涂指甲用小刷子的小瓶装指甲油），该货品仍应归入品目 33.03 ~ 33.07。

（三）含肥皂或其他有机表面活性剂的洗发剂、洁齿品、剃须膏及泡澡用制剂仍应归入品目 33.05 ~ 33.07，而不应按肥皂或有机表面活性剂制品归入第三十四章。

三、本章商品与相关商品的归类

（一）香料及其制品的归类

归入品目 33.01 的仅是单一的植物香料，化学合成的单独化学成分的香料一般应归入第二十九章。例如，“天然的薄荷油”应归入品目 33.01，而人工合成的“薄荷醇”应归入品目 29.06；混合香料（即几种香料的混合物或香料与其他成分的混合物）应归入品目 33.02。

序号	商品描述	归类
1	精油（无萜或含萜）（如橙油、樟脑油、松针油），包括浸膏及净油；香膏（如阿魏香膏）；提取的油树脂（如丁香油树脂）；用花香吸取法或浸渍法制成的含浓缩精油的脂肪、固定油、蜡及类似品；精油脱萜时所得的萜烯副产品；精油水馏液及水溶液 不包括香草油树脂（品目 13.02）等	33.01
2	工业原料用的混合香料以及以一种或多种香料为基本成分的混合物（包括酒精溶液）；生产食品、饮料用混合香料及制品，含以香料为基本成分的混合物，按容量计酒精浓度大于 0.5%（参见章注二）；生产饮料用的以香料为基本成分的其他制品	33.02

例 1. 胡椒薄荷油

【答案】3301.2400

【归类说明】本题货品是由胡椒和薄荷制得的混合精油，应归入本章。查阅品目，因该货品属于单一的天然植物精油，应归入品目 33.01。然后查阅子目，该货品应按“非柑橘属果实的胡椒薄荷油”归入子目 3301.2400。

（二）化妆盥洗品的归类

序号	商品描述	归类
1	液态、膏状或固态（包括条状）的香水及花露水（其醇溶液的浓度及所含精油等的比例均比香水的低），如古龙香水 不包括剃须后用的洗净剂及身体除臭剂（品目 33.07）等	33.03

续表

序号	商品描述	归类
2	美容品或化妆品及护肤品（药品除外）（如唇膏、美容霜、润肤油、防痒膏、防晒油、盥洗用蜡），指（趾）甲化妆品	33. 04
3	护发品，包括含有肥皂或其他有机表面活性剂的洗发剂及其他洗发香波、烫发剂、定型剂（也称“硬发胶”）；润发油；发油、发乳及头发梳妆用品；染发水及头发用漂白剂；染发霜等	33. 05
4	口腔或牙齿卫生用制剂，包括各种类型的洁齿品：牙膏及其他牙齿用制剂、假牙清洁剂，漱口剂、口腔香水，假牙模膏、粉及片，以及单独零售包装的清洁牙缝用纱线（牙线）	33. 06
5	剃须用制剂、人体除臭剂及止汗剂、泡澡用制剂、脱毛剂和其他品目未列名的芳香料制品及化妆盥洗品；室内除臭剂，不论是否加香水或消毒剂（参见章注四）	33. 07

例 2. 液体口香糖，20 克/支，成分为食用酒精、香精、巴斯甜、甘油、山梨醇等，使用时喷于口腔，起清新口气的作用

【答案】3306. 9090

【归类说明】本题货品虽名为“口香糖”，但依其成分和作用判断，属于口腔清洁剂，应归入本章。查阅品目，该货品符合 33. 06 品目条文的规定，应归入品目 33. 06。然后根据子目条文的规定，该货品应归入子目 3306. 9090“其他”。

例 3. 隐形眼镜片用药水

【答案】3307. 9000

【归类说明】本题货品是一种用以清洁、消毒或浸泡隐形眼镜片的盥洗液，应归入本章。根据本章章注四的规定，该货品应归入品目 33. 07。因未在一级子目列名，该货品应归入一级子目 3307. 9000“其他”。

第三十四章　肥皂、有机表面活性剂、洗涤剂、润滑剂、人造蜡、调制蜡、光洁剂、蜡烛及类似品、塑型用膏、“牙科用蜡”及牙科用熟石膏制剂

一、本章商品范围及结构

本章共 5 条章注、7 个品目，主要包括通过工业处理各种油、脂而得的产品（例如肥皂、某些润滑剂、调制蜡、某些光洁剂、蜡烛），以及某些人造产品，如表面活性剂、表面活性制品及人造蜡。

本章 7 个品目的排序顺序为：肥皂等（品目 34. 01）→有机表面活性剂及其

制品（品目 34.02）→润滑剂（品目 34.03）→人造蜡及调制蜡（品目 34.04）→光洁剂及擦洗膏等（品目 34.05）→蜡烛（品目 34.06）→塑型用膏及零售包装的牙科用蜡等（品目 34.07）。

二、本章商品归类要点概述

（一）肥皂和作肥皂用或作洁肤用的表面活性剂产品制成的洗涤用品（不论是否含有肥皂），符合 34.01 品目条文规定的，应归入品目 34.01。其他表面活性剂产品制成的洗涤用品，符合 34.05 品目条文规定的，应归入品目 34.05，否则归入品目 34.02。若表面活性剂产品属于洗发剂、洁齿品、剃须膏及泡澡用制剂，则要优先归入第三十三章的相应品目，例如含有表面活性剂的洗发剂归入品目 33.05。

（二）品目 34.02 的有机表面活性剂是不符合化学定义的化合物，其是指温度在 20℃时与水混合配成 0.5% 浓度的水溶液，并在同样温度下搁置 1 小时后符合下列规定的产品：一是成为透明或半透明的液体或稳定的乳浊液而未析出不溶解物质；二是将水的表面张力减低到每厘米 45 达因及以下。（参见章注三）

有机表面活性剂通常按离子类型分类，在水中能电离成离子的为离子型表面活性剂，不能电离成离子的为非离子型表面活性剂（子目 3402.1300）。在离子型表面活性剂中，再按显示表面活性部分所带电荷的种类而分成阴离子型表面活性剂（子目 3402.1100）、阳离子型表面活性剂（子目 3402.1200）和两性表面活性剂（子目 3402.1900）。但归入子目 3402.1100 ~ 3402.1900 的表面活性剂须仅含一种表面活性剂，若同时含两种或两种以上表面活性剂或是表面活性剂溶于有机溶剂的，则应作为表面活性剂制品归入子目 3402.2010 ~ 3402.9000。

三、本章商品与相关商品的归类

（一）肥皂等的归类

归类时，应注意品目 34.01 所列货品的成分含量、外观及是否零售包装。该品目包括：水溶性肥皂；有机表面活性产品及作肥皂用的制剂，条状、块状或模制形状的；洁肤用的有机表面活性产品及制剂，液状或膏状并制成零售包装的（未制成零售包装的，归入品目 34.02），不论是否含有肥皂；用肥皂或洗涤剂浸渍、涂布或包覆的纸、絮胎、毡呢及无纺织物，不论是否加有香料或制成零售包装（通常用于洗手或洗脸）。本品目不包括用肥皂或洗涤剂浸渍、涂布或包覆的泡沫塑料、海绵橡胶、纺织材料（絮胎、毡呢及无纺织物除外）及金属垫（通常按底基的属性归入相应的品目）等。

品目 34.01 的肥皂及其他产品可含有添加料（如消毒剂、磨料粉、填料或药料）。含磨料粉的产品，只有条状、块状或模制形状、粉片状、粉末状、膏状或水溶液状可以归入品目 34.01，如呈条状、块状或模制形状的磨蚀皂归入品目 34.01。其他形状的，应作为“去污粉及类似品”归入品目 34.05，如磨蚀擦洗膏及粉，不论是否含有肥皂，均应归入品目 34.05。（参见章注二）

消毒皂与品目 38.08 的含同样组分的消毒剂的区别在于组分的比例不同。品目 38.08 的消毒剂含有大量的苯酚、甲苯酚等，呈液状；而消毒皂通常为固体。

例 1. 洗手液，400 毫升塑料瓶装，含有机表面活性剂、杀菌剂、香精等成分

【答案】3401.3000

【归类说明】本题货品属于洁肤用洗涤液，应按“洗涤剂”归入本章。查阅品目，该货品符合 34.01 品目条文的规定，应归入品目 34.01；然后按“洁肤用的有机表面活性产品及制品”归入子目 3401.3000。

（二）有机表面活性剂及其制品的归类

归类时，应注意品目 34.02 项下货品的用途、包装状态（是否零售包装）、成分及有机表面活性剂的种类（阳离子、阴离子、两性、非离子等）。该品目包括：有机表面活性剂（肥皂除外）；表面活性剂制品、洗涤剂（包括助洗剂）及清洁剂，不论是否含有肥皂。

表面活性剂制品具有清洁、润湿、乳化或分散作用，因而用在日常生活和许多工业上。例如，日常生活中的各种洗涤制剂（如洗衣粉），纺织工业用的洗涤剂、润湿剂、乳化剂、缩绒助剂及增艳剂等。

例 2. 合成洗衣粉（非零售包装）

【答案】3402.9000

【归类说明】本题货品是一种洗涤剂，应归入本章。查阅品目，该货品符合 34.02 品目条文的规定，应归入品目 34.02。因其为非零售包装，应归入一级子目 3402.9000“其他”。

（三）润滑剂的归类

归类时，注意品目 34.03 项下货品的用途、成分含量、包装规格，以及从石油或沥青提取矿物油类的百分比含量。该品目包括以下货品：

1. 所含作为基本成分的石油或从沥青矿物提取的油类重量未达到 70% 及以上的混合制剂：润滑剂及以润滑剂为基本成分的产品（包括切削油剂、螺栓或螺母松开剂、防锈或防腐蚀制剂、各种工业用的脱模剂）；用于润滑、油化或脂化纺织品、皮革、生皮、毛皮等的制剂。

2. 二硫化钼在矿物油中的稳定悬浮液，含有按重量计达到 70% 及以上的矿物油，供发动机等作润滑油。

3. 以羊毛脂为基料并溶于石油溶剂中的防锈剂，不论石油溶剂的含量按重量计是否达到 70% 及以上。

4. 由凡士林及钙皂组成，装配真空机动闸时用于润滑及密封接头及螺纹用的不硬化膏。

本品目不包括：以石油或从沥青矿物提取的油类为基本成分（按重量计达到70%及以上）的制剂（品目27.10）；用作脱模剂的食用动植物油、脂混合物或制剂（如糕点脱模剂）（品目15.17）和品目38.24的防锈剂等。

（四）人造蜡及调制蜡的归类

品目34.04包括人造蜡及调制蜡。但该品目不包括：具有表面活性性能的水溶性蜡（品目34.02）；混合、分散或溶解于液体溶剂的蜡（品目34.05、38.09等）。

人造蜡是由化学法制得的“具有蜡特性”的有机产品，不论是否水溶性。例如聚乙烯蜡、聚氧乙烯（聚乙二醇）蜡。

调制蜡包括：各种蜡混合制成的产品（例如不同种类的植物蜡的混合物及某种矿物蜡与某种植物蜡的混合物）；由一种或几种蜡为基料并含有油脂、树脂、矿物质或其他物料制得的“具有蜡特性”的产品（例如，由石蜡和聚乙烯混合而成的用作涂料的蜡，由氧化烃蜡和乳化剂混合而成的蜡）。（参见章注五）

（五）光洁剂及擦洗膏等的归类

品目34.05包括鞋靴、家具、地板、车身、玻璃或金属用的光洁剂，擦洗炊具、洗涤盆、瓷砖、炉具等用的擦洗膏及去污粉，皮革上光等用的类似制剂，以及具有防腐性能的光洁剂（包括用这些制剂浸渍、涂面或包覆的纸、絮胎、毡呢、无纺织物、泡沫塑料或海绵橡胶）。但该品目不包括类似浸渍、涂面或包覆的抹布及金属擦锅器（分别归入第十一类及第十五类），鞋靴刷白片及麂皮鞋靴用的配制染色液（品目32.10），衣服洗涤用的干洗液及去污渍剂（应按组成成分归类，通常为品目27.10的石油溶剂油或品目38.14或38.24的产品）。

本品目的制剂可以蜡、研磨料或其他物料为基料，常制成零售包装，并呈液态、膏状、粉状、片状、条状等，供家庭或工业用。例如，由浸渍于松节油或乳化于水中的蜡组成并通常加有着色料的抛光蜡及光洁剂等。

例3. “美丽”牌柠檬香型亮光液，600毫升压力罐装，使用时喷于木质家具表面

【答案】 3405.2000

【归类说明】 本题货品是供家具用的光洁剂，应归入本章。查阅品目，该货品符合34.05品目条文的规定，应归入品目34.05，最后按列名归入一级子目3405.2000“保养木制家具、地板或其他木制品用的上光剂及类似制品”。

（六）蜡烛的归类

品目34.06包括不论是否着色、装饰或加香料等的蜡烛。但该品目不包括抗哮喘蜡烛（品目30.04）及经硫处理的带子、灯芯、烛心及蜡烛（品目

38.08）等。

（七）塑型用膏及零售包装的牙科用蜡等的归类

归类时，注意品目34.07项下货品的成分含量、用途、外观、包装规格。该品目包括：供美工或金工用以造模或供儿童娱乐用的塑形用膏，报验时常呈散装形状或块状、条状、片状等；通称“牙科用蜡”或“牙科造型膏”的制品，成套、零售包装或制成片状、马蹄形（实心或空心的）、条状及类似形状的（制成其他形状的，如散装形状的，应按其组成成分归入品目34.04或38.24等）；以熟石膏（煅烧石膏或硫酸钙）为基本成分的牙科用其他制品，供牙科造型、制模或其他牙科用途，不论其形状或报验状态如何。

以下是牙科用制品的归类：

序号	商品描述	归类
1	经特殊煅烧或精细研磨的牙科用熟石膏	2520.2010
2	外科及牙科用无菌吸收性止血材料、外科或牙科用无菌抗粘连阻隔材料（不论是否可吸收）、牙科用粘固剂及其他填料	30.06
3	以熟石膏（煅烧石膏或硫酸钙）为基本成分的牙科用其他制品（常含有按重量计2%以上的添加剂）	3407.0020
4	通称“牙科用蜡”或“牙科造型膏”的制品（一般用蜡、塑料或古塔波胶与松香、虫胶及填料等混合组成）	3407.0010
5	口腔或牙齿卫生用制剂（如假牙模膏、粉及片）	33.06
6	用于制某些陶瓷物品（假牙等）的制剂（如做假牙的瓷粉）	3824.9999
7	牙线签（用于清洁牙缝，塑料制）	3306.2000
8	牙科用金钯片（成分为金钯银及其他金属，用于义齿制造）	71.10
9	钴铬瓷牙金属棒（圆柱形，主要成分为钴、铬及其他金属）	8105.9000
10	牙科用其他仪器及器具	90.18

第三十五章　蛋白类物质；改性淀粉；胶；酶

一、本章商品范围及结构

本章共2条章注、7个品目，主要包括蛋白类物质及其衍生物、糊精及其他改性淀粉、适于作胶或黏合剂的产品、酶及其制品。

本章 7 个品目的排列顺序为：蛋白质及其衍生物（品目 35.01～35.04）→糊精及其他改性淀粉（品目 35.05）→适于作胶或黏合剂的产品（品目 35.06）→酶及其制品（品目 35.07）。

二、本章商品归类要点概述

（一）根据第六类类注二的规定，凡零售包装每件净重不超过 1 千克的适于作胶或黏合剂用的产品应优先归入品目 35.06（品目 28.43～28.46 及品目 28.52 的货品除外）。如每件净重 500 克的酪蛋白胶应归入品目 35.06 而不归入品目 35.01。

（二）制成矩形（包括正方形）的明胶薄片，不论是否表面加工或着色（例如压花纹、金属化、印刷）均应归入品目 35.03；其他形状（如圆盘状）的，应归入品目 96.02。模制或雕刻的未硬化明胶也归入品目 96.02。

（三）品目 35.06 项下的“由品目 39.01～39.13 的聚合物为基本成分的黏合剂”，可由品目 39.01～39.13 的聚合物或其混合体组成，这些聚合物或其混合体除含有第三十九章产品允许添加的物质（填料、增塑剂、溶剂、颜料等）以外，还含有不归入该章的其他添加物（例如蜡、松香脂、未改性天然虫胶）。

三、本章商品与相关商品的归类

（一）蛋白质及其衍生物的归类

蛋白质是由多种氨基酸构成的高分子化合物，广泛存在于肉类、乳类、蛋类、豆类、谷类等食品中。《税则》将蛋白质分成酪蛋白、白蛋白、作胶的蛋白、其他蛋白。

归类时，应注意品目 35.02 项下货品的成分含量、用途、外观，品目 35.04 项下货品的用途、来源、包装规格、蛋白质含量。

序号	商品描述	归类
1	酪蛋白、酪蛋白酸盐（如酪蛋白酸钠）及其他酪蛋白衍生物（如氯化酪蛋白） 不包括误称为“植物酪蛋白”的产品（品目 35.04）等	35.01
2	白蛋白（包括按重量计干质成分的乳清蛋白含量超过 80% 的两种或两种以上的乳清蛋白浓缩物）、白蛋白盐及其他白蛋白衍生物（铁白蛋白盐、溴化白蛋白） 不包括供治疗或预防疾病用的血清蛋白及人血浆（第三十章）等	35.02

续表

序号	商品描述	归类
3	作胶的蛋白	35.03
4	其他蛋白质及其衍生物（如谷蛋白及醇溶谷蛋白、球蛋白、大豆球蛋白、角蛋白、核蛋白、离析蛋白） 不包括制成药品的本品目所述产品（品目 30.03 或 30.04）、核蛋白汞盐（品目 28.52）等	35.04
5	已制成药品的蛋白质；血纤维蛋白原、血纤维蛋白、血球蛋白及血清球蛋白、人体正常免疫球蛋白及抗血清，以及治病、防病用的血清白蛋白	第三十章

其中，与酪蛋白（溶于碱液但不溶于水）不同的是，白蛋白溶于水，也溶于碱，且其溶液加热即凝结。

品目 35.04 还包括蛋白胨（如肉胨、酵母胨）及其衍生物、皮粉（纯净的胶原蛋白），不论是否加入铬矾。蛋白胨的衍生物是胨酸盐（如铁胨酸盐），用于制药。

皮粉与皮革粉末不同，前者适于测定鞣酸；后者通常作塑料等的填料使用，其价格明显低于皮粉的。

（二）胶的归类

归类时，应注意品目 35.03 项下货品的用途、外观及包装规格，品目 35.05 项下货品的用途、还原糖含量、包装规格，品目 35.06 项下货品的用途、包装规格、成分含量。

序号	商品描述	归类
1	酪蛋白胶	35.01
2	动物胶，包括明胶及其衍生物（鞣酸明胶及溴化鞣酸明胶）、鱼鳔胶、其他动物胶（作胶用的不纯明胶），如骨胶、皮胶、筋胶、腱胶、鱼胶 不包括以明胶为基料的复印膏（品目 38.24）等	35.03
3	以淀粉、糊精或其他改性淀粉为基本成分的胶（如糊精胶、淀粉胶或由未处理的淀粉、硼砂及淀粉醚组成的胶），主要用作胶料	35.05
4	其他品目未列名的调制胶及其他调制黏合剂（如谷蛋白胶）；适于作胶或黏合剂用的产品，零售包装每件净重不超过 1 千克	35.06
5	制成净重不超过 1 千克的零售包装的上述各品目的胶	35.06

品目 35.05 还包括糊精及经氧化、酯化、醚化等处理的改性淀粉，如交联淀粉、醚化或酯化淀粉。

糊精是指淀粉的降解产品，其还原糖含量以右旋糖的干重量计不超过 10%

（超过 10% 的，应归入品目 17. 02）。（参见章注二）

品目 32. 14 的胶黏剂与品目 35. 06 的黏合剂的区别是：前者施用时是以厚层涂敷，从而能更有效地堵塞、封闭或嵌填缝隙；后者主要是将不同材料或物体黏结在一起。

此外，对于某一用作黏合剂的聚合物或混合体，确定其是归入品目 35. 06 还是第三十九章，应按以下步骤归类：

首先，看其是否为零售包装，零售包装的归入品目 35. 06；其次，非零售包装的，看其是否为混合物，非混合物的归入第三十九章；再次，混合物的，看其除聚合物外的添加剂的用途是否全部为第三十九章允许添加的用途，是的话，其归入第三十九章；最后，其除聚合物外的添加剂的用途不是全部为第三十九章允许添加用途的，看其成分是否为不归入第三十九章的物质范围，是的话，其归入品目 35. 06，不是的话，其归入第三十九章。

目前越来越多的黏合剂不再事先调配好，而是以双组分甚至多组分的形式分别包装，使用时再按比例配合使用。对于此类产品，按照《进出口税则商品及品目注释》中第六类类注三的规定，其包装可以看出为配合使用的，按配合比例同时报验时，应按混合后用途归类。

例 1. 麦芽糖糊精（还原糖以右旋糖的干重量计为 9%）

【答案】 3505. 1000

【归类说明】 本题货品属于改性淀粉，应归入本章。根据本章章注二的规定，该货品应归入品目 35. 05，然后按列名归入子目 3505. 1000“糊精及其他改性淀粉”。

例 2. 香烟滤嘴成型用热熔胶，由乙烯 - 乙酸乙烯酯共聚物树脂、增粘树脂、蜡、抗氧剂等组成，20 千克/桶

【答案】 3506. 9190

【归类说明】 本题货品是一种化学配制的黏合剂，应归入本章。查阅品目，该货品属于黏合剂，应按“其他调制黏合剂”归入品目 35. 06。然后考虑其包装（20 千克/桶）和成分（乙烯 - 乙酸乙烯酯），该货品应归入子目 3506. 9190“其他”。

（三）酶及其制品的归类

酶是活性细胞产生的有机物质，具有引起和调节活性细胞内外特殊化学反应的性能，但其本身的化学结构不变。

归类时，应注意品目 35. 07 项下货品的用途、种类，该品目包括“纯净”（离析）酶（呈结晶状）、酶催浓缩物（可制成粉末状或粒状）及其他品目未列名的酶制品（如嫩肉用的酶催制品、纺织品脱浆用的酶催制品）。

商业上最重要的酶包括：粗制凝乳酶；胰酶；胃蛋白酶；麦芽糖酶；木瓜蛋

白酶、菠萝蛋白酶、无花果蛋白酶；从微生物制取的淀粉酶及蛋白酶；β－淀粉酶；果胶酶；转化酶；葡萄糖异构酶。

本品目不包括作为干胶乳的部分水溶性木瓜蛋白酶（品目 13.02）、预鞣用的酶催制品（品目 32.02）等。

第三十六章　炸药；烟火制品；火柴；引火合金；易燃材料制品

一、本章商品范围及结构

本章共 2 条章注、6 个品目，包括：发射药及配制炸药；引爆时所需的辅助产品（雷管、火帽、引爆管等）；用爆炸、发火、易燃或可燃的材料制成的用以产生光、声、烟、火焰或火花的制品（如烟火制品）。

本章 6 个品目的排列顺序为：发射药（品目 36.01）→配制炸药（品目 36.02）→爆炸配件（品目 36.03）→烟火制品（品目 36.04）→火柴（品目 36.05）→易燃材料制品（品目 36.06）。

二、本章商品归类要点概述

（一）已制成片、棒或类似形状作燃料用的聚乙醛（三聚乙醛片）、六亚甲基四胺（乌洛托品）及类似物质，包装容器的容积不超过 300 立方厘米的直接灌注香烟打火机及类似打火器用的液体燃料或液化气体燃料，应归入本章。（参见章注二）

（二）制成其他形状（例如粉状或结晶状）供作燃料用的聚乙醛及六亚甲基四胺，应分别归入品目 29.12 或 29.13。

（三）包装容器的容积超过 300 立方厘米的直接灌注香烟打火机及类似打火器用的液体燃料或液化气体燃料，应归入第二十七章。

（四）作为香烟打火机或类似打火器零件的可换芯子或其他容器（已充料或未充料），应归入品目 96.13。

三、本章商品及相关商品的归类

（一）炸药的归类

炸药分为发射药和配制炸药。前者主要供猎枪、火器、火箭用，这些火药是燃烧时能产生大量炽热气体的混合物；后者包括烈性炸药和起爆炸药，它们燃烧时反应比发射药更为剧烈。具体归类如下：

序号	商品描述	归类
1	发射药，包括黑色火药、火器用的发射药、火箭用发射药 不包括硝酸纤维素，例如火棉（品目 39. 12）等	36. 01
2	配制炸药，包括烈性炸药（如以 TNT 为基料的混合物制成的黑索莱炸药）和起爆炸药（如以叠氮化铅为基料的混合物制成的起爆炸药）	36. 02

例 1. 黑色火药

【答案】3601. 0000

【归类说明】本题货品属于炸药的一类，应归入本章。查阅品目，因该货品属于发射药，应归入品目 36. 01，然后按列名归入子目 3601. 0000。

（二）爆炸配件的归类

归入品目 36. 03 的爆炸配件，为火药及炸药引爆所需，包括：安全导火索及导爆索；火帽或雷管；引爆器，包括电引爆器（用于点燃装药或起爆炸药）和化学引爆器（用于点燃火药或安全导火索）；电雷管。但该品目不包括矿灯用的石蜡点火带或卷，或玩具手枪用的砸炮（品目 36. 04）等。

（三）烟火制品的归类

能够产生光、声、气、烟雾或燃烧效应的烟火制品应归入品目 36. 04，包括娱乐用烟火制品（如鞭炮、彩色火炬、拉炮）、技术用烟火制品（如航海用的遇险信号弹、抗冰雹弹），以及救生索火箭等。

（四）火柴的归类

品目 36. 05 包括火柴，但不包括孟加拉火柴及其他烟火制品（品目 36. 04）。

（五）易燃材料制品的归类

归类时，应注意品目 36. 06 项下货品的用途、包装容器的容积及外观。该品目包括各种形状的铈铁及其他引火合金、本章章注二所述的易燃材料制品（如固体酒精、树脂火炬、引火物）。

这些合金不论是散装或制成机械打火机用的小条或小棒状（打火机火石），也不论是否装于小容器内以供零售使用，均应归入本品目。

本品目不包括一次性的暖手器或暖脚器（品目 38. 24）、木屑粘结块等燃料（品目 44. 01）。

例 2. 容器容积 300 立方厘米的香烟打火机用液化丁烷

【答案】3606. 1000

【归类说明】本题货品属于液化气体燃料，应归入本章。查阅品目，该货品符合 36. 06 品目条文的规定，应归入品目 36. 06，然后按列名归入子目 3606.1000。

例 3. 固体酒精

【答案】 3606.9090

【归类说明】 本题货品属于易燃材料制品燃料，应归入本章。根据本章章注二（一）的规定，该货品应归入品目 36.06。查阅子目，该货品未在一级子目列名，故应归入一级子目 3606.9 “其他”；同理，归入三级子目 3606.9090 “其他”。

第三十七章　照相及电影用品

一、本章商品范围及结构

本章共 2 条章注、7 个品目，包括：不论是否已曝光或已冲洗的照相感光硬片及软片［可以是负片（即明暗相反）、正片（包括用以复制正片用的翻正片）或反转片（即涂有特种乳剂直接产生正片的片子）］；不论是否曝光的未冲洗的摄影感光纸、纸板及纺织物；摄影用化学产品及闪光灯材料等。

本章 7 个品目的排列顺序为：未曝光的感光材料（品目 37.01 ~ 37.03）→已曝光的感光材料（品目 37.04 ~ 37.06）→摄影用化学品（品目 37.07）。

二、本章商品归类要点概述

（一）本章不包括：废碎料，如塑料的摄影或电影废碎料归入品目 39.15，纸的废碎料归入品目 47.07；已冲洗的照相纸、纸板及纺织物（其中以纸、纸板为基材的应归入第四十九章，以纺织物为基材的应归入第十一类的纺织品）等。

（二）感光材料归类时应考虑的因素有：是否曝光、是否冲洗、材料属性（软片、硬片、纸、纸板、纺织物、胶等）、形状、用途、规格尺寸、有无齿孔等。例如，品目 37.01 的胶片与 37.02 的区别在于：前者为成张的非卷状胶片（平片），后者为呈卷状胶片（卷片）。此外，品目 37.07 项下的感光乳液在归类时要考虑其是否含银、是否有感光作用。

而非感光材料应按其构成材料归入相应品目。例如，非感光的塑料片归入第三十九章。

（三）配定剂量或零售包装的摄影用化学制剂应优先归入品目 37.07 而不归入其他品目。例如，零售包装的硫代硫酸钠，应按摄影用定影剂优先归入品目 37.07，而不按硫代硫酸盐归入品目 28.32。

但要注意，品目 37.07 的优先级次于品目 28.43 ~ 28.46 及品目 28.52 的。例如零售包装的硝酸银，看上去既可按摄影用的感光剂归入品目 37.07，也可按含贵金属的无机化合物归入品目28.43，但根据上述规定，零售包装的硝酸银应优先归入品目28.43。

三、本章商品与相关商品的归类

（一）未曝光的感光材料的归类

对于未曝光的摄影用品，应根据该摄影用品所用的基材来分类：

序号	商品描述	归类
1	用纸、纸板及纺织物以外任何材料制成的未曝光的摄影感光硬片及平面软片（即不呈卷状），如任何一边超过255毫米的未曝光照相制版用激光照排片	37.01
2	用纸、纸板及纺织物以外任何材料制成的成卷的未曝光的摄影感光胶片，不论是否有齿孔，但须用纸衬背或使用其他适当的包装以防曝光，如宽度不超过105毫米的其他未曝光无齿孔的彩色窄胶卷	37.02
3	未曝光的一次成像感光平片，不论是否分装	37.01
4	未曝光的一次成像感光卷片	37.02
5	未曝光的摄影感光纸、纸板及纺织物，平面的或成卷的如宽度大于610毫米的成卷未曝光的感光纸及纸板	37.03

例1. 胶片长1.5米、宽为35毫米的彩色胶卷，未曝光，有齿孔，非幻灯片用

【答案】3702.5410

【归类说明】作为照相用品，本题货品应归入本章。因其是未曝光的成卷感光胶片，应归入品目37.02。再根据其尺寸规格及用途，该货品应归入三级子目3702.5410。

（二）已曝光的感光材料的归类

序号	商品描述	归类
1	已曝光未冲洗的摄影硬片、软片、纸、纸板及纺织物（负片或正片，不论是否反转片），如电影胶片	37.04
2	已曝光已冲洗的摄影硬片及软片（负片及正片），缩微胶片，分层（中间影调）软片接触网屏。如教学专用幻灯片 不包括可直接使用的印刷用已冲洗硬片（品目84.42）等	37.05
3	已曝光已冲洗的电影胶片（负片或正片），不论是否配有声道或仅有声道 不包括完全采用光电法以外的其他方法录制（如机械蚀刻或磁性录制）的声道软片（品目85.23）	37.06

（三）摄影用化学品的归类

1. 符合品目 28.43～28.46 及 28.52 规定的产品（如贵金属盐及其他产品），不论其包装及用途如何，均应归入品目 28.43～28.46 及 28.52。例如，氯化汞，即使是供照相用，且为即可使用的定量包装或零售包装状态，仍应归入品目 28.52。

2. 其他已混合或已配制的摄影用制剂：感光乳剂、显影剂（如氢醌、焦酚、复印用碳粉）、定影剂（如硫代硫酸钠）、增厚剂及减薄剂（如重铬酸甲）、调色剂（如硫化钠）、去污渍剂（如钾矾）（这些制剂不论是否散装或小包装，也不论是否以零售形式报验），以及定量包装或零售包装并标有可立即使用于摄影方面的说明的摄影用未混合产品。该品目还包括闪光灯材料，但不包括摄影用闪光灯泡（品目 90.06）。

3. 凡不按上述方式包装的其他未混合物质，应按其属性归类。例如，化学品归入第二十八或第二十九章，金属粉末归入第十五类等。

4. 摄影用上光漆、胶水、黏合剂及类似制剂均不视为摄影用化学品，应分别归入各自的品目。

例 2. 零售包装供冲洗照相胶卷用显影剂

【答案】 3707.9010

【归类说明】 本题货品属于摄影用化学制剂，应作为照相用品归入本章。因该货品是摄影用化学制剂，应归入品目 37.07。因该货品未在一级子目列名，故归入一级子目 3707.9“其他”，然后根据其用途归入三级子目 3707.9010“冲洗照相胶卷及相片用”。

第三十八章　杂项化学产品

一、本章商品范围及结构

本章共 7 条章注、4 条子目注释、26 个品目，主要包括不能归入第二十八至第三十七章的许多化学产品及相关工业产品，尤其是各种化学制剂，还包括本章注释六所称的“其他废物”。

本章 26 个品目按各种化学产品→化学工业废物排列，化学品又按照具体列名→一般列名→未列名的规律编排。

二、本章商品归类要点概述

（一）优先归类的品目

零售形状或零售包装的杀虫剂、杀鼠剂、杀菌剂、除草剂等类似产品，应优先归入品目38.08而不归入《税则》的其他品目（但品目28.43～28.46及品目28.52的货品除外）。例如，零售包装的经硫磺处理的蜡烛，应作为杀虫剂归入品目38.08，而不按蜡烛归入品目34.06。

（二）“食物或其他营养物质”的范围

本章注释一（二）所称的“食物或其他营养物质”主要包括第一类至第四类的食用产品，以及某些其他产品。例如，用于食品中作矿物添加剂的第二十八章产品、品目29.05的糖醇、品目29.22的人体所需的氨基酸、品目29.23的卵磷脂、品目29.36的维生素原及维生素、品目29.40的糖、品目30.02的用于食品的动物血分、品目35.01的酪蛋白及酪蛋白酸盐、品目35.02的白蛋白、品目35.03的食用明胶、品目35.04的食用蛋白质、品目35.05的糊精及其他食用改性淀粉、品目38.24的山梨醇、第三十九章的食用产品等。

（三）品目38.22与品目30.06中所称“诊断试剂”的区别

前者的试剂是用于体外而非用于体内，例如，体外验血、验尿用试剂、pH值试纸等；后者的试剂主要用于体内而非体外，例如，口服剂、注射剂等。

（四）检定参照物的归类

1. 可归入第二十八章或第二十九章的检定参照物应归入第二十八章或第二十九章。

2. 如果其他检定参照物既可归入品目38.22又可归入《税则》其他品目的，应优先归入品目38.22。品目38.22下的检定参照物用于仪器的校准、测量方法的评估或材料的赋值，且须附有标明属性检定值、确定检定值的方法、每项检定值的可靠度及其检定机构的检定证书。（参见章注二）

（五）其他化学产品的归类

不能归入第六类中前面各章的化学产品，又未在本章其他品目列名的化学产品，若属于化学工业及其相关工业的废物，则应归入品目38.25；若是其他品目未列名的化学工业及其相关工业的化学产品，如粉状的塑形膏、胶凝剂，则应归入品目38.24。

（六）溶剂及稀释剂的归类

1. 单独的已有化学定义的溶剂及稀释剂通常归入第二十九章。

2. 《税则》其他品目已具体列名的溶剂及稀释剂应归入其相应品目。例如，溶剂石脑油（品目27.07）、石油溶剂（品目27.10）、脂松节油或木松节油或硫酸盐松节油（品目38.05）、木焦油（品目38.07）、无机复合溶剂（品目38.24）。

3. 其他品目未列名的有机复合溶剂及稀释剂（按重量计不论是否含有70%及以上的石油）应归入品目38.14。例如，含丙酮、乙酸甲酯、甲醇的混合溶剂，含乙酸乙酯、丁醇、甲苯的混合溶剂。

（七）其他注意事项

本章商品归类时应考虑其用途、成分或成分含量、是否有衬背（品目38.22）、来源（如动植物油脂等）（品目38.23）、外观、直径（品目38.18）、加工程度（如是否经过皂化、是否经过水解）（品目38.23）、包装规格，以及从石油或沥青提取矿物油类的百分比含量（品目38.19及38.26）等。

三、本章商品与相关商品的归类

（一）人造石墨等的归类

品目38.01包括：人造石墨（高温石墨，常呈粉末状、粉片状、块状、板状、棒状、条状等）；仅适于做回收人造石墨用的废碎品及磨损物品；胶态或半胶态石墨（以石墨为基料的石墨在任何介质中的胶态或半胶态悬浮液）；以石墨或其他碳为基料的糊状、块状、板状材料或其他半制品，包括由金属石墨或其他品级石墨制成的“碳”块、板、棒及类似半制品（含有银粉的，归入品目71.06）；电极用碳糊及炉衬用的类似糊，以及浆状石墨。

除人造石墨、胶态或半胶态石墨归入品目38.01外，其他碳物质归类如下：

序号	商品描述	归类
1	天然石墨（也称黑铅）	25.04
2	主要含碳的煤与石油	第二十七章
3	焦炭、半焦炭、甑炭	27.04
4	碳（炭黑及其他未列名的碳）	28.03
5	二氧化碳、一氧化碳、碳酸	28.11
6	碳化物	28.49
7	印刷油墨、书写墨水	32.15
8	含有碳成分的矿物着色料	32.06
9	活性炭、动物炭黑	38.02
10	木炭	44.02
11	碳纤维及其制品，非电器用的石墨或其他碳精制品	68.15
12	石墨耐火材料	69.02
13	石墨耐火制品	69.03
14	电器用石墨或碳精制品（如碳电极、碳电刷等）	85.45
15	图画炭笔	96.09

（二）活性炭等的归类

品目38.02包括：活性炭（如粉状活性炭）；活性天然矿产品（如活性硅藻土、活性珍珠岩、活性黏土和活化铝土矿）；动物炭黑，包括废动物炭黑，如骨、血、象牙炭黑。以下是活性产品归类表：

序号	商品描述	归类
1	未经改变表面结构处理的天然活性矿产品（如漂白土）	第二十五章
2	符合化学定义的（如活性矾土、人造沸石离子交换剂）	第二十八章
3	不符合化学定义的（如磺化煤离子交换剂）	38.24
4	具有药物作用的活性炭	30.03或30.04
5	零售包装的供汽车、冰箱等用作除臭剂的活性炭	33.07
6	活性炭及活性天然矿产品	38.02

（三）妥尔油的归类

品目38.03包括妥尔油（又称作液体松香），不论是否精炼。但该品目不包括皂化妥尔油（品目34.01）、妥尔油沥青（品目38.07），以及按干产品重量计脂肪酸含量在90%及以上的妥尔油脂肪酸（品目38.23）等。

（四）木浆残余碱液的归类

品目38.04包括木浆残余碱液、木素磺酸盐，不论是否浓缩、脱糖或经化学处理。

（五）脂松节油等的归类

品目38.05包括从针叶树的渗出物或树脂制得的含有大量萜烯的产品，主要有：脂/木/硫酸盐松节油及其他萜烯油；粗制二聚戊烯（一种萜烯油，但纯净或商品纯二聚戊烯归入品目29.02）；亚硫酸盐松节油及其他粗制对异丙基苯甲烷；以α萜品醇为基本成分的松油。但该品目不包括纯净或商品纯的萜烯烃、萜品醇及水合萜品（第二十九章）和松香油（品目38.06）等。

（六）松香及树脂酸等的归类

品目38.06包括：松香、树脂酸及硬化松香；松香盐、树脂酸盐以及松香或树脂酸衍生物的盐（如树脂酸钠），但松香加合物的盐除外；酯胶；松香及树脂酸的衍生物（如氧化松香及氧化树脂酸）；松香精及松香油；再溶胶（其最普通原料是柯巴脂）。但该品目不包括磺化松香油（品目34.02）、松香沥青（品目38.07）等。

（七）木焦油等的归类

品目38.07包括在蒸馏（或碳化）充脂或非充脂的木材时所得的组分复杂的

产品，主要有：木焦油、松焦油；精制木焦油，不论是否脱去杂酚油；木杂酚油；粗木精；植物沥青，包括木沥青、松香沥青及硫酸盐沥青；以松香、树脂酸或植物沥青为基料的啤酒桶沥青、缝线蜡和嵌缝沥青。但该品目不包括黄沥青（一种经熔化过滤纯化的天然白树脂）（品目 13.01），杂酚油及矿物杂酚油（品目 27.07）等。

（八）杀虫剂等的归类

品目 38.08 包括用以杀灭致病病菌、害虫（蚊子、飞蛾、蟑螂等）、苔藓、霉菌、杂草、鼠类、野鸟等一系列产品，以及用于驱赶害虫或种子杀菌的产品。主要有：本章子目注释一所列货品（子目 3808.52 及 3808.59）；本章子目注释二所列货品（子目 3808.61 及 3808.69）；其他，包括杀虫剂（如蚊香、生物杀虫剂）、杀鼠剂、杀菌剂、除草剂、抗萌剂、植物生长调节剂、消毒剂（包括卫生洗涤剂、抑菌剂及消毒剂）等。

满足下列条件的上述产品归入品目 38.08。

1. 制成零售包装（如金属容器或纸板盒）作消毒剂、杀虫剂等用，或其形状已明显表明通常供零售用（如圆球形、片剂形或板状）。例如，零售包装的含汞生物杀虫剂（子目 3808.9112）。

制成这些形状的产品可以是混合物，也可以是非混合物。非混合产品主要是已有化学定义的化合物，若该化合物（例如，萘或 1，4－二氯苯）不制成上述形状，则应归入第二十九章。

2. 制成制剂，不论其形状如何（如呈液状或粉状）。例如，滴滴涕（DDT）溶于溶剂得到的 25% 乳油，食物（小麦粒、糠、糖蜜等）与毒剂混合而成的毒饵。

3. 制成制品。例如，经硫磺处理的带子、杀虫灯芯及蜡烛（供瓮、住宅等的消毒、熏蒸用），捕绳纸，果树用的涂油带等。

本品目也包括脱叶剂、杀螨剂、软体动物杀灭剂、杀线虫剂、杀鸟剂等，以及需进一步混合才能用作杀虫剂、杀菌剂、消毒剂等的中间制剂（若具有杀虫、杀菌等作用的）。

另外，当某一产品因具有多种用途看起来可归入 3808.91～3808.99 中的一个以上子目时，一般应按归类总规则三办理。

本品目不包括：不符合上述规定的具有消毒、杀虫等作用的产品，例如，磨碎的除虫菊花（品目 12.11）、除虫菊浸膏（品目 13.02），杂酚油或矿物杂酚油（品目 27.07）等；《税则》其他品目更为具体列名的制品或消毒、杀虫等仅为辅助性能的制剂，例如，含有毒物的船壳防污漆（品目 32.08、32.09 或 32.10），消毒皂（品目 34.01），具有药物（包括兽用药）基本特性的消毒剂、杀虫剂等（品目 30.03 或 30.04）。

（九）纺织、造纸、制革及类似工业用的“助剂”的归类

此处的“助剂”是指通常用于纱线、织物、纸、纸板、皮革及类似材料的处理或整理的一系列产品。

1. 属于“单独的已有化学定义的化合物”的“添加剂”，则一般归入第二十八章或第二十九章。

2. 在《税则》其他品目已列名的“助剂”，则按列名的品目归类。例如，用于纺织材料、皮革、毛皮或其他材料的油脂处理制剂，应依其组成而归入品目27.10或34.03；用于皮革处理的调制色料，应归入第三十二章等。

3. 在《税则》其他品目未列名的“助剂”，则归入品目38.09，包括软化剂、上浆剂、阻燃剂、整理剂及媒染剂等。

（十）金属表面酸洗剂等的归类

品目38.10包括：金属表面酸洗剂；焊接用的焊剂及其他辅助剂、铝粒或铝粉与各种金属氧化物（如氧化铁）的混合物；金属及其他材料制成的焊粉及焊膏；作焊条芯子或焊条涂料用的制品。

其中，焊剂最常用的产品有氯化锌、氯化铵、四硼酸钠、松香及羊毛脂；金属及其他材料制成的焊粉及焊膏用于使金属表面彼此牢固接合。这些制剂须同时符合以下两个条件：一是除金属以外，它们须含有其他组分（即焊接用的其他辅助剂）；二是制成粉剂或膏剂。

本品目不包括：金属清洁剂（品目34.02）；仅由金属粉末构成的焊剂，不论其是否相互混合（其中外观为粉剂，成分仅由金属粉末构成且含有某种贵金属含量达到合金重量2%的，归入第七十一章；外观为粉剂，成分仅由金属粉末构成且不含贵金属或含有任何一种贵金属含量均达不到合金重量2%的，归入第十五类）；涂有焊剂或以焊剂为芯子的贱金属或金属碳化物焊条（品目83.11）。

（十一）用于矿物油的配制“添加剂”的归类

品目38.11包括用于矿物油（包括汽油）或与矿物油同样用途的其他液体的抗震剂、防胶剂、黏度改良剂、防腐蚀制剂及其他配制添加剂，如以铅化合物为基本成分的抗震剂、含有/不含石油的润滑油添加剂。上述制剂用以消除或减少所不需要的性能，或者赋予或增强所需要的性能。

与矿物油同样用途的液体包括：以醇类（如酒精—汽油混合燃料）为基料的燃料；合成润滑剂（如以聚硅氧烷为基本成分制成的润滑剂）。这些液体用的添加剂与用于相应的矿物油的添加剂相同。

本品目不包括以二硫化钼为基本成分的润滑制剂（品目34.03）等。

（十二）橡胶或塑料用“添加剂”的归类

品目38.12包括配制的橡胶促进剂、其他品目未列名的橡胶或塑料用复合增

塑剂（如从品目38.23的混合脂肪醇所得的混合邻苯二甲酸二烃酯）、橡胶或塑料用的抗氧剂及其他复合稳定剂（如人为地将两种或两种以上稳定剂混合的剂料）。但本品目不包括橡胶加工用胶溶剂（品目38.24）等。

（十三）灭火器用调配药等的归类

品目38.13包括灭火器的装配药及已装药的灭火弹。

本品目不包括通过拔插销、翻转或扳触发器等操作方法使用的灭火器（品目84.24），不论是否手提式，也不论是否已装药。

（十四）其他品目未列名的有机复合溶剂及稀释剂等的归类

品目38.14包括其他品目未列名的有机复合溶剂及稀释剂（按重量计不论是否含有70%及以上的石油，如机械零件等的去油脂剂），以及除漆剂。

（十五）催化剂等的归类

品目38.15包括引起或促进某些化学反应的制剂，主要有其他品目未列名的反应引发剂、反应促进剂、催化剂。其中，催化剂的归类如下：

1. 由单独的已有化学定义的化合物组成的催化剂归入第二十八章或第二十九章；

2. 呈精细粉末或丝网织物等形状的纯金属或纯金属合金催化剂归入第十四类或第十五类；

3. 其他品目已具体列名的催化剂归入其相应品目，如橡胶硫化用的配制橡胶促进剂归入品目38.12；

4. 用于提取贱金属或制备贱金属化合物的废催化剂归入品目26.20，主要用于回收贵金属的废催化剂归入品目71.12；

5. 品目38.15包括其他品目未列名的催化剂：由某些金属、金属氧化物、其他金属化合物及其混合物为活性物质沉积于载体（如活性炭、硅藻土、硅胶、硅化石粉）上构成的“载体催化剂”（如齐格勒催化剂）；以某些化合物为基本成分的混合物。

与催化剂相类似的反应引发剂、反应促进剂的归类与催化剂的相同。

（十六）耐火混合制品的归类

品目38.16包括耐火的水泥、灰泥、混凝土及类似耐火混合制品。例如，以硅石为基料的耐火制剂；为耐火集料与水硬材料或其他黏合剂混合的喷涂混合物，用作炉衬材料。但本品目不包括品目38.01的碳糊等。

（十七）混合烷基苯和混合烷基萘的归类

品目38.17包括通过苯和萘的烷基化作用制得的混合烷基苯和混合烷基萘。前者主要用作溶剂，后者主要用于制烷基萘磺酸及其盐。

本品目不包括29.02的异构体混合物。

（十八）生产半导体元件的某些材料的归类

序号	商品描述		归类
1	经掺杂（按比例掺入微量硼、磷等）用于电子工业的化学元素（硅或硒）	拉制后未经加工或呈圆筒状或棒状的	28.04
2		已切成圆片、薄片或类似形状的，如直径在7.5厘米及以上的单晶硅切片	38.18
3		经选择扩散加工的（作为半导体元件）	85.41

品目38.18还包括经掺杂（按比例掺入少量锗、碘等）用于电子工业的化合物（硒化镉、硫化镉、砷化铟等），不论呈圆筒状、棒状等，还是切成圆片、薄片或类似形状。

（十九）液压传动用液体的归类

序号	商品描述		归类
1	闸用液压油及其他液压传动用液体	按重量计石油或从沥青矿物提取的油类的含量在70%及以上的	27.10
2		按重量计石油或从沥青矿物提取的油类的含量低于70%的	38.19
3		不含石油或从沥青矿物提取的油类	38.19

（二十）防冻剂及解冻剂的归类

品目38.20包括防冻剂及解冻剂，如以乙二醇衍生物为基本成分的混合物。但本品目不包括品目38.11的配制添加剂。

（二十一）培养基的归类

品目38.21包括能为细菌、真菌、病源菌、病毒及其他微生物和植物细胞、人体细胞或动物细胞提供营养及繁殖条件或维持其生长的培养基。这些培养基常用肉汁、鲜血或血清、蛋、土豆、藻酸盐、琼脂、胨、明胶等配制而得，常呈液体（肉汤）、膏状、粉状等，消毒后装于密封的玻璃瓶、管、安瓿或罐中。

（二十二）实验用试剂等的归类

品目38.22包括附于衬背上的诊断或实验用试剂及不论是否附于衬背上的诊断或实验用配制试剂，以及检定参照物。

归入本品目的实验用试剂须符合以下条件：

1. 附于衬背上。例如，浸渍或涂布了一种或多种诊断或实验用试剂的纸、塑料或者其他材料（作为衬背或载体），如石蕊试纸、pH值试纸、极普纸或预涂布的免疫测定板。

2. 若未附于衬背上，则必须是含有一种以上成分的“配制”试剂，否则一般归入第二十八章或第二十九章。

本品目不包括品目30.02的诊断试剂、品目30.06的诊断病人用的诊断试剂和血型试剂。

例1. 唾液酒精快速检测条，将能与酒精起高特异性化学反应的双酶试剂固化于吸水纸上，使用时将检测条的反应端沾上被测试者的唾液，根据颜色变化判定被测试者体内酒精含量，用于交警部门检查酒后驾车

【答案】 3822.0010

【归类说明】 本题货品是在纸上涂有特殊试剂，用于检测酒精含量，故符合38.22品目条文的规定，应归入品目38.22。因试剂涂在纸上，纸便是试剂的衬背，该货品应归入三级子目3822.0010“附于衬背上的”。

例2. 附于证书的牛奶检定参照物（该奶粉具有确定的组分）

【答案】 3822.0090

【归类说明】 根据本章注释二（二）“除第二十八章或第二十九章的产品外，检定参照物在本目录中应优先归入品目38.22”的规定，本题货品应优先归入品目38.22。因该货品未在三级子目列名，应归入子目3822.0090“其他”。

（二十三）工业用脂肪酸等的归类

品目38.23包括工业用单羧脂肪酸（如硬脂酸、油酸、脂肪酸馏出油）、精炼所得的酸性油、工业用脂肪醇（无环醇的混合物，如月桂醇、鲸蜡醇、硬脂酰醇、油醇）。

（二十四）其他未列名的化学工业及其相关工业的化学产品的归类

品目38.24包括：铸模及铸芯用黏合剂；其他品目未列名的化学工业及其相关工业的化学产品及配制品（包括由天然产品混合组成的），如离子交换剂、防垢剂、可溶性陶瓷测温器、胶凝剂、工业用脂肪酸。

除每颗重量不小于2.5克的氧化镁、碱金属或碱土金属卤化物的培养晶体、零售包装的除墨剂及腌制用的盐外，本品目的化学品都是未有化学定义的产品。

化学制剂或其他制剂可以是混合物（乳浊液及分散体是其特殊形式），也可以是溶液。第二十八章或第二十九章的化学产品的水溶液仍归入该两章内，但这些产品溶于水以外其他溶剂的溶液，除少数不归入本品目外，其余均不归入第二十八章或第二十九章，应作为本品目的制剂归类。

例3. “暖宝宝”一次性使用取暖片，由铁粉、水、活性炭、蛭石、吸水性树脂、食盐等混合置于无纺布袋内，并密封成片状。使用时打开包装，贴于人体的肩部、背部、腰部、胃部或者关节部位，取暖片中的成分与空气中氧气作用下发生放热反应，可在12~20小时内持续不断地释放热量，起到驱寒保暖的作用

【答案】 3824.9999

【归类说明】 本题货品根据其用途按“杂项化工产品”归入本章。查阅品目，因该货品未在有关品目列名，按“其他品目未列名的化学产品”归入品目38.24，然后归入子目3824.9999“其他”。

（二十五）化学工业及其相关工业的废物的归类

品目38.25包括：城市垃圾（参见章注四）；下水道淤泥（参见章注五）；章注六规定的其他废物（其中化学工业及其相关工业的其他废物，包括生产、配制及使用油墨、染料、颜料、油漆、大漆及清漆所产生的废物）；其他品目未列名的化学工业及其相关工业的副产品。

（二十六）生物柴油及其混合物的归类

品目38.26包括生物柴油（参见章注七）及其混合物，不含或含有按重量计低于70%的石油或从沥青矿物提取的油类。

将生物柴油与石油成品油混合时，石油含量不低于70%的，归入品目27.10；石油含量低于70%的，归入品目38.26。

例4. 由地沟油炼制加工成的航空煤油

【答案】 3826.0000

【归类说明】 本题货品与子目2710.1911的“航空煤油”不同。后者必须是由石油或从沥青矿物提取的油类为原料加工得到的，或者是含有上述油（按重量计不低于70%）的制品。而本题货品的源头是动植物油脂，以其为原料加工得到的“航空煤油”符合本章章注七的规定，应归入品目38.26。因本题货品属于一种“生物柴油”，应归入子目3826.0000。

第七类　塑料及其制品；橡胶及其制品

一、本类商品范围及结构

本类包括塑料、橡胶及其制品。从货品的加工程度上看，本类商品包括原料、半成品和制成品；从货品的材料属性上看，本类商品均属于高聚物，除天然的以外，合成的高分子聚合物大多是以第二十九章的有机化合物为原料聚合得到的。

本类的原料主要用于化学加工业，而制品则用于国民经济各个领域。

本类共 2 章，按材料设章，先塑料及其制品（第三十九章），后橡胶及其制品（第四十章）。

二、本类商品归类要点概述

（一）作为材料，塑料和橡胶经加工得到的制品在许多情况下不能归入本类，而是归入其他有关类。例如，塑料制仿首饰归入品目 71.17（第十四类）；橡胶制的帽子归入品目 65.06（第十二类）；橡皮艇及筏归入第八十九章；泡沫橡胶床垫、枕头及软垫，不论是否有罩套归入第九十四章。

此外，对塑料或橡胶的区分不能简单地按照货品的名称来区分属于塑料或橡胶，而是要通过对货品的化学结构等进行区分按照相关注释进行判断。例如，聚氨酯橡胶（品目 39.09）、硅橡胶（品目 39.10）、二元乙丙橡胶（品目 39.01 或 39.02）应按塑料归类。

（二）根据本类注释一的规定，由两种或两种以上单独成分配套的货品，其部分或全部成分属于本类范围以内，混合后构成第六类或第七类的货品，应按混合后产品归入相应的品目，但其组成成分必须同时符合下列条件：其包装形式足以表明这些成分无须经过改装就可以一起使用；一起报验的；这些成分的属性及相互比例足以表明是相互配用的。

但若在使用时不是预先混合而是相继加入的货品则不能按混合后的产品归类。这些货品如属零售包装，应按归类总规则三（2）归类；如属非零售包装，则按各单独成分分别归类。

（三）品目 39.18 的货品（塑料铺地制品或糊墙品）及品目 39.19 的货品

（自粘塑料板、片、带等），即使以所印的花纹、字符或图画为其主要用途，仍归入上述品目，但所有其他本类所列的塑料或橡胶货品，如以所印花纹、字画作为其主要用途，均应归入第四十九章。

第三十九章　塑料及其制品

一、本章商品范围及结构

本章共 11 条章注、3 条子目注释、2 个分章、26 个品目。第一分章（品目 39.01～39.14）包括初级形状的聚合物，第二分章（品目 39.15～39.26）包括废碎料及下脚料、半制品及制成品。

在第一分章中，品目 39.01～39.11 的初级形状产品是以化学合成制得的，品目 39.12 及 39.13 的初级形状产品包括天然聚合物及经化学处理的天然聚合物，品目 39.14 包括以品目 39.01～39.11 的聚合物为基料制得的离子交换剂。

在第二分章中，品目 39.15 包括塑料的废碎料及下脚料，品目 39.16～39.25 包括塑料的半制成品或列名的塑料制品，品目 39.26 包括其他品目未列名的塑料制品及品目 39.01～39.14 所列材料制成的货品。

二、本章商品归类要点概述

（一）本章不包括：具有第三十二章产品特征的含着色料浓缩分散体的塑料；以品目 39.01～39.13 的聚合物或混合体专门配制用作黏合剂的制品；用品目 39.01～39.13 所列产品制成零售包装的胶水或黏合剂，净重不超过 1 千克的（品目 35.06）；按用途、功能或杂项货品等方式在其他类、章具体列名的塑料制品，如塑料游泳帽（第六十五章）、塑料制液体泵（第八十四章）、塑料椅子（第九十四章）。

（二）根据某些聚合物的聚合反应过程来确定归类。例如，氯化聚丙烯是单体丙烯通过聚合反应成聚丙烯，然后再发生氯化反应成氯化聚丙烯，其属于品目 39.02 的化学改性聚丙烯，应归入子目 3902.9000；聚氯化丙烯是丙烯通过氯化反应成氯化丙烯，然后再发生聚合反应成聚氯化丙烯，其属于品目 39.04 的卤化烯烃聚合物，应归入子目 3904.9000。

（三）扁条、单丝的归类。扁条的宽度大于 5 毫米，以及单丝的细度大于 1 毫米时，应归入第三十九章，否则应归入第五十四章。

（四）塑料制的机器及仪器用零件的归类如下：

序号	商品描述		归类
1	符合第十六类类注一规定的	塑料制传动带、输送带	39.26
2		塑料制筒管、卷轴、纡子及类似品	39.23
3		塑料制提花机及类似机器用的穿孔片	第三十九章
4		塑料制通用零件	第三十九章
5	符合第十六类类注二规定的	塑料制机器零件	第八十四、第八十五章
6		塑料制的非通用机器及仪器用零件	第八十四、第八十五、第九十章

综上所述，在对可能归入本章的塑料材质货品进行归类时，除应根据货品的材质、形态、加工工艺和功能用途判定货品归类外，还应考虑货品是否是本章注释二排除的货品。

三、本章商品与相关商品的归类

（一）初级形状的聚合物的归类

根据本章注释六的规定，品目39.01～39.14所称的“初级形状”是指：液状及糊状，包括分散体（乳浊液及悬浮液）及溶液；不规则形状的块、团、粉（包括压型粉）、颗粒、粉片及类似的散装形状。

不含溶剂的液状聚合物，明显只能作为清漆使用（靠加热、大气中水分或氧的作用而无须加热硬化剂来成膜），应归入品目32.10；不是明显只能作为清漆使用的，归入本章，如银石色粉体漆归入子目3907.3000。

规则几何状的块料不属初级形状范围，应视为“板、片、膜、箔、带”。

聚合物根据来源不同，可分为合成聚合物与天然聚合物。其中，品目39.01～39.11所列的货品为合成聚合物；品目39.12～39.13所列的货品为天然聚合物。

合成聚合物可分为均聚物与共聚物。前者由一种单体聚合而成，例如由乙烯聚合而成的聚乙烯。后者是指在整个聚合物中按重量计没有一种单体单元的含量在95%及以上的各种聚合物，包括共缩聚物、共加聚物、嵌段共聚物及接枝共聚物。

天然聚合物是指天然的高分子聚合物与经化学改性加工的天然高分子聚合物。

聚合物可经化学改性，例如，聚乙烯或聚氯乙烯的氯化、聚乙烯的氯磺化、纤维素的乙酰化或硝化，以及聚乙酸乙烯酯的水解。

化学改性聚合物应按未改性的聚合物的相应品目归类（但本规定不适用于接

枝共聚物)。例如,氯化聚乙烯及氯磺化聚乙烯是化学改性聚乙烯,应按聚乙烯归入品目39.01。

聚合物混合体中所含任何一种聚合物如已经化学改性,则整个混合体均视为已经化学改性。

1. 合成聚合物的归类(参见章注三)

(1)均聚物的归类

品目39.01~39.11的列名很大部分是按聚合物的单体来列名的,故均聚物的归类较为简单。例如,聚丙烯是一种均聚物,其单体是丙烯,属于丙烯聚合物,故若是初级形状的聚丙烯,应归入品目39.02“初级形状的丙烯或其他烯烃聚合物”。

(2)共聚物(包括聚合混合体)的归类

①品目的确定

根据本章注释四的规定,除条文另有规定的以外,共聚物与聚合物混合体应按聚合物中重量最大的那种共聚单体单元所构成的聚合物归入相应品目。为此,属于同一品目下的单体单元的含量可相加,然后按含量高的品目归类,若含量相等则“从后归类”。

例1. 乙烯-氯乙烯共聚粒子,其中按重量计乙烯单体单元占40%、氯乙烯单体单元占60%

【答案】39.04

【归类说明】因氯乙烯单体单元重量超过了乙烯单体单元的,故应按“氯乙烯聚合物”归入品目39.04。

例2. 乙烯-乙酸乙烯酯共聚物的水分散体,其中按重量计乙烯单体单元和乙酸乙烯酯单体单元各占50%

【答案】39.05

【归类说明】因上述两种单体单元的重量相等,应按“从后归类”的原则归类。因乙烯聚合物归入品目39.01,乙酸乙烯酯聚合物归入品目39.05,本题货品应按乙酸乙烯酯聚合物归类,归入品目39.05。

例3. 乙烯-丙烯-异丁烯共聚粒子,其中按重量计乙烯单体单元占40%、丙烯单体单元占35%、异丁烯单体单元占25%

【答案】39.02

【归类说明】根据本章注释四的规定,丙烯单体单元与异丁烯单体单元属于同一品目,其含量可相加,两者合起来占共聚物的60%,超过了乙烯单体单元,故本题货品应归入品目39.02。

②子目的确定(参见子目注释一)

A. 在同级子目中有一个“其他”子目的(不包括诸如“其他聚酯”和“其他塑料制”之类的子目。此规定仅适用于子目所列的聚合物,而其同级子目中又

有一个列明为“其他”的子目）

a. 如果子目所列的某种聚合物单体单元含量在整个聚合物中按重量计占95%及以上，则按该聚合物归类。

例4. 由按重量计乙烯4%、丙烯96%组成的共聚物，粉末状

【答案】 3902.1000

【归类说明】 根据本章子目注释一（一）的规定，因丙烯单体单元的含量在整个聚合物中已占95%以上，而在同级子目中又有一个列明为“其他”的子目，故该共聚物应按聚丙烯归入子目3902.1000。

b. 子目3901.30、3901.40、3903.20、3903.30及3904.30所列的共聚物，如果该种共聚单体单元含量在整个聚合物中按重量计占95%及以上，该共聚物应归入上述子目。

例5. 由按重量计氯乙烯61%、乙酸乙烯酯35%、马来酐4%组成的共聚物粒子

【答案】 3904.3000

【归类说明】 根据本章注释四的规定，因氯乙烯单体单元的含量最大，故该共聚物应按“氯乙烯聚合物”归入品目39.04。又根据本章子目注释一（一）的规定，因氯乙烯与乙酸乙烯酯单体单元的合计含量超过了95%，故该共聚物应按“氯乙烯－乙酸乙烯酯共聚物”归入子目3904.3000。

例6. 由按重量计苯乙烯60%、丙烯腈30%和甲苯乙烯10%的单体单元组成的初级形状的共聚物

【答案】 3903.9000

【归类说明】 根据本章注释四的规定，因苯乙烯单体单元的含量最大，应按“苯乙烯聚合物”归入品目39.03。因苯乙烯和丙烯腈两者的单体单元含量合计在整个聚合物中仅占90%，未达到95%，故该共聚物不能归入子目3903.2000“苯乙烯－丙烯腈共聚物”，而应归入子目3903.9000“其他”。

c. 不符合上述a及b款规定的聚合物，应按聚合物中重量最大的那种单体单元（与其他各种单一的共聚单体单元相比）所构成的聚合物归入该级其他相应子目。只有在同级子目中的聚合物共聚单体单元才可以进行比较。为此，属于同一级子目下的单体单元的含量可相加，然后按含量高的子目归类，若含量相等则“从后归类”。

例7. 由按重量计乙烯40%和丙烯60%的单体单元组成的初级形状的乙烯－丙烯共聚物

【答案】 3902.3010

【归类说明】 因丙烯单体单元的重量含量超过了乙烯单体单元的，根据本章注释四的规定，本题货品应按“丙烯聚合物”归入品目39.02，然后按列名归入三级子目3902.3010“乙烯－丙烯共聚物”。

例8. 由按重量计乙烯45%、异丁烯35%和丙烯20%的单体单元组成的共聚物

【答案】 3902.9000

【归类说明】 异丁烯及丙烯聚合物归入同一品目39.02，它们的含量可相加，其含量合计为55%，超过了乙烯单体单元的含量，故该共聚物应归入品目39.02。又因异丁烯单体单元的含量超过了丙烯单体单元的含量，故该共聚物应按“异丁烯聚合物”归入子目3902.9000。

例9. 聚乙烯（比重0.92）与聚乙酸乙烯酯组成的聚合物混合体（颗粒状）。按占聚合物混合体总重量计算：乙烯单体单元为50%、乙酸乙烯酯单体单元为50%

【答案】 3905.2900

【归类说明】 本题货品属于塑料，应归入本章。根据本章注释四的规定，因在该货品中，乙烯单体单元与乙酸乙烯酯单体单元的含量相等，故应“从后归类”，即按乙酸乙烯酯的聚合物归入品目39.05。

因乙酸乙烯酯单体单元的含量没有达到95%及以上，根据本章子目注释一的规定，该货品不能归入一级子目“聚乙酸乙烯酯”，而应归入一级子目“乙酸乙烯酯共聚物”。因该货品为颗粒状，未在二级子目列名，应归入二级子目3905.2900“其他”。

B. 在同级子目中没有“其他”子目的

共聚物在归入子目时直接按聚合物中重量最大的那种单体单元（与其他各种单一的共聚单体单元相比）所构成的聚合物归入该级相应子目。只有在同级子目中的聚合物共聚单体单元才可以进行比较。为此，属于同一级子目下的单体单元的含量可相加，然后按含量高的子目归类，如果含量相等则“从后归类”。

本章子目注释一（一）关于聚合物名称冠有“聚（多）”的规定，不适用于这里所述的子目。

例如，含有聚碳酸酯和聚对苯二甲酸乙二酯的单体单元的共聚物，若前者重量大于后者，其应归入品目3907.40；若后者重量大于前者，其应归入品目3907.60，因为在同级子目中没有列明为“其他”的子目。

例10. 按重量计含60%碳酸酯单体单元、40%环氧树脂单体单元的初级形状的共聚物

【答案】 3907.4000

【归类说明】 碳酸酯和环氧树脂均归入品目39.07，故该共聚物应归入品目39.07。因品目39.07下的一级子目没有“其他”，故根据本章子目注释一（二）确定一级子目。本题中的碳酸酯的含量大于环氧树脂的含量，所以按聚碳酸酯归入子目3907.4000。

（3）化学改性聚合物的归类

① 品目的确定

根据本章章注五的规定，化学改性聚合物应按未改性的聚合物的相应品目归类。例如，聚乙烯及氯磺化聚乙烯按未改性的聚乙烯归入品目 39.01，改性聚丙烯归入子目 3902.1000。

② 子目的确定

有列名归列名，无列名归“其他”，无“其他”则归入未改性的聚合物所在的子目。例如，通过水解聚乙烯乙酸酯制取的聚乙烯醇应按列名归入子目 3905.3000。

例 11. 氯磺化聚乙烯（初级形状）

【答案】 3901.9090

【归类说明】 根据本章章注五的规定，本题中的货品按初级形状的聚乙烯归入品目 39.01。因品目 39.01 项下没有“氯磺化聚乙烯”，而有“其他“子目，故该货品应归入子目 3901.9090。

例 12. 乙酰化酚醛树脂（初级形状）

【答案】 3909.4000

【归类说明】 乙酰化酚醛树脂属于酚醛树脂的化学改性聚合物，根据本章章注五的规定，该货品应归入品目 39.09，而品目 39.09 下没有一级子目“其他”，根据本章子目注释一（二）的规定，化学改性的乙酰化酚醛树脂应按未改性的酚醛树脂归入子目 3909.4000。

2. 天然聚合物的归类

天然聚合物归入品目 39.12～39.13。其中，品目 39.12 包括其他品目未列名的纤维素及纤维素化学衍生物；品目 39.13 包括其他品目未列名的天然聚合物（如藻酸及其盐和酯、葡聚糖、壳多糖及木质素制成的塑料等）及改性天然聚合物（如经化学处理而硬化的蛋白质、天然橡胶的化学衍生物）。

综上所述，品目 39.01～39.11 为合成聚合物，品目 39.12～39.13 为天然聚合物，品目 39.14 是以品目 39.01～39.13 的聚合物为基本成分的初级形状的离子交换剂。至此，初级形状的聚合物归类如下：

序号	商品描述	归类
1	乙烯聚合物 不包括不符合本章注释三（一）款规定的液状合成聚乙烯（品目 27.10）及聚乙烯蜡（品目 34.04）	39.01
2	除乙烯外的丙烯或其他烯烃聚合物（即含一个或多个双键的无环烃）	39.02
3	聚苯乙烯及苯乙烯共聚物	39.03
4	氯乙烯或其他卤化烯烃聚合物	39.04
5	乙酸乙烯酯或其他乙烯酯聚合物；其他乙烯基聚合物	39.05

续表

序号	商品描述	归类
6	丙烯酸聚合物，包括丙烯酸或甲基丙烯酸聚合物及其盐或酯，以及相应的醛类、酰胺类或腈类（如丙烯腈聚合物、聚丙烯酰胺） 不包括作为离子交换剂的丙烯酸聚合物（品目 39.14）及符合第四十章注释四规定的丙烯腈聚合物（第四十章）	39.06
7	聚缩醛、其他聚醚、环氧树脂、聚碳酸酯、聚酯（如醇酸树脂、聚烯丙酯、聚对苯二甲酸乙二酯、聚乳酸）	39.07
8	聚酰胺及其共聚物	39.08
9	氨基树脂、酚醛树脂及聚氨酯类 不包括纯 MDI（白色固体或液固混合物）（品目 29.29）	39.09
10	聚硅氧烷（为无化学定义的产品） 不包括符合第三十四章注释三规定的聚硅氧烷（品目 34.02）	39.10
11	石油树脂、苯并呋喃树脂、茚树脂、苯并呋喃－茚树脂及多萜树脂（非高度聚合的树脂）、多硫化物、聚砜、其他品目未列名或未包括的异氰酸酯类聚合物（如聚脲、聚异氰脲酸盐）、其他本章注释三规定的产品	39.11
12	其他品目未列名的纤维素（一种高分子量的碳水化合物）及其化学衍生物 不包括：再生纤维素（为透明薄片状的，归入品目 39.20 或 39.21；为纺织长丝的，则归入第五十四章或第五十五章）；片、膜、条及管状的乙酸纤维素（品目 39.16、39.17、39.20 或 39.21）等	39.12
13	其他品目未列名的天然聚合物及改性天然聚合物。 不包括外形一般是规则块状及片、条或管状的硬化蛋白质（一般归入品目 39.16、39.17、39.20 或 39.21）	39.13
14	离子交换剂	39.14

其中，低密度聚乙烯（LDPE）归入子目 3901.1000，乙烯单体单元的含量在 95% 及以上；高密度聚乙烯（HDPE）归入子目 3901.2000，乙烯单体单元的含量在 95% 及以上。乙烯－乙酸乙烯酯共聚物（子目 3901.3000）是乙烯与乙酸乙烯酯的共聚物，且整个聚合物中按重量计没有一种单体单元的含量在 95% 及以上，同时乙烯单体在整个聚合物所占重量大于其他共聚单体单元。对于乙烯－乙酸乙烯酯共聚物，若单体乙烯所占比例高于单体乙酸乙烯酯，则其应归入子目 3901.3000；若单体乙烯所占比例低于单体乙酸乙烯酯，则其应归入子

目 3905. 2100。

（二）塑料的废碎料及下脚料的归类

序号	商品描述	归类
1	已制成初级形状的单一的热塑性材料的废碎料及下脚料	39. 01 ~ 39. 14
2	主要用于回收贵金属的含贵金属或贵金属化合物的塑料废、碎料	71. 12
3	明显不能再作为原用途使用的破损塑料物品；制造加工过程中产生的废料（刨花、粉屑、边角料等）；单一种类的热固性材料的废碎料及下脚料；或由两种或两种以上热塑性塑料的废碎料及下脚料构成的混合物，即使加工成初级形状（参见章注七）	39. 15

（三）塑料半制成品的归类

塑料半制成品主要包括塑料单丝，条、杆、型材及异型材（具有相同或重复横截面的产品），管及其附件（如接头、肘管、法兰），板、片、膜、箔及扁条等。上述货品根据列名归入品目 39. 16 ~ 39. 21。具体归类如下：

序号	商品描述	归类
1	塑料制的单丝（截面直径超过 1 毫米）、条、杆、型材及异型材，不论是否经表面加工，但未经其他加工	39. 16
2	章注八所称的管子及其附件（接头、肘管、法兰），如硬化蛋白或纤维素材料制的人造肠衣（香肠用肠衣）	39. 17
3	作为铺地制品的成卷或砖瓦状的塑料制品，以及胶粘的铺地制品；章注九规定的塑料糊墙品 不包括以塑料涂覆的壁纸或类似的纸质糊墙品（品目 48. 14）	39. 18
4	自粘的塑料板、片、膜、箔、带、扁条及其他扁平形状材料，不论是否成卷（品目 39. 18 的货品除外）	39. 19
5	未用其他材料强化、层压、支撑或用类似方法合制的其他非泡沫塑料板、片、膜、箔及扁条（品目 39. 18 或 39. 19 的货品除外）；平均 1 毫米长的松散聚乙烯或聚丙烯纤维（原纤维）组成的合成纸浆片（一般含有 50% 的水分）；用塑料与粉状、粒状、小圆球状或粉片状填料合制而成的产品（参见章注十）	39. 20
6	泡沫及用其他材料强化、层压、支撑或用类似方法合制的塑料板、片、模、箔及扁条（品目 39. 18 ~ 39. 20 或第五十四章的货品除外）	39. 21

其中，品目39.17的“管子”与品目39.16的“异型材”的区别在于，前者的内截面呈圆形、椭圆形、矩形（长宽比不超过1.5倍）或正几何形；不符合该条件的，应作为异型材归入品目39.16。

聚四氟乙烯膜，自黏的应归入品目39.19项下，非自黏的则归入品目39.20项下。

品目39.20所称的“用类似方法合制”必须是用非塑料材料与塑料材料合制以提高塑料材料的强度。子目3920.43所称的“增塑剂”，包括“次级增塑剂”。

另外，背光模组用光学薄膜包括扩散片、反射片和导光板等，这些商品，成卷的应归入本章；已裁好一定规格，作为光学元件直接使用的，则应归入第九十章。

常温状态下无须润湿或加入其他助剂，一经与各种不同表面接触，仅用手指或手按压，即可永久牢固黏着的黏胶带，分为单面胶和双面胶。单面胶应根据其衬基材料归类。例如，塑料基材的归入品目39.19项下，橡胶基材的归入品目40.08，纸基材的归入品目48.11项下。双面胶类产品应按其基本特征和主要用途来确定其归类，塑料基材的归入品目39.19项下，以其他材质为基材的应按黏合剂归入品目35.06项下。

常温状态无黏性，高温热熔后呈现黏性的热熔胶带产品，分为塑料基材涂覆热熔胶的胶带和无基材整体熔融使用的热熔胶带。前者应按其具体基材归入品目39.20项下。后者如为单一成分的非调制胶，零售包装超过1千克的，应按其具体成分归入品目39.20项下相应税号；如其包装为不超过1千克的，可归入品目35.06零售包装的调制胶项下；若后者为多种成分的调制胶，则应按调制胶归入品目35.06项下相应税号。

电池隔膜，按材料可分为塑料电池隔膜和无纺布电池隔膜。其中，乙烯聚合物制电池隔膜归入子目3920.1010；丙烯聚合物制电池隔膜归入子目3920.2010；由65%聚四氟乙烯、35%聚乙烯制成的太阳能电池隔膜归入子目3920.9910；无纺布材质电池隔膜归入品目56.03项下。

（四）塑料制成品的归类

塑料制品一般根据其属性和用途归入品目39.22～39.26，具体如下：

序号	商品描述	归类
1	卫生洁具（永久固定于房舍内或某一点上，通常与供水系统或下水道相连接），如浴缸、洗涤槽、盥洗盆、马桶座圈及盖、抽水箱；婴儿浴盆及野营用的盥洗设备，以及塑料的坐便器水箱（不论是否装有机械装置） 不包括便携式的小型卫生器具，例如，便盘和便壶（品目39.24）	39.22

续表

序号	商品描述	归类
2	供运输或包装货物用的塑料制品；塑料制的塞子、盖子及类似品 不包括不具备盛装或运输货物容器特征的餐用或盥洗用杯子（品目 39.24）、品目 42.02 的容器和品目 63.05 的散装货物储运软袋	39.23
3	塑料制的餐具、厨房用具、其他家庭用具及卫生或盥洗用具	39.24
4	其他品目未列名的建筑用制品（参见章注十一）	39.25
5	其他品目未列名的塑料制品及品目 39.01 ~ 39.14 所列其他材料的制品	39.26

其中，肥皂盘、毛巾架、牙刷架、卫生纸架、毛巾钩及类似的浴室、盥洗室和厨房器具，供永久固定安装在墙内、墙上或建筑物的其他地方的，应归入品目 39.25，否则归入品目 39.24。

子目 3925.20 包括用于封闭建筑物、房间等出入口的铰链式或推拉式门，但不包括用于封闭场地、花园、庭院等出入口的栅栏（栅门）（子目 3925.90）。

（五）塑料与纺织品及其他材料的复合制品的归类

塑料与纺织品的复合制品及塑料与纺织品以外其他材料（例如木材、纸张、金属）的复合制品的归类，基本原则是判断以哪种材料为主，就按该种材料归类。例如，木片与塑料片夹层构成的板、片，若木片仅起支撑或增强作用的，则应归入第三十九章；若塑料仅起辅助作用（例如，作为高级贴面薄板的衬基），则应归入第四十四章。此外，由木片与塑料片夹层构成的建筑用镶板，一般都归入第四十四章。

1. 塑料与纺织品的复合制品的归类

符合本章注释九规定的糊墙品应归入品目 39.18。其他塑料与纺织品的复合制品则主要按照第十一类注释一（八）款、第五十六章注释三和第五十九章注释二的规定进行归类。据此，归入本章的复合制品包括：（1）以塑料浸渍、涂布、包覆或层压的毡，其中纺织材料占总重量的 50% 及以下，以及完全嵌入塑料中的毡；（2）完全嵌入塑料的或两面均完全用塑料涂布或包覆的纺织物及无纺织物，但所涂覆的塑料须能用肉眼分辨出来（涂覆引起的颜色变化不计在内）；（3）经塑料浸渍、涂布、包覆或层压的纺织物，在温度 15℃ ~ 30℃ 之间时用手将其绕在一个直径为 7 毫米的圆筒上会断裂的；（4）泡沫塑料与纺织物（第五十九章注释一规定的）、毡或无纺织物复合制成的板、片及带，其中的织物仅起增强作用的（是指无花式、未漂白、漂白或匀染的纺织物、毡或无纺织物如仅附在这些板、片及带的一面。而使用花式、印花或更为精细加工的纺织品及特种产品，如起绒织物、网眼薄纱、花边及品目58.11的纺织产品，其中织物均应视为已超出仅起增强作用的范围）。

本章不包括：用塑料浸渍、涂布、包覆或套裹的纺织纱线（品目56.04）；两面均用纺织物盖面的泡沫塑料板、片及带，不论织物的性质如何（通常归入品目56.02、56.03或59.03）。

2. 塑料与纺织品以外其他材料的复合制品的归类

由一道或多道工序制成的下列产品，只要这些产品仍保持塑料制品的基本特征，仍应归入本章：（1）嵌有其他材料（金属丝、玻璃纤维等）制成的增强物或支撑网的塑料板、片等；（2）用其他材料（例如，金属箔、纸板等）隔层的塑料板、片等；（3）纸质增强层压塑料片，以及在一层纸或纸板上涂布或包覆一层塑料，其塑料层厚度超过总厚度一半以上的产品，但品目48.14的壁纸除外；（4）由浸渍了塑料的玻璃纤维或纸张压制而成的产品，但要具有硬挺的特征（如其只具有纸张或玻璃纤维制品的特征时，则其应酌情归入第四十八章或第七十章）。

上述规定也适用于化纤单丝、条、杆、管等型材及制成品等。

本章还不包括两面均用一层薄塑料保护膜覆盖的纸或纸板制成的纸品（如仍保留纸或纸板的基本特征）（品目48.11）。

第四十章　橡胶及其制品

一、本章商品范围及结构

本章共9条章注、17个品目，主要包括：初级形状或板、片及带状的生橡胶、再生橡胶、未硫化复合橡胶；橡胶（硬质橡胶除外）的废碎料及下脚料和由其制得的粉末及颗粒；不论是否混合的其他形状的未硫化橡胶及其制品；硬质橡胶以外的硫化橡胶半制品及制成品；各种形状的硬质橡胶及其废料、下脚料与制品。

本章按照橡胶属性、加工程度及用途设置品目，17个品目的排列顺序为：未硫化橡胶（品目40.01～40.06）→硫化橡胶及其制品（品目40.07～40.16）→硬质橡胶及其制品（品目40.17）。

二、本章商品归类要点概述

（一）本章不包括天然橡胶的化学衍生物（如氯化橡胶、盐酸橡胶、氧化橡胶、环化橡胶等）及乙丙橡胶（第三十九章）。

（二）本章主要依据橡胶的形状、类别、加工程度及用途设置品目，这些都是归类时应考虑的因素。例如，未经硫化的橡胶称为生橡胶或生胶，按橡胶的分类及加工形状，归入品目40.01～40.06；已经硫化的橡胶称为硫化橡胶，按其加工形状及用途的不同，归入品目40.07～40.16。

（三）根据章注三的规定，品目40.01～40.03及40.05所称的“初级形状”只限于下列形状：液状及糊状，包括胶乳（不论是否预硫化）及其他分散体和溶液；不规则形状的块、团、粉、粒、碎屑及类似的散装形状。

根据章注五的规定，品目40.01及品目40.02不包括加有有机溶剂的橡胶或橡胶混合物，所以章注三所称的“其他分散体和溶液”只适用于品目40.05。

三、本章商品与相关商品的归类

（一）未硫化橡胶的归类

橡胶分为天然橡胶和合成橡胶（参见章注一）。前者由从含橡胶的植物（主要是三叶橡胶）得到的胶乳经加工而成，后者由单体聚合而成。其中，品目40.01～40.03及品目40.05所列产品为初级形状或板、片、带状（参见章注九），品目40.06为其他形状（例如杆、管或型材及异型材）。具体归类如下：

序号	商品描述	归类
1	天然橡胶、巴拉塔胶、古塔波胶、银胶菊胶、糖胶树胶及类似的天然橡胶，以及任何上述产品的相互混合物	40.01
2	章注四规定的合成橡胶，从油类提取的油膏（主要与天然或合成橡胶配合使用），上述产品的相互混合物，品目40.01所列产品与本品目所列产品的混合物	40.02
3	再生橡胶（其质量比新胶的差，其塑性及黏性比新胶的大），不论是否混有新胶或其他添加物质	40.03
4	橡胶的废碎料、下脚料（参见章注六）及其粉、粒 不包括硬质橡胶的废碎料、下脚料、粉末及颗粒（品目40.17）	40.04
5	未硫化复合橡胶［见章注五（一）］，包括混入炭黑或硅石的橡胶和不含炭黑或硅石的复合橡胶 不包括：作为橡胶着色原料的含着色剂（包括色淀）的橡胶浓缩分散体（品目32.04、32.05或32.06）；用橡胶黏合的平行纺织纱线构成的板、片及带（品目59.06）等	40.05
6	其他形状（如杆、管或型材及异型材）的未硫化橡胶及其制品 不包括未硫化橡胶的圆片或环，与其他材料制成的密封垫或类似接口衬垫一起装于袋、套或类似包装内的（品目84.84）等	40.06

其中，橡胶与塑料，不论是天然还是合成产品，都属于高分子化合物范畴，两者区分的标准就是依据本章章注四的规定，看是否符合硫化拉伸实验的要求，不符合的应按塑料进行归类。

品目40.01和品目40.02所列货品为未复合橡胶。归类时，注意它们可添加及不可添加的物质。根据章注五的规定，在凝结前或凝结后，这两个品目不可添加章注五（一）所列物质，否则归入品目40.05或40.06，但可添加章注五（二）所列物质，只要仍具有原料的基本特性，其归类不变。

例1. 烟胶片（简称R.S.S）

【答案】4001.2100

【归类说明】本题货品是已压去水分、经过烟熏而制成的片装天然生橡胶，应归入本章。查阅品目，该货品符合40.01品目条文的规定，应归入品目40.01，最后按列名归入子目4001.2100“烟胶片”。

（二）硫化橡胶的归类

1. 半制成品的归类

半制成品是指硫化橡胶线、绳、板、片、带、杆、型材、异型材与管等，应归入品目40.07～40.09。其中，品目40.08所称的“杆”或“型材及异型材”，仅指不论是否切割成一定长度或表面加工，但未经进一步加工的该类产品。具体归类如下：

序号	商品描述	归类
1	硫化橡胶线（单股）和绳（多股）（参见章注七） 不包括以织物包覆的橡胶绳线（品目56.04）	40.07
2	硫化橡胶（硬质橡胶除外）制的板、片、带、杆或型材及异型材（参见章注九） 不包括具有斜角切边或模制边、圆角、网眼滚边、经其他加工以及切成矩形（包括正方形）以外其他形状的板、片及带，不论是否经表面加工（包括从中切出正方形或矩形的物品）（品目40.14、40.15或40.16）等	40.08
3	硫化橡胶制成的管子（可用金属、纺织材料等加强或与其合制），不论是否装有附件（如接头、肘管、法兰） 不包括纺织材料制的管子（在管内用胶乳涂层或插入一根橡胶管）（品目59.09）	40.09

其中，品目40.07全部用硫化橡胶制成的线，其任一横截面尺寸不得超过5毫米，否则应作为带、杆或型材及异型材归入品目40.08。

品目40.07项下的橡筋线和第五十四章的氨纶的区别是：橡筋线是完全由硫化橡胶制成的线，其任一横截面尺寸不得超过5毫米；氨纶全称为聚氨基甲酸纤维，其弹性好，伸长率为500%，外力取消后其基本能恢复原状，其弹力比天然橡胶的高2～3倍，耐老化，俗称“橡筋丝”，按氨纶弹力丝归类。

2. 制品的归类

橡胶制品根据其属性和用途归入品目40.10～40.16，具体如下：

序号	商品描述	归类
1	完全由硫化橡胶制成的或用橡胶浸渍、涂布、包覆或层压的纺织物制成的，用橡胶浸渍、涂布、覆面或铠包的纺织线、绳制成的传动带或输送带及带料；用玻璃纤维织物、玻璃纤维或金属丝布增强的硫化橡胶带或带料（参见章注八）	40.10
2	新的充气橡胶轮胎，有或无内胎均可	40.11
3	翻新的或旧的充气橡胶轮胎；实心或半实心橡胶轮胎、橡胶胎面及橡胶轮胎衬带	40.12
4	橡胶内胎（装配在汽车或自行车等外胎中）	40.13
5	硫化橡胶制的卫生及医疗用品（不论是否装有硬质橡胶或其他材料制的附件），如避孕套、插管、洗肠用的灌肠器及胶球、喷雾器、滴管、奶嘴（安抚奶嘴）、奶头罩、冰袋、热水袋、氧气袋、护指套、护理用充气气垫	40.14
6	硫化橡胶制的衣着用品及附件（包括分指/连指/露指手套，斗篷、围裙、围涎、汗垫、带及胸衣带） 不包括橡胶线与纺织材料合制的衣着用品及附件（第六十一章或第六十二章）等	40.15
7	不归入本章其他品目或其他章的硫化橡胶制品，包括：泡沫橡胶制品；铺地制品及门垫（包括浴室垫）；橡皮擦；垫片、垫圈及其他密封件；船舶或码头的碰垫；充气床垫、枕头、软垫及其他可充气制品（品目40.14或63.06的货品除外）；充水床垫；瓶子的塞及封环；龙头、旋塞、阀门及类似器具；汽车底盘衬垫橡胶、挡泥胶片及踏垫等 不包括泡沫橡胶床垫、枕头及软垫，不论是否有罩套（品目94.04）等	40.16

其中，品目40.10货品的横截面可以是矩形、梯形（三角带及带料）、圆形或其他形状的。V形肋状传动带（属于三角带的一种）为带有纵向肋状牵引面的环形带。品目40.16仅包括单一材质的硫化橡胶制密封件。由两种或多种材料（如橡胶、纺织品、塑料、纸、金属、石棉等）制成的成套密封垫（圈）、复合材料密封垫（圈）或类似接合衬垫应归入品目84.84。例如，液体泵用硫化橡胶制O形密封圈（单一材质）应归入子目4016.9310（机器及仪器用硫化橡胶制垫片、

垫圈及其他密封件)。

总之，在对可能归入本章的橡胶制品进行归类时，应注意货品的材质（例如是否为硫化橡胶、海绵硫化橡胶或硬质橡胶等）、形态、组成结构（例如是否具有中空结构，是否可充气等）、加工工艺等要素，以便确定货品的正确归类。

例 2. 新的“米其林”牌充气轮胎，轿车用

【答案】4011. 1000

【归类说明】本题货品是橡胶制品，应归入本章。查阅品目，该货品应归入品目 40. 11，然后根据其用途按“机动小客车用”归入子目 4011. 1000。

例 3. 硫化橡胶制的热水袋

【答案】4014. 9000

【归类说明】本题货品为橡胶制品，应归入本章。该货品属于卫生及医疗用品，查阅品目，应归入品目 40. 14。因该货品在品目 40. 14 中未有具体列名，应归入子目 4014. 9000“其他”。

（三）硬质橡胶的归类

品目 40. 17 包括各种形状的硬质橡胶及泡沫硬质橡胶、硬质橡胶的废碎料，以及所有其他章未列名的硬质橡胶制品，包括大桶、槽、管状物品、刀柄、球形柄、抓柄及各种类似物品、清洁及卫生用品。但本品目不包括第十六类的硬质橡胶制机械或电气器具及其零件（包括各种电器用品）、第八十六章至第八十八章各品目的车辆、航空器等的硬质橡胶制零、附件等。

（四）乙丙橡胶与乙丙非共轭二烯橡胶的归类

乙丙橡胶（EPR）又称二元乙丙橡胶，是以乙烯、丙烯为单体共聚而得的合成橡胶。因其分子中没有双键，其属于饱和高聚物，按塑料归入子目 3901. 9010 或 3902. 3010。由乙烯、丙烯和第三单体共聚而成的橡胶称为三元乙丙橡胶，第三单体为非共轭二烯烃时，其又称乙丙非共轭二烯橡胶（EPDM），因其分子中有双键，其属于不饱和高聚物，按橡胶归入子目 4002. 70。

（五）橡胶与织物的复合物的归类

上述复合物的归类主要根据第十一类注释一（九）款、第五十六章注释三及第五十九章注释四的规定办理。基本原则是判断以哪种材料为主，则按哪种材料归类。因此，橡胶与其他材料的复合制品，若能保持橡胶的基本特征，仍归入本章。为此，本章包括：

1. 泡沫橡胶与纺织物（如第五十九章注释一所述的）、毡或无纺织物复合制成的板、片、带，其中的织物仅起增强作用的（有关“仅起增强作用”的含义，请参考第三十九章“塑料与纺织品的复合制品的归类”部分）；

2. 以橡胶浸渍、涂布、包覆或层压的毡，其中纺织材料占总重量计的 50% 及以下，以及完全嵌入橡胶的毡；

3. 完全嵌入橡胶或两面均完全用橡胶涂布或包覆的无纺织物，只要仅凭肉眼就可辨别出橡胶涂层或覆层（涂层或覆层引起的颜色变化不计在内）的；

4. 以橡胶浸渍、涂布、包覆或层压的第五十九章注释一所述的纺织物，其重量超过每平方米1500克，所含纺织材料的重量在50%及以下的。

但用纺织材料包覆的橡胶线及绳，用橡胶浸渍、涂布、包覆或套裹的纺织纱线以及化学纤维扁条归入品目56.04。

第八类　生皮、皮革、毛皮及其制品；鞍具及挽具;旅行用品、手提包及类似容器;动物肠线（蚕胶丝除外）制品

一、本类商品范围及结构

本类共分3章（第四十一章至第四十三章），本类商品的原料是第一类活动物被宰后剥下的生皮，对生皮进行保藏、鞣制及制造等加工后的产品属于本类的商品。其中，第四十一章包括生皮和皮革，第四十二章主要包括皮革或再生皮革的制品，第四十三章包括毛皮、人造毛皮及其制品。

本类无类注。

二、本类商品归类要点概述

（一）根据有关章注的规定，某些皮革制品和毛皮或人造毛皮的制品不归入本类。例如，皮鞋归入第六十四章，毛皮帽子归入第六十五章，皮鞭归入第六十六章，皮革制成的乐器归入第九十二章，皮革制成的家具归入第九十四章。

此外，许多不是皮革或毛皮制品的也归入本类，如品目42.01的动物用的鞍具和挽具可用任何材料制成，品目42.02的衣箱、手提箱等也可用非皮革材料制成。故对这些制品的归类，要注意其材料的限制范围。

（二）本类按材料属性及加工程度设章。其中，第四十一章是原料及半成品，第四十二章是制成品，第四十三章是带毛的皮张及其制品。

第四十一章　生皮（毛皮除外）及皮革

一、本章商品范围及结构

本章共3条章注、11个品目（品目41.08～41.11已被删除），包括：生皮、经鞣制或半硝处理但未经进一步加工的皮张；鞣制或半硝处理后经进一步加工的皮革；油鞣皮革、漆皮及层压漆皮、镀金属皮革；以皮革或皮革纤维为基本成分

的再生（黏合）皮革；皮革或再生皮革的边角废料。

本章的11个品目按加工程度由低到高的顺序排列：生皮（品目41.01～41.03）→经鞣制的湿革、干革（品目41.04～41.06）→鞣制后经进一步加工的皮革（品目41.07、41.12～4.13）→特种皮革（品目41.14）→再生皮革，皮革或再生皮革的边角废料（品目41.15）。

二、本章商品归类要点概述

（一）本章不包括：食用动物皮（未烹煮的食用动物皮归入品目02.06或02.10，但鱼皮归入第三章；已烹煮的食用动物皮包括鱼皮归入品目16.02）；切成特殊形状的小块皮革（第四十二章或第六十四章）；塑料、橡胶、纸及纸板仿皮革（分别归入第三十九章、第四十章及第四十八章）等。

（二）本章章注一（三）所指动物的生皮，不论是否带毛，均应归入品目41.01～41.03，这些动物包括：牛（包括水牛）、马、绵羊及羔羊、山羊或小山羊、猪（包括野猪）、小羚羊、瞪羚、骆驼（包括单峰骆驼）、驯鹿、麋、鹿、狍或狗。而其他动物的生皮只有不带毛时才归入品目41.01～41.03。

但下列动物的带毛生皮应归入品目43.01：阿斯特拉罕、喀拉科尔、波斯羔羊或类似羔羊、印度、中国或蒙古羔羊；也门、蒙古或西藏的山羊及小山羊。

（三）鞣制的皮的归类如下：

序号	商品描述	归类
1	经逆鞣（包括预鞣）的生皮	41.01～41.03
2	经鞣制（逆鞣除外）但未经进一步加工的皮革	41.04～41.06
3	经鞣制（逆鞣除外）后进一步加工的皮革	41.07～41.13
4	已鞣制的带毛皮张	43.02

由上可知，本章所称的鞣制不包括逆鞣及预鞣。生皮只有经鞣制后才应按皮革归类。

（四）皮张和皮革，不论是整张（可去头、脚部分），还是部分（例如，半边皮、肩皮、整张或半张背皮、腹皮、颊皮）、成条或成块的，均归入本章。但切成特殊形状的小块皮革应作为其他章的制品归类，特别是归入第四十二章或第六十四章。剖层皮和剖层革应按整张皮或整张革的相应品目归类。

三、本章商品与相关商品的归类

（一）生皮的归类

本章的生皮可带毛或不带毛，可成张或半张、成条、成块，并适合于加工成皮革：

序号	商品描述	归类
1	牛科动物（品目01.02的动物，包括水牛）或马科动物（马、骡、驴、斑马等）的生皮（注意每张平均重量），不论是否去毛或剖层	41.01
2	绵羊或羔羊的生皮，不论是否带毛或剖层，但章注一（三）所述不包括的生皮除外	41.02
3	其他生皮，不论是否去毛或剖层，但本章章注一（二）或（三）所述不包括的生皮除外	41.03

以上3个品目的生皮可以是新鲜的（未经处理的），也可以是经过盐渍、干燥、石灰浸渍、浸酸或用其他方法进行短期防腐处理的，还可以是对皮进行清洁、剖层、刮肉处理，或经可逆性鞣制（包括预鞣），但未经其他任何鞣制或类似处理（如羊皮纸化处理），也未经进一步加工的。

例1. 制革用干的生牛皮（整张皮，每张干燥重量5千克）

【答案】4101.2019

【归类说明】本题货品为生牛皮，应归入本章。查阅品目，该货品应归入品目41.01。因该货品为整张皮，干燥重量为5千克，应归入子目4101.2；又因其未经鞣制，应归入子目4101.2019“其他”。

（二）经鞣制的湿革、干革的归类

皮张可经“植物鞣制”“矿物鞣制”“化学鞣制”，有时上述3种鞣法并用。

经鞣制或半硝处理，不论是否剖层，但未经进一步加工的湿革（包括蓝湿皮）和干革（坯革）归入品目41.04～41.06。这3个品目的皮革分别对应品目41.01～41.03的3类生皮。

序号	商品描述	归类
1	不带毛牛皮（包括水牛皮）、马科动物皮及其坯革	41.04
2	不带毛绵羊或羔羊（包括绵羊与山羊杂交的羊）的皮革及其坯革	41.05
3	其他不带毛动物皮革及其坯革，包括山羊、小山羊、猪、爬行动物（蛇等）、羚羊、大袋鼠、麋、鹿、小羚羊、驯鹿、象、骆驼、河马、狗、鱼或水生哺乳动物等的皮革	41.06

其中，品目41.05的绵羊及羔羊皮革虽与山羊及小山羊皮革有些相似，但其质地较为松弛，粒面更不规则。根据本章章注二（二），上述3个品目所称的“坯革”，包括在干燥前经复鞣、染色或加油（加脂）的皮。

根据本章章注二（一），上述3个品目不包括经逆鞣（包括预鞣）加工的皮（酌情归入品目41.01～41.03），也分别不包括带毛鞣制或半硝处理的牛科动物

（包括水牛）、马科动物的皮张、绵羊皮或羔羊皮，以及其他皮张（第四十三章）。

例 2. 经鞣制的蛇皮湿革（未经进一步加工）

【答案】4106.4000

【归类说明】本题货品是皮革，应归入本章。查阅品目，因该货品未经进一步加工，应归入品目 41.06。因该货品属于爬行动物的皮革，应归入子目 4106.4000。

（三）鞣制后经进一步加工的皮革的归类

经鞣制或半硝处理后经进一步加工（包括羊皮纸化处理）制成的成品皮革（不论是否剖层）分别归入品目 41.07、41.12 与 41.13。

序号	商品描述	归类
1	不带毛的牛皮革（包括水牛皮革）或马皮革，包括整张或半张的全粒面未剖层革和粒面剖层革	41.07
2	不带毛的绵羊或羔羊皮革	41.12
3	不带毛的其他动物皮革（见品目 41.06） 不包括商业上称为“仿麂皮”的皮革（品目 41.12 或 41.14）等	41.13

以上 3 个品目均不包括品目 41.14 的皮革。

例 3. 经鞣制的整张的全粒面剖层牛皮革（已经进一步加工）

【答案】4107.1210

【归类说明】本题货品是皮革，应归入本章。查阅品目，因该货品是经鞣制后进一步加工的，应归入品目 41.07。因该货品为整张的全粒面已剖层革，根据子目条文的规定，应归入子目 4107.1210。

（四）特种皮革的归类

品目 41.14 包括油鞣皮革（包括结合鞣制的油鞣皮革）、漆皮及层压漆皮、镀金属皮革，以及仿镀金属皮革。其中，漆皮和层压漆皮有着镜面般的光洁表面。但本品目不包括涂漆或镀金属的再生皮革（品目 41.15）。

漆皮是指涂有一层清漆或大漆，或在皮革表面覆盖一层塑料膜的皮革，该涂层或塑料膜的厚度不得超过 0.15 毫米。层压漆皮，商业上称为特种漆革，其表面覆盖了一层塑料片，其厚度超过 0.15 毫米，但不超过皮革总厚度的一半，若超过则归入第三十九章。

（五）再生皮革及皮革边角废料的归类

品目 41.15 包括以真皮革或皮革纤维为基本成分的再生皮革（成块、成张或成条的，不论是否成卷）、不适宜作皮革制品用的皮革或再生皮革的边角废料

(如皮革粉屑)、皮革粉末。但本品目不包括生皮的边角废料（品目05.11)，切割成正方形或长方形以外其他形状的再生皮革（品目42.05或64.06)，以及以真皮革以外的其他材料为基本成分的仿皮革，例如，塑料仿皮革（第三十九章)、橡胶仿皮革（第四十章)、纸及纸板仿皮革（第四十八章）或涂布纺织品（第五十九章)。

皮革碎片及破旧皮革货品（如旧机器皮带)，如不能再作原用途使用或不能用于制造其他皮革制品的，应归入品目41.15；凡可供制造皮革货品的，应作为皮革归入适当品目（品目41.07或41.12～41.14)。

第四十二章　皮革制品；鞍具及挽具；旅行用品、手提包及类似容器；动物肠线（蚕胶丝除外）制品

一、本章商品范围及结构

本章共4条章注、5个品目（品目42.04已被删除)。本章以皮革制品为主，也包括某些不是用皮革材料制成的、具有皮革制品特征的货品，具体为：各种材料制的鞍具及挽具；包括其他材料制的箱包及类似容器；皮革制的衣服及衣着附件；皮革的其他制品；动物肠线（蚕胶丝除外)、肠膜、膀胱或筋腱制品。

本章5个品目主要按照货品的用途排列，其顺序为：鞍具及挽具（品目42.01）→衣箱、手提包及类似容器（品目42.02）→皮革或再生皮革的制品（品目42.03、42.05）→动物肠线等制品（品目42.06)。

二、本章商品归类要点概述

（一）本章不包括：单独报验的挽具附件或装饰物，例如，马镫、马嚼子、带扣（一般归入第十五类)；以第四十六章编结材料制得的品目42.02的货品（品目46.02)；按用途在其他章具体列名的某些皮革制品，例如，皮鞋（品目64.03)、皮帽（品目65.06)、皮鞭（品目66.02)、皮表带（品目91.13)、皮沙发（品目94.01)、皮革制球类（品目95.06)、皮纽扣（品目96.06）等。

（二）品目42.02的货品以分号为界分为两组。第一组容器可用任何材料制成（编结材料除外)；第二组容器只能用皮革或再生皮革、塑料片、纺织材料、钢纸或纸板制成，或者全部或主要用上述材料或纸（基底可以是木头、金属等）包覆制成。例如，木制首饰盒归入品目44.20，而以木材为基底表面用纺织材料包覆的首饰盒则归入品目4202.92。

因该品目的容器所用的材料可以是皮革或再生皮革，也可以是某些其他材料，故容器的归类应首先考虑品目 42.02，而不是先考虑按其材料来归类。符合 42.02 品目条文及章注三规定的容器，应归入品目 42.02，否则应归入其他有关章。

（三）除手套归入品目 42.03 以外，其他的皮革与毛皮或人造毛皮制衣服及衣着附件应归入第四十三章（毛皮仅起装饰作用的除外）。

三、本章商品与相关商品的归类

（一）鞍具及挽具等的归类

品目 42.01 包括：用皮革、再生皮革、毛皮、纺织物或其他材料制成的骑畜、挽畜、驮畜的鞍具及挽具（包括缰绳、辔、挽绳），马用护膝垫、眼罩和护蹄，马戏团动物的装饰品、任何动物的口套、狗或猫的颈圈、挽绳及饰物，鞍褥、鞍垫及马褡裢，制成特殊形状专门供骑马用的毯子、狗外套。

（二）衣箱、手提包及类似容器的归类

归类时，应注意品目 42.02 项下容器的表面材质及成分含量。该品目仅包括其具体列名的物品及类似容器，即第一部分的衣箱、提箱、枪套及类似容器和第二部分的旅行包、钱包、地图盒、工具包、运动包。但本品目不包括非供长期使用的带把手塑料薄膜袋，不论是否印制（品目 39.23），非制成专门形状或内部装有配件以适合盛装特定工具（不论是否带附件）的工具箱或工具盒（品目 39.26 或 73.26）等。

例 1. 木制的衣箱

【答案】4202.1900

【归类说明】本题货品似乎可归入第四十四章，但根据该章章注一（五）的规定，该章不包括品目 42.02 的物品。因品目 42.02 包括各种材料制的衣箱，故该货品应归入品目 42.02，然后按列名归入一级子目 4202.1。该货品是木制的，未在二级子目列名，故应归入二级子目 4202.1900“其他”。

例 2. 柳条编结的衣箱

【答案】4602.1930

【归类说明】本题货品是衣箱，似乎可归入品目 42.02，但第四十二章章注三（一）已将编结材料排除在品目 42.02 以外，故该货品不能归入品目 42.02，而应归入品目 46.02。因该货品是柳条制的，应归入三级子目 4602.1930。

（三）皮革或再生皮革制品的归类

皮革或再生皮革制品包括各种皮革或再生皮革制的衣服及衣着附件（参见章注四）和不归入本章上述各品目或《税则》其他各章的皮革或再生皮革制品。

序号	商品描述	归类
1	皮革或再生皮革制的衣服及衣着附件，不论是否装有电热元件不包括用有皮革增强的纺织材料制成的服装（第六十一或第六十二章）等	42.03
2	皮革或再生皮革的其他制品，机器、机械器具或其他专门技术用途的制品（如传动带、编结带），行李标签	42.05

其中，衣服及衣着附件主要适用于分指/连指/露指手套（包括运动手套及防护手套）、上衣、大衣、围裙、袖套及其他防护用衣着、裤吊带、腰带、子弹带、紧身褡、领带及腕带，但不包括表带（品目91.13）。

根据章注三（二）有规定，品目42.02与品目42.03的货品可装有用贵金属、包贵金属、天然或养殖珍珠、宝石或半宝石（天然、合成或再造）制的零件，即使这些零件不是仅作为小配件或小饰物的，只要其未构成物品的基本特征，仍应归入上述品目。例如，装有缟玛瑙钩扣的银框皮手袋仍归入品目42.02，装有金皮带扣的皮带仍归入品目42.03。但若这些零件已构成物品的基本特征，则货品应按本章章注三（二）规定归入第七十一章。

例3. 拳击用皮革制手套

【答案】4203.2100

【归类说明】本题货品属于皮革制品，应归入本章。查阅品目，该货品属于衣着附件，应归入品目42.03，然后按列名归入子目4203.2100“专供运动用”。

例4. 机器用皮革垫圈

【答案】4205.0020

【归类说明】本题货品属于皮革制的机器零件，看上去可按“皮革制品”归入本章，也可按“机器零件”归入第十六类。但根据第十六类类注一（二）的规定，其应归入品目42.05，然后按列名归入三级子目4205.0020“机器、机械器具或其他专门技术用途的”。

（四）动物肠线等制品的归类

品目42.06包括：羊肠线（蚕胶丝除外）；肠膜（从绵羊或其他反刍动物的盲肠制得）；膀胱或筋腱制品，如烟袋；筋腱制成的机器传动带，以及用天然肠子撕片胶合而成的“人造”肠线。以下是肠线的归类表：

序号	商品描述	归类
1	外科用无菌肠线（已消毒）	30.06
2	蚕肠线（未消毒）	50.06

续表

序号	商品描述	归类
3	用塑料厚裹纺织纱线制成的仿肠线，可用于制造运动球拍、钓鱼线、家具布、外科缝线等	56.04
4	制成乐器弦的肠线	92.09
5	除以上品目外的其他动物肠线	42.06

第四十三章　毛皮、人造毛皮及其制品

一、本章商品范围及结构

本章共5条章注、4个品目，主要包括生毛皮（品目41.01～41.03的生皮和皮张除外）、未缝制或已缝制的已鞣带毛皮张、毛皮制的衣服、衣着附件及其他制品、人造毛皮及其制品。

本章4个品目按照加工程度由浅入深的顺序排列，具体为：生毛皮（品目43.01）→已鞣毛皮（品目43.02）→毛皮制品（品目43.03）→人造毛及其制品（品目43.04）。

二、本章商品归类要点概述

毛皮制成的手提包、购物袋等容器应归入品目43.03. 而不归入品目42.02。

分指手套、连指手套及露指手套的归类如下：

序号	商品描述		归类
1	分指/连指/露指手套	塑料制的	39.26
2		橡胶制的	40.15
3		皮革与毛皮（或人造毛皮）制的	42.03
4		全部用毛皮制的	43.03

三、本章商品与相关商品的归类

（一）生毛皮及已鞣毛皮的归类

归类时，应注意品目43.01及43.02项下毛皮的种类（水貂皮、波斯/中国羔羊皮、狐皮、兔皮等）、外观（整张、带头、尾、爪等），品目43.02项下毛皮的制作或保存方法（鞣制未缝制或已缝制）。

序号	商品描述	归类
1	生毛皮，如整张狐皮，不论是否带头、尾或爪；适合加工皮货用的头、尾、爪及其他块、片，如黄鼠狼尾	43.01
2	未缝制或已缝制（不加其他材料）的已鞣毛皮（包括头、尾、爪及其他块、片），如已鞣未缝制的整张水貂皮，不论是否带头、尾或爪	43.02

例 1. 未鞣制的整张兔毛皮

【答案】4301.8010

【归类说明】本题货品属于生毛皮，应归入本章。因该货品未鞣制，应归入品目 43.01，然后按列名归入子目 4301.8010“整张兔皮，不论是否带头、尾或爪”。

例 2. 已鞣制的整张兔毛皮（已缝制）

【答案】4302.3090

【归类说明】本题货品属于毛皮，应归入本章。因该货品已鞣制，应归入品目 43.02。又因该货品已缝制，查阅子目，应归入一级子目 4302.3“已缝制的整张毛皮及其块、片”。因该货品未在三级子目列名，应归入三级子目 4302.3090“其他”。

（二）毛皮制品与人造毛皮及其制品的归类

序号	商品描述	归类
1	毛皮制的衣服、衣着附件及其他物品（如床罩、手提包）	43.03
2	成匹的人造毛皮及其制品（包括衣服及衣着附件），其制品范围与品目 43.03 的规定相同；人造兽尾	43.04

其中，人造毛皮不包括以机织或针织方法制得的仿毛皮（分别归入品目 58.01 或 60.01），以及“加毛”毛皮，即额外插毛的真毛皮。

综上所述，第四十二章至第四十三章的皮制服装的归类如下：

序号	商品描述	归类
1	皮革或再生皮革制的服装	42.03
2	毛皮制的服装，包括皮革的面，毛皮作衬里的衣服	43.03
3	毛皮作面、纺织品作里衬或纺织品作面、毛皮作里衬的服装	43.03
4	以人造毛皮衬里或作面（仅饰边的除外）的衣服及衣着附件	43.04
5	毛皮或人造毛皮仅作为装饰用的服装，如仅在衣领和袖口用毛皮装饰的粗花呢大衣（按纺织服装归入第六十二章的相关品目）	按服装面料归入相应品目

例 3. 男式大衣，布料为纯羊毛华达呢，衬里为兔毛皮

【答案】 4303. 1010

【归类说明】 本题货品有纺织材料（羊毛）和动物毛皮两种材料，看似可归入第十一类，也可归入本章。但根据本章章注四的规定，以毛皮衬里或作面的衣服应归入品目 43. 03，故该货品应归入品目 43. 03。然后该货品按列名归入一级子目 4303. 1“衣服及衣着附件”，最后按列名归入三级子目 4303. 1010“毛皮衣服”。

第九类　木及木制品；木炭；软木及软木制品；稻草、秸秆、针茅或其他编结材料制品；篮筐及柳条编结品

一、本类商品范围及结构

本类共分3章（第四十四章至第四十六章）。其中，第四十四章包括木及木制品、木炭，第四十五章包括软木及软木制品，第四十六章包括编结材料制品、篮筐及柳条编结品。

本类从原料到制品均是植物类产品，包括木材工业的原料和大部分木材工业的制品以及编结材料制品。

二、本类商品归类要点概述

本类商品的原材料主要源自第二类的植物，本类商品是对植物材料（特别是木材）加工后的产品及制品，其加工程度已超过第二类商品的加工程度，故这两类商品之间存在加工顺序的关系。例如，一棵松树应归入第六章；把树干锯下后作为木材归入本类第四十四章；藤条、柳条作为编结用的植物材料，应归入第十四章；用藤条编结成的篮筐，则归入本类第四十六章。但有些产品已具有其他章商品的特征，应归入其他章。例如，木制衣箱等容器归入第四十二章，木制船舶归入第八十九章，藤条编结而成的藤椅归入第九十四章等。

第四十四章　木及木制品；木炭

一、本章商品范围及结构

本章共6条章注、1条子目注释（原子目注释二已被删除）、21个品目，主要包括未加工的木材、木的半制成品及普通的木制品以及木炭。本章所称的“木”也包括竹及其他木质材料。

本章基本上按加工程度由浅至深的顺序列目，21个品目的排列顺序为：原材料（品目44.01～44.06）→已加工的木材（品目44.07～44.09）→压制的板材及

强化木（品目 44.10 ~ 44.13）→木制品（品目 44.14 ~ 44.21）。

二、本章商品归类要点概述

（一）木材的归类

《税则》中将木材分为针叶木和非针叶木。针叶树的特点为针状（如落叶松、云杉、冷杉等）或细鳞片状（如侧柏、圆柏等），习惯上也包括扇形叶的银杏。针叶树材中没有导管，在木材横切面上看不见导管的管孔，又叫无孔材，且这些木材材质较软，如松、柏、杉木等树种。非针叶木是指除了针叶树外其他树种的木材，主要是阔叶树。阔叶树材中具有细胞腔较大的导管，在木材横切面上看得见导管的管孔，又叫孔材。非针叶木的树种很多，包括桤木、白蜡木、水青冈木、桦木、樱桃木、栗木、榆木、桉木、山核桃、七叶树、椴木、槭木、栎木（橡木）、悬铃木、杨木、刺槐木、鹅掌楸或核桃木等。

某些热带木归入品目 44.03、44.07、44.08、44.09 及 44.12。

进口材不论用什么译名，一定要附上商品中英文名称和拉丁学名，因为树种的拉丁学名是全世界统一的名称。对于品目 44.03 和 44.07 的商品，要注意其拉丁文以确定归类。植物的科学命名采用双名法，在《税则》中，双名法以斜体字在税则号列后对应标注，主要有以下两种形式：第一种形式是属名 + 种名，表示该税则号列所对应的是一种确定的木种，其范围较小；第二种形式是一个斜体的首字母大写的拉丁词，后面加“spp.”，表示该税则号列所对应的是一个属，该属下的所有木种均可归入该税则号列（如 4403.9300），其范围较大。

木材的归类既不受因保存所需而进行处理的影响，也不受涂油漆、着色剂或清漆的影响。但在品目 44.03 及 44.06 项下的子目归类时，则会受是否处理的影响。

（二）木制品的归类

除品目 44.14 ~ 44.21 的木制品外，根据本章章注一的规定，若木制品具有其他章商品的特征，应归入其他章。例如，木鞋归入品目 64.05，木制首饰归入品目 71.17，木制钟壳归入品目 91.12，木制乐器归入第 92 章，木制的衣箱、小手袋、公文包、书包、眼镜盒、照相机套等归入品目 42.02，木制的手杖归入品目 66.02，木制玩具归入品目 95.03，木制纽扣、铅笔、烟斗、梳子、刷子等归入第九十六章，木制活动房屋归入品目 94.06 等。

未拼装或拆散的木制品，若各部件同时报验，应按相应的完整木制品归类。例如，明显为组装家具用的木板条应归入品目 94.03。

用于家具上但进口后还须经进一步加工的木制品应归入第四十四章。

由木制材料制成的工具（例如，头和手柄均是木制的木槌）应归入品目 44.17；以木质材料为柄、装有第八十二章章注一所述材料（如贱金属）制成的刀片、工作刃、工作面或其他工作部件的工具，应作为贱金属工具归入第八十二章（如在木柄上装有金属头的榔头）。

符合第九十四章章注二规定的木制家具应归入该章，包括木制的落地式家具和不论是否落地的碗橱、书柜、架式家具、组合家具、坐具及床，而其他非落地式木制家具归入品目 44.20。

玻璃、大理石、金属或其他材料制的木制品的零、配件，若与木制品一同报验，则不论其是否装配在一起，均应按木制品归类。例如，用于置放相片、图画等带有玻璃片的木制框架应归入品目 44.14。

（三）木板与塑料构成的板材的归类

木板与塑料构成的建筑板材应根据其用途按其具有主要特性的表面进行归类。以木板为主的建筑板材应归入本章，反之一般归入第三十九章。例如，外层为塑料而木材仅起背衬支撑作用的板材一般归入第三十九章；而用于屋顶、墙壁或地板作结构件的建筑板材，由一碎料板外层和一绝缘塑料层组成，由于是坚硬的木板部分使货品能作为结构件使用，而塑料层只起辅助的绝缘功能，故无论塑料层有多厚，该建筑板材都应归入品目 44.10。

三、本章商品与相关商品的归类

（一）木材原料的归类

归类时，应注意品目 44.03 项下原木的加工方法（用油漆、着色剂、杂酚油或其他防腐剂处理等）及截面尺寸，品目 44.04 项下木材的外观（棒状、条状等）及加工方法（未经纵锯、车圆、弯曲或其他方式加工），品目 44.06 项下枕木的加工方法（是否浸渍）。

序号	商品描述	归类
1	薪柴（圆木段、块、枝、成捆或类似形状）；木片或木粒；锯末、木废料及碎片，不论是否粘结成圆木段、块、片或类似形状（如木屑棒） 不包括涂有树脂或以其他方法制成点火物的木及木废料（品目 36.06）等	44.01
2	木炭（包括果壳炭及果核炭），块、条、粒或粉状，也可与焦油或其他物质黏聚成砖、片、球等形状	44.02
3	原木，不论是否去皮、去边材或粗锯成方，产品包括可锯木材；未削尖及未劈开的木桩、尖桩等 不包括适于制造手杖、伞柄、工具把柄及类似品的粗加修整木材（品目 44.04）等	44.03

续表

序号	商品描述	归类
4	箍木（报验时一般成捆或成卷）；木劈条；已削尖但未经纵锯的木桩（包括栅栏桩）；粗加修整但未经车圆、弯曲或经其他方式加工的木棒；用于制筛、片条盒等的木片条及用以制醋或澄清液体的刨花	44.04
5	木丝（为卷成或缠成团状的细薄丝条）；木粉（锯末、刨花或其他木废料经碾磨或锯末经筛滤所得的粉末） 不包括用椰子壳或类似物制得的类似粉末（品目 14.04）	44.05
6	铁道及电车道枕木（基本成矩形截面的未刨木段）、岔枕及桥枕	44.06

其中，品目 44.04 的箍木若切成一定长度，并在两端开有槽口以适于箍桶时的相互联结，则应归入品目 44.16；品目 44.04 的木刨片与品目 44.01 的刨花废料不同，它们的厚度、宽度及长度完全一致，且平整地盘成卷状；木粉不同于锯末（品目 44.01），其微粒更为细小、规则。

（二）已加工木材的归类

品目 44.07～44.09 包括经锯、削、切片、旋切、刨平、砂光、端接，以及制成连续形状的木材。归类时，应注意品目 44.07 及 44.08 项下木材的种类、厚度及加工方法（纵锯、刨切或旋切等），品目 44.09 项下木材的外观（舌榫、槽榫、半槽榫等）。

序号	商品描述	归类
2	经锯、切厚度超过 6 毫米的木材，不论是否刨平、砂光或端部接合，如锯成的梁、厚板、桁板、板条 不包括品目 44.12 的木制板条及缘板等	44.07
3	经锯、切厚度不超过 6 毫米的饰面用或胶合板用薄板，不论是否刨平、砂光、拼接或端部结合；近似正方形截面及大约 3 毫米厚的短木材（用于制烟火、玩具、模型等）	44.08
4	任何一边、端或面制成连续形状（舌榫、槽榫、半槽榫、斜角、V 形接头、珠榫、缘饰、刨圆及类似形状）的木材（包括未拼装的拼花地板用板条及缘板），不论其任意一边或面是否刨平、砂光、或端部接合 不包括用于拼花地板的胶合木板条或饰面木板条（品目 44.12）等	44.09

其中，连续形状的木材包括整个长度或宽度上截面均为一致的产品以及具有一种重复浮雕图案的产品。

例 1. 制胶合板用巴栲红柳桉木薄板（板厚 3 毫米）

【答案】4408.3120

【归类说明】本题货品属于板材，应归入本章。查阅品目条文，因该货品的厚度不超过6毫米，其应归入品目44.08。然后该货品按列名归入二级子目4408.31，最后按列名归入子目4408.3120“制胶合板用单板”。

（三）压制的板材及强化木的归类

压制的板材（品目44.10～44.13）包括木质碎料板、纤维板、胶合板及强化木等，须通过人工用机械、化学或物理的方法加工、处理制得。归类时，应注意品目44.11项下货品的加工方法（是否经机械加工或盖面、干法、湿法等）、密度、厚度，以及是否辐射松制；品目44.12项下货品的每层材质及树种名称，以及最大的单层厚度等；品目44.13项下货品的加工方法（压缩、浸渍等）及外观（块、板、条、异型）。

序号	商品描述	归类
1	碎料板、定向刨花板（OSB）及华夫板，木片、木粒或其他木质材料（如蔗渣、竹子、稻草、秸秆、亚麻或大麻的碎片）制得；层压结构板 不包括饰面碎料板及类似板（品目44.12）等	44.10
2	木纤维板（也称密度板）或其他木质材料纤维板 不包括明显作为家具零件的纤维板镶板（第九十四章）等	44.11
3	胶合板、单板饰面板及类似的多层板 不包括经刨切多层板制得的饰面用薄木板（品目44.08）等	44.12
4	强化木，成块、板、条或异型的（参见章注二）	44.13

其中，木质碎料板与纤维板均可用树脂或其他有机黏合剂黏合，其区别在于：前者通常可用肉眼在其边缘上看出其所含的木片、木粒或其他碎片，而后者的纤维一般只能在显微镜下才能辨认出来。

根据章注四的规定，品目44.10、44.11或44.12的产品，可以加工成品目44.09所述的各种形状，或经弯曲、穿孔、切割、制成瓦楞形或正方形或矩形以外的其他形状，或者经其他任何加工，只要不具有其他品目货品的特征，仍应分别归入品目44.10、44.11或44.12。

例2. 表层为巴栲红柳桉木薄板，其他两层为针叶木薄板制的三合板（每层薄板厚度为1毫米）

【答案】4412.3100

【归类说明】本题货品是一种多层胶合板，应归入本章。因该货品符合44.12品目条文的规定，应归入品目44.12。因该货品的三层均是薄木板（每层薄板厚度为1毫米），其应归入一级子目4412.3。因该货品的表层为巴栲红柳桉木薄板，而巴栲红柳桉木属于热带木，该货品应归入二级子目4412.3100“至少有一表层是热带木”。

例 3. 一种大芯板，厚 12 毫米，由两面是针叶木饰面、中间层为碎木料的芯板（厚 8 毫米）胶合而成

【答案】 4412.9992

【归类说明】 本题货品是一种木质的胶合板，应归入本章。因该货品符合 44.12 品目条文的规定，应归入品目 44.12。因该货品中间层的厚度为 8 毫米，超过了 6 毫米，故其应归入一级子目 4412.9“其他”。然后根据其表层是针叶木，且中间层是碎木料的条件，该货品应归入子目 4412.9992“其他，至少含有一层木碎料板”。

（四）木制品的归类

本章的木制品归入品目 44.14～44.21。其中，品目 44.21 包括上述品目所列物品的木制零件，但品目 44.16 所列物品的零件除外。归类时，应注意品目 44.19 项下货品的材质及其是否时一次性产品。

根据本章章注三的规定，这些制品可以用普通木材、碎料板或类似木质材料板、纤维板、层压板或强化木等加工而成。

序号	商品描述	归类
1	木制的画框、相框、镜框及类似品	44.14
2	包装木箱、木盒、板条箱、圆桶及类似的包装容器；木制电缆卷筒；木托板、箱形托盘及其他装载用木板；木制的托盘护框 不包括只能作柴火用的木箱、板条箱等（品目 44.01）等	44.15
3	木制大桶、琵琶桶、盆和其他木制箍桶及其零件，包括桶板、桶板木 不包括切割成桶等形状的家具（如桌及椅）（第九十四章）等	44.16
4	木制的工具（如软膏刀、木台钳）、未装刀片及铁具的木制工具座（如弓锯架）、工具柄、扫帚及刷子的身及柄；木制鞋靴楦及楦头	44.17
5	建筑用木工制品，包括蜂窝结构木镶板、已装拼的地板、木瓦及盖屋板	44.18
6	木制餐具及厨房用具（不包括以装饰为主要特征的货品及家具），如叉、杯、切板、坚果钳 不包括餐刀、餐匙及餐叉的木柄（品目 44.21）	44.19

续表

序号	商品描述	归类
7	镶嵌木（包括细工镶嵌木）；装珠宝或刀具用的木制盒子和小匣子及类似品；木制小雕像及其他装饰品；第九十四章以外的木制家具（如衣帽架、烟灰缸、笔盘）	44.20
8	其他木制品，如衣架、牙签、招牌、模板、蜂箱、筒管、楼梯，以上各品目所列物品的木制零件（但品目44.16所列物品的零件除外）	44.21

其中，品目44.14也包括装有衬背、支架及平面玻璃的框架，以及用木框装镶的印刷图画及照片（若木框构成了物品的基本特征，否则应归入品目49.11）。

归入品目44.15的容器，主要是在包装及运输过程中起到保护作用的，与品目42.02的容器有区别，前者可以没有盖，如大箱、板条箱等。它们可以未经组装或部分组装，但各部分必须是配成整套，可装成一个完整的容器，或装成一个具有完整容器基本特征的不完整容器。

品目44.15中的圆桶及类似的包装容器，是指非箍制的圆桶及琵琶桶，即用钉将桶板与桶面及桶底固定起来的容器；而品目44.16中的圆桶、大桶、琵琶桶，仅限于箍制的容器，即桶体是由开有槽沟的桶板组成，桶面和桶底固定于槽沟上，整个桶用木箍或金属箍箍紧制成。

品目44.18的建筑用木工制品包括细木工制品和普通木工制品。前者主要适用于建筑用的装配件（如门、窗、百叶窗、楼梯、门窗框架和门槛）；后者是指用于建筑结构上的或用于脚手架、拱门支撑等的人工制品（如梁、椽、柱），包括已组装的水泥结构模板、胶合木构件（由数块木料基本顺纹黏合而成的结构件）。

品目44.20的木制小雕像及其他装饰品是批量生产的，用于进出口贸易；而品目97.03的各种材料制的雕塑品原件，可用木材制作，但该品目仅包括雕塑品原件，不包括批量生产的。

品目44.21包括本品目以前各品目未列名的所有经车制或任何其他方法制成的木制品和用镶嵌木制成的物品。

例4. 竹衣架

【答案】4421.1000

【归类说明】根据本章章注六的规定，本章品目中所称的“木”也包括竹及其他木质材料。故本题货品应归入本章。查阅品目，该货品应归入品目44.21，然后按列名归入子目4421.1000“衣架”。

（五）木地板的归类

除已拼装的拼花木地板（又称马赛克地板）归入品目44.18外，一般木地板与相应材质的木板归入同一品目，具体如下：

序号	商品描述	归类
1	天然木质制的木地板	44.09
2	碎料板制的木地板	44.10
3	纤维板制的木地板	44.11
4	胶合板（多层板）制的木地板	44.12
5	拼花地板、竹地板	44.18

第四十五章　软木及软木制品

一、本章商品范围及结构

本章共1条章注、4个品目，包括各种形状的天然软木及其半制成品和制成品、压制软木及其制品。

本章按软木的性质及加工程度排列，其顺序为：天然软木（品目45.01）→天然软木的半制成品（品目45.02）→天然软木制品（品目45.03）→压制软木及其制品（品目45.04）。

二、本章商品归类要点概述

归类时，应注意软木是天然软木还是压制软木及其加工程度。

三、本章商品与相关商品的归类

（一）天然软木及其制品的归类

序号	商品描述	归类
1	未加工或简单加工的天然软木、废碎料、粉粒及粉状的	45.01
2	天然软木半制品，除去表皮或粗切成方形，或成长方块、正方块、板、片或条状的（包括作塞子用的方块坯料）	45.02
3	天然软木制品 不包括品目84.84所列的各式成套垫圈及密封垫、衬有软木圆片的贱金属制皇冠盖（品目83.09）、软木弹垫（品目93.06）等	45.03

例1. 涂塑的保温瓶软木塞子

【答案】4503.1000

【归类说明】本题货品由软木和塑料两种材质构成，看上去既可归入第三十九章，也可归入本章。但该货品所加的涂塑材料并未改变软木的基本特征，故根据归类总规则三（2）的基本特征归类规则，该货品应归入本章。查阅品目，因该货品属于软木制品，应归入品目 45.03，然后按列名归入子目 4503.1000“塞子”。

（二）压制软木及其制品的归类

品目 45.04 包括压制软木（不论是否使用黏合剂压成）及其制品：块、板、片及条；任何形状的砖、瓦；实心圆柱体，包括圆片等。其制品的种类与品目 45.03 所列的范围基本相同，但极少用于制塞子。

压制软木通常是将软木碎、软木粒或软木粉经高温加压制得。较之于天然软木，压制软木更为普遍地用于制皇冠盖圆片。

例 2. 压制的软木瓦

【答案】4504.1000

【归类说明】本题货品为压制软木制品，应归入本章。查阅品目，本题货品符合 45.04 品目条文的规定，应归入品目 45.04，然后按列名归入子目 4504.1000。

第四十六章　稻草、秸秆、针茅或其他编结材料制品；篮筐及柳条编结品

一、本章商品范围及结构

本章共 3 条章注、2 个品目，除丝瓜络制品以外，包括经交织、编织或类似方法将未纺材料组合起来的半制成品及某些制成品。

本章 2 个品目按产品的加工程度由浅至深排列，其顺序为：用编结材料编结或联结成的半制成品及制成品（品目 46.01）→用编结材料直接编成或品目 46.01 所列货品制成的制品等（品目 46.02）。

二、本章商品归类要点概述

用编结方法加工以及以编结材料为原材料是归入本章的货品必须具备的条件。但本章所指的编结材料不归入本章，而是按材料属性归入其他章。

用这些编结材料编结成的半制品或制成品，一般应归入本章。但根据本章章注二的规定，用编结材料加工成的物品，如果具有其他章商品的基本特征，应按其基本特征归入其他章。例如，用编结材料制成的草帽归入第六十五章，草鞋归入第六十四章，藤椅归入第九十四章等。

三、本章商品与相关商品的归类

序号	商品描述	归类
1	用编结材料编成的缏条及类似产品，不论是否缝合成宽条；平行联结或编织的成片编结材料、缏条或类似的编结材料产品，包括半制成品，如酒椰叶织品、藤织品等；某些制成品，如蔺草制的提花席、垫子、席料及帘子；用柳条等编的屏板或镶板等，以上货品可用纺织物或纸张加强、衬背或衬里 不包括用椰壳纤维或西沙尔麻纤维制成的席子及席料，以及以绳索或机织物为基底的类似品（第五十七章）	46.01
2	用编结材料直接制成形的制品；用品目46.01所列货品制成的制品（如篮筐、衣箱、鸟笼、托盘、餐具、厨房用具）；丝瓜络制品（手套、垫片、丝瓜络鞋垫及护颈枕等）	46.02

其中，编结材料是指其状态或形状适于编结、交织或类似加工的材料，包括稻草、秸秆、柳条、竹、藤、灯芯草、芦苇、木片条、其他植物材料扁条（例如，树皮条、狭叶、酒椰叶纤维或其他从阔叶获取的条）、未纺的天然纺织纤维、塑料单丝及扁条、纸带，但不包括皮革、再生皮革、毡呢或无纺织物的扁条、人发、马毛、纺织粗纱或纱线以及第五十四章的单丝和扁条。

常用于编结的非编结材料包括皮革、再生皮革、毡呢或无纺织物的扁条、人发、马毛、纺织粗纱或纱线以及第五十四章的单丝和扁条。

品目46.02的容器与品目42.02的容器的区别是，后者不是用编结材料及用编结方法加工成的。换言之，以第四十六章编结材料制得的品目42.02的货品，应归入第四十六章。

例1. 灯芯草编结的席子

【答案】4601.2911

【归类说明】根据本章章注一的规定，本章所称的“编结材料”包括灯芯草，故本题货品应归入本章。查阅品目，因该货品符合46.01品目条文的规定，应归入品目46.01，然后按列名归入一级子目4601.2“植物材料制的席子、席料、帘子”。该货品是用灯芯草编结的，故应归入四级子目4601.2911“灯芯草属材料制的”。

例2. 由表观宽度为6毫米的聚酯扁条编结的衣箱

【答案】4602.9000

【归类说明】根据本章章注一的规定，本章所称的“编结材料”包括塑料扁条（即宽度超过5毫米的塑料扁条），故本题货品应归入本章。查阅品目，因衣箱是非成片的编结品，故该货品应归入品目46.02。因该货品不是由植物材料制的，应归入子目4602.9000“其他”。

第十类　木浆及其纤维状纤维素浆；回收（废碎）纸或纸板；纸、纸板及其制品

一、本类商品范围及结构

本类共3章（第四十七章至第四十九章），其中纸浆归入第四十七章，纸（板）及其制品归入第四十八章，印刷品归入第四十九章。这3章基本上是按照纸张加工工艺由低至高的顺序排列的。

此外，本类无类注。

二、本类商品归类要点概述

经加工制得的纸（板）的各种制品大部分应归入本类，但某些经加工的纸（板）及其制品的特征已属于其他章的，应归入其他章。例如，肥皂纸归入品目34.01，感光纸归入品目37.03，PH试纸归入品目38.22。

本类商品的原料是纸浆，纸浆归入第四十七章，纸浆经过抄造后制得各种纸（板）及其制品，纸（板）及其制品归入第四十八章。这两章都是与纸有关的货品，但第四十九章的印刷品可以用纸以外的材料为载体，如印有图画的塑料制明信片（品目49.09）。

第四十七章　木浆及其他纤维状纤维素浆；回收（废碎）纸或纸板

一、本章商品范围及结构

本章共1条章注、7个品目，包括木浆及其他纤维状纤维素浆、纸及纸板的废碎品。

本章基本上是按照制浆方法和所用原料排列品目，其7个品目的排列顺序为：机械木浆（品目47.01）→溶解级化学木浆（品目47.02）→非溶解级化学木浆（品目47.03～47.04）→机械—化学木浆（品目47.05）→其他纤维素纸浆（品目47.06）→回收（废碎）纸或纸板（品目47.07）。

二、本章商品归类要点概述

（一）本章不包括由非黏结性聚乙烯或聚丙烯纤维片组成的合成纸浆（品目39.20）等。

（二）本章的纸浆主要是从各种植物材料或植物质纺织废料中获得的纤维素纤维，包括木浆和其他纤维素纸浆。其中，木浆是最重要的纸浆。其他用于制纸浆的材料包括：棉短绒，回收（废碎）纸或纸板，破布（特别是棉布、亚麻布或大麻布）及其他纺织废料（如旧绳），稻草、针茅、亚麻、苎麻、黄麻、西沙尔麻、蔗渣、竹及各种草和芦苇。

本章的纸浆是采用机械加工方法、化学加工方法、机械和化学联合制浆法等制得的。

三、本章商品与相关商品的归类

（一）木浆的归类

根据加工方法，木浆可分为“机械木浆”“化学木浆”“机械—化学木浆”（半化学木浆）。其中，化学木浆又可分为溶解级的化学木浆和非溶解级的化学木浆（包括碱木浆或硫酸盐木浆及亚硫酸盐木浆）。

序号	商品描述	归类
1	机械木浆	47.01
2	化学木浆，溶解级	47.02
3	碱木浆或硫酸盐木浆，但溶解级的除外	47.03
4	亚硫酸盐木浆，但溶解级的除外	47.04
5	用机械与化学联合法制得的木浆；木节纸浆	47.05

例1. 褐色磨木浆（桦木）

【答案】4701.0000

【归类说明】本题货品属于机械木浆，应归入品目47.01，然后按列名归入子目4701.0000。

例2. 亚硫酸盐未漂白针叶木浆（非溶解级）

【答案】4704.1100

【归类说明】本题货品属于化学木浆，应归入本章，然后按列名归入品目47.04，最后按“未漂白”与“针叶木”的条件归入子目4704.1100。

（二）其他纤维素纸浆的归类

这类纸浆的原料是除了木材以外的植物材料（如秸秆、竹、棉短绒）及回收纸或纸板。品目47.06包括从回收（废碎）纸或纸板提取的纤维浆或其他纤维状纤维素浆，例如，棉短绒纸浆、从回收（废碎）纸或纸板提取的纤维浆、竹浆、机械浆、化学浆、用机械和化学联合法制得的浆。

（三）回收（废碎）纸或纸板的归类

品目47.07所列纸及纸板的废品，包括削、切、剪、撕的废纸及纸板、旧报纸和旧杂志、校样、报废印刷品及类似废料，以及纸或纸板的碎料。例如，未漂白的牛皮纸或纸板及瓦楞纸或纸板。

本品目不包括主要用于回收贵金属的含贵金属或贵金属化合物的废碎纸或纸板，如含银或银化合物的废碎感光纸或纸板（品目71.12）等。

以上废碎品一般用于造纸浆，也可用于包装等。

例3. 回收报纸

【答案】4707.3000

【归类说明】本题货品属于回收（废碎）纸，应归入本章。查阅品目，该货品符合47.07品目条文的规定，应归入品目47.07。因该货品是由机械浆制成的，应归入一级子目4707.3000。

第四十八章　纸及纸板；纸浆、纸或纸板制品

一、本章商品范围及结构

本章共12条章注、7条子目注释、22个品目（品目48.15已被删除），包括由第四十七章的木浆或其他纤维状纤维素浆制成的纸、纸板及其制品、复合纸或复合纸板的制品。

本章22个品目基本上按加工程度由浅入深的排列，其顺序为：未涂布的纸（品目48.01~48.05）→经进一步加工但未涂布的纸（品目48.06~48.08）→经涂布的纸（品目48.09~48.11）→特定用途的纸（品目48.12~48.14及48.16）→纸制品（品目48.17~48.23）。

二、本章商品归类要点概述

（一）本章排除以下商品：

序号	商品描述	归类
1	钢纸	39.16、39.17、 39.20、39.21
2	赛璐玢纸	3920.7100

续表

序号	商品描述	归类
3	感光纸或感光纸板	37.01 ~ 37.04
4	香水纸及用化妆品浸渍或涂布的纸	第三十三章
5	石蕊试纸、极谱纸及其他用诊断或实验用试剂浸渍的纸	38.22
6	用肥皂或洗涤剂浸渍、覆盖或涂布的纸或纤维素絮纸	34.01
7	用光洁剂、擦光膏及类似制剂浸渍、覆盖或涂布的纸或纤维素絮纸	34.05
8	捕绳纸	38.08
9	纸制的公文包、手提包等	42.02
10	纸纱线或纸纱线纺织物	第十一类
11	用50%及以上的纺织纤维为原料抄造的纸	56.03
12	砂纸或纸板	68.05
13	纸带编结制品	第四十六章
14	纸制鞋靴	第六十四章
15	纸帽	第六十五章
16	纸制玩具	第九十五章
17	纸制杂项制品	第九十六章
18	纸或纸板衬底的金属箔，用纸衬背的铝箔糊墙品	第十五类
19	以药物浸渍或涂布，或者制成零售形状或包装供医疗、外科、牙科或兽医用的纤维素絮纸	30.05
20	纸基纺织糊墙品	59.05
21	纸制人造花	67.02
22	纸灯罩	94.05
23	用纸强化的层压塑料板，用塑料覆盖或涂布的单层纸或纸板（塑料部分占总厚度的一半以上），以及上述材料的制品（但品目48.14的壁纸除外）	第三十九章

续表

序号	商品描述	归类
24	除品目 48.14 及 48.21 的货品外，印有图案、文字或图画的纸、纸板、纤维素絮纸及其制品，若所印图案、文字或图画作为其主要用途	第四十九章

（二）本章章注四、五、六、九和子目注释一、二、三、六、七对“新闻纸”“书写、印刷或类似用途的纸及纸板”“未打孔的穿孔卡片和穿孔纸带纸”“牛皮纸及纸板”“壁纸及类似品”“牛皮衬纸”“袋用牛皮纸”“半化学的瓦楞纸”“亚硫酸盐包装纸”“轻质涂布纸”等纸品作出了明确的规定。它们归类时，应根据其是否符合相关注释的规定来归类。

（三）纸张的归类

纸张一般按规格、形状、加工程度及用途等归类。

1. 按规格尺寸、形状归类

根据章注八的规定，品目 48.03～48.09 仅适用于大规格的纸，即：成条或成卷时，宽度要大于 36 厘米；成张矩形（包括正方形）时，一边要超过 36 厘米，另一边要超过 15 厘米（以未折叠计）。而不满足上述规格的纸可称为小规格的纸，即品目 48.13、48.18 及 48.23 条文中所称的“一定尺寸”的纸。

大规格的滤纸（块、片、板），归入子目 4805.4000；纸浆制的无规格限制的，归入子目 4812.0000；小规格或切成一定尺寸形状的，归入子目 4823.2000。

品目 48.02、48.10 及 48.11 包括任何尺寸的成卷或成张矩形（包括正方形）的纸及纸板。品目 48.02 还包括任何尺寸或形状的手工制纸及纸板。

归入品目 48.01～48.11 的纸基本上都是成卷或成张的。成卷或成张的纸及纸板是指矩形（包括正方形）的纸及纸板，不论规格如何。而纸或纸板成条或成卷，宽度不超过 36 厘米的；成张矩形（包括正方形），任何一边（以未折叠计）均不超过 36 厘米的；切成矩形（包括正方形）以外的形状的，则分别归入品目 48.16、48.18 或 48.23。

2. 按加工程度（如未漂白、漂白、本体均匀漂白、未涂布；未经表面涂布或未浸渍；涂布或浸渍；印制、非印制等）归类

涂布高岭土或其他无机物质的纸及纸板归入品目 48.10，涂布有机物质的纸及纸板归入品目 48.11。例如，未经涂布的成卷或成张照相原纸归入子目 4802.2010；未漂白的其他薄牛皮纸及纸板（薄纸指重量不大于 150 克/平方米，成卷或成张未经涂布的）归入子目 4804.3100；本体均匀漂白的中厚牛皮纸及纸板（中厚指重量大于 150 克/平方米小于 225 克/平方米，成卷或成张未经涂布的）归入子目 4804.4200；成卷或成张的复合纸及纸板（用黏合剂黏合各层纸或纸板

制成），未经表面涂布或未浸渍，不论内层是否有加强材料，归入子目4807.0000；涂无机物的厚漂白牛皮纸及纸板（厚纸指重量大于150克/平方米，含用化学方法制得的木纤维）归入子目4810.3200；漂白的彩色香纸用双面涂塑厚纸（重量大于150克/平方米，成卷或成张的）归入子目4811.5110；纸或纸板印制的各种标签归入子目4821.1000。

3. 按用途归类

同一种商品不同用途的纸张的归类也不同。例如，书写、印刷用纸归入品目48.02，而非书写、印刷用纸归入品目48.05。另外，品目48.12~48.14分别是纸浆制的虑块、卷烟纸、壁纸及窗用透明纸，它们均是从用途角度去分类的。

以白卡纸为例，涂布无机物的归入品目48.10；涂布有机物的归入品目48.11；无涂布的小规格的归入品目48.23；无涂布的大规格白卡纸，印刷、书写用的，归入品目48.02；无涂布的大规格白卡纸，非印刷、书写用的，归入品目48.05。

4. 从后归类原则

对于符合品目48.01~48.11中两个或两个以上品目所规定的纸、纸板、纤维素絮纸及纤维素纤维网纸，应按号列顺序归入有关品目中的最末一个品目。例如，经硅油涂布的压纹纸，同时符合品目48.08和48.11所规定的纸的定义，根据本章注释七，应归入品目48.11。

此外，在确定部分子目时，有些还要考虑所含纸浆的种类。木浆是造纸的主要原料，根据加工方法的不同可分为3种：机械浆、化学浆和机械—化学浆。例如，子目4802.6要求含机械浆或机械—化学浆，或这些纸浆的含量超过全部纤维含量的10%。

另外，纸张的归类有时还要考虑纸张的纤维种类和含量、重量、亮度、厚度、灰分含量、耐破度、抗撕裂度、粗糙度、抗张强度和抗压强度等。

（四）除品目48.14及48.21的货品外，印有图案、文字或图画的纸、纸板、纤维素絮纸及其制品，若所印图案、文字或图画作为其主要用途，应归入第四十九章。

（五）其他某些易混淆纸的归类如下：

序号	商品描述	归类
1	胶版印刷纸	48.02或48.23
2	胶版印刷涂布纸（即铜版纸）	48.10或48.23
3	铸涂纸（又称高光泽铜版纸或玻璃卡纸）	48.10或48.23
4	胶印版纸	48.09或48.16
5	照相原纸	48.02或48.23
6	感光纸或纸板	37.01~37.04

续表

序号	商品描述		归类
7	（纸浆制的）玻璃纸		48.06 或 48.23
8	赛璐玢纸（塑料制的玻璃纸）		3720.7100
9	未经涂布的滤纸及纸板		48.05 或 48.23
10	经涂布的滤纸及纸板		48.10、48.11 或 48.23
11	热敏原纸		48.02
12	热敏纸		48.11
13	赛璐玢玻璃纸		3920.7100
14	玻璃卡纸		48.10
15	半透明纸		4806.4000
16	用塑料浸涂的绝缘纸		4811.5910
17	用蜡或油等涂布的绝缘纸		4811.6010
18	复印纸		48.02
19	复写纸		48.09 或 48.16
20	牛皮挂面纸（牛皮衬纸）		48.04
21	再生挂面纸		48.05
22	乱码纸、次品纸		本章正品纸的相应品目
23	废纸		47.07
24	已打孔木浆纸	无法按正品纸使用的	4707.1000
		按正品纸使用的	4804.1100
25	擦拭纸	其材质以木浆为主的	48.03、48.18 或 48.23（为工业擦拭用）
26		其材质以化学纤维或人造纤维为主的	56.03
27		在原纸上同时浸渍白蜡和光油的清洁纸（用于清洁轿车和自行车）	34.01 或 34.05

（六）信封等邮品的归类如下：

序号	商品描述	归类
1	纸或纸板制的信封、封缄信片、素色明信片及通信卡片	48.17
2	印刷或有图画的明信片及印有个人问候、祝贺、通告的卡片	49.09

续表

<table>
<tr><th>序号</th><th colspan="2">商品描述</th><th>归类</th></tr>
<tr><td>3</td><td colspan="2">印有邮票尚未使用的信封、明信片等</td><td>49.07</td></tr>
<tr><td>4</td><td rowspan="3">印有图画的首日封及集邮大型张</td><td>未附邮票的</td><td>49.11</td></tr>
<tr><td>5</td><td>附有邮票的但尚未使用的</td><td>49.07</td></tr>
<tr><td>6</td><td>已使用过的</td><td>97.04</td></tr>
</table>

三、本章商品与相关商品的归类

（一）纸及纸板的归类

1. 新闻纸的归类

序号	商品描述	归类
1	成卷或成张的，符合章注四规定的，并经章注三所述加工工艺的	48.01
2	成卷或成张的，不符合章注四规定的	48.02
3	其他形状任何尺寸的	48.23

2. 书写、印刷用的未经涂布的纸及纸板与手工制纸及纸板等的归类

<table>
<tr><th>序号</th><th>商品描述</th><th>归类</th></tr>
<tr><td>1</td><td>手工纸张及纸板（如宣纸）</td><td rowspan="4">48.02</td></tr>
<tr><td>2</td><td>原纸及原纸板（如光敏、热敏、电热敏纸及纸板的原纸及原纸板，壁纸原纸）</td></tr>
<tr><td>3</td><td>书写、印刷或其他绘画用的纸及纸板（如书籍印刷纸、明信片纸、封面纸、打字纸、信封纸）</td></tr>
<tr><td>4</td><td>未打孔的穿孔卡片及穿孔纸带纸</td></tr>
</table>

上述纸及纸板须成条状、卷状或成张矩形（包括正方形），任何尺寸的，方可归入品目48.02。若手工制纸在后续工艺中经涂胶加工，则应归入品目48.11。

热敏原纸是未涂布纸，其定量一般在45克/平方米左右，归入品目48.02；热敏纸是在热敏原纸上涂一层专用涂料制成，归入品目48.11。

3. 卫生纸、面巾纸、餐巾纸等家庭或卫生用纸、纤维素絮纸和纤维素纤维网纸的归类

序号	商品描述	归类
1	成卷或成张的，符合章注八规定的（如擦拭纸）	48.03
2	成卷或成张的，但不符合章注八规定的；切成矩形（包括正方形）以外的其他形状	48.18

其中，纤维素絮纸、纤维素纤维网纸（薄绵纸）不能视为皱纹纸。

除章注三规定允许的加工范围外，品目 48.03 的产品还可以经起皱、压纹、压花、打孔、染面、饰面或印花。

4. 牛皮纸及纸板的归类

序号	商品描述		归类
1	未经涂布的	成卷或成张的，符合章注八规定的（如漂白的袋用牛皮纸）	48.04
2		复合牛皮纸及纸板，不论内层是否有加强材料	48.07
3		超出章注三的加工工艺的皱纹牛皮纸，不论是否压花或穿孔	48.08
4		成卷或成张的，但不符合章注八规定的；或切成矩形（包括正方形）以外的其他形状	48.23
5	已经涂布的	涂布无机物的牛皮纸及纸板，根据漂白与否、克重可分别归入子目 4810.3100、4810.3200 和 4810.3900	48.10
6		涂布、浸渍有机物的牛皮纸及纸板，根据漂白与否、克重、涂布材料，可分别归入子目 4811.5、4811.6 和 4811.9	48.11
7		其他形状任何尺寸的	48.23

其中，品目 48.11 不包括用肥皂或洗涤剂浸渍、覆盖或涂布的纸及纤素絮纸（品目 34.01），用光洁剂、擦光膏或类似制剂浸渍、覆盖或涂布的纸及纤维素絮纸（品目 34.05），石蕊试纸、极谱纸及其他用诊断或实验室试剂浸渍的纸（品目 38.22）等。

5. 其他未经涂布的纸及纸板的归类

序号	商品描述	归类
1	成卷或成张的，符合章注八和章注三的规定［如瓦楞原纸、强韧箱纸板、滤纸及纸板（包括茶袋纸）、吸墨纸］	48.05
2	成卷或成张的，但不符合章注八和章注三规定的；其他形状任何尺寸的不符合其他品目规定的	48.23

6. 经技术处理的植物羊皮纸等的归类

序号	商品描述	归类
1	成卷或成张的，符合章注八的规定（如植物羊皮纸、防油纸、描图纸）	48.06
2	成卷或成张的，但不符合章注八规定的；其他形状任何尺寸的	48.23

7. 复合纸及纸板的归类

序号	商品描述		归类
1	未经表面涂布或未浸渍的	成卷或成张的，符合章注八规定的	48.07
2		成卷或成张的，但不符合章注八规定的；其他形状任何尺寸的	48.23
3	已经涂布的	成条、成卷或成张矩形（包括正方形）的，任何尺寸的	48.10 或 48.11
4		其他形状任何尺寸的，不符合其他品目规定的	48.23

8. 瓦楞纸、皱纹纸、压纹纸、穿孔纸及其纸板的归类

序号	商品描述	归类
1	成卷或成张的，符合章注八规定的	48.08
2	成卷或成张的，但不符合章注八规定的；其他形状任何尺寸的	48.23

其中，品目 48.08 不包括家庭或卫生用的皱纹纸（品目 48.03）、用于纺织提花机及类似机器的穿孔纸卡和穿孔纸板卡，以及纸花边（品目 48.23 等）。

9. 经涂布的纸的归类

序号	商品描述		归类
1	复写纸、自印复写纸及其他拷贝或转印纸（包括涂布或浸渍的油印蜡纸或胶印版纸）	成卷或成张的（不论是否印制），符合章注八规定的	48.09
2		成卷或成张的（不论是否盒装），但不符合章注八规定的；其他形状任何尺寸的	48.16
3	成卷或成张（包括正方形）的任何尺寸的涂布高岭土或其他无机物质（不论是否加黏合剂）的纸及纸板（如铜版纸、白卡纸）		48.10
4	成卷或成张（包括正方形）的任何尺寸的涂布有机物质的纸、纸板、纤维素絮纸及纤维素纤维网纸（如涂塑纸、绝缘纸）		48.11
5	非成卷或成张矩形（包括正方形）经涂布的纸及纸板		48.23

其中，品目 48.10 用作涂料的无机物质有高岭土（中国黏土）、硫酸钡、硅酸镁、碳酸钙、硫酸钙、氧化锌及金属粉；品目 48.11 的涂料必须是高岭土或其他无机物质以外的其他材料，包括焦油、沥青、塑料、蜡、硬脂、纺织纤维屑、锯末、软木粒、虫胶等。

品目48.23包括本章其他品目未列名的纸、纸板、纤维素絮纸及纤维素纤维网纸，如本章其他品目未包括的切成矩形（包括正方形）以外其他形状的书写、印刷或类似用途的纸及纸板。

例1. 经研光处理的书写纸，A4规格（21厘米×29.7厘米），80克/平方米，用化学木浆制得的

【答案】4802.5600

【归类说明】本题货品应按“纸张”归入本章。根据本章章注三的规定，本题货品经研光处理，应归入品目48.02。查阅子目，根据该货品的纤维含量（用化学木浆制的）、每平方米重量和规格，该货品应归入子目4802.5600。

例2. 植物羊皮纸（卷装，宽度大于36厘米）

【答案】4806.1000

【归类说明】本题货品是一种变性加工纸，应按纸张归入本章。查阅品目，该货品符合48.06品目条文的规定，也符合本章章注八的规定，应归入品目48.06，然后按列名归入子目4806.1000“植物羊皮纸”。

例3. 玻璃卡纸（100%漂白化学木浆制造，300克/平方米，规格为787毫米×1092毫米）

【答案】4810.1900

【归类说明】本题货品应按“纸张”归入本章。查阅品目，因该货品是表面涂有高岭土或其他无机物质的纸，应归入品目48.10。因该货品是用100%漂白化学木浆制造的，故归入一级子目4810.1，然后按其尺寸规格（787毫米×1092毫米），归入二级子目4810.1900“其他”。

10. 其他用途的纸的归类

归类时，应注意品目48.14所列货品的加工程度。

序号	商品描述	归类
1	纸浆制的滤块、滤板及滤片（无规格限制） 不包括用于过滤液体的其他纸品，如过滤纸（品目48.05或48.23）等	48.12
2	卷烟纸（含滤嘴纸），其形状一般为成本、成管状、成卷的	48.13
3	壁纸及类似品，符合章注九规定的；窗用透明纸 不包括胶粘糊墙品（第三十九章）、用纸衬背的饰面薄板或软木糊墙品（品目44.08、45.02或45.04）、外观近似窗用透明的转印纸（品目49.08）、纸基纺织糊墙品（品目59.05）、以纺织纤维屑或粉末直接粘于布底上的糊墙品（品目59.07）及用纸衬背的铝箔糊墙品（品目76.07）等	48.14

（二）纸制品的归类

序号	商品描述	归类
1	用于通信的纸或纸板制文具：信封、封缄信片、素色明信片及通信卡片；内装各种纸制文具的盒子、袋子及夹子	48.17
2	纸浆、纸、纤维素絮纸或纤维素纤维网纸制的手帕、面巾、台布、餐巾、床单及类似的家庭、卫生或医院用品、衣服及衣着附件 不包括卫生巾（护垫）及止血塞、婴儿尿布及尿布衬里和类似品（品目96.19）等	48.18
3	纸、纸板、纤维素絮纸或纤维素纤维网纸制的箱、盒、匣、袋、包、锥形袋及纸板桶、供邮寄文件的纸筒、纸罐、纸杯及类似品；唱片盒及唱片套等；纸或纸板制的办公室、商店、仓库等的文件单证的归档或保存用的公文盒、卷宗盒、信件盘、储物盒及类似品 不包括纸制的旅行容器（品目42.02）、用纸编结的物品（品目46.02）及纺织纸纱制的包、袋（品目63.05）等	48.19
4	主要供手书或打字填入内容的纸或纸板制的本子，如登记本、账本、习字本、练习本、卡片盒、卷宗夹、多联商业表格纸；样品簿或粘贴簿（如集邮簿、相簿）、书籍封面（参见章注十） 不包括教学用辅助练习册（品目49.01）、支票簿（品目49.07）等	48.20
5	纸或纸板制的各种标签（标明物品的性质、特性、所有者、目的地、价格等），不论是否印制 不包括由单面或双面以一层薄纸覆面的硬贱金属片制成的“标签”（品目73.26等或83.10）	48.21
6	纸浆、纸或纸板（不论是否穿孔或硬化）制的用以缠绕纱、线的筒管、小管、卷轴、纡子、锥形纱管及类似芯子，以及用以缠绕布匹、纸张或其他材料的圆柱芯 不包括用于类似用途的各种形状的扁平芯子（品目48.23）	48.22
7	本章其他品目未列名的纸制品（如盘、杯、纸扇、神纸、纸垫片及垫圈）	48.23

其中，品目48.17的物品可印上地址、姓名、商标、装潢、徽记、姓名首字母等，但所印内容仅从属于文具的用途。素色明信片须印有供写地址或贴邮票的部位或其他能显示其用途的标记。通信卡片须具有毛边、金边或圆角，经印刷或

其他加工明显作为文具使用。品目48.20的货品有的印有相当多的内容，但只要这些内容是附属于其主要用途的，仍归入本品目。

例4. “天天”牌盒装面巾纸，250张/盒，规格19厘米×20厘米

【答案】4818.2000

【归类说明】本题货品是一种用于清洁面部的纸，应按“纸张”归入本章。该货品看似既可归入品目48.03，又可归入品目48.18。但根据本章章注八的规定，本题货品的尺寸规格不符合该章注的规定，不能归入品目48.03，而应归入品目48.18。然后按列名，该货品归入一级子目4818.2000“纸手帕及纸面巾”。

（三）纸与其他材料复合制品的归类

纸与塑料组成的复合材料，用于壁纸时归入品目48.14；用于其他用途时，用塑料覆盖或涂布的纸、纸板、纤维素絮纸及纤维素纤维网纸，其塑料层不超过总厚度的一半时，其归入本章品目48.11或48.23；其塑料层占总厚度的一半以上的，按塑料归入第三十九章。

用金属箔衬底的纸与纸板归入品目48.11，用纸或纸板衬底的金属箔通常归入第十四类或第十五类。

由50%及以上纺织纤维为原料抄造的纸张，应按无纺织物归类，归入品目56.03。

第四十九章 书籍、报纸、印刷图画及其他印刷品；手稿、打字稿及设计图纸

一、本章商品范围及结构

本章共6条章注、11个品目，除极个别的物品以外，包括：所印花纹图案、文字或图画决定其基本性质及用途的各种印刷品，例如书籍、报纸、小册子、图画、广告品；印刷的转印贴花纸；印刷或图画明信片、贺卡；日历、地图、设计图表及绘画；邮票、印花税票及类似票证；不透明底基缩微本；以手工绘制的类似品（包括手绘地图及设计图表），以及手稿或打字稿的复写本。

本章11个品目按具体列名→一般列名→未列名的顺序排序：一般印刷品（品目49.01～49.03）→其他印刷品（品目49.04～49.11）。

二、本章商品归类要点概述

（一）印刷品一般是印在纸上的，但也可印于其他材料上，大部分归入第四十九章，但也有例外。具体如下：

<table>
<tr><th>序号</th><th colspan="3">商品描述</th><th>归类</th></tr>
<tr><td rowspan="4">1</td><td rowspan="4">所印文字、图案为主要用途</td><td colspan="2">塑料制铺地、糊墙制品</td><td>39.18</td></tr>
<tr><td colspan="2">黏的塑料扁平材</td><td>39.19</td></tr>
<tr><td colspan="2">纸制糊墙品</td><td>48.14</td></tr>
<tr><td colspan="2">纸制标签</td><td>48.21</td></tr>
<tr><td rowspan="5">2</td><td rowspan="5">广告及类似标牌</td><td colspan="2">发光标志</td><td>94.05</td></tr>
<tr><td rowspan="3">非发光标志（按材质归类）</td><td>陶瓷制</td><td>69.14</td></tr>
<tr><td>玻璃制</td><td>70.20</td></tr>
<tr><td>贱金属制</td><td>83.10</td></tr>
<tr><td colspan="2">其他，例如布印刷的地图，塑料印刷的贺卡，用木材、塑料印刷的日历</td><td>第四十九章</td></tr>
<tr><td>3</td><td colspan="3">所印文字、图案为辅助用途的</td><td>其他相应品目，例如，印有图案的手帕归入第十一类，印有图案的信封归入品目48.20</td></tr>
</table>

（二）用纸以外材料装订成册的报纸、杂志和期刊，以及一期以上装订在同一封面里的成套报纸、杂志和期刊，不论是否有广告材料，应归入品目49.01；未装订或仅用纸装订的单份的报纸、杂志和期刊应归入品目49.02。

三、本章商品与相关商品的归类

（一）一般印刷品的归类

此类印刷品包括书籍、报纸、杂志、儿童图画书等。

序号	商品描述	归类
1	书籍（如字典、百科全书）、小册子、散页印刷品及类似印刷品，不论是否单张（参见章注三、四、五） 不包括主要作广告（包括旅游宣传）用的出版物，如商品目录（品目49.11）	49.01
2	报纸、杂志及其他期刊（如周刊、半月刊），不论有无插图或广告材料 不包括由旧报纸、旧杂志或旧期刊构成的废纸（品目47.07）	49.02

续表

序号	商品描述	归类
3	儿童图画书（包括儿童碎布书）、绘画或涂色书（参见章注六） 不包括其用途不是主要供儿童阅读的故事连环画（品目49.01）等	49.03

其中，随书供应的防尘套、书夹子、书签及其他小附件应视作书籍的一部分。

与报纸或期刊一起发行并通常随附出售的增刊（如图片、图样）应视作出版物的组成部分，归入品目49.02。但大型著作（如参考书籍）的节选，有时按周、半月等在一段预定的时期内分期连载的，不应视为期刊，应归入品目49.01。

例1. 书籍《中华人民共和国进出口税则》

【答案】4901.9900

【归类说明】本题货品属于印刷品，应归入本章。因品目49.01已有“书籍”的列名，该货品应归入品目49.01。又因其与列名子目的印刷品不同，应归入子目4901.9900“其他”。

（二）其他印刷品的归类

此类印刷品包括乐谱、地图、邮票、明信片、转印贴花纸、日历等。

序号	商品描述	归类
1	乐谱（与乐谱一同出售的防尘套应视作乐谱的组成部分）、乐器或声乐的原稿或印本，不论是否装订或印有插图；音乐赞美诗本、总谱（含小作品）及音乐教本（载有教学内容及实践谱及练习谱）	49.04
2	表面为“平”的各种印刷的地图、水道图及类似图表，如公路图、挂图、地形图及地球仪，可呈单张或折叠状，或各页汇集装订成书状（如地图册） 不包括立体的浮雕地图、详图及球仪，不论是否印制（品目90.23）；手绘地图、详图等，以及其复写本和照相复制本（品目49.06）等	49.05
3	手绘的建筑、工程、工业、商业、地形或类似用途的设计图纸原稿，包括工业设计图纸（包括印刷或非印刷的工程说明书、规格书等）；供广告宣传用的绘画或素描（如时装绘画、家具的图案）；手稿（包括速记的）；用感光纸照相复印或用复写纸缮写的上述物品复印件 不包括印刷的设计图纸（品目49.05或49.11），打字稿（包括复写本）及手稿或打字稿的复印机复制本（品目49.01或49.11）	49.06

续表

序号	商品描述	归类
4	在国内新发行且未经使用的邮票、印花税票、其他票证，已盖邮戳的信封、封缄卡片、明信片等，其他印有印花税票的纸品，钞票、空白支票、股票、债券及类似所有权凭证（包括信用证、汇票、旅行支票、提货单、地契及股息票） 不包括彩票（品目 49.11）、作为收集品及珍藏品的钞票（品目 97.05）等	49.07
5	转印贴花纸（移画印花法用图案纸），如釉转印贴花纸、供儿童娱乐用的转印贴花纸 不包括名为压印箔或转印箔的转印纸（品目 32.12），用于平版印刷的其他转印纸（品目 48.09 或 48.16）等	49.08
6	印刷或有图画的明信片（如美术明信片）；印有个人问候、祝贺、通告的卡片（如圣诞卡、新年卡、生日卡），不论是否有图画、带信封或饰边等 不包括其印刷内容仅附属于主要用途的素色明信片（品目 48.17），印有或压有邮票印记尚未使用的明信片（品目 49.07），盖有邮戳已使用的明信片（品目 97.04），制成儿童图画书、绘画或涂色书的美术明信片（品目 49.03），制成日历形式的圣诞或新年卡等（品目 49.10）等	49.09
7	印刷的日历，包括“日历芯”（一般装于纸板底基上） 不包括有日历又可记日记的记事本（包括所谓约会日历本）（品目 48.20）等	49.10
8	本章其他品目未具体列名的印刷品（包括图片、设计图样及照片），如海报、示意地图、娱乐场所的入场券、彩票	49.11

其中，无商业价值的印刷品归入子目 4911.1010，而有商业价值的印刷品归入子目 4911.1090。

对于已镶框的图画及照片，若图画及照片构成物品的基本特征，应归入品目 49.11；否则，应按框架属性，作为木材、金属等制品归入相应的品目。

此外，在我国境内的邮品归类如下：

序号	商品描述	归类
1	我国新发行且未经使用的邮票	49.07
2	外国新发行的邮票，我国及外国发行的但已使用过的邮票及超过 100 年的邮票	97.04
3	未印图画的首日封（未贴邮票）	48.17

续表

序号	商品描述	归类
4	印有图画的首日封（未贴邮票）	49.11
5	印有图画的首日封（已贴邮票，未使用过，由我国发行的）	49.07
6	印有图画的首日封（已贴邮票，已使用过，由我国发行的）	97.04
7	印有图画的首日封（已贴邮票，已或未使用过，由外国发行的）	97.04
8	无邮票的集邮大型张	49.11

例 2. 2016 年发行的未使用的中国邮票

【答案】4907.0010

【归类说明】本题货品属于印刷品，应归入本章。查阅品目，该货品符合 49.07 品目条文的规定，应归入品目 49.07，然后按列名归入子目 4907.0010。

例 3. 照相馆中冲印出来的照片

【答案】4911.9100

【归类说明】根据本章章注二的规定，本题货品应归入本章。查阅品目，该货品符合 49.11 品目条文的规定，应归入品目 49.11，然后按列名归入二级子目 4911.9100“图片、设计图样及照片”。

第十一类　纺织原料及纺织制品

一、本类商品范围及结构

本类共有 14 章（第五十章至第六十三章），包括纺织用的各种纺织纤维（如丝、毛、棉、化纤等）、其半成品或中间产品（如纱线、机织物、针织物）和纺织制成品（如地毯、服装、装饰品等）。

本类的 14 章可分为两部分。

第一部分（第五十章至第五十五章）只包括纯纺织材料及以其为原料的半制成品，例如长度在 5 毫米以上的全部纺织纤维（含长丝）、普通纱线、普通机织物。第一部分按纤维属性排列章次：先天然纤维后化学纤维；天然纤维中，先动物质纤维后植物质纤维；化学纤维以长短为序，长丝居前，短纤居后。各章基本上按加工程度由浅入深的顺序列目，即未梳纤维→（拉松的）废料→已梳纤维→纱线→机织物。具体见下表：

<table>
<tr><th>序号</th><th colspan="2">原料性质</th><th>原料属性</th><th>归类</th></tr>
<tr><td>1</td><td rowspan="4">天然</td><td rowspan="2">动物质纤维</td><td>丝</td><td>第五十章</td></tr>
<tr><td>2</td><td>毛</td><td>第五十一章</td></tr>
<tr><td>3</td><td rowspan="2">植物质纤维</td><td>棉</td><td>第五十二章</td></tr>
<tr><td>4</td><td>麻</td><td>第五十三章</td></tr>
<tr><td>5</td><td colspan="2" rowspan="2">化学</td><td>长丝</td><td>第五十四章</td></tr>
<tr><td>6</td><td>短纤</td><td>第五十五章</td></tr>
</table>

第二部分（第五十六章至第六十三章），包括长度在 5 毫米及以下的纺织纤维、特种纱线、线绳索缆、絮胎、非织造布、特种机织物和簇绒织物、狭幅织物、针织物和钩编织物、地毯料及地毯、与非纺织材料混合制纺织商品、各种纺织制成品（须符合第十一类注释七的相关规定）、未拉松的碎或旧纺织商品、石棉以外任何材料制旧鞋帽等。其中，第六十章和除品目条文另有规定的第五十六章至第五十九章以外，一般不含制成品。第二部分是根据产品的用途、特征、制造方法或处理方式等设章。除品目 58.09 及品目 59.02 以外，列目时均直接开列商品名称，不考虑纤维属性。例如，品目 62.15，在品目条文中不分原料，只列出货

品名称为“领带及领结”，而在品目下进一步按原料属性细分子目，如丝及绢丝制领带及领结归入子目6215.10而化学纤维制领带及领结归入子目6215.20。这部分的有关章归类如下：

序号	商品描述	归类
1	絮胎、毡呢及无纺织物；特种纱线；线、绳、索、缆及其制品	第五十六章
2	地毯及纺织材料的其他铺地制品	第五十七章
3	特种机织物、簇绒织物、花边、装饰毯、装饰带、刺绣品	第五十八章
4	浸渍、涂布、包覆或层压的纺织物、工业用纺织制品	第五十九章
5	针织物、钩编织物	第六十章
6	针织或钩编的服装及衣着附件	第六十一章
7	非针织或非钩编的服装及衣着附件	第六十二章
8	其他纺织制成品、成套物品、旧衣着及旧纺织品、碎织物	第六十三章

二、本类商品归类要点概述

（一）纺织纤维、纱线、纺织物的分类

1. 纺织纤维的分类

纺织纤维按其来源可分为天然纤维和化学纤维。前者包括动物纤维（蚕丝、动物毛）、植物纤维（棉花、其他植物纤维），后者包括人造纤维与合成纤维。

2. 纺织纱线的分类

按纱线结构分，纺织纱线可以是单纱、多股纱线或缆线。按纤维组成分类，纱线分为纯纺纱线、混纺纱线和伴纺纱线。按用途来分，纱线分为加工用纱和成品用纱线。在《税则》中，纱线又分为普通纱线和特种纱线。

3. 纺织物的分类

根据加工方法的不同，纺织物包括：普通机织物、特种机织物；絮胎、毡呢、无纺织物；地毯；针织物、钩编织物，以及其他特殊加工的织物，如网眼薄纱；花边；标签、徽章、装饰带；工业用途的帘子布等。

（二）纺织纤维、纺织纱线、纺织机织物及纺织制品的归类

1. 纺织纤维的归类

《税则》中纺织纤维的范畴包括天然纤维和化纤短纤，不包括化纤长丝。故纺织纤维主要分布在第五十章至第五十三章及第五十五章中各章的前面部分。

归类时，首先要根据纺织纤维的属性（天然纤维还是化学纤维；若是化学纤

维，还要判断是合成纤维或是人造纤维）确定章；然后根据其加工状态（例如未梳和已梳）和纤维种类确定品目及子目。

例 1. 未梳的克什米尔山羊绒

【答案】5102. 1100

【归类说明】本题的货品属于动物细毛，应归入第五十一章。查阅品目，该货品符合 51. 02 品目条文的规定，应归入品目 51. 02，然后按列名归入子目 5102. 1100。

2. 纺织纱线的归类

（1）纱线的细度

纱线的细度指标主要包括“特克斯（tex）”和“公支”两种。“特克斯”指 1000 米长的纱线、长丝等在公定回潮率下的重量，属于定长制。如 1000 米长的纱线重 6 克（在公定回潮率下），则该纱线的细度为 6 特克斯或 60 分特（dtex）。“公支”指 1 克重的纱线（包括长丝、纤维或其他纺织材料）的长度（米），属于定重制。如 1 克重的纱线长为 14 米，则该纱线的细度为 14 公支。

（2）纱线的捻向、捻度

捻向即加捻的方向，分为顺时针捻（又称“S”捻）和逆时针捻（又称“Z ”捻）。捻度指每米长纱线加捻的转数。

（3）纱线的归类

首先需要判断货品是普通纱线还是特种纱线。普通纱线（用一般的加捻方法获得）归入第五十章至第五十五章，由单一纤维制成的普通纱线，根据各章的要求，按规定的细度、成分、捻向和捻度、强度、结构（单纱或股线）、精梳或粗梳、供零售或非零售等要求归入相应的章。同时，对于化纤纱线的归类，应注意截面尺寸超过 1 毫米的化纤单丝，其表观宽度超过 5 毫米的化纤扁条，应作为塑料归入第三十九章。特种纱线一般归入第五十六章。具体归类如下：

序号	纱线分类	纱线细分	用途	归类
1	特种（第五十六章）	用纺织材料包覆的橡胶线及绳，用橡胶或塑料浸渍、涂布、包覆或套裹的纺织纱线及纺织扁条	—	56. 04
2		含金属纱线	—	56. 05
3		绳绒线、粗松螺旋花线、纵行起圈纱线等	—	56. 06
4		线、绳、索、缆（符合类注三）	—	56. 07

续表

序号	纱线分类	纱线细分	用途	归类
5	普通（第五十章至第五十五章）	缝纫线（符合类注五）	—	品目 52.04、54.01、55.08
6		非缝纫线	供零售用（符合类注四）	相应品目
7			非供零售用	相应品目

其中，缝纫线（符合类注五 ）是一种常见的纱线。棉缝纫线、化纤长丝缝纫线和化纤短纤缝纫线分别归入品目 52.04、54.01 及 55.08。缝纫线必须是股线或缆线。

非缝纫线在归入第五十章至第五十五章（第五十三章除外）时，都须区分其“供零售用”和“非供零售用”，判断依据是本类类注四的规定，即依其包装形式、纱线的种类和重量加以区分。

综上所述，纺织材料制的纱线、线、绳、索、缆归类如下：

种类	确定归类的特征	归类
用金属线加强的	任何情况	56.07
含金属纱线制	任何情况	56.05
粗松螺旋花线（品目 51.10 及 56.05 所列货品除外）、绳绒线及纵行起圈纱线	任何情况	56.06
编织的纺织纱线	紧密编结，结构密实	56.07
	其他	58.08
其他：丝或绢丝制	细度在 20000 分特及以下	第五十章
	细度在 20000 分特以上	56.07
羊毛或其他动物毛制	任何情况	第五十一章
亚麻或大麻制	加光或上光的，细度在 1429 分特及以上	56.07
	加光或上光的，细度在 1429 分特以下	第五十三章
	未加光或上光的，细度在 20000 分特及以下	第五十三章
	未加光或上光的，细度在 20000 分特以上	56.07

续表

种类	确定归类的特征	归类
椰壳纤维制	一股或两股的	53.08
	三股及以上的	56.07
纸制	任何情况	53.08
棉或其他植物纤维制	细度在20000分特及以下	第五十二章或第五十三章
	细度在20000分特以上	56.07
化学纤维（包括第五十四章的两根及多根单丝制的纱线）制	细度在10000分特及以下	第五十四章或第五十五章
	细度在10000分特以上	56.07

注意，品目50.06的蚕胶丝、未加捻或捻度每米少于5转的复丝纱线，以及第五十四章的单丝和第五十五章的化纤长丝丝束，在任何情况下均不得归入品目56.07。

例2. 粘胶单丝，截面尺寸0.9毫米，细度80分特

【答案】5405.0000

【归类说明】本题货品属于化学纤维中的人造纤维，应按化学纤维长丝归入第五十四章。查阅品目，依其截面尺寸及纱线细度，其应归入品目54.05，然后归入5405.0000。

例3. 聚丙烯扁条，表面宽6毫米，非发泡，非自粘

【答案】3920.2090

【归类说明】聚丙烯是化学纤维中的合成纤维。扁条属于长丝纱线中的一种。本题货品似可按"化学纤维长丝"归入第五十四章，但本类类注一（七）规定，本类不包括表面宽度超过5毫米的塑料扁条及类似品（如人造草）（第三十九章），因本题货品其表面宽度为6毫米，其不属于品目54.04的商品范畴，应归入第三十九章。

查阅品目，该货品为非发泡，符合39.20品目条文的规定，其应归入品目39.20。因该货品是聚丙烯制的，应归入一级子目3920.2，然后归入三级子目3920.2090"其他"。

3. 纺织机织物的归类

机织物的归类可能涉及5个方面的因素：组织结构、纤维原料、表面特征、幅宽及重量。其具体步骤如下。

第一，判断机织物是否是"狭幅机织物"。若是，其归入品目58.06（但流苏状的狭幅机织物归入品目58.08）。经浸渍、涂布、包覆或层压的狭幅机织物通常归入品目59.03、59.06或59.07。

第二，对于非狭幅机织物，再根据织物组织判断其是特种机织物还是普通机织物。特种机织物归入第五十八章，包括起绒机织物及绳绒织物（品目 58. 01）、毛巾织物及类似的毛圈机织物（品目 58. 02）和纱罗（品目 58. 03）。普通机织物归入第五十章至第五十五章，并根据纤维原料和重量百分比确定相应的章和品目，具体包括：

序号	商品描述	归类
1	蚕丝机织物	50. 07
2	羊毛、动物细毛及动物粗毛的机织物	51. 11 ~ 51. 13
3	棉机织物	52. 08 ~ 52. 12
4	麻机织物及其他植物纤维的机织物	53. 09 ~ 53. 11
5	化纤长丝机织物	54. 07 ~ 54. 08
6	化纤短纤机织物	55. 12 ~ 55. 16

归类时，应注意以下几点：

（1）对于上述由底布和绒面或毛圈面构成的起绒机织物和毛圈机织物，根据本类子目注释二（二）2 的规定，在确定子目归类时，可不考虑底布纤维材料的属性，而考虑绒面或毛圈面纤维材料的属性。

（2）织物组织对普通机织物归类的影响体现在子目中，且仅在第五十二章和第五十五章子目中有 3 个列名：“平纹”“三线或四线斜纹”“其他”。除“平纹”“三线或四线斜纹”以外，其他组织均按“其他”归类。

根据本类类注九的规定，第五十章至第五十五章的普通机织物还包括由若干层平行纱线以锐角或直角相互层叠，在纱线交叉点用黏合剂或以热粘合法黏合而成的织物。

（3）织物的染整加工赋予织物不同的表面特征，也会影响机织物的子目归类。机织物的表面特征包括未漂白、漂白、染色、色织和印花，相关规定参见本类子目注释一（四）至（八）。

除以上加工外，机织物的加工还包括丝光、磨绒、植绒、浸渍、涂布、包覆及层压等。其中，丝光、磨绒、植绒一般不影响机织物的归类。例如，根据本类子目注释一（八）的规定，通过植绒印成花纹图案的普通机织物仍按普通机织物归类，其表面特征是印花。但若在机织物的表面全部植绒，即在其表面覆盖一层绒毛，则其应归入品目 59. 07。

根据第五十九章注释一的规定，第五十章至第五十五章的普通机织物、品目 58. 03 的纱罗和品目 58. 06 的狭幅机织物、品目 58. 08 的成匹编带和装饰带及品目 60. 02 至 60. 06 的针织物或钩编织物，经过浸渍、涂布、包覆及层压加工的，应归入第五十九章。

例 4. 全棉的漂白平纹机织物，250 克/平方米

【答案】5209.2100

【归类说明】本题货品是普通机织物，应按原料来确定章。该货品的原料为“棉”，其应归入第五十二章。查阅品目，该货品符合 52.09 品目条文的规定，应归入品目 52.09，然后根据“漂白”和“平纹”两个条件，归入子目 5209.2100。

例 5. 全棉染色的灯芯绒（已割绒）机织物，450 克/平方米，幅宽小于 30 厘米

【答案】5801.2200

【归类说明】本题货品是起绒机织物，属于特种机织物，应归入第五十八章。查阅品目，该货品符合58.01 品目条文的规定，应归入品目 58.01。因该货品是全棉的，应归入一级子目 5801.2“棉制”，然后按列名归入二级子目 5801.2200“割绒的灯芯绒”。

4. 纺织制品的归类

符合本类类注七规定的纺织制品应归入第五十六章至第六十三章。

序号	商品描述	归类
1	絮胎制品	56.01
2	纺织材料制成的渔网及其他网	56.08
3	用纱线、纺织扁条或线、绳、索、缆制成的其他品目未列名的物品	56.09
4	地毯及纺织材料的铺地制品	第五十七章
5	手织装饰毯、手工针绣嵌花装饰毯	58.05
6	灯芯、炉芯、打火机芯及烛芯	59.08
7	纺织材料制的水龙软管	59.09
8	纺织材料制的传动带或输送带	59.10
9	其他专门技术用途的纺织制品	59.11
10	针织或钩编的服装及衣着附件	第六十一章
11	非针织或非钩编的服装及衣着附件	第六十二章
12	其他纺织制成品	第六十三章

归类时，应注意：在确定上述纺织制品的子目时，往往根据其纤维材料的种类来区分；根据第十一类子目注释二（一）的规定，含有两种或两种以上纺织材料的纺织制品，应参照该类注释二对第五十章至第五十五章及品目 58.09 或 59.02 的此类纺织材料产品归类的规定来确定归类。

（三）混纺产品的归类

根据第十一类类注二的规定，可归入第五十章至第五十五章任何品目（废料、纱线、机织物等）或品目 58.09 或 59.02 的由两种或两种以上不同纺织材料混合制成的产品，应按其中重量最大的那种纺织材料归类。当没有哪种纺织材料重量较大时，应归入可归入品目中的最后一个品目（即从后归类）。

在计算重量时，应注意下列几点。

第一，先确定章，同章不同的纺织材料应合并计算重量，再和其他章比较；第五十四章和第五十五章均属于化学纤维，当这两章与其他章比较时，应将这两章视为一个单一的章，即化学纤维长丝和短纤应合并计算重量再和其他章比较。

然后确定品目，同一品目所列各种不同的纺织材料应合并计算重量再和可归入的本章其他品目比较，对不归入该章的其他材料则不予考虑。

第二，在确定主要与哪种纺织材料混纺时，应以混纺材料中重量最大的为主要混合对象，重量相等则从后。

第三，马毛粗松螺旋花线和含金属纱线应作为一种单一的纺织材料对待，其重量应为它们在纱线中的合计重量。

第四，在机织物的归类中，金属线应作为一种纺织材料。

例如，某机织物，按重量计含粗梳羊毛 45%、合成纤维短纤 44%、金属纱线 11%，其中金属纱线中含合成纤维短纤 90%。在此例中，11% 的金属纱线应视为一种纺织材料，而不应去考虑它的构成成分。因羊毛的比例大于合成纤维的比例，故该机织物应归入子目 5111. 3000。

第五，纺织纤维所含的浆料［例如，对蚕丝增重（加重）浆料］，以及浸渍、涂布、包覆或旋覆所用的产品，不应视为非纺织材料。换言之，纺织纤维的重量是按报验时其所处状态的重量计算的。

例 6. 由 35% 亚麻、25% 黄麻及 40% 棉的加工而得的纺织材料

【答案】 5301. 2900

【归类说明】 本题中的亚麻和黄麻都归入第五十三章，根据上述规定，它们可合并计算，共计 60%，合计后的含量比棉的含量大，故本题货品应归入第五十三章。

因亚麻的重量大于黄麻的重量，故按亚麻进行归类，归入品目 53. 01。该货品已经加工，应归入一级子目 5301. 2，然后归入二级子目 5301. 2900。

例 7. 由 70% 粗梳棉和 30% 涤纶短纤纺制的缆线，每根单纱 10 公支，非供零售用

【答案】 5206. 3100

【归类说明】 本题货品是以粗梳棉和涤纶为原料经混纺制得的纱线。其中，粗梳棉归入第五十二章，涤纶短纤归入第五十五章。两章相比较，粗梳棉的含量超过涤纶短纤的，故根据第十一类类注二（一）的规定，该货品应按棉纱线归入第五十二章。

因该货品的棉含量小于85%，且是非供零售用的，其应归入品目52.06。因该货品是粗梳缆线，应归入一级子目5206.3，然后根据“每根单纱10公支”的条件，归入二级子目5206.3100。

例8. 含黄麻40%、涤纶长丝30%、粘胶短纤30%的未漂白机织物（210克/平方米）

【答案】5516.9100

【归类说明】本题货品是由不同纺织原料混纺制成的。其中，黄麻归入第五十三章，涤纶长丝归入第五十四章，粘胶短纤归入第五十五章。根据第十一类类注二（二）3的规定，涤纶长丝和粘胶短纤的含量可合并计算为60%，其超过了黄麻的含量，故该货品应按化学纤维机织物归类。

因涤纶长丝和粘胶短纤含量相等，根据第十一类类注二（一）“比例相同从后归类”的规定，本题货品应以粘胶短纤为主，按“化学纤维短纤织物”归入第五十五章。

粘胶属于人造纤维，本题货品应按“人造纤维短纤机织物”归入品目55.16。然后根据“粘胶短纤30%”“未漂白”“黄麻混纺”三个条件，该货品归入二级子目5516.9100。

第五十六章至第六十三章品目的设置是不考虑纤维属性的，但在子目归类时，应考虑纤维属性，根据第十一类子目注释二，上述章混纺产品在子目中的归类比照第十一类类注二对第五十章至第五十五章的混纺产品的归类规定来确定，即按重量大的纤维所在的子目归类，同子目的不同纤维应合并计算重量再和其他子目比较，重量相等的则从后归类。

在计算重量时，应注意：对由底布和绒面或毛圈面构成的纺织品，在归类时不考虑底布的属性；品目58.10的刺绣品及其制品，归类时应只考虑底布的属性，但不见底布的刺绣品及其制品应根据绣线的属性确定归类。

例9. 由羊毛50%和醋酸50%的混纺制成的平绒机织物（纬起绒，幅宽110厘米，360克/平方米）

【答案】5801.3300

【归类说明】本题货品属于特种机织物，应归入第五十八章。因本题货品属于起绒机织物，应归入品目58.01。因羊毛纤维与醋酸纤维的含量相同，根据第十一类类注二（一）“比例相同时从后归类”的规定，该货品应归入一级子目5801.3“化学纤维制”，然后归入二级子目5801.3300“其他纬起绒织物”。

例10. 毛涤粘机织男衬衫，其含量为羊毛45%、涤纶20%、粘纤35%

【答案】6205.3000

【归类说明】本题货品属于非针织的服装，应归入第六十二章，然后按列名归入品目 62.05。

该货品是由 3 种不同纺织原料混纺制成的，其中羊毛归入第五十一章，涤纶归入第五十四章，粘纤归入第五十五章。根据第十一类类注二（二）3 的规定，涤纶和粘纤的含量应合并计算为 55%，其超过了羊毛的含量，故该货品应归入子目 6205.3000“化学纤维制”。

（四）服装和衣着附件的归类

纺织服装分为动物用的（第四十二章）、玩偶用的（第九十五章）和人类用的（第六十一章及第六十二章）。

人类用的服装通常根据面料所采用的织法作为基本特征归入相应的章节，具体步骤如下：一是确定织法，针织或钩编服装及衣着附件（品目 62.12 的商品除外）归入第六十一章，非针织或非钩编服装及衣着附件归入第六十二章，旧衣物归入第六十三章；二是确定男式、女式，按照不同的服装类别归入相应的前 4 位品目；三是在前 4 位的基础上，根据织物材料归类，即：单一成分，按成分归类；两种纺织材料混纺的，按重量较大的归类；由两种以上混纺的，先合并相关纺织材料，再按重量较大的归类。

例 11. 单独进口的羊毛针织西服背心

【答案】6110.1100

【归类说明】本题货品属于针织服装，应归入本章。西服背心属于外穿背心，应归入品目 61.10，然后按列名归入一级子目 6110.1“羊毛或动物细毛制”，最后按列名归入二级子目 6110.1100“羊毛制”。

第五十章　蚕丝

一、本章商品范围及结构

本章共 7 个品目，主要包括丝的原料、落绵或其他废丝、普通纱线和丝绸（机织）、蚕胶丝和作为丝归类的混纺材料。本章所称的“丝”包括家蚕（桑蚕）丝、野蚕丝（如柞蚕丝）、蜘蛛丝、海丝及贝足丝。

本章商品按加工顺序（纤维、纱线、机织物）排列品目，具体顺序为：丝原料（品目 50.01 ~ 50.03）→丝或绢丝纱线（品目 50.04 ~ 50.06）→ 丝或绢丝机织物（品目 50.07）。

二、本章商品归类要点概述

本章的纱线包括全部用蚕丝纤维纺成的纱线，以及用蚕丝与其他纤维混纺，但以蚕丝为基本特征的纱线。对于混纺纱线，应按第十一类类注二的规定进行归类。

归入本章的纱线，其细度应不超过20000分特，否则根据本类类注三应作为“线、绳、索、缆”归入品目56.07。

归类时，应注意货品的种类、用途（丝线是否用于零售或蚕茧是否适用于缫丝）、规格型号（丝线的细度支数、织物的幅宽、混纺产品的各成分及含量百分比，特别是丝含量）及染整方法，例如，织物是否漂白或练白。

三、本章商品与相关商品的归类

（一）丝原料的归类

序号	商品描述	归类
1	适于缫丝的蚕茧 不包括不能缫丝的蚕茧（品目50.03）	50.01
2	未加捻的生丝，如未加捻的桑蚕厂丝/土丝、柞蚕丝 不包括加捻生丝（品目50.04）	50.02
3	废丝，如不适于缫丝的蚕茧、废纱、丝落绵及回收丝纤维 不包括丝质纺织纤维屑、粉末及球结（品目56.01）等	50.03

其中，桑蚕丝包括“厂丝”“土丝”“双宫丝”等。“厂丝”是指用机器缫制的桑蚕丝。“土丝”是用手工缫制的桑蚕丝。“双宫丝”是指以两只或两只以上的蚕在一起结成的茧为原料缫制的桑蚕丝。

例1. 白厂丝（未加捻）

【答案】5002.0011

【归类说明】本题货品是用机器缫制的桑蚕丝生丝，应归入本章。查阅品目，该货品未加捻，应归入品目50.02，然后按列名归入子目5002.0011。

（二）丝或绢丝纱线的归类

序号	商品描述	归类
1	用品目50.02的长丝状生丝纺成的丝纱线，非供零售用 不包括供零售用的丝纱线（品目50.06），符合线、绳等定义的丝纱线（品目56.07）及丝质仿肠线（品目56.04）	50.04
2	用品目50.03的丝落绵或其他废丝所纺成的纱线，即绢纺纱线，非供零售用	50.05
3	供零售用的绢纺纱线、蚕胶丝、丝纱线、绸纱线 不包括消毒蚕胶丝（品目30.06）、装有鱼钩的蚕胶丝（品目95.07）等	50.06

（三）丝或绢丝机织物的归类

品目 50.07 项下的货品为用丝、䌷丝及其他绢丝纺成的机织物，包括：纺绸、山东绸、罗绸及其他远东丝绸；绉绸；薄丝织物，例如薄纱织物、紧捻纱罗织物及巴里纱织物；密织织物，例如塔夫绸、缎子、罗缎、云纹绸及锦缎。但本品目不包括丝绒（品目 58.01）、丝纱罗织物（品目 58.03）。

例 2. 纯桑蚕丝漂白双绉机织物（幅宽 110 厘米）

【答案】5007.2011

【归类说明】本题货品是一种机织丝绸织物，应归入本章。查阅品目，该货品属于丝机织物，应归入品目 50.07，然后按“桑蚕丝机织物”和“漂白”的条件归入子目 5007.2011。

第五十一章　羊毛、动物细毛或粗毛；马毛纱线及其机织物

一、本章商品范围及结构

本章共有 3 条章注、13 个品目，主要包括：羊毛、其他动物细毛或粗毛、普通毛纱线及普通毛机织物；作为羊毛或动物毛归类的混纺材料，以及马毛纱线及其机织物。

本章 13 个品目按照加工程度由低至高排列，其排列顺序为：毛纤维（品目 51.01～51.05）→毛纱线（品目 51.06～51.10）→毛的机织物（品目 51.11～51.13）。

二、本章商品归类要点概述

根据本章章注，“羊毛”是指绵羊或羔羊身上的天然纤维。

“动物细毛”是指下列动物的毛：羊驼、美洲驼、驼马、骆驼（包括单峰骆驼）、牦牛、安哥拉山羊、西藏山羊、克什米尔山羊及类似山羊（普通山羊除外）、家兔（包括安哥拉兔）、野兔、海狸、河狸鼠或麝鼠。动物细毛一般较羊毛柔软、挺直。

“动物粗毛”是指以上未提及的其他动物的毛（牛科及马科动物胁腹部的毛及普通山羊毛、狗毛、猴毛或水獭毛），但不包括制刷用鬃、毛（品目 05.02）及马毛（品目 05.11）。

三、本章商品与相关商品的归类

（一）毛纤维的归类

归类时，应注意品目 51.01 所列货品的加工程度（未梳、含脂、脱脂、碳化

等），品目 51.05 所列货品的种类（羊毛条、羊毛片毛、兔毛、克什米尔山羊毛）及梳理方法（粗梳或精梳）。

序号	商品描述	归类
1	未梳的绵羊毛或羔羊毛	51.01
2	未梳的动物细毛或粗毛，可经洗涤、漂白、染色或人工卷曲 不包括经加工作假发及类似品用的动物粗、细毛（品目 67.03）等	51.02
3	羊毛及动物粗毛或细毛的废料，包括废纱线 不包括仅适于作肥料的废羊毛或废动物毛（第三十一章），回收纤维	51.03
4	羊毛或动物粗、细毛的回收纤维，不论是否漂白或染色	51.04
5	粗梳羊毛、羊毛条及其他精梳羊毛（如精梳片毛）、已梳动物细毛（如无毛山羊绒）、已梳动物粗毛	51.05

例 1. 克什米尔山羊绒（未梳）

【答案】 5102.1100

【归类说明】 根据本章章注二的规定，本题货品视为动物细毛，应归入本章。查阅品目，因该货品未梳，其应归入品目 51.02，然后按一级子目“细毛”和二级子目“克什米尔山羊”的列名归入子目 5102.1100。

（二）毛纱线的归类

毛纱线归入品目 51.06～51.10。归类时，应考虑纱线是否精梳、是否供零售用、羊毛或动物细毛的含量、每平方米重量（克/平方米）、与何种纤维混纺等因素。混纺的纱线，应按第十一类注释二的规定办理。“供零售用”纱线，需按第十一类注释四的规定确定。具体归类如下：

<table>
<tr><th>序号</th><th colspan="2">商品描述</th><th>归类</th></tr>
<tr><td>1</td><td rowspan="2">按重量计羊毛含量在 85% 及以上或以下</td><td>非供零售用的粗梳羊毛纱线</td><td>51.06</td></tr>
<tr><td>2</td><td>非供零售用的精梳羊毛纱线
不包括用精梳毛片的粗梳羊毛纺成的纱线，以及称为精纺—粗梳纱线的产品（品目 51.06）</td><td>51.07</td></tr>
<tr><td>3</td><td colspan="2">非供零售用的动物细毛（粗梳或精梳）纱线</td><td>51.08</td></tr>
<tr><td>4</td><td colspan="2">供零售用的羊毛或动物细毛的纱线</td><td>51.09</td></tr>
<tr><td>5</td><td colspan="2">不论是否供零售用的动物粗毛或马毛的纱线（包括马毛粗松螺旋花线，属普通纱线）
不包括单股马毛纱（无首尾相连接的）（品目 05.11）</td><td>51.10</td></tr>
</table>

其中，品目 51.06 的粗纺纱线不如精纺毛纱均匀、光洁，一般捻得较松，也较粗。

用几股粗梳毛纱和几股精梳毛纱纺制的多股纱线，应根据多股纱线中其所含两种毛纱中重量最大的一种归入品目 51.06 或 51.07。

例 2. 马毛纱线（供零售用）

【答案】5110.0000

【归类说明】本题货品是以马毛为原料纺成的纱线，应归入本章。查阅品目，该货品符合 51.10 品目条文的规定，应归入品目 51.10，然后按列名归入子目 5110.0000。

（三）毛的机织物的归类

归入本章的机织物是普通机织物，其幅宽应超过 30 厘米，否则，按狭幅机织物归入品目 58.06。

归类时，还应注意原料属性、含量、是否精梳、每平方米重量及与何种纤维混纺等因素。

序号	商品描述	归类
1	用粗梳的羊毛或动物细毛纱线织成的机织物	51.11
2	用精梳的羊毛或动物细毛纱线织成的机织物（参见品目 51.11）	51.12
3	用品目 51.02 的动物粗毛或用品目 51.10 的马毛纱线或品目 05.11 的单股马毛织成的机织物	51.13

品目 51.11 的机织物称作粗纺呢绒，以素色为主，一般是平纹、斜纹及斜纹变化组织，以斜纹类组织为主。粗纺呢绒分为麦尔登类、大衣呢类、海军呢类、制服呢类、女式呢类、法兰绒类、粗花呢类、大众绒类、其他类共九类。

品目 51.12 的机织物称作精纺呢绒，织物表面平滑，可明显见到经纬纱线。精纺呢绒分为哔叽类和啥味呢类、华达呢类、中厚花呢类（195 克/平方米 ~ 315 克/平方米）、凡立丁和派力司类、女衣呢类、贡呢类（马裤呢、巧克丁、驼丝锦等）、薄花呢类（195 克/平方米以下）、其他类共八类。

上述两个品目的机织物的主要区别在于：前者经缩绒和起毛，后者不经缩绒和起毛。

例 3. 纯羊毛纱线织造的华达呢织物（150 克/平方米，幅宽 180 厘米）

【答案】5112.1100

【归类说明】本题货品为羊毛机织物，应归入本章。该货品是一种精梳毛机织物，应归入品目 51.12，然后按“纯羊毛即 100% 羊毛”和“150 克/平方米”的条件归入子目 5112.1100。

第五十二章　棉花

一、本章商品范围及结构

本章共有 1 条子目注释、12 个品目，包括棉花、废棉、已梳棉、普通棉纱线和普通机织物、作为棉归类的混纺纱线和混纺机织物。

本章 12 个品目按照加工程度由低至高排列，其顺序为：棉纤维（品目 52.01 ~ 52.03）→棉纱线（品目 52.04 ~ 52.07）→棉机织物（品目 52.08 ~ 52.12）。

二、本章商品归类要点概述

棉纱线的纱线细度习惯以公制支数、英制支数来表示。其中，公制支数、英制支数的换算关系为：英支数 = 0.5905 × 公支数。

平布、细纺、罗布、巴里纱、府绸等是平纹组织织物；斜纹布、哔叽、卡其、华达呢等是斜纹组织织物；直贡、横贡等是缎纹组织织物。

三、本章商品与相关商品的归类

（一）棉纤维的归类

棉纤维归类时，要注意其加工状态：未梳的或已梳的。具体归类如下：

序号	商品描述	归类
1	未梳的棉花，包括刚摘下的籽棉和仅经轧制的皮棉，以及经洗净、漂白、染色或脱脂的棉纤维（纤维一般长度在 1 厘米 ~ 5 厘米之间） 不包括通常长度不超过 5 毫米的棉短绒（子目 1404.2000）、棉条（子目 5203.0000）、棉絮胎（子目 5601.2100）等	52.01
2	废棉（包括废棉纱线及回收纤维），如精梳机落棉、梳条或粗纱碎棉片	52.02
3	粗梳或精梳的棉花（含回收纤维及其他废棉），即从梳理后至棉条的各产品均属于已梳的棉花，但没有经纺纱的加捻加工。如理发师用的粗梳成棉条形状的棉花及棉条经加工制成的粗纱（尚未成为纱线）	52.03

（二）棉纱线的归类

归入本章的棉纱线属普通纱线，其细度应不超过 20000 分特，包括品目 52.04 ~ 52.07 所列的纱线。品目归类时，要判断棉纱线是否为缝纫线、是否供零售用及考虑棉的含量。子目归类时还要区分纱线的种类（单纱、多股纱线或缆线）、粗梳或精梳及纱线的细度。如果是混纺的纱线，要根据第十一类注释二的规定处理。具体归类如下：

序号	商品描述		归类
1	非供零售用或供零售用的棉制缝纫线（应符合第十一类类注五所规定的形状及条件） 不包括符合线、绳等定义的缝纫线（品目 56.07）		52.04
2	用品目 52.03 的粗纱纺制的单股或多股棉纱线（缝纫线除外），非供零售用	按重量计含棉量在 85% 及以上	52.05
3		按重量计含棉量在 85% 以下	52.06
4	供零售用的棉纱线（缝纫线除外）（应符合第十一类类注四所规定的形状及条件）		52.07

例 1. 精梳全棉纤维纺制的多股纱线（每根纱线细度为 50 公支，非供零售用）

【答案】 5205.4300

【归类说明】 本题货品为棉纱线，应归入本章。查阅品目，该货品为全棉的，且非供零售用，应归入品目 52.05，然后按“精梳多股纱线”和“每根纱线细度为 50 公支”的条件归入子目 5205.4300。

（三）棉机织物的归类

本章机织物归类时，要考虑其含棉量的百分比、每平方米重量、与何种纤维混纺、印染方式（未漂白、漂白、染色、色织、印花）、织物组织（平纹、斜纹及其他）等因素。如果是混纺的，应按第十一类注释二的规定办理。具体归类如下：

序号	商品描述		归类
1	按重量计含棉量在 85% 及以上的棉机织物	每平方米重量不超过 200 克	52.08
2		每平方米重量超过 200 克	52.09
3	按重量计含棉量在 85% 以下，主要或仅与化纤混纺的棉机织物	每平方米重量不超过 200 克	52.10
4		每平方米重量超过 200 克	52.11

续表

序号	商品描述	归类
5	其他用棉纱线织成的混纺织物，包括每平方米重量不超过/超过200克的	52.12

其中，对于品目52.10和52.11，在计算比例时，要记住化纤的总重量应一并予以考虑，长丝与短纤是不分别计算的；品目52.12仅包括混纺织物，但本章其他品目或本类第二部分具体列名的机织物除外（通常归入第五十八章或第五十九章）。

例2. 纯棉漂白平纹机织物（织物重为50克/平方米，幅宽110厘米）

【答案】5208.2100

【归类说明】本题货品为棉机织物，应归入本章。查阅品目，该货品含棉量为100%，且织物重量为50克/平方米，应归入品目52.08，然后按“漂白”“平纹”“50克/平方米”的条件归入子目5208.2100。

例3. 按重量计，由2%的蚕丝、10%的精梳羊毛、33%的粘胶短纤和55%的精梳棉材料织成的匹状、色织平纹机织物（该织物重量为190克/平方米，幅宽大于30厘米）

【答案】5210.4100

【归类说明】本题货品由4种不同纺织原料混纺制成。根据第十一类类注二（一）的规定，该货品应按含量最大的棉的机织物归入本章。查阅品目，除棉以外，粘胶短纤的含量最多，而粘胶纤维属于化学纤维，且该货品重量为190克/平方米，故该货品符合52.10品目条文的规定，应归入品目52.10，最后按“色织”“平纹”的条件归入子目5210.4100。

第五十三章 其他植物纺织纤维；纸纱线及其机织物

一、本章商品范围及结构

本章无章注、共有10个品目（品目53.04已被删除），包括除棉以外的植物纺织纤维（如麻、椰壳纤维等）、普通纱线和普通机织物、纸纱线及其机织物，以及作为本章产品归类的混纺纱线和混纺机织物。

本章10个品目基本上按照商品加工程度由低至高排列，其顺序为：植物纤维（品目53.01～53.03及53.05）→纱线（品目53.06～53.08）→机织物（品目53.09～53.11）。

二、本章商品归类要点概述

亚麻等韧皮纤维的一般加工过程：生麻→沤制麻→打成麻→棉化麻纤维→栉梳。

归类时，应注意纤维属性及加工程度；纱线的品种、含量，以及机织物的原料属性、含量等因素。

三、本章商品与相关商品的归类

（一）植物纤维的归类

这类纤维包括亚麻、苎麻、大麻、黄麻、椰壳纤维、蕉麻等，它们是生的或者沤制的、打成的、粗梳或精梳的，以及其他纺前加工的，也包括这些纤维的短纤和回收纤维。

序号	商品描述	归类
1	亚麻、亚麻短纤及废麻（包括废纱和回收纤维）	53.01
2	大麻、大麻短纤及废麻（包括废麻纱线及回收纤维）	53.02
3	黄麻及其他纺织用韧皮纤维（如洋麻、苘麻、菽麻、荨麻）；上述纤维的短纤及废麻（包括废纱线及回收纤维）	53.03
4	椰壳纤维、蕉麻（马尼拉麻）、苎麻及其他品目未列名的纺织用植物纤维，生的或经加工但未纺制的；上述纤维的短纤、落麻及废料（包括废纱线及回收纤维）	53.05

其中，品目53.05的纤维大多数比品目53.03的纺织用韧皮纤维更粗更厚。

注意，本章的各种纤维主要是从麻类植物茎皮中加工成适于纺织的材料，而第十四章中包括的主要是植物材料，而不是纤维，即使其中有列名的纤维，但不适合作纺织纤维。故本章不包括金雀花植物的茎（品目14.04）、香蒲植物籽纤维（用作玩具等的填塞材料）（品目14.04）。

（二）麻纱线的归类

本章麻纱线归入品目53.06～53.08。本章纱线的归类与纱线细度有关，不符合第十一类注释三细度要求的纱线才能归入第五十三章。本章的纱线不论是否供零售用，也不论是否漂白、染色、印色（苎麻纱线除外）。归类时，还要注意以下纱线的种类（黄麻、洋麻、菽麻、椰壳纤维、大麻、苎麻等）及其成分含量、染整方法（漂白、未漂白、色织）与纱线形态（单纱、股线或缆线）。

序号	商品描述	归类
1	亚麻纱线 不包括含任何比例金属线的亚麻纱线（品目56.05）等	53.06

续表

序号	商品描述	归类
2	用品目 53.03 的黄麻或其他纺织用韧皮纤维梳条纺制而成的纱线	53.07
3	其他植物纺织纤维纱线（如大麻纱线、苎麻纱线）；纸纱线，不论是否为线、绳、索、缆状 不包括与金属线混纺或通过任何工艺用金属包覆的纸纱线（含金属纱线）（品目 56.05），以及简单地用金属增强的纸纱线以及纸纱线编结的绳、索、缆（品目 56.07）	53.08

例 1. 菠萝纤维纱线

【答案】5308.9099

【归类说明】本题货品是以菠萝纤维为原料经纺制而成的纱线，应按“其他植物纺织纱线”归入本章。查阅品目，品目没有该货品的列名，该换品应归入品目 53.08。查阅子目，子目也没有该货品的列名，该货品应归入一级子目 5308.9“其他”，然后归入三级子目 5308.909“其他”，最后归入四级子目 5308.9099“其他”。

（三）麻机织物的归类

麻机织物归入品目 53.09 ~ 53.11，为普通机织物，其幅宽应超过 30 厘米，否则按狭幅机织物归入品目 58.06。归类时，应考虑本章机织物的纤维含量和染整方法（未漂白、漂白、色织）。若是混纺的，应按第十一类注释二的规定处理。

序号	商品描述	归类
1	用亚麻纱线纺制的机织物，如优质亚麻布及衣料、被单、台布	53.09
2	用品目 53.03 的黄麻纱线或其他纺织用韧皮纤维纱线纺制的机织物	53.10
3	用品目 53.08 的纱线纺制的机织物，如苎麻机织物、纸纱线机织物	53.11

例 2. 按重量计，由 35% 的亚麻、25% 的黄麻和 40% 的棉花织成的匹状印花机织物（幅宽大于 30 厘米）

【答案】5309.2900

【归类说明】本题货品由 3 种不同纺织原料混纺制成，根据第十一类类注二（一）及类注二（二）的规定，亚麻和黄麻都归入第五十三章，两者的含量合并计算为 60%，其超过了棉的含量，故该货品应归入本章。因该货品中亚麻含量超过了黄麻含量，故其应按“亚麻机织物”归入品目 53.09。又因亚麻含量低于

85%，且经过印花加工，故该货品应归入子目 5309.2900“其他”。

例 3. 亚麻纤维 50%、芦荟属叶纤维 50% 的色织机织物（幅宽 180 厘米）

【答案】 5311.0090

【归类说明】 本题货品由两种不同纺织原料混纺制成，而这两种纤维均属第五十三章，故该货品应按“其他植物纺织机织物”归入本章。查阅品目，两者含量相等，但根据第十一类类注二（一）的规定，本题货品应以芦荟属叶纤维的织物归入品目 53.11。查阅子目，因子目没有“芦荟属叶纤维的织物”的列名，故该货品应归入三级子目 5311.0090“其他”。

第五十四章　化学纤维长丝；化学纤维纺织材料制扁条及类似品

一、本章商品范围及结构

本章共有 2 条章注、8 个品目，主要包括化学纤维长丝、化学纤维长丝纱线和机织物，含以化纤长丝为主的混纺纱线和混纺机织物，以及品目 54.04 或品目 54.05 的单丝和扁条及其机织物。本章还包括长丝丝束。

本章 8 个品目基本是按商品加工程度由低至高排列，具体为：长丝纱线及单丝和扁条（品目 54.01 ~ 54.06）→长丝的机织物（品目 54.07 ~ 54.08）。

二、本章商品归类要点概述

（一）本章不包括消毒的合成纤维单丝（品目 30.06）、化学纤维长丝的废料（品目 55.05）、化学纤维长丝丝束（品目 55.01 ~ 55.02）等。

（二）根据章注一，“化学纤维”是指通过下列任一方法制得的有机聚合物的短纤或长丝：将有机单体物质加以聚合或将所得到的聚合物经化学改性而制得的（合成纤维）；将天然有机聚合物经溶解或化学处理制得，或将天然有机聚合物经过化学改性而制得（人造纤维）。现归纳如下：

合成纤维	聚丙烯腈纤维（腈纶）；变性聚丙烯腈纤维；聚丙烯纤维（丙纶）；尼龙和其他聚酰胺纤维（锦纶或尼龙），包括芳族聚酰胺（芳纶）；聚酯（涤纶）；聚氨基甲酸酯（氨纶，又称莱卡）；聚乙烯，以及含氯纤维、含氟纤维、聚碳酰胺纤维、三乙烯及乙烯醇纤维等
人造纤维	纤维素纤维，包括粘胶人造丝、铜铵人造丝、醋酸纤维素（包括三醋酯纤维）等；动物质或植物质蛋白质纤维；藻酸纤维，包括藻酸钙铬纤维、藻酸钙纤维等

（三）弹力丝与弹性纱线的区别。两者均具有弹性，但弹力丝的弹性是通过变形加工获得的，是一种变形纱线；弹性纱线是合成纤维纺织材料制成的长丝纱线，不属于变形纱线，其弹性是本身具有的。

（四）塑料单丝和化学纤维单丝的归类。截面宽度一般指圆形或类似形状单丝。截面直径超过1毫米的为塑料单丝，其归入品目39.16；截面直径不超过1毫米的为化学纤维。其中，细度在67分特及以上的合成纤维单丝归入品目54.04，人造纤维单丝归入品目54.05；细度在67分特以下的合成纤维单丝归入品目54.02，人造纤维单丝归入品目54.03。

（五）塑料扁条和化学纤维扁条的归类。表观宽度一般指扁形单丝。表观宽度超过5毫米的扁条，一般归入品目39.20。表观宽度不超过5毫米的为化学纤维，其中合成纤维扁条归入子目5404.9000，人造纤维扁条归入子目5405.000。

（六）化学纤维纱线的细度多以旦尼尔数或特克斯数来表示。

（七）本章长丝丝束与第五十五章的长丝丝束的区别：前者一般用于生产香烟滤嘴，后者则用于生产短纤维。

三、本章商品与相关商品的归类

（一）长丝纱线的归类

归入本章的纱线是普通纱线，其细度应不超过10000分特，包括品目54.01～54.06所列的纱线。归类时，首先，要判断其是缝纫线还是其他纱线。缝纫线归入品目54.01，其他纱线归入品目54.02～54.06。其次，要判断其是否供零售用。供零售用的归入品目54.06，其他纱线归入品目54.02～54.05。在确定其他纱线品目时，还要区分是合成纤维还是人造纤维及单丝的细度。子目归类时，还要根据纱线的细度、捻度、断裂强度和纱线形态（单纱、股线或揽线）来确定，以及区分高强力纱、变形纱线或其他普通纱线。

如是混纺的纱线，要分清成分并根据第十一类注释二的规定确定构成主要特征的纤维。若混纺纱线中同时有第五十四章和第五十五章及其他章的纤维，则应将这两章的纤维百分比相加后再与其他章进行比较。

序号	商品描述	归类
1	化学纤维长丝纺制的缝纫线，不论是否供零售用	54.01
2	非供零售用的合成纤维长丝纱线（缝纫线除外），包括细度在67分特以下的合成纤维单丝	54.02
3	非供零售用的人造纤维长丝纱线（缝纫线除外），包括细度在67分特以下的人造纤维单丝	54.03

续表

序号	商品描述	归类
4	截面尺寸不超过1毫米，细度在67分特及以上的合成纤维单丝；表观宽度（即折叠、扁平、压缩或搓捻后的宽度）不超过5毫米的合成纤维纺织材料制扁条及类似品（如人造草）及多股的或绞花的扁条及类似品	54.04
5	截面尺寸不超过1毫米，细度在67分特及以上的人造纤维单丝；表观宽度不超过5毫米的人造纤维纺织材料制扁条及类似品（如人造草）	54.05
6	供零售用的化学纤维长丝纱线（缝纫线除外）	54.06

其中，在归入品目54.02的纱线中，高强力纱（不论是否经变形加工）归入子目5402.1或5402.2，变形纱线归入子目5402.3，合成纤维长丝普通单纱归入子目5402.4或5402.5，合成纤维长丝普通股线归入子目5402.6，膨体纱线等其他聚酯变形纱线归入子目5402.3390。

在归入品目54.03的纱线中，高强力纱归入子目5403.1；人造纤维长丝的变形纱线在品目54.03项下没有列名，按单纱或股线分别归入子目5403.3或5403.4；人造纤维长丝普通单纱归入子目5403.3；人造纤维长丝普通股线归入子目5403.4。

例1. 涤纶弹力丝单纱（每根单纱细度小于50特），供针织用

【答案】5402.3310

【归类说明】本题货品是一种聚酯，属于合成纤维，应归入本章。查阅品目，该货品是一种变形长丝纱线，应归入品目54.02。弹力丝属于变形丝，该货品应归入一级子目5402.3“变形纱线”。涤纶纤维属于聚酯纤维，该货品应归入二级子目5402.33“聚酯纺制”，然后按列名归入三级子目5402.3310“弹力丝”。

例2. 粘胶空气变形丝（单股纱线，未加捻，非缝纫线，非零售用，该粘胶纤维是以木材为原料经化学处理得到的）

【答案】5403.3190

【归类说明】本题货品是一种高蓬松性的变形纱线，属于长丝纱线的一种，应归入本章。查阅品目，粘胶属于人造纤维，且非缝纫线，非零售用，该货品应归入品目54.03，然后按“单股纱线”“未加捻”的条件归入子目5403.3190“其他”。

（二）长丝机织物的归类

本章的长丝机织物归入品目54.07～54.08，属普通机织物，其幅宽应超过30厘米，否则按狭幅机织物归入品目58.06。

机织物归类时，应考虑其纤维的属性（合成纤维和人造纤维）、纤维含量、与何种纤维混纺、染整方法（未漂白、漂白、染色、色织、印花）及织造方法

（机织、平行纱层叠黏合）。如果是混纺的，应按第十一类注释二的规定处理。

序号	商品描述	归类
1	用品目 54.04 的合成纤维长丝纱线、单丝或扁条纺制的机织物 不包括用截面尺寸超过 1 毫米的合成纤维单丝或表观宽度超过 5 毫米的合成纤维纺织材料制扁条或类似品织造的机织物（品目 46.01）等	54.07
2	用品目 54.05 的人造纤维长丝纱线、单丝或扁条纺制的机织物	54.08

例 3. 由粘胶纤维长丝纱线纺制、经漂白的机织物

【答案】5408.2110

【归类说明】粘胶纤维属于化学纤维，故本题货品应按“化学纤维长丝机织物”归入本章。查阅品目，粘胶纤维属于化学纤维中的人造纤维，该货品应归入品目 54.08，然后按“粘胶长丝”“漂白”的条件归入子目 5408.2110。

第五十五章　化学纤维短纤

一、本章商品范围及结构

本章共有 1 条章注、16 个品目，主要包括化学纤维长丝丝束、化学纤维短纤、短纤维经加工制得的普通纱线及普通机织物、根据第十一类注释二可视同化学纤维短纤产品归类的混纺产品，以及化学纤维长丝或短纤的废料（包括落绵、废纱及回收纤维）。

本章 16 个品目基本按商品加工程度由低至高排列，具体为：化学纤维长丝丝束、化学纤维短纤、化纤废料（品目 55.01～55.07）→化纤短纤纱线（品目 55.08～55.11）→化纤短纤机织物（品目 55.12～55.16）。

二、本章商品归类要点概述

符合本章注释规定的化学纤维长丝丝束归入品目 55.01 或 55.02，丝束长度不超过 2 米的归入品目 55.03 或 55.04。

三、本章商品与相关商品的归类

（一）短纤的归类

化纤短纤是化学纤维纺丝加工得到连续丝条后，将丝束切断而成的各种长度规格的短纤维，其长度在 25 毫米～180 毫米之间。短纤归入品目 55.01～55.07。短纤归类时，应考虑其是合成纤维短纤还是人造纤维短纤，以及是否经过梳理及经其他纺前加工。

序号	商品描述	归类
1	合成纤维长丝丝束	55.01
2	人造纤维长丝丝束	55.02
3	未梳或未经其他纺前加工的合成纤维短纤	55.03
4	未梳或未经其他纺前加工的人造纤维短纤	55.04
5	化学纤维废料（包括落绵、废纱及回收纤维），不论是否漂白或染色 不包括经粗梳、精梳或其他纺前加工的废纤（品目 55.06 或 55.07）等	55.05
6	已梳或经其他纺前加工的合成纤维短纤（含合成纤维短纤或长丝的废料）	55.06
7	已梳或经其他纺前加工的人造纤维短纤（含人造纤维短纤或长丝的废料）	55.07

其中，化学纤维长丝丝束仅适用于每根与丝束长度相等的平行化学纤维长丝丝束，并同时符合以下规格：丝束长度超过 2 米；捻度每米少于 5 转；每根长丝细度在 67 分特以下；合成纤维长丝丝束，须经拉伸处理，即本身不能被拉伸至超过本身长度的一倍；丝束总细度大于 20000 分特。

注意，每根单丝的细度小于 67 分特，但长度不超过 2 米的合成纤维长丝丝束和人造纤维长丝丝束，应作为化纤短纤分别归入品目 55.03 或 55.04。

对于化学纤维废料，丝状的归入品目 55.05，片状或块状的通常归入第三十九章。

例 1. 玉米纤维短纤（以玉米淀粉发酵制得的乳酸为原料，经聚合成聚乳酸，再经纺丝而制成纤维）

【答案】5503.2000

【归类说明】根据所给的描述，可判断本题货品属于化学纤维中的合成纤维，应归入本章。该货品则应按合成纤维短纤归入品目 55.03。聚乳酸属于一种聚酯，故该货品应归入一级子目 5503.2000“聚酯制”。

（二）短纤纱线的归类

归入本章的纱线是普通纱线，其细度应不超过 10000 分特，包括品目 55.08 ~ 55.11 所列的纱线。在确定本章化纤短纤纱线的品目时，要先判断其是缝纫线还是其他纱线。符合第十一类注释五规定的缝纫线归入品目 55.08，其他纱线归入品目 55.09 ~ 55.11。其他纱线在确定品目时，要分清以合成纤维短纤为主还是以人造纤维短纤为主（按第十一类注释二的规定），是供零售用还是非供零售用

（按类注四的规定确定）。子目归类时还要考虑纱线的纤维含量、与何种纤维混纺、单纱、股线还是股线。具体归类如下：

序号	商品描述		归类
1	化学纤维短纤纺制的缝纫线，不论是否供零售用		55.08
2	非供零售用的纱线（缝纫线除外）	合成纤维短纤纺制的	55.09
3		人造纤维短纤纺制的	55.10
4	供零售用的化学纤维短纤纺制的纱线（缝纫线除外）		55.11

例 2. 天丝棉单股纱线，由天丝 65%、棉 35% 混纺而成，其中的天丝（tencel）是一种新型纤维，是由木质浆粕为原料进行再生的纤维素纤维

【答案】5510.3000

【归类说明】本题货品是以天丝和棉为原料经混纺而成的纱线。其中，天丝属于化学纤维中的人造纤维。因可与棉混纺，属于化纤短纤。因天丝的含量高于棉，根据第十一类类注二的规定，以其中重量最大的纺织材料归类，故该货品应按“化纤纤维短纤”归入本章，然后归入品目 55.10“人造纤维短纤纺制的纱线”。因天丝是与棉混纺的，该货品应归入子目 5510.3000“其他纱线，主要或仅与棉混纺”。

（三）短纤机织物的归类

本章的短纤机织物归入品目 55.12～55.16，其中以合成纤维短纤为基本特征的机织物归入品目 55.12～55.15，以人造纤维短纤为基本特征的机织物归入品目 55.16。它们均属普通机织物，其幅宽应超过 30 厘米，否则按狭幅机织物归入品目 58.06。

本章的机织物归类时，应考虑化纤短纤含量、与何种纤维混纺、每平方米重量、印染方式（未漂白、漂白、染色、色织、印花）、织物组织（平纹、三线或四线斜纹，包括双面斜纹机织物及其他）。若是混纺的，应按第十一类注释二的规定处理。

序号	商品描述		归类
1	合成纤维短纤纺制的机织物，按重量计合成纤维短纤（如聚酯短纤、聚丙烯腈或变性聚丙烯腈短纤）含量在 85% 及以上		55.12
2	合成纤维短纤纺制的机织物，按重量计合成纤维短纤含量在 85% 以下，主要或仅与棉混纺	重量不超过 170 克/平方米	55.13
3		重量超过 170 克/平方米	55.14

续表

序号	商品描述	归类
4	各类合成纤维短纤混纺并以合成纤维短纤为基本特征的机织物	55.15
5	人造纤维短纤纯纺或混纺的机织物	55.16

例 3. 棉 30%、羊毛 30%、涤纶短纤 25%、腈纶短纤 15% 的浅黄色平纹机织物，250 克/平方米

【答案】 5515.1300

【归类说明】 本题货品是以棉、羊毛、涤纶短纤和腈纶短纤为原料混纺制成的机织物。按第十一类类注二的规定，涤纶短纤和腈纶短纤应作为单一的纺织材料对待，故其合计含量为 40%，其超过了棉、羊毛的含量。根据第十一类类注二的规定，以其中重量最大的纺织材料确定归类，故该货品应归入本章。因该货品混纺的主要材料是棉和羊毛（均为 30%），按从后归类原则，该货品应归入品目 55.15。涤纶属于聚酯，故该货品应归入一级子目 5515.1“聚酯短纤纺制”，然后归入子目 5515.1300“主要或仅与羊毛或动物细毛混纺”。

第五十六章　絮胎、毡呢及无纺织物；特种纱线；线、绳、索、缆及其制品

一、本章商品范围及结构

本章共有 4 条章注、9 个品目，包括一些具有专门特性的纺织品，例如，絮胎、毡呢、无纺织物、特种纱线、绳、索、缆及其某些制品。

本章 9 个品目的排列顺序如下：絮胎、毡呢和无纺织物（品目 56.01～56.03）→特种纱线（品目 56.04～56.06）→线、绳、索、缆及其制品（品目 56.07～56.09）。

二、本章商品归类要点概述

（一）除絮胎制品（品目 56.01）、渔网及其他网（品目 56.08）及品目 56.09 的货品外，本章不包括制成品。

（二）毡呢、无纺织物与其他材料的复合材料的归类。品目 56.02 包括只要仍具有毡呢产品基本特征的如下商品：用各种塑料或橡胶浸渍、涂层、包覆、层压或加强（如用纺织纱线或金属丝加强）的毡呢，在一面或两面用纸、纸板、纺织物等覆盖（如缝上或粘上）的毡呢，以及通过正常黏合方法制成后再用焦油或类似物质浸渍制成的油毛毡。

同理，品目 56.03 包括只要仍具有无纺织物基本特征的如下商品：用各种塑料或橡胶浸渍、布、包覆、层压的无纺织物，用纺织物或其他任何材料薄片通过胶粘、缝合等工艺盖于其一面或两面的无纺织物。

但是，用塑料或橡胶浸渍、涂布、包覆、层压，按重量计纺织材料含量在 50% 及以下的毡呢或者完全嵌入塑料或橡胶之内的毡呢，应以塑料或橡胶为基本特征，分别归入第三十九章和第四十章。

完全嵌入塑料或橡胶之内的无纺织物，以及用肉眼可辨别出两面均用塑料或橡胶涂布、包覆的无纺织物，应以塑料或橡胶为基本特征，分别归入第三十九章和第四十章。

与毡呢或无纺织物混制的泡沫塑料或海绵橡胶板、片或扁条，纺织材料仅在其中起增强作用的，应分别归入第三十九章和第四十章。

（三）螺旋花线的归类如下：

序号	商品描述	归类
1	粗松螺旋花线，品目 54.04 或品目 54.05 的扁条及类似品制的螺旋花线	56.06
2	马毛粗松螺旋花线	51.10
3	用纺织材料螺旋绕裹的橡胶线	56.04
4	含金属螺旋花线	56.05
5	绝缘电线	85.44

（四）“含金属纱线”与“用金属线加强的纱线”的区别：前者中的金属丝条一般较细，可与任何纺织材料纺成纱线，主要作装饰用途，其应归入品目 56.05；后者通常较粗，仅用作加强用途而无装饰用途，不能视为含金属纱线，而其应作为线、绳、索、缆归入品目 56.07。

三、本章商品与相关商品的归类

（一）絮胎、毡呢和无纺织物的归类

絮胎、毡呢和无纺织物是由纤维直接成网，并适当加固制成，它们都是平面状的纺织物。根据纤维之间结合力强弱分为絮胎、毡呢和无纺织物。归类时，需根据其加工方法和结构特征加以区分。（参见章注二、三）

除了品目 56.01 包括部分的絮胎制品以外，品目 56.02 的毡呢和品目 56.03 的无纺织物只能是材料状态，而不具有纺织制品的特征。

序号	商品描述	归类
1	纺织材料絮胎及其制品，长度不超过5毫米的纺织纤维（纤维屑）、纤维粉末及球结 不包括加香料的纺织纤维屑及粉末（品目33.07），经过药物浸涂的或制成零售包装的医疗、外科、牙科或兽医用的絮胎及其制品（品目30.05），用黏结物质处理并使之渗入其内层的絮胎（作为无纺织物归入品目56.03）等	56.01
2	毡呢，不论是否浸渍、涂布、包覆或层压 不包括以毡呢为底料经涂布或覆面的铺地制品，不论是否剪切成形（品目59.04）等	56.02
3	无纺织物，不论是否浸渍、涂布、包覆或层压 不包括专门技术用途的无纺织物（品目59.11）	56.03

其中，絮胎的特点是：呈蓬松的柔韧海绵状，厚度均匀，其内层纤维很易分开，这一点与无纺织物不同。絮胎主要用于衬垫、用作包装材料等。

毡呢的特点是：比絮胎结实，其纤维很难分离，且明显不同于呢绒中的缩绒机织物。毡呢可用于制衣、帽、鞋、装饰制品等。

无纺织物，也称无纺布，是将纺织纤维定向或随意取向黏合而成的片状或网状织物。

品目56.02的毡呢和品目56.03的无纺织物还可经染色、印花。这两个品目还分别不包括簇绒毡呢/无纺织物（品目58.02），成匹、成条或成小块图案的毡呢/无纺织物刺绣品（品目58.10），用研磨粉或粒盖面的毡呢/无纺织物（品目68.05）等。

作为无纺织物归类的针刺产品，仅限于以长丝为主的纤维网或者以其他黏合方法为主、针刺为辅所制得的短纤网。故短纤维网针刺法制得的纺织物，应按毡呢归入品目56.02。

有些无纺织物近似于纸、纸板和纤维素絮纸，它们之间的区别在于无纺织物的纺织纤维在生产过程中未被熔化掉。

毡呢、无纺织物，不论是否用各种性质（紧密结构或泡沫状）的塑料或橡胶浸渍、涂布、包覆或层压，都归入品目56.02或56.03。这不同于其他的纺织物，经浸渍、涂布、包覆或层压后其要归入第五十九章。

例1. 正方形台布，涤纶短纤维无纺织物裁切而成（110克/平方米），塑料袋装

【答案】5603.9390

【归类说明】根据第十一类类注七的规定，“制成的”是指，裁剪成除正方形或长方形以外的其他形状的。据此，本题货品不属于制成品，不能归入第六十三章，而应按“无纺织物”归入本章。

查阅品目，该货品按列名归入品目 56.03。因该货品是由涤纶短纤维制成的，应归入一级子目 5603.9“其他”，然后按 110 克/平方米的条件归入二级子目 5603.93，最后归入三级子目 5603.9390“其他”。

（二）特种纱线的归类

特种纱线在第五十六章中有具体列名，归入品目 56.04～56.06。

序号	商品描述	归类
1	用纺织材料包覆的任何截面的橡胶线（单股）及橡胶线制的橡胶绳（多股）；用橡胶或塑料浸渍、涂布、包覆或套裹的纺织纱线及品目 54.04 或 54.05 的扁条及类似品 不包括用肉眼无法辨别出是否经过浸渍、涂布或包覆的纺织纱线或品目 54.04 或 54.05 的扁条及类似品（通常归入第五十章～第五十五章）等	56.04
2	含金属纱线，不论是否螺旋花线，由纺织纱线或品目 54.04 或 54.05 的扁条及类似品与金属线、扁条或粉末混合制得或用金属包覆制得	56.05
3	粗松螺旋花线，品目 54.04 或 54.05 的扁条及类似品制的螺旋花线；绳绒线（包括植绒绳绒线）；纵行起圈纱线 不包括品目 56.05 的纱线及马毛粗松螺旋花线（品目 51.10）等	56.06

其中，对于品目 56.04 经浸渍、涂布或包覆的纱线等，用肉眼应能辨出其经过浸渍、涂布或包覆的（仅颜色起变化不计在内）。

例 2. 聚酯薄膜真空镀铝扁条（表观宽度为 1 毫米）

【答案】5605.0000

【归类说明】本题货品的表观宽度为 1 毫米，根据第十一类类注一，表观宽度小于 5 毫米的塑料扁条应作为纺织材料归类，故本题货品应按“金属包覆的合成纤维扁条”归入本章。查阅品目，因该货品的表面镀有金属铝，符合 56.05 品目条文的规定，应归入品目 56.05，然后归入 5605.0000。

（三）线、绳、索、缆及其制品的归类

序号	商品描述	归类
1	线、绳、索、缆，不论是否编织或编结而成，也不论是否用橡胶或塑料浸渍、涂布、包覆或套裹 不包括：品目 56.05 的糖果店、花店等用的花式线、绳；品目 58.08 的棉芯丝线及类似绳线和其他纺织螺旋花线；在工业上用作包装或润滑材料的绳、编带及类似品，不论是否涂布、浸渍或以金属加强的（品目 59.11）；品目 63.10 的废碎线、绳、索、缆；涂有研磨料的线、绳等（品目 68.05）	56.07

续表

序号	商品描述	归类
2	线、绳或索结制的网料（即手工或机械织造的网眼结织物）；纺织材料制成的其他品目未列名的网，如渔网、伪装网、舞台布景网、安全网、购物网袋及类似兜网（如网球/足球兜网）、吊床网布、气球及飞艇用网、防昆虫网 不包括针织或钩编织成的成匹网料（品目 60.02～60.06）、运动用网（如球门网及网球网）、捞鱼网（第九十五章）等	56.08
3	用纺织纱线、纺织扁条及品目 56.07 的线、绳、索、缆制成的其他品目未列名物品 不包括用编带制成的鞋带（品目 63.07）、体操吊环用绳（第九十五章）等	56.09

其中，品目 56.07 项下的线、绳、索、缆须符合第十一类注释三所定的规格。

编织或编结的线、绳、索、缆通常是管状编带，所用的材料一般比品目 58.08 的编带所用材料粗糙，且本品是紧密编织的，其紧密结构使之适用于作线、绳、索、缆。另外，本品通常不染色。

品目 56.08 的网上可带有拉手、环、网坠、浮子、绳或其他附件，也可经过浸渍。它们不同于用品目 56.07 的线、绳或索制成的品目 58.04 的网眼织物。

例 3. 粘胶纤维短纤维制成的多股纱线，12000 分特

【答案】 5607.9090

【归类说明】 因粘胶纤维属于化学纤维，本题中纱线的细度为 12000 分特，符合第十一类类注三（一）的规定，故本题货品应作为“线、绳、索、缆”归入品目 56.07。粘胶纤维是一种人造纤维，未在一级子目列名，故归入一级子目“其他”；同理归入三级子目 5607.9090“其他”。

第五十七章　地毯及纺织材料的其他铺地制品

一、本章商品范围及结构

本章共有 2 条章注、5 个品目，包括使用时以纺织材料做面的地毯及纺织材料的其他铺地制品，以及具有纺织材料铺地制品特征（如具有铺地制品的厚度、硬挺性及强度）但作其他用途（如挂在墙上、铺在桌面上或做其他装饰用途）的物品。

本章按照加工方法分列品目，其 5 个品目的排列顺序如下：结织栽绒地毯（品目 57.01）→机织地毯（品目 57.02）→簇绒地毯（品目 57.03）→毡呢地毯（品目 57.04）→其他地毯（品目 57.05）。

二、本章商品归类要点概述

（一）本章不包括：铺地制品衬垫，即置于地板与地毯之间的粗糙织物或毡呢衬垫（按其构成材料归类）；手织装饰毯及手工针绣嵌花装饰毯（品目58.05）等。

（二）本章所列货品与普通机织物（第五十章~第五十五章）及某些特种机织物（如品目57.02的某些地毯与品目58.01的许多起绒织物或绳绒织物，品目57.03的簇绒地毯与品目58.02的簇绒织物）的加工方法相同，但与机织物的根本区别在于厚度、硬度及牢度。本章货品的用途只能作地毯及铺地制品，其可以是制成的（即直接制成一定尺寸、镶边、加衬、加穗、拼合等），呈小方地毯、床边地毯、炉边地毯形状的，或是呈供布置房间、走廊、过道或楼梯的毯料形状，不论是大段供裁剪的或是制成的。本品还可以经浸渍或用机织物、无纺织物、海绵橡胶或泡沫塑料做衬背。

（三）以纺织材料作面的新、旧地毯及铺地用品应归入本章（参见章注一）。它们若单独进口，即使其用途是装在汽车、轮船或飞机上的，也不按汽车、轮船或飞机的零部件归类，而按具体列名优先的原则，按本章的地毯及铺地制品归类。

用其他材料作面的地毯，应按材料归入相关的章。例如，塑料地毯归入第三十九章，橡胶地毯归入第四十章，植物材料的编结地毯归入第四十六章。

列诺伦及其他以织物为底布用其他材料涂布或盖面的铺地制品，归入品目59.04。

三、本章商品与相关商品的归类

以下物品不论是否制成，具体归类如下：

序号	商品描述	归类
1	结织栽绒地毯和纺织材料的其他结织栽绒铺地制品及把绒纬结织于疏松的机织底布上而制成的某些地毯 不包括把绒纬简单地圈在经纱下面而未绕经纱一圈所制成的地毯（品目57.02）	57.01
2	未簇绒或未植绒的机织地毯及纺织材料的其他机织铺地制品，如绳绒地毯、单层机织地毯、门礳垫及礳垫料、毛巾布垫及类似浴室垫；手织地毯，如“开来姆”“苏麦克”“卡拉马尼”等 不包括编结材料制的衬垫及垫料（第四十六章）	57.02
3	簇绒地毯及纺织材料的其他簇绒铺地制品	57.03
4	未簇绒或未植绒的毡呢地毯及纺织材料的其他毡呢铺地制品，包括毡呢瓦、针刺机制毡呢制的纺织材料的铺地制品	57.04
5	本章未列名的地毯及纺织材料的铺地制品，如粘绒地毯、无纺地毯、“植绒”地毯、针织地毯及地毯料	57.05

其中，品目57.02的“开来姆”地毯的组织结构与品目58.05的手织装饰毯差不多，一般在经位置线间有相同的间隙。但就图案来看，“开来姆”地毯通常没有花卉或簇叶的图案，仅有直线图案。

归类时，要注意品目57.04的货品的最大表面面积。

此外，根据本类子目注释二（二）2的规定，对由底布和绒面或毛圈面构成的纺织品，在归类时应不考虑底布的属性，而按绒面或毛圈面所用纤维的属性归类。故本章子目所列的纤维是指绒面的纤维属性。

例1. 结织栽绒地毯，按重量计算栽绒层含羊毛45%、含粘胶短纤维30%、含涤纶短纤维25%

【答案】5701.9010

【归类说明】本题货品为混纺材料制的地毯，应归入本章。查阅品目，该货品按列名归入品目57.01。

根据第十一类类注二（一）的规定，因粘胶短纤维与涤纶短纤维同属于化学纤维，两者合计含量为55%，其超过了羊毛的含量，故该货品应按化学纤维制的地毯归类，即归入一级子目“其他纺织材料制”，然后归入三级子目5701.9010“化学纤维制”。

例2. 用于小汽车的羊毛簇绒地毯

【答案】5703.1000

【归类说明】本题货品不能作为汽车零件归入品目87.08，而应按“地毯”归入本章。查阅品目，该货品按列名归入品目57.03，然后按其材料归入子目5703.1000“羊毛或动物细毛制”。

第五十八章　特种机织物；簇绒织物；花边；装饰毯；装饰带；刺绣品

一、本章商品范围及结构

本章共有7条章注、11个品目，包括各种纺织产品，如起绒机织物及绳绒织物、毛巾织物及毛圈机织物、簇绒织物、纱罗、网眼织物、花边、装饰毯、狭幅机织物、装饰带、刺绣品，以及用于衣着、装饰和类似用途的金属线机织物、被褥状纺织品等。除品目58.09的金属线机织物外，其他纺织品在品目范围内可以由任何纺织原料加工而成。

本章11个品目的排列顺序为：特种机织物（品目58.01～58.03）→网眼织物、狭幅机织物及装饰性织物（品目58.04～58.10）→被褥状纺织品（品目58.11）。

二、本章商品归类要点概述

品目 58.05 的手工装饰毯可以是制成品，品目 58.07 的纺织材料制标签、徽章及类似品可裁成一定形状或尺寸，品目 58.08 的流苏、绒球及类似品可以独立成件。除上述以外本章其他货品一般是成匹的材料状态，并非“制成的”，不属于纺织制品。

根据第十一类子目注释二（二）3 的规定，刺绣品及其制品在归类时应只考虑底布的属性，但不见底布的刺绣品及其制品应根据绣线的属性确定归类。如在化纤布上用丝线刺绣的刺绣品，应按化纤刺绣品归类，而无须考虑化纤和丝的重量百分比。

刺绣织物的制成品，应按用途归入其他章的相应品目，如刺绣的窗帘归入品目 63.03。

三、本章商品与相关商品的归类

（一）特种机织物的归类

本章的特种机织物经特殊的加工方法织成，因而具有特殊的表面特征及效果。例如，灯芯绒、平绒和丝绒织物表面有绒毛，毛巾织物表面有毛圈，纱罗织物表面有横向条状稀松孔眼。具体归类如下：

序号	商品描述	归类
1	起绒机织物（包括因未将浮纱割断而使表面无竖绒的纬起绒织物）及绳绒织物 不包括通过缝合或黏附等方法制成绒面的仿毛皮（品目 43.04），具有割绒或毛圈绒面的针织物或缝编织物（品目 60.01 或 56.02）等	58.01
2	毛巾织物及类似的毛圈机织物、簇绒织物 不包括仅在一面有绒面，其所有毛圈都被割开的织物（品目 58.01）、针织或钩编的毛圈织物（品目 60.01）等	58.02
3	纱罗、浮纹纱罗，以及部分为纱罗组织而部分为其他组织构成的机织物，不论这两部分的比例如何	58.03

其中，起绒机织物分为经起绒织物（如丝绒、长毛绒、绒头织物、天鹅绒等）和纬起绒织物（如平绒、灯芯绒等）两种。纱罗通常织得疏松，故较轻，主要用作窗帘布。

绳绒织物与品目 57.02 的绳绒地毯极为相似。就像绳绒地毯一样，绳绒织物的绒面（一般为双面）由绳绒纱线形成，但品目 58.01 的织物主要供装饰或衣着之用，而不作铺地制品用，故其用料精细，底布非常柔软。

簇绒织物与品目60.01的起绒织物不同，前者是以织物背面看上去有一行行的纵向绗缝针迹为特征，而后者则是以在织物背面具有一行行的链式针迹为特征。

例1. 含棉40%、涤纶短纤40%、桑蚕丝20%的灯芯绒，已割绒，已染色，250克/平方米

【答案】5801.3200

【归类说明】本题货品属于特种机织物，应归入本章。查阅品目，该货品是起绒机织物，应按列名归入品目58.01。该货品由棉、涤纶、桑蚕丝三种材料混纺而成。其中，涤纶属于化学纤维，棉和桑蚕丝属于天然纤维，而棉与涤纶重量含量相等。根据第十一类类注二（一）的规定，该货品应“从后归类”归入一级子目5801.3“化学纤维制”，最后按列名归入二级子目5801.3200“割绒的灯芯绒”。

例2. 棕色机织长毛绒，绒面按重量计含羊毛50%、涤纶短纤50%，幅宽110厘米，重360克/平方米

【答案】5801.3720

【归类说明】本题货品属于特种机织物，应归入本章。由于该货品属于割绒的经起绒织物，应归入品目58.01。因该货品是由羊毛和涤纶（属于化学纤维）两种材料混纺而成，且羊毛和涤纶的含量相同，根据第十一类类注二（一）的规定，该货品应“从后归类”归入一级子目5801.3“化学纤维制”。由于该货品属于割绒的经起绒织物，应归入三级子目5801.3720。

（二）网眼织物、狭幅机织物及装饰性织物的归类

序号	商品描述	归类
1	网眼薄纱及其他网眼织物；成卷、成条或成小块图案的机制/手工制花边（参见章注四） 不包括品目60.02～60.06的织物	58.04
2	手织装饰毯（如“哥白林”“弗朗德”“奥步生”“波威”型装饰毯）和手工针绣嵌花装饰毯，不论是否制成的，以及缝边、镶边、衬里等的装饰毯	58.05
3	狭幅机织物（参见章注五）；用黏合剂黏合制成的有经纱而无纬纱的狭幅织物（包扎匹头用带） 不包括带有织造流苏的狭幅机织物、编结丝带及编带（品目58.08），其他品目具体列名的狭幅织物，如成条的机织标签、徽章及类似品（品目58.07或58.10）等	58.06

续表

序号	商品描述	归类
4	非刺绣的纺织材料制标签、缝在衣着外面的徽章、“肩章”等，成匹、成条或切成一定尺寸或形状成为独立件的，但未加工成制成品 不包括经刺绣的标签、徽章或类似品（品目58.10），品目61.17或62.17的标签、徽章或类似品等	58.07
5	成匹的编带；非刺绣的成匹装饰带，但针织或钩编的除外，包括扁平或管状编带、棉芯丝绳及类似绳（呈长条状）、边缘织有流苏（线圈状或裁切而成）的狭幅织物及其他成匹的装饰带；流苏、绒球及类似品（一些分开的独立物品） 不包括其他品目具体列名的编带，如由塑料或其他编结材料单丝或扁条制成的编带，单丝截面尺寸超过1毫米或扁条宽度超过5毫米的（品目46.01）等	58.08
6	其他品目未列名的金属线机织物及品目56.05所列含金属纱线的机织物，用于衣着、装饰及类似用途	58.09
7	成匹、成条或成小块图案的刺绣品，包括不见底布的刺绣品、刺绣后保留底布的刺绣品（如网眼刺绣品及抽纱刺绣品）及贴花刺绣品。 不包括在非纺织材料上的刺绣品（如在皮革、柳条制品、塑料、纸板上的刺绣品），不见底布的玻璃纱线刺绣品（品目70.19）等	58.10

其中，花边是一种观赏或装饰用的透孔织物，其主要特征是图案体不是在一个原有的底布上加工而成的；刺绣品是用绣线在网眼薄纱、网眼织物、丝绒、带子、针织物或钩编织物、花边或机织物、毡呢或无纺织物的原有的底布上进行加工，使底布上产生一种装饰性效果。花边与某些不见底布的机绣品的区别是：花边的两面一般看上去是一样的；而刺绣品的正反两面看上去不同，正面显出某种程度的凸起，而反面则是平的；刺绣品剪去的底布通常露出未经完全剪去的底布小纱头。故经过刺绣的真正花边及用加缝刺绣工艺镶饰的花边应归入品目58.10。

与网眼薄纱、纱罗或其他疏松机织物不同，花边没有明显的经纱和纬纱。

品目58.05货品的基本特征是具有完整、独立图案的成幅毯，图案通常具有图画性质。与品目58.10的大多数刺绣品相反，品目58.05的底布（通常为帆布）可能除了边缘外，全部都被针绣纱线所覆盖。

幅宽不超过30厘米的起绒机织物、绳绒机织物、毛圈机织物、纱罗机织物及包扎匹头用带应按狭幅机织物归入品目58.06。经浸渍、涂布、包覆或层压的狭幅机织物通常归入品目59.03、59.06或59.07。但宽度不超过30厘米的针织或钩编织物归入品目 60.03。

编带品种包括系带（如靴带或鞋带）、空心带、饰带、装饰带、纺织丝带等。管状编带可以有一条纺织纱芯。这类编带与品目 56.07 的编织品或编结品的不同之处在于它们编得较为松散，结构亦不够紧密。

金属线或含金属纱线与其他纺织纱线混合织成的织物归入品目 58.09 的条件是，金属线或含金属纱线的重量超过所含任何一种其他纺织材料的重量。对此，含金属纱线应作为一种单一的纺织材料对待，应以所含的纺织纤维及金属两者重量的总计作为其重量。

例 3. 按重量计含羊毛 60%、亚麻 40% 的平纹印花机织物（100 克/平方米，幅宽 20 厘米）

【答案】 5806.3920

【归类说明】 本题货品的幅宽为 20 厘米，属于狭幅机织物，应归入品目 58.06。该货品是以羊毛和亚麻纤维为原料经混纺制得的平纹机织物，其中羊毛含量为 60%，超过了亚麻的含量，根据第十一类类注二的规定，该货品应以羊毛归类。查阅子目，该货品应按“其他机织物”归入一级子目 5806.3，然后归入三级子目 5806.3920“羊毛或动物细毛制”。

（三）被褥状纺织品的归类

归入品目 58.11 的被褥状纺织品是由面料和胎料组成的成匹纺织产品，包括下列两种情形：一是一层面料（通常为针织物、机织物或无纺织物）及一层胎料（通常为絮网状的纺织纤维、毡呢、纤维素絮胎、泡沫塑料、海绵橡胶等）；二是两层织物（通常为针织物、机织物、无纺织物或这些织物的混合品）夹着一层胎料。

各层材料通常以并排直线或装饰图案式的方式缝合（包括缝编）起来，但缝合应主要起绗缝作用，所构成的图案并不使产品具有刺绣品的特征，也可用打结、黏合剂黏合、热黏合或其他方式结合在一起，但产品须有被褥效果，即具有类似于缝合或缝编被褥的鼓胀蓬松效果。

本品目的产品通常用于生产绗缝外套、被褥、床罩、褥垫、衣服、窗帘、坐垫、台布内垫等。

这类被褥状的纺织品只能是材料状态，不包括其制品，如用被褥状纺织品制成的床罩（品目 63.04），夹有胎芯或装有材料的床上用品或类似货品（品目 94.04）等。

例 4. 床罩用被褥状纺织品，由一层全棉针织布和一层胎料组成，幅宽 60 厘米

【答案】 5811.0030

【归类说明】 本题货品幅宽为 60 厘米，应按特种机织物归入本章。查阅品目，该货品符合 58.11 品目条文的规定，应归入品目 58.11。因该货品是棉制的，应归入子目 5811.0030。

第五十九章　浸渍、涂布、包覆或层压的纺织物；工业用纺织制品

一、本章商品范围及结构

本章共有 7 条章注、11 个品目，主要包括各种用肉眼能够分辨出的用浆料、塑料或橡胶以及其他非纺织材料浸渍、涂布、包覆或层压的纺织物和常用于工业、机械或技术上的纺织物及制品。

本章按照商品加工方式、与纺织物混合的非纺织材料的属性及用途设置品目，其 11 个品目的排列顺序为：浸渍、涂布、包覆或层压的纺织物（品目 59.01 ~ 59.07 ）→工业用纺织产品及制品（品目 59.08 ~ 59.11）。

二、本章商品归类要点概述

根据章注一的规定，本章所称的"纺织物"仅包括第五十章至第五十五章的普通机织物、品目 58.03 的纱罗、品目 58.06 的狭幅机织物、品目 58.08 的成匹编带和装饰带，以及品目 60.02 ~ 60.06 的针织物或钩编织物。上述纺织物经过浸渍、涂布、包覆或层压加工后，才可归入本章，而其他纺织物即使经过浸渍、涂布、包覆或层压加工，也不能归入本章。

对这类商品应先根据类、章注释及归类总规则三等确定其应按哪种材料制商品归类。如果判定应按纺织商品归类，则在运用类、章注释归类的同时，参考第五十六章至第六十三章混纺商品的归类原则，此类商品一般只能归入第五十六章至第六十三章的相应品目。例如，用纺织材料和橡胶线制成的产品按纺织商品归类，如线及绳归入品目 56.04，针织物或钩编织物归入品目 60.02 或 60.04。用橡胶及塑料浸渍、涂层、包覆、套裹的：纱线、扁条及类似品应归入品目 56.04；线、绳、索、缆应归入品目 56.07。用橡胶黏合平行纺织纱线制成的织物应归入品目 59.06。纺织物与泡沫塑料复合制成的板、片、带，其中的纺织物仅起增强作用的，应归入第三十九章，否则应归入品目 59.03；纺织物与泡沫橡胶复合制成的板、片或带，其中的纺织物仅起增强作用的，应归入第三十九章，否则应归入品目 59.06。

三、本章商品与相关商品的归类

（一）浸渍、涂布、包覆或层压的纺织物的归类

归类时，应注意品目 59.06 所列货品的织造方法（机织、针织、钩编等）及

其幅宽。

序号	商品描述	归类
1	用胶或淀粉物质涂布的纺织物（一般为平纹机织物），作书籍封面及类似用途的；描图布（精细紧密的机织物）；制成的油画布（包括用木板或纸板衬背的）；作帽里的硬衬布及类似硬挺纺织物 不包括用塑料浸渍或涂布的类似用途织物（品目 59.03）	59.01
2	尼龙或其他聚酰胺、聚酯或粘胶纤维高强力纱制的帘子布（用于制造轮胎），不论是否以橡胶或塑料浸泡或浸渍	59.02
3	用塑料浸渍、涂布、包覆或层压的纺织物（参见章注二） 不包括刚性的人造革（第三十九章）、品目 59.02 的货品等	59.03
4	列诺伦（亚麻油地毡）及用不含色料的列诺伦浆料覆面的纺织物（主要是棉机织物），不论是否剪切成形；以织物为底布经涂布或覆面的铺地制品，不论是否剪切成形 不包括无底布的成板块状的列诺伦混合料及铺地制品（按其构成材料归类）	59.04
5	糊墙织物（参见章注三） 不包括第三十九章注释九规定的塑料糊墙品（品目 39.18），以纺织纤维屑或粉末直接粘于纸上的糊墙物品（品目 48.14），以纺织纤维屑或粉末直接粘于布底上的糊墙物品（品目 59.07）	59.05
6	用橡胶处理的纺织物，如绝缘带（参见章注四） 不包括：用橡胶处理，按重量计纺织材料含量不超过 50% 的织物（品目 40.05 或 40.08）；用橡胶处理的织物制成的物品（一般归入第六十一章至第六十三章）等	59.06
7	用塑料及橡胶以外的其他材料浸渍、涂布或包覆的纺织物（如涂蜡织物、油布）；作舞台、摄影布景或类似用途的已绘制画布，如画有室内或室外景色或具有装饰效果的油画布（参见章注五）	59.07

其中，归入品目 59.03 的纺织物须符合下列条件：

1. 对于浸渍、涂布或包覆的织物，其浸渍、涂布或包覆能够用肉眼辨别，而由于前述加工引起的颜色变化不计在内。但用肉眼无法辨别出是否经过浸渍、涂布、包覆或层压的织物，以及用塑料部分涂布或包覆并由此而形成图案的织物，通常归入第五十章至第五十五章、第五十八章或第六十章。

2. 产品是非刚性的，即在温度15℃～30℃之间用手工将织物绕于直径7毫米的圆柱体上而不断裂。

3. 纺织物并非完全嵌入塑料或并非在其两面均用塑料涂布或包覆的。

不符合以上2、3两款所述条件的产品，通常归入第三十九章。与纺织物混制而其中的纺织物仅起增强作用的泡沫塑料板、片或带也归入第三十九章。

本品目的层压织物不应与用塑料黏合剂将各层简单黏合而成的织物相混淆。后者在其截面上看不到塑料，通常归入第五十章至第五十五章。

品目59.06的织物不应与用橡胶黏合剂层层黏合的织物相混淆。后者的截面显示不出橡胶层，通常归入第五十章至第五十五章。

例1. 聚氯乙烯涂布的人造革（温度在15℃～30℃时，绕于直径7毫米的圆柱体上不会发生断裂）

【答案】5903.1020

【归类说明】人造革是一种在纺织物底基上涂覆塑料的复合织物。根据本章章注二（一）2的规定，温度在15℃～30℃时，用手工将其绕于直径7毫米的圆柱体上会发生断裂的产品归入第三十九章。而本题货品不会发生断裂，应归入品目59.03。因该货品的涂层是聚氯乙烯，其应归入一级子目5903.1，然后按列名归入三级子目5903.1020“人造革”。

例2. 一种牛津布，用尼龙短纤织成机织物，染成黑色，然后在其一面（此面作为背面）薄薄地涂上聚氨基甲酸酯（肉眼可见涂层）以防止雨水渗透，用于制作箱包

【答案】5903.2090

【归类说明】本题货品是用塑料单面涂布的机织物，应归入本章。因肉眼可见涂层，根据本章章注二的规定，该货品应归入品目59.03。因该货品的涂层是聚氨基甲酸酯，故应归入一级子目5903.2，然后归入三级子目5903.2090“其他”。

（二）工业用纺织产品及制品的归类

归类时，应注意品目59.10所列货品的厚度，品目59.11所列环状或有连接装置的纺织物或毡呢的每平方米克重。

序号	商品描述	归类
1	用纺织材料机织、编结或针织而成的灯芯、炉芯、打火机芯、烛芯或类似品（通常是长条棉制扁、圆、管状纺织物，不论是否切成一定尺寸或配有便于插入的铁丝或金属包头）；煤气灯纱筒及纱罩，不论是否浸渍 不包括玻璃纤维芯（品目70.19）等	59.08

续表

序号	商品描述	归类
2	纺织材料制的水龙软管（如消防水龙管）及类似管子，不论有无其他材料作衬里、护套或附件 不包括内部用纺织材料加强或外部套上一层薄织物的硫化橡胶管（品目 40.09）	59.09
3	纺织材料制的传动带或输送带及带料，不论是否用塑料浸渍、涂布、包覆或层压，也不论是否用金属或其他材料加强（参见章注六） 不包括：章注六所列货品；与有关机器或设备一同报验的传动带或输送带及带料，不论是否已实际装于机上（应与机器或设备一同归类）	59.10
4	成匹、裁成一定长度或仅裁成矩形（包括正方形）的作专门技术用途的纺织产品；作专门技术用途的纺织制品	59.11

其中，品目 59.10 的传动带或输送带（即切成一定长度尺寸，两端首尾相接或装有扣件以便连接的），不论其材料厚度多少，一律归入本品目。

根据章注七的规定，归入品目 59.11 的纺织产品及制品必须明显具有用于各种类型的机器、设备、装置及器具或作为工具或工具零件的特征，尤其适用于《税则》的有关条文明确规定又具体说明归入品目 59.11 的纺织制品。

根据章注七的规定，作专门技术用途的纺织产品及制品，只要不具有品目 59.08～59.10 产品的特征，都应归入品目 59.11 而不归入第十一类的任何其他品目，即品目 59.11 的商品在第十一类中优先归类。

第六十章　针织物及钩编织物

一、本章商品范围及结构

本章共有 3 条章注、6 个品目、1 条子目注释。本章包括针织物（纬编针织物及经编针织物）和钩编织物，不论其是使用第十一类所列哪一种纺织材料制成的，也不论是否加有弹性纱或橡胶线制成的。其中，经编针织物还包括由纺织纱线用链式针法构成的缝编织物和经编机织成的织物。本章还包括明显用作衣料、家具布或类似用途的细金属线针织物或钩编织物。（参见章注二及三）

本章按照织造方式、幅宽及弹性纱线或橡胶线含量设置品目，其 6 个品目的排列顺序为：针织或钩编的起绒织物及毛圈织物（品目 60.01）→宽度不超过 30

厘米的其他针织或钩编织物（品目 60.02 ~ 60.03）→宽度超过 30 厘米的其他针织或钩编织物及经编针织物（品目 60.04 ~ 60.06）。

二、本章商品归类要点概述

本章不包括：从织物的纤维网上将纺织纤维拉起而制成的缝编织物（品目 56.02）；簇绒针织物或钩编织物（品目 58.02）等。

本章的针织物或钩编织物是材料状态的，可以是成匹（包括圆筒织物匹头）或简单裁成矩形（包括正方形）的。

本章纺织物的织造方式不同于以经纱和纬纱交织而成的机织物，而是通过一系列相互串联的线圈制成。这些织物具有未漂白、漂白、染色、印花、色织等表面特征。

三、本章商品与相关商品的归类

（一）针织或钩编的起绒织物及毛圈织物的归类

品目 60.01 包括针织或钩编的起绒织物（有时称为“人造毛皮”），包括“长毛绒”织物及毛圈织物。

经过浸渍、涂布、包覆或层压的针织或钩编的起绒织物仍归入本品目。

本品目的起绒针织物与品目 58.01 的起绒机织物及品目 58.02 的毛圈机织物的区别是：起绒针织物是在线圈结构的针织物基础上利用纱线产生绒毛效果，一般织物的弹性较好；而品目 58.01 及 58.02 的产品为特种机织物，其基本结构是经纬纱线交织结构，其一般无弹性。

本章所称的“人造毛皮”不同于品目 43.04 的“人造毛皮”，区别在于两者的加工方法的不同。品目 60.01 的产品是通过针织方法制得的仿毛皮，而品目 43.04 的“人造毛皮”是以毛、发或其他纤维黏附或缝合于皮革、织物或其他材料之上而构成的仿毛皮。

（二）其他针织或钩编织物及经编针织物的归类

品目 60.02 ~ 60.06 的商品归类时，应注意其织造方式、染整方法、宽度及弹性纱线或橡胶线含量。

<table>
<tr><th>序号</th><th colspan="2">商品描述</th><th>归类</th></tr>
<tr><td rowspan="2">1</td><td rowspan="2">按重量计弹性纱线或橡胶线含量在 5% 及以上的针织物或钩编织物
不包括用纺织材料包覆的橡胶线及绳（子目 5604.1000）、带橡筋的狭幅机织物（子目 5806.2000）</td><td>宽度不超过 30 厘米</td><td>60.02</td></tr>
<tr><td>宽度超过 30 厘米</td><td>60.04</td></tr>
</table>

续表

序号	商品描述		归类
2	不含弹性纱线或橡胶线，或按重量计上述纱线含量在5%以下的织物	宽度不超过30厘米的针织或钩编织物	60.03
		宽度超过30厘米的经编针织物（其边缘直而平行）	60.05
	本章其他品目未包括的针织或钩编织物，其中纬编针织或钩编织物不含弹性纱线或橡胶线，或按重量计上述纱线含量在5%以下	宽度超过30厘米（纬编针织或钩编织物）	60.06

其中，当一根纱线断后，纬编针织物往往产生“抽丝”现象，而经编针织物则不会出现“抽丝”现象。后者包括不透孔的传统织物（如制服装用的经编织物）和透孔织物。这些织物常与网眼织物或花边相似，一般用于制作窗帘。

此外，品目60.05还包括本章子目注释所列的织物。

例1. 按重量计橡胶线含量为5%的全棉针织物（幅宽20厘米）

【答案】6002.9010

【归类说明】本题货品为针织物，应归入本章。查阅品目，因该货品符合60.02品目条文的规定，应归入品目60.02。因该货品含橡胶线，其应归入一级子目“6002.9”，然后归入三级子目6002.9010“棉制”。

例2. 按重量计蚕丝纤维40%、粘胶纤维40%、弹性纱线20%的针织物（非起绒，幅宽60厘米）

【答案】6004.1040

【归类说明】本题货品为针织物，应归入本章。查阅品目，由于该货品符合60.04品目条文的规定，应归入品目60.04。因该货品的蚕丝纤维和粘胶纤维的重量含量相同，且粘胶纤维属于人造纤维，按第十一类类注二（一）“从后归类”的规定，该货品应归入子目6004.1040“人造纤维制”。

第六十一章　针织或钩编的服装及衣着附件

一、本章商品范围及结构

本章共有10条章注、17个品目，本章所称的“服装”是指品目61.01～61.14的服装（可用金属线制成），包括针织或钩编的男、女式服装（含童装）、制成的针织或钩编衣着附件、服装及衣着附件的针织或钩编制成的部分品。电热物品仍归入本章。

本章品目排列顺序大体是先列外衣后列内衣，同类服装先列男装后列女装，然后按 T 恤衫、套头衫、婴儿服装、运动装、特殊面料服装、其他服装、袜子、手套、衣着附件及零件顺序排列。其 17 个品目的排列顺序为：针织或钩编外衣（品目 61. 01 ~61. 04）→针织或钩编内衣（品目 61. 05 ~61. 08）→不分性别的服装（品目 61. 09 ~61. 14）→衣着附件及零件（品目 61. 15 ~61. 17）。

二、本章商品归类要点概述

（一）本章不包括：塑料制的衣服及衣着附件（品目 39. 26）；橡胶制的衣服及衣着附件（品目 40. 15）；皮革或再生皮革制的衣服及衣着附件（品目 42. 03）；毛皮或人造毛皮制的衣服及衣着附件（品目 43. 03 或 43. 04）；用纸、纤维素絮纸或纤维素纤维网纸制成的服装、手帕、分指手套、连指手套及露指手套（品目 48. 18）；石棉制的衣服及衣着附件（品目 68. 12）；玩偶服装（品目 95. 03）等。

（二）本章物品不因带有其他材料（如机织物、毛皮、羽毛、皮革、塑料或金属）的零件或附件而影响其归类。但如果这些材料超出了仅是装饰的范围，则应按有关章注释的规定［尤其是第四十三章注释四及第六十七章注释二（二）中有关毛皮及羽毛制品的规定］归类；如无规定，则应按归类总规则进行归类。

（三）服装的不完整品或未制成品，包括用于制造上述物品的已成形针织或钩编织物，若具备相应服装的基本特征，就可与完整品或制成品归入同一品目。例如，用针织物或钩编织物制的未完成的长筒袜、短袜等，只要其已具备制成品的基本特征，应与长筒袜、短袜等一并归入品目 61. 15。

但服装或衣着附件的针织或钩编的零件（品目 62. 12 的物品除外）应归入品目 61. 17。若经过某些加工（如缝边或形成领口）的针织物片或钩编织物片，准备用于制衣，但还未加工成服装或服装零件的，应按其他纺织制成品归入品目 63. 07。

（四）对于服装，凡门襟为左压右的，应视为男式；右压左的，应视为女式。但此规定不适用于其式样已明显为男式或女式的服装。无法区别是男式还是女式的服装，应按女式服装归入有关品目。

（五）根据第十一类注释十四的规定，不同品目所列的服装即使成套零售包装，仍应分别归入各自相应的品目，但本章所述的西服套装、便服套装、睡衣裤、运动服、游泳服、滑雪服等除外（它们须符合本章相关章注的定义规定）。其中，针织或钩编的西服套装、便服套装应归入品目 61. 03 或 61. 04；非针织或非钩编的西服套装、便服套装应归入品目 62. 03 或 62. 04；针织或钩编的睡衣裤应归入品目 61. 07 或 61. 08；非针织或非钩编的睡衣裤应归入品目 62. 07 或 62. 08；针织或钩编的运动服、滑雪服及游泳服应归入品目61.12；非针织或非钩编的运动服、滑雪服及游泳服应归入品目62.11。

（六）优先归类原则。

1. 根据章注六的规定，婴儿服装及衣着附件，既可归入品目61.11，也可归入本章其他品目的货品，应优先归入品目61.11。根据章注八的规定，用品目59.03、59.06、59.07的经塑料、橡胶或其他材料浸渍、涂布、包覆或层压的针织物或钩编织物制成的服装，如果是婴儿服装则其归入品目61.11，其他服装不论其他品目是否有具体列名，一律归入品目61.13（包括雨衣、油布雨衣、不带呼吸装置的潜水服及防辐射服）。

2. 对于西服套装，数件下装（例如两条长裤、长裤与短裤、裙子或裙裤与长裤）同时报验时，构成男式西服套装的下装应优先选择长裤，构成女式西服套装的下装应优先选择裙子或裙裤。其他服装应分别归类（这同样适用于第六十二章）。

（七）品目58.11的成匹被褥状纺织产品所制的物品应以构成其面料的纺织材料所具有的基本特征来确定归入本章各品目的子目中。例如，一件男式夹有胎料的带风帽的防寒短上衣，面料为60%的棉及40%的聚酯混纺针织物，该服装应归入子目6101.20。注意，即使面料本身归入品目59.03、59.06或59.07，有关服装也不应归入品目61.13。

三、本章商品与相关商品的归类

（一）针织或钩编外衣的归类

针织或钩编外衣归入品目61.01～61.04。（参见章注三）

序号	商品描述		归类
1	挡风御寒类外套：大衣、雨衣、短大衣、斗篷（包括雨披）、短斗篷、带风帽的防寒短上衣（包括滑雪短上衣）、防风衣、防风短上衣及类似品（如带头兜斗篷、粗呢大衣、有腰带的双排纽扣大衣、有胎料背心）	男式	61.01
2		女式	61.02
3	男式西服套装、便服套装、上衣、长裤、护胸背带工装裤、马裤及短裤（参见章注三）		61.03
4	女式西服套装、便服套装、上衣、连衣裙、裙子、裙裤、长裤、护胸背带工装裤、马裤及短裤		61.04

其中，用品目59.03、59.06或59.07的三种面料加工成具有品目58.11的被褥状纺织品后再制成的服装，一般作为防寒服装归入品目61.01或61.02。

例 1. 针织女式裙子（成分含量：蚕丝 50%；粘胶长丝 50%）

【答案】 6104.5900

【归类说明】 本题货品应按"针织服装"归入本章。查阅品目，因该货品符合 61.04 品目条文的规定，应归入品目 61.04，然后按列名归入一级子目 6104.5。因该货品的蚕丝和粘胶长丝的含量相同，且粘胶长丝属于人造纤维，根据第十一类类注二（一）"从后归类"的规定，该货品应归入二级子目 6104.5900"其他纺织材料制"。

（二）针织或钩编内衣的归类

针织或钩编内衣归入品目 61.05～61.08。

序号	商品描述	归类
1	男衬衣（如活络领衬衣、礼服衬衣、运动衫及普通衬衣）	61.05
2	女衬衣（如罩衫、衬衣及仿男式女衬衣）	61.06
3	两类不同的男式衣服：内裤、三角裤及类似品，以及长睡衣、睡衣裤、浴衣（包括海滨浴衣）、晨衣及类似品	61.07
4	两类不同的女式衣服：长衬裙、衬裙、三角裤、短衬裤及类似品，以及睡衣、睡衣裤、长睡衣、浴衣（包括海滨浴衣）、晨衣及类似品	61.08

其中，衬衫从领口处前开襟，凡左襟搭在右襟上的视为男衬衫，反之为女衬衫。

根据章注四的规定，品目 61.05、61.06 不包括：在腰围以下有口袋的衣服（应作为男式或女式上衣分别归入品目 61.03 或 61.04，或作为开襟衫归入品目 61.10）；带有罗纹腰带或以其他方式收紧下摆的衣服以及其织物至少在 10 厘米×10 厘米的面积内沿各方向的直线长度上平均每厘米少于 10 针的衣服（应作为挡风御寒类服装归入品目 61.01 或 61.02，或归入品目 61.10）；男式无袖服装（应归入品目 61.09、61.10 或 61.14）。

（三）不分性别的服装的归类

不分性别的针织或钩编服装归入品目 61.09～61.14。

序号	商品描述	归类
1	T 恤衫、汗衫及其他内衣背心（参见章注五）	61.09
2	套头衫、开襟衫、卫生衫、马甲（西服背心，不与男女式西服套装配套并一起报验）及类似品 不包括有胎料背心（品目 61.01 或 61.02）	61.10

续表

序号	商品描述	归类
3	婴儿服装及衣着附件（用于身高不超过86厘米的幼儿穿着的服装），包括游戏服、小丑服、背心连裤童装外衣、婴儿围涎、分指/连指/露指手套、紧身衣裤，以及没有用粘、缝或其他方法将外底固定在鞋面上的婴儿连袜鞋（参见章注六） 不包括婴儿软帽（品目65.05）、婴儿尿布及尿布衬里（品目96.19），以及《税则》其他章列名更为具体的婴儿衣着附件	61.11
4	运动服、滑雪服（包括滑雪连身服和滑雪套装）及游泳服（参见章注七）	61.12
5	用品目59.03、59.06或59.07的针织物或钩编织物制成的服装，包括雨衣、油布雨衣、不带呼吸装置的潜水服及防辐射服（参见章注八）	61.13
6	针织或钩编的其他服装 不包括体育运动及比赛用保护用具（如击剑面罩及护胸和冰球裤等）（品目95.06）	61.14

其中，套头衫和开襟衫均是用于人体上半身穿着的针织或钩编服装。前者穿的时候直接从头上套进去，前面没扣子也没拉链；后者前胸全开襟或半开襟。上述服装一般穿在衬衫外及外衣内，也可用作外衣。

T恤衫虽是套头形式穿着，但不能按套头衫归类。因为T恤衫是贴身穿的内衣类衣服，而套头衫不是贴身穿用的，这也是品目61.09与61.10的区别所在。此外，带帽的T恤衫超出了T恤衫的基本特征，且不具有本章其他品目所列服装的特征，应按其他服装归入品目61.14。

背心是无袖上衣，有贴身穿着的，也有外穿的。有胎料的背心应按防寒服归入品目61.01或61.02。内衣类的背心，面料轻质，无翻领，带有肩带，该类背心即使外穿，仍可作为内衣背心归入品目61.09。外穿式背心，面料较厚，翻领，有扣，包括开襟背心、马甲（西服背心），以及虽面料轻质，但带有束带、罗纹腰带或其他方式收紧下摆的背心，该类背心应归入品目61.10。

运动服是两件套的，一件上衣和一件下装。品目61.12中的运动服须是无衬里的针织服装（有时其内表面是起绒的），但品目62.11中的运动服可以有衬里。沙滩短裤有衬裤的，按游泳裤归类；无衬裤的，按外穿式短裤归类。

例2. 单独进口的羊毛针织西服背心

【答案】6110.1100

【归类说明】本题货品应按“针织服装”归入本章。查阅品目，该货品似乎既可归入品目61.09，又可归入品目61.10。但根据本章章注五的规定，带有束带的服装不归入品目61.09，而本题货品是一种外穿的带有束带的背心，应归入品目 61.10，然后按列名归入子目 6110.1100“羊毛制”。

例 3. 全棉针织婴儿服装

【答案】6111.2000

【归类说明】本题货品应按“针织服装”归入本章。根据本章章注六的规定，该货品应优先归入品目 61.11，然后归入子目 6111.2000“棉制”。

（四）衣着附件及零件的归类

衣着附件及零件归入品目 61.15～61.17。

序号	商品描述	归类
1	男式或女式的连裤袜、紧身裤袜、长筒袜、短袜、里袜、袜套及其他袜类，包括渐紧压袜类（如用以治疗静脉曲张的长筒袜）；未完成的长筒袜、短袜等（其已具备制成品的基本特征） 不包括非针织或非钩编的长筒袜、短袜等（品目 62.17）等	61.15
2	男/女式的各种手套，如分指/露指/连指手套；已具备制成品基本特征的未完成的手套 不包括非针织或非钩编的纺织材料制的分指/露指/连指手套（品目 62.16），供按摩或盥洗用的“摩擦手套”（品目 63.02）等	61.16
3	其他制成的衣着附件，服装或衣着附件的零件 不包括针织或钩编婴儿衣着的附件（品目 61.11），作业用带或非作为服饰的玫瑰花结（品目 63.07）等	61.17

其中，没有用粘、缝或其他方法将外底固定在鞋面上的鞋类（即无外绱鞋底的鞋类）归入品目 61.15，而用粘、缝或其他方法将外底固定在鞋面上的鞋类归入第六十四章。

例 4. 已剪成手套形的针织经编纯棉布

【答案】6116.9200

【归类说明】本题货品属于衣着附件，应按“针织衣着附件”归入本章。查阅品目，因该货品已具有手套的基本特征，根据归类总规则二（一）的规定，应按针织手套归入品目 61.16，然后按“棉制”的列名归入子目 6116.9200。

第六十二章　非针织或非钩编的服装及衣着附件

一、本章商品范围及结构

本章共有 9 条章注、17 个品目。本章所称的“服装”是指品目 62.01～62.11 的服装（可用金属线制成），包括用第五十章至第五十六章、第五十八章及第五十九章的织物（含毡呢及无纺织物，但絮胎除外）制成的男式或女式服装（包括童装）、衣着附件及其零件。电热物品仍应归入本章。

本章共17个品目，其排列顺序与第六十一章的基本相同，也是由外衣到内衣，同类服装先列男装后列女装，然后是不分性别的服装，最后是衣着附件及零件。其具体排列顺序是：非针织外衣（品目62.01～62.04）→非针织内衣（品目62.05～62.08）→不分性别的服装（品目62.09～62.11）→衣着附件和零件（品目62.12～62.17）。

二、本章商品归类要点概述

（一）本章仅适用于除絮胎以外任何纺织物的制成品，但不适用于针织品或钩编织品（品目62.12的除外）。

（二）本章物品不因带有其他材料（例如，针织物或钩编织物、毛皮、羽毛、皮革、塑料或金属）的零件或附件而影响其归类。但这些材料若超出了仅是装饰的范围，则应按有关章注释的规定［尤其是第四十三章注释四及第六十七章注释二（二）中有关毛皮及羽毛制品的规定］归类；如无规定，则应按归类总规则进行归类。

（三）本章很多服装的定义及款式要求与第六十一章的相同或相似，故第六十一章有关归类要点同样适用于本章。但服装或衣着附件的非针织或非钩编零件（品目62.12的物品除外）应归入品目62.17。

（四）根据本章注释四的规定，婴儿服装及衣着附件，既可归入品目62.09，也可归入本章其他品目的物品，应优先归入品目62.09。根据本章注释五的规定，用毡呢、无纺织物，以及品目59.03、59.06或59.07的经塑料、橡胶或其他材料浸渍、涂布、包覆或层压的机织物制成的服装，如果是婴儿服装就归入品目62.09，其他服装不论其他品目是否有具体列名，一律归入品目62.10。

三、本章商品与相关商品的归类

（一）非针织外衣的归类

非针织外衣归入品目62.01～62.04。

<table>
<tr><th>序号</th><th colspan="2">商品描述</th><th>归类</th></tr>
<tr><td>1</td><td rowspan="2">挡风御寒类外套：大衣、短大衣、斗篷、短斗篷、带风帽的防寒短上衣（包括滑雪短上衣）、防风衣、防风短上衣及类似品；机织羽绒背心（即有胎料背心）</td><td>男式</td><td>62.01</td></tr>
<tr><td>2</td><td>女式</td><td>62.02</td></tr>
<tr><td>3</td><td colspan="2">男式西服套装、便服套装、上衣、长裤、护胸背带工装裤、马裤及短裤（游泳裤除外）</td><td>62.03</td></tr>
</table>

续表

序号	商品描述	归类
4	女式西服套装、便服套装、上衣、连衣裙、裙子、裙裤、长裤、护胸背带工装裤、马裤及短裤（游泳服除外）	62.04

其中，用品目 59.03、59.06 或 59.07 的三种面料加工成品目 58.11 的被褥状纺织品后再制成的服装，一般作为防寒服装归入品目 62.01 或 62.02。

例 1. 男式全棉灯芯绒（机织）休闲西服上装

【答案】 6203.3200

【归类说明】 本题货品属于机织棉上衣，应归入本章。查阅品目，该货品符合 62.03 品目条文的规定，应归入品目 62.03，然后按列名归入一级子目 6203.3 “上衣”，最后按“棉制”的列名归入二级子目 6203.3200。

（二）非针织内衣的归类

非针织内衣归入品目 62.05 ~ 62.08。

序号	商品描述	归类
1	男衬衫，包括活络领衬衣、礼服衬衣、运动衫及普通衬衣 不包括无袖服装	62.05
2	女衬衫，包括罩衫、衬衣及仿男式女衬衣 不包括工作罩衫及类似的防护服（品目 62.11）等	62.06
3	男式汗衫及其他内衣背心、内裤、三角裤、长睡衣、睡衣裤、浴衣（包括海滨浴衣）、晨衣及类似品	62.07
4	女式汗衫及其他内衣背心、长衬裙、衬裙、三角裤、短衬裤、睡衣、睡衣裤、长睡衣、浴衣（包括海滨浴衣）、晨衣及类似品 不包括品目 62.12 的物品	62.08

其中，在腰围以下有口袋的服装应作为短上衣归入品目 62.03 或 62.04。此外，女式衬衫不能带有罗纹收紧下摆。

内衣大致可分为贴身内衣（保护皮肤）、紧身内衣（补正体形）与装饰内衣（有装饰效果）。贴身内衣的主要品种有无袖背心、袖长不同的衬衣、三角裤、长短衬裤等。紧身内衣专为女性穿着，其主要品种有胸罩、紧身裤、弹性紧腰带、紧身胸衣等。装饰内衣的主要品种有衬衣、衬裙等。上述可起保持体形作用的紧身内衣归入品目 62.12，贴身内衣和装饰内衣归入品目 62.08。

例 2. 染色平纹机织物制女衬衫（布料按重量计含亚麻 50%、涤纶短纤 50%）

【答案】 6206.4000

【归类说明】本题货品是非针织服装，应归入本章。查阅品目，该货品应按列名归入品目62.06。因该货品的亚麻和涤纶短纤的重量含量相同，且涤纶短纤属于化学纤维，根据第十一类类注二（一）的“从后归类”的规定，该货品应归入子目6206.4000“化学纤维制”。

（三）不分性别的服装的归类

不分性别的服装归入品目62.09～62.11。

序号	商品描述	归类
1	婴儿服装及衣着附件（参见章注四及品目61.11）	62.09
2	所有用毡呢或无纺织物（不论是否浸渍、涂布、包覆或层压的）或品目59.03、59.06或59.07所列纺织物（针织物或钩编织物除外）制成的服装，包括雨衣、油布雨衣、不带呼吸装置的潜水服及防辐射服（参见章注五）	62.10
3	运动服（可有衬里）、滑雪服及游泳服；其他男式或女式服装（如阿拉伯袍）；单独报验的非针织或非钩编的马甲（西服背心）；单条的缠布（参考品目61.12、61.14所列的服装）（参见章注六）	62.11

例3. 男式蓝色一次性浴衣（涤纶无纺布制）

【答案】6210.1030

【归类说明】本题货品是一种由无纺布制成的服装，应归入本章。查阅品目，该货品既可按“男式浴衣”归入品目62.07，也可按“无纺布制服装”归入品目62.10。但根据本章章注五的规定，该货品应归入品目62.10。因涤纶属于化学纤维，故该货品应归入子目6210.1030“化学纤维制”。

（四）衣着附件及零件的归类

纺织材料制成的非针织或非钩编的衣着附件及零件归入品目62.12～62.17。

序号	商品描述	归类
1	用以保持体形的服装或作为某些其他衣着的支撑物及其零件，包括胸罩、束腰带及腹带、束腰胸衣（由束腰带或紧身裆短裤及胸罩组成）、紧身胸衣及紧身胸衣束带、吊袜带、卫生带、悬带、吊带护裆、吊裤带、背带、束袜带、衬衫袖箍及臂箍、男用紧身带（包括连有内裤的），以及非品目90.21矫形器具的产妇、孕妇用护带或矫正带等 不包括完全以橡胶制成的紧身胸衣及带子（品目40.15）	62.12
2	手帕（正方形或近似正方形，其任一边长均不超过60厘米）	62.13

续表

序号	商品描述	归类
3	披巾、领巾、围巾、披纱、面纱及类似品（参见章注七） 不包括未经整边或未流苏饰边，仅简单裁剪成披巾、领巾等形状并经刺绣的织物（品目 58.10）等	62.14
4	男性佩戴的领带（含旧式领带、宽领带）及领结，以及裁剪成形供制造领带、领结用的织物 不包括针织或钩编的领带及领结（品目 61.17）等	62.15
5	用非针织或非钩编的其他纺织物（包括网眼织物）所制的分指/连指/露指手套，以及工业上或其他方面用于防护的手套 不包括有衬里或无衬里的丝瓜络摩擦手套（品目 46.02）、品目 61.16 的手套等	62.16
6	其他制成的衣着附件；服装或衣着附件的零件（通常用花边或刺绣品制成） 不包括品目 62.12 所列物品的零件，完全以塑料或橡胶制成的吸汗垫布（品目 39.26 或 40.15），用不覆纺织材料的橡胶制成的垫肩及其分衬垫（品目 40.15）	62.17

其中，品目 62.13 的手帕与品目 62.14 的围巾的归类区别在于形状及尺寸（参见章注七）。品目 62.17 的吸汗垫布通常用经橡胶处理的织物或橡胶包覆的纺织材料组成。垫肩及其他衬垫通常是将絮胎、毡呢或织物边角料覆以织物制成。

例 4. 针织束腰胸衣，按重量计含棉 90%、莱卡（氨纶）10%

【答案】6212.3090

【归类说明】本题货品看似应归入第六十一章，但根据该章章注二（一）的规定，不论是否针织的束腰胸衣均应归入品目 62.12，故该货品应归入品目 62.12，然后按列名归入一级子目 6212.3“束腰胸衣”。

该货品由棉与氨纶两种材料混纺而成且棉含量超过氨纶含量，根据第十一类类注二（一）的规定，该货品应按棉制归类。因棉制的未在三级子目列名，故该货品归入三级子目 6212.3090“其他纺织材料制”。

第六十三章　其他纺织制成品；成套物品；旧衣着及旧纺织品；碎织物

一、本章商品范围及结构

本章共有 3 条章注、1 条子目注释、3 个分章、10 个品目。

第一分章（品目 63.01～63.07）包括用任何纺织物（机织物或针织物、毡呢、无纺织物等）制成且在第十一类其他章或《协调制度》其他章未具体列名的纺织品，以及网眼薄纱或其他网眼织物、花边或刺绣品制成的物品，不论其是直接成形或是用品目 58.04 或 58.10 的网眼薄纱或其他网眼织物、花边织物或刺绣织物制成的。

第二分章（品目 63.08）包括由机织物及纱线构成的某些零售包装成套货品，不论是否带配件，用于缝绣在小地毯、装饰毯、绣花台布、餐巾或类似纺织品上。

第三分章（品目 63.09～63.10）包括符合章注三定义的旧衣着及其他旧物品，以及新、旧碎织物及废绳等。

本章 10 个品目的排列顺序为：其他纺织制成品（品目 63.01～63.07）→零售包装成套货品（品目 63.08）→旧衣着、旧纺织品及碎织物（品目 63.09～63.10）。

二、本章商品归类要点概述

（一）第一分章仅包括制成品，这些物品不因带有毛皮、金属（包括贵金属）、皮革、塑料等制的小饰件或附件而影响其归类。但如果这些材料超出了仅是装饰或附件的范围，则应依具体情况按有关类、章的注释或归类总规则的规定进行归类。

（二）充水、充气或无填充物的，归入本章；填充物是非水、非气体的（如絮胎）或直接用海绵、泡沫塑料等制造的同类货品应归入第九十四章。例如，装有衬垫的睡袋及填充褥垫、枕头及坐垫归入品目 94.04。

（三）纺织材料制灯罩归入品目 94.05；其他以装饰性为主的罩套，按装饰品归入品目 63.04（如床罩）；以防护性为主的罩套，归入品目 63.07（如伞套）。

三、本章商品与相关商品的归类

（一）其他纺织制成品的归类

序号	商品描述	归类
1	供御寒用的毯子及旅行毯（如电暖毯）、供儿童摇床及童车用的毯子 不包括供动物用的特殊形状毯子（品目 42.01）等	63.01
2	床上用织物制品（如床单、床垫罩）；餐桌用织物制品（如桌布、餐巾）；盥洗用织物制品（如浴巾、盥洗用手套）及厨房用织物制品（如棉制擦盘巾及玻璃器皿揩巾）　（子目 6302.6090）	63.02

续表

序号	商品描述	归类
3	窗帘（包括帷帘）、帐幔、帘帷或床帷，如合成纤维制针织百叶窗、卷帘和窗幔	63.03
4	其他装饰用织物制品，包括壁布、仪式典礼上用的纺织饰物；蚊帐（参见子目注释）；装饰用的床罩；垫子套、家具套、椅榻防污套；装饰性台布（具有铺地制品特征的除外）；壁炉台装饰布；帘幕圈环；挂布（品目63.03的物品除外） 不包括内部装有填充物质或衬垫的床罩（品目94.04）等	63.04
5	在货物的运输、储存或销售中使用的纺织包装袋，包括：散装货物储运袋，包装煤炭、谷物、面粉、土豆、咖啡用的袋子和其他类似包袋，邮袋和邮寄货样用的小袋子，以及袋泡茶袋等 不包括用作货物包装的打包布（品目63.07）	63.05
6	用结实紧密的帆布制成的纺织品：油苫布、风帆、天篷、遮阳篷、帐篷、野营用品 不包括伞形帐篷（品目66.01）等	63.06
7	其他制成品，如擦地布、擦碗布、抹布及类似擦拭用布（不论是否浸有清洁剂）；救生衣及安全带；服装裁剪样；旗帜（含三角旗及横幅）；家用洗衣袋、鞋囊、袜袋、手帕袋、拖鞋袋、睡衣裤套及类似品；服装袋（轻便衣橱）；织物制的咖啡过滤袋、冰袋；充气软垫（品目63.06的野营用品除外）；外科医生在手术时所戴的织物面罩；由多层无纺织物构成但不更换过滤层的防尘、隔味口罩；非作服饰用的玫瑰花结（如作为比赛获胜奖励的大红花）；魔术贴（子目6307.9000）	63.07

其中，品目63.04包括家庭、公共场所、剧院、教堂等用的物品，以及用于船舶、航空器、篷车式挂车、汽车等的类似品。

品目63.05的物品与品目42.02的容器的区别在于：前者是供装货运输用的；后者是日常用品，如背包、背囊等。

例1. 快速吸水浴巾，由一种新型超细纤维（70%涤纶和30%锦纶）织成的毛巾布制成

【答案】 6302.9300

【归类说明】 本题货品属于盥洗织物制品，应归入品目63.02。查阅子目，因该货品由涤纶和锦纶组成，属于化纤面料，应归入一级子目6302.9“其他”，然后归入二级子目6302.9300“化学纤维制”。

例2. 锦纶印花机织物制的窗帘

【答案】 6303.9200

【归类说明】 本题货品属于纺织物制品，应按“其他纺织制成品”归入本章。查阅品目，按列名归入品目63.03。因该货品是机织物，应归入一级子目6303.9“其他”。又因锦纶属于合成纤维，该货品应归入二级子目6303.9200“合成纤维制”。

（二）零售包装成套物品的归类

品目63.08的成套物品，是指零售包装的，至少由一幅机织物（无论是否印有刺绣图案）与不论是否裁成一定长度的纱线（绣花纱线、毯绒纱线等）组成。这些物品也可以带有如针、钩之类的附件，用以制作小地毯、装饰毯、绣花台布、餐巾或类似的纺织物品。这类机织物应保持原材料特征，仍需经进一步加工才能使用，不得是无须作任何加工即可使用的“制成品”。

例3. 一套零售包装物品，由一幅棉机织物、一筒羊毛绣花线、一支不锈钢钩针组成，用以制作绣花台布

【答案】 6308.0000

【归类说明】 本题货品符合63.08品目条文的规定，应归入品目63.08，然后归入子目6308.0000。

（三）旧衣着、旧纺织品及碎织物的归类

序号	商品描述	归类
1	旧衣物（参见章注三）	63.09
2	新或旧的破、碎织物（包括针织物、钩编织物、毡呢或无纺织物），线、绳、索、缆的废、碎料以及线、绳、索、缆或纺织材料的破旧制品	63.10

注意，地毯及其他纺织铺地制品和其他类似的手织地毯及装饰毯，品目94.04的物品（弹簧床垫；装有弹簧或内部填塞、衬垫的寝具及类似品，如褥垫、棉被、枕头），不论是否用旧及包装如何，以及旧的包装用袋、油苫布、帐篷及野营用品，应按新物品的相应品目进行归类。

所有其他的纺织废碎料及下脚料（如任何其他纺织纱线或纤维的废料或下脚料）和回收纤维均不归入品目63.10，而应归入第五十章至第五十五章的有关“废料”或“回收纤维”的品目中。

第十二类　鞋、帽、伞、杖、鞭及其零件；已加工的羽毛及其制品；人造花；人发制品

本类共4章（第六十四章至第六十七章），每章包括一类特征相同或类似的商品。其中，第六十四章包括鞋靴、护腿和类似品及其零件；第六十五章包括帽类及其零件；第六十六章包括雨伞、阳伞、手杖、鞭子、马鞭及其零件；第六十七章包括已加工的羽毛、羽绒及其制品，人造花，人发制品。第六十四章至第六十六章所列的物品基本上可用任何材料制成，而第六十七章所列的物品对材料作了严格的限制。

此外，本类无类注。

第六十四章　鞋靴、护腿和类似品及其零件

一、本章商品范围及结构

本章共4条章注、1条子目注释、6个品目，包括除石棉外任何材料制的各种类型的鞋靴（包括套鞋）、护腿和类似品及其零件。

本章6个品目的排列顺序为：橡胶或塑料制外底及鞋面的鞋靴（品目64.01～64.02）→橡胶、塑料、皮革等制外底，皮革或纺织材料制鞋面的鞋靴（品目64.03～64.04）→其他鞋靴（品目64.05）→鞋靴零件及护腿和类似品（品目64.06）。

二、本章商品归类要点概述

（一）各种鞋靴的归类如下：

序号	商品描述	归类
1	未用粘、缝或其他方法将外底固定或安装在鞋面上的纺织材料制鞋靴	第十一类
2	易损材料（如纸或塑料薄膜）制的无外绱鞋底的一次性鞋靴罩或套	按构成材料归类

续表

序号	商品描述	归类
3	旧鞋靴（石棉制除外）	63.09
4	矫形鞋靴或其他矫形器具及其零件	90.21
5	玩具鞋、溜冰鞋、旱冰鞋及装有冰刀或轮子的滑冰靴（按运动器械归类）	第九十五章
6	石棉制鞋靴	68.12
7	其他鞋靴，包括有外绱底的一次性鞋靴和未装冰刀或轮子的滑冰靴（按运动鞋靴归类）	第六十四章

（二）鞋靴按其外底及鞋面的材料分别归入品目64.01～64.05。若鞋面或鞋底由两种及两种以上的材料构成，则应按本章注释四的规定确定其中一种材料作为其基本特征的材料进行归类，即鞋面［鞋（靴）底部之上的部分］由两种或两种以上材料构成的，应以占鞋面表面面积最大的那种材料归类。计算表面面积时，不考虑附件及加固件（如护踝、裹边、饰物、扣子、拉襻、鞋眼或类似附属件）。任何作衬里的材料不影响归类。外底［鞋靴穿着时与地面接触的部分（附加后跟除外）］的主要材料应以穿着时与地面接触面积最大的那种材料为准，计算接触面积时，不考虑鞋底钉、铁掌或类似附属件。（参见章注四）

整件成形的无外绱鞋底的鞋靴（如木鞋），其外底可不分开，这种鞋靴应考虑按其鞋底表面的材料归类。

此外，要分清鞋面是否用缝、铆、钉、旋、塞或类似方法固定在鞋底上。例如，采用注射模型法制成的，鞋面、鞋底材质都是橡胶的防水套鞋，应归入品目64.01。

最后再根据鞋靴的款式将其归入相应的子目。例如，装有金属防护鞋头的，皮革作面、橡胶作底的短统靴，应归入子目6403.4000。

（三）本章的鞋靴可用除石棉以外的任何材料制成（橡胶、皮革、塑料、木材、软木，包括毡呢及无纺织物在内的纺织品、毛皮、编织材料等），还可带有任何比例的第七十一章所列材料（珍珠、宝石或半宝石、贵金属及包贵金属）。

本章所称的“橡胶”及“塑料”包括能用肉眼辨出其外表有一层橡胶或塑料的机织物或其他纺织产品，但橡胶或塑料仅引起颜色变化的不计在内。本章所称的“皮革”是指品目41.07及41.12～41.14的货品。本章所称的“纺织材料制”包括第五十章～第六十章的纤维、纱线、织物、毡呢、无纺织物、线、绳、索、缆等。（参见章注三）

（四）未过脚踝的靴或鞋的下部，由外底装于不完整或未制成的鞋面构成，应作为鞋靴而不是作为鞋靴零件归类。这些物品可仅给鞋围子加装饰边和加一紧固装置即告完成。

三、本章商品与相关商品的归类

（一）橡胶或塑料制外底及鞋面的鞋靴的归类

序号	商品描述		归类
1	橡胶或塑料制外底及鞋面的鞋靴	防水鞋靴，例如橡胶制鞋面的过踝但未到膝防水鞋靴	64.01
2		其他鞋靴，如数个模制部件用铆钉或类似紧固件铰合而成的滑雪靴、用栓塞方法将鞋面条带装配在鞋底上的鞋	64.02

其中，运动鞋靴（品目 64.02～64.04），参见本章子目注释。

品目 64.02 的鞋靴的鞋面可用缝、铆、钉、旋、塞或类似方法固定在鞋底上，而品目 64.01 的鞋面不能用品目 64.02 所述方法固定在鞋底上。

（二）橡胶、塑料、皮革等制外底，皮革或纺织材料制鞋面的鞋靴的归类

序号	商品描述		归类
1	橡胶、塑料、皮革或再生皮革制外底	皮革制鞋面的鞋靴，如皮革制外底的短筒靴（过踝）	64.03
2		用纺织材料制鞋面的鞋靴，如纺织材料制鞋面胶底的拖鞋	64.04

例 1. 赛车鞋（皮革制鞋面、塑料制鞋底）

【答案】6403.1900

【归类说明】本题货品应按“鞋靴”归入本章。查阅品目，该货品符合 64.03 品目条文的规定，应归入品目 64.03。该货品符合本章子目注释对“运动鞋靴”的定义，应归入一级子目 6403.1，然后归入二级子目 6403.1900“其他”。

例 2. 松糕式厚底，鞋底材料为橡胶，鞋面由人造革和织物组成的女鞋，其中织物部分所占面积更大

【答案】6404.1990

【归类说明】本题货品是鞋，应归入本章。根据本章章注四（一）“鞋面的材料应以占表面面积最大的那种材料为准”的规定，该货品的鞋面材料中织物所占面积最大，故该货品应看成是“橡胶制外底、纺织材料制鞋面的鞋靴”，从而归入品目 64.04，然后归入一级子目 6404.1“橡胶或塑料制外底的鞋靴”。由于该货品的鞋底很厚，不属于二级子目 6404.11 所列货品，故应归入二级子目 6404.1990“其他”。

（三）其他鞋靴的归类

品目 64.05 包括用本章以上各品目未列名的一种或多种材料制成外绱鞋底及鞋面的所有鞋靴，主要包括：外底用橡胶或塑料制成而鞋面用橡胶、塑料、皮革、纺织材料以外其他材料制成的鞋靴；外底用皮革或再生皮革制成而鞋面用皮革或纺织材料以外其他材料制成的鞋靴；外底用木、软木、绳或索、纸板、毛皮、纺织物、毡呢、无纺织物、列判诺论、酒椰纤维、秸秆、丝瓜络等制成而鞋面可用任何材料制成的鞋靴。

例 3. 以木料制外底、纺织物制鞋面构成的拖鞋

【答案】6405.2000

【归类说明】本题货品应按“鞋靴”归入本章。查阅品目，该货品符合 64.05 品目条文的规定，应归入品目 64.05，然后按鞋面材质归入子目 6405.2000 “纺织材料制鞋面的”。

（四）鞋靴零件及护腿和类似品的归类

归入品目 64.06 的物品，可用除石棉外的任何材料制成，包括：鞋面及其零件；硬衬；塑料或橡胶制的外底及鞋跟等；护腿、裹腿、鞋罩、绑腿、无脚部的“登山袜统”、暖腿套和类似品及其零件。但该品目不包括：鞋栓、鞋钉、鞋跟、鞋钩、鞋扣、鞋带、护鞋铁掌、饰物、编带、绒球或其他装饰带（一般按材料归入相应品目）；石棉制的鞋靴零件及附件（品目 68.12）；为专人定做的脚弓支撑用的鞋内底及矫形器具（品目 90.21）；护膝及护踝（按其构成材料归类）；纽扣、揿扣、按扣（品目 96.06）；拉链（品目 96.07）等。

第六十五章　帽类及其零件

一、本章商品范围及结构

本章共 2 条章注、6 个品目（品目 65.03 已被删除），主要包括帽型、帽坯、帽身及帽兜以及用各种材料（石棉除外）制成及具有多种用途（日用、戏剧用、化妆用、防护用等）的各种各样的帽子（编结帽、纺织物制的帽）并可带有各种材料（包括第七十一章的珠宝及贵金属）制的装饰物，也包括任何材料制成的发网及某些帽类专用配件。

本章 6 个品目的排列顺序为：帽坯、帽身及帽兜（品目 65.01 ~ 65.02）→各种帽类（品目 65.04 ~ 65.06）→帽类配件（品目 65.07）。

二、本章商品归类要点概述

（一）本章不包括：动物用的帽类（品目 42.01）；品目 63.09 的旧帽类；石

棉制帽类（品目68.12）；第九十五章的玩偶帽、其他玩具帽；与有关服装一同报验的用于披肩、斗篷等可分开的兜帽（应根据服装的材料归类）等。

（二）帽子的归类不受所带装饰物（可用任何材料制）的影响。未装于帽上的各种帽子装饰物（扣子、别针、徽章、羽毛、人造花等）应按货品本身属性归入适当的品目。

（三）本章的帽类不论大小、颜色、款式，但须分清制帽的方法及使用的材料。例如，毡呢制帽子的半制成品归入品目65.01，编结材料采用编结工艺或是任何材料的条带拼制而成的帽子的半制成品归入品目65.02；品目65.04的帽类可直接用任何材料的纤维或条带（主要是秸秆、芦苇、棕榈纤维、酒椰纤维、西沙尔麻、纸条、塑料条或木片条）编结而成；品目65.05的帽类主要由纺织纱线相互串套而成，也可由手工通过钩针把一根连续长线钩成一系列的线圈，线圈与线圈相穿而成的织物制成。

三、本章商品与相关商品的归类

（一）帽坯、帽身及帽兜的归类

序号	商品描述	归类
1	毡呢制的帽坯、帽身及帽兜，未楦制成形，也未加帽边；毡呢制的圆帽片及制帽用的毡呢筒（包括裁开的毡呢筒）	65.01
2	编结的帽坯或用宽度一般不超过5厘米的任何材料的条带拼制而成的帽坯，未楦制成形，也未加帽边、衬里或装饰物（参见章注二）	65.02

其中，品目65.01的货品经进一步加工成帽子后，应归入品目65.05，例如经楦制工序的名为全“开普林”帽归入品目65.05。品目65.02的帽坯因采用了条带编结或拼制的方法，与品目65.01的物品不同，其帽顶与帽边之间通常有一明显的界线，且有时相互几乎成直角。品目65.02的帽坯通常不同于已楦制的帽坯，后者由于楦制，其帽顶一般为椭圆形。品目65.02的货品经进一步加工成帽子后，应归入品目65.04。品目65.02所列未楦制的帽坯加有衬里或装饰物时，应作为帽子归入品目65.04。

（二）各种帽子的归类

序号	商品描述	归类
1	编结帽或用任何材料的条带拼制而成的帽类，不论有无衬里或装饰物；仅经楦制或加边的品目65.02的帽坯	65.04

续表

序号	商品描述	归类
2	针织或钩编的帽类（如贝雷帽、无边女帽、无檐便帽）；用成匹花边、毡呢或其他纺织物（条带除外）制成的帽类；用品目65.01的帽身、帽兜或圆帽片制成的毡呢帽类（包括简单楦制成形的帽兜以及加有帽边的帽兜）；缝制的帽坯；用任何材料制得的发网、束发带及类似品。上述物品不论有无衬里或装饰物	65.05
3	所有不归入上述品目或第六十三章、第六十八章或第九十五章的各种帽类，不论有无衬里或装饰物，包括安全帽、橡胶或塑料制的帽类（如女子游泳帽、兜帽）、皮革或再生皮革制的帽类、毛皮或人造毛皮制的帽类、羽毛或人造花制的帽类及金属制的帽类	65.06

其中，安全帽包括体育用帽，军事或消防员用的头盔，摩托车驾驶员、矿工或建筑工人用的头盔，不论是否装有防护垫或装有话筒或耳机。

例1. 用塑料（丙烯聚合物）扁条（宽度6毫米）编结的缏条缝合成的遮阳帽

【答案】6504.0000

【归类说明】本题货品看上去既可按“编结品”归入第四十六章，也可按“帽类”归入本章。但根据第四十六章章注二“本章不包括第六十四章和第六十五章的鞋靴、帽类及其零件”的规定，该货品应归入本章。查阅品目，该货品符合65.04品目条文的规定，应归入品目65.04，然后归入子目6504.0000。

例2. 摩托车用头盔

【答案】6506.1000

【归类说明】本题货品属于帽类商品，应归入本章。查阅品目，该货品符合65.06品目条文的规定，应归入品目65.06。因该货品属于安全帽，故应按列名归入子目6506.1000。

（三）帽类配件的归类

品目65.07包括可装于帽子之上的帽圈、帽衬及其零件、帽套、帽帮、帽骨架、帽舌及可装于帽上的帽颏带。其中，主要用于遮光的帽檐如装在任何形式的帽类（皇冠件）上的，应按帽类归类，否则应按其构成材料归类。

归类时，应注意本品目所列货品的材质（皮革、再生皮革、塑料、纺织材料、纸板、软木、金属等）。

第六十六章　雨伞、阳伞、手杖、鞭子、马鞭及其零件

一、本章商品范围及结构

本章共2条章注、3个品目，主要包括各种雨伞、阳伞、手杖、带座手杖、鞭子、马鞭及类似品，以及它们的零件和装饰品。

本章3个品目的排列顺序为：雨伞及阳伞（品目66.01）→手杖、马鞭及类似品（品目66.02）→本章物品的零件及装饰品（品目66.03）。

二、本章商品归类要点概述

根据本章注释二的规定，品目66.03不包括纺织材料制的零件、附件及装饰品或者任何材料制的罩套、流苏、鞭梢、伞套及类似品。此类货品即使与品目66.01或66.02的物品一同报验，只要未装配在一起，则不应视为上述品目所列物品的组成零件，而应分别归入各有关品目。例如，单独报验的尼龙布制伞套，应归入品目63.07；该伞套套在伞上报验时，则该伞套应按伞归入品目66.01。

三、本章商品与相关商品的归类

（一）雨伞及阳伞的归类

品目66.01包括雨伞、阳伞（如仪仗用伞，伞式帐篷，手杖伞及带座手杖式伞，露天餐馆、市场、庭院用伞及类似伞），不论其各部分（包括配件及装饰物）用何种材料制成。但该品目不包括不具有伞或伞式帐篷特征的海滩帐篷（品目63.06），用于狂欢节的伞（第九十五章）等。

例1. 手杖伞

【答案】6601.9900

【归类说明】本题货品为阳伞，应归入本章。查阅品目，品目66.01已有“手杖伞”的列名，故该货品应归入品目66.01。查阅子目，因子目没有“手杖伞”的列名，故该货品应归入一级子目6601.9“其他”，然后归入二级子目6601.9900“其他”。

（二）手杖、马鞭及类似品的归类

品目66.02包括：手杖、带座手杖、棍、专供残疾人及老人使用的拐杖、牧羊人用的弯柄杖，以及藤枝或木头经旋切、弯曲或其他加工制成的手杖半制成品；鞭子（包括铅条鞭）、马鞭（由把手和短皮革圈构成）及类似品。但该品目不包括：未制成手柄的坯件（品目66.03）；丈量用杖（品目90.17）；作为矫形

器具的拐杖、拐棍及支杆（品目90.21）；火器/刀剑/灌铅手杖及类似品（第九十三章）；滑雪杖（第九十五章）等。

例2. 马鞭

【答案】6602.0000

【归类说明】本题货品应按“鞭子”归入本章。查阅品目，该货品应按列名归入品目66.02，然后归入子目6602.0000。

（三）本章物品的零件及装饰品的归类

品目66.03包括品目66.01或66.02所列物品的零件及装饰品：用于雨伞、阳伞、手杖、鞭子等的把柄；装在伞杆上的骨架、伞骨及撑杆；雨伞或阳伞的杆（杖），不论是否有把柄；鞭子或马鞭的握把；伞杆滑动件、伞骨头、开杯及梢杯、金属包头、弹簧、项圈、可调整伞面与伞杆角度的装置、大钉、带座手杖的地面板及类似品等。

第六十七章　已加工羽毛、羽绒及其制品；人造花；人发制品

一、本章商品范围及结构

本章共3条章注、4个品目，包括：已加工的羽毛、羽绒及其制品；人造花和人发制品。

本章4个品目的排列顺序为：羽毛、羽绒及其制品（品目67.01）→人造花及其制品（品目67.02）→已加工人发及人发制品（品目67.03~67.04）。

二、本章商品归类要点概述

归类时，应注意品目67.02、67.04所列货品的制作材料，品目67.03所列货品的制作材料和加工程度（经梳理、脱色等）。

品目67.02与第六章“花、草、叶”的区别在于货品的属性：植物类的花、草、叶归入品目06.03或06.04，而非植物类的花、草、叶（如塑料花）归入品目67.02。

三、本章商品与相关商品的归类

（一）羽毛、羽绒及其制品的归类

品目67.01包括：带羽毛或羽绒的鸟皮及鸟体的其他部分及其制品；羽毛、部分羽毛、羽绒及其制品。例如，拼装成簇的羽毛、装饰性羽毛制成的扇子（其扇骨可用任何材料制成）。

本品目不包括：羽毛或羽绒仅在其中作为填充料的物品（品目94.04）；用羽管及羽轴制成的物品（如牙签，品目96.01）等。

（二）人造花及其制品的归类

品目67.02包括：人造花、叶、果实及其零件（如雌蕊、雄蕊、子房、花瓣、花萼、叶及茎）；用人造花、叶及果实制成的物品（如花束、花环、花圈、植物）；用人造花、叶或果实制得的装饰或观赏用的其他物品。这些物品通过捆扎、胶粘、相互装镶及类似方法组装制得，所用材料为纺织材料、毡呢、纸、塑料、橡胶、皮革、金属箔片、羽毛、贝壳或其他动物质材料等。

本品目不包括：玻璃制的人造花（第七十章）；用陶瓷、石料、金属、木头等经模铸、锻造、雕刻、冲压或其他方法整件制成形的人造花、叶或果实；用捆扎、胶粘、相互装镶及类似方法以外的其他方法将零件组合而成的人造花、叶或果实等。（参见章注三）

例1. 纸制白玫瑰花

【答案】6702.9090

【归类说明】本题货品属于人造花，应归入本章。查阅品目，该货品应按列名归入品目67.02。查阅子目，该货品应归入一级子目6702.9“其他材料制”，然后归入三级子目6702.9090“其他”。

（三）已加工人发及人发制品的归类

序号	商品描述	归类
1	经梳理、稀疏、脱色、染色、成波纹形或卷曲的人发；用于制假发及类似品或玩偶头发的羊毛、其他动物毛（如牦牛毛、西藏山羊毛等）及其他纺织材料（如化学纤维）	67.03
2	人发、动物毛或纺织材料制的假发、假胡须、假眉毛、假睫毛、假辫子及类似品；其他品目未列名的人发制品，特别是人发制的某种轻质机织材料 不包括玩偶用假发（品目95.03）、毛发制滤布（品目59.11）、发网（品目65.05）、头发实物色板（品目90.23）等	67.04

品目67.04的货品通常是精工制作的，用于个人打扮或用于专业工作（如戏剧用假发）。

例2. 羊毛制的假胡须

【答案】6704.9000

【归类说明】本题货品为人发制品，应归入本章。查阅品目，该货品应按列名归入品目67.04。因子目没有该材质的相关列名，该货品应归入一级子目6704.9000“其他材料制”。

第十三类　石料、石膏、水泥、石棉、云母及类似材料的制品；陶瓷产品；玻璃及其制品

本类共3章（第六十八章至第七十章），按商品特性分包括矿产制品（第六十八章）、陶瓷产品（第六十九章）、玻璃及其制品（第七十章）。其中，第六十八章的制品是原料通过成形、模制，未经烘烧，仅改变了原来的形状，但未改变其原料性质制成的；第六十九章的制品主要是用第二十五章的矿物黏土、高岭土、硅质化石粉等先成型后，再经过烧制、烧结成的陶瓷产品（品目68.04的陶瓷研磨制品除外）；第七十章的玻璃及其制品是用第二十五章的矿物砂、石英等原料经完全熔融再成型后制得的。

本类无类注。

第六十八章　石料、石膏、水泥、石棉、云母及类似材料的制品

一、本章商品范围及结构

本章共2条章注、15个品目，包括：加工程度超出第二十五章注释一所列范围的该章各种产品；第二十五章注释二（五）所列该章不包括的产品（如长方砌石、路缘石、扁平石、镶嵌石等）；用第五类的矿物原料制成的某些产品（如水泥管子、石棉纱线等）；用第二十八章的某些材料制成的货品（如人造研磨料）。

本章15个品目的排列顺序为：石料制品（品目68.01～68.03）→研磨、摩擦制品（品目68.04～68.05）→其他矿物材料（沥青、石膏、水泥、石棉、云母等）制品（品目68.06～68.15）。

二、本章商品归类要点概述

（一）本章产品和制品大都是原料通过成形、模制等加工，改变了原来形状，但没有改变其原料的性质。有些货品是通过黏聚加工制得的（如沥青制品或砂轮等某些物品），其他一些货品则是在高压釜内硬化而成的（灰砂砖）。本章还包括

经过加工后，原材料起了根本变化的某些货品（如经熔炼而成的矿渣棉、熔化玄武岩等）。

（二）用石料与其他材料合制的装饰物可作为首饰或仿首饰、金器或银器归类，以石料为主要材料制成的其他装饰性货品一般应归入品目 68.02。

此外，制成家具（餐具柜、脸盆架、桌子等）台面的石板，单独报验的，归入本品目；与各件家具（不论是否组装）一起报验且明显属于该家具一部分的，应归入第九十四章。

（三）本章研磨工具与第八十二章金属研磨工具的区别如下。

本章研磨工具不仅主要包括由研磨制成的工具，还包括在金属柄上只有极小研磨头的工具和在硬质材料（金属、木、塑料、软木等）芯子上牢固地黏着多层紧密黏聚研磨料的工具（如金属等制的切割轮，配有研磨料的轮缘），以及珩磨头用的研磨件。

本身带有研磨料，直接用来作为研磨工具使用的，应归入品目 68.04。如果研磨工具带有切齿、沟、槽等工作面，即使附有研磨料，若切齿、沟、槽等仍保持其原型和功能的，应归入第八十二章（不附有研磨料亦能使用）。例如，顶钻的工作刃面未涂有研磨料时是光滑的，则其应归入品目 68.04；若其工作刃面呈锯齿状的（不论是否涂有研磨料），则其应归入品目 82.07。

三、本章商品与相关商品的归类

（一）石料制品的归类

序号	商品描述	归类
1	用天然石料（如砂岩、花岗岩、斑岩，但不包括板岩）制的长方砌石、扁平石（均为矩形，包括正方形）及路缘石（其横截面为矩形） 不包括用水泥、混凝土或人造石制成的路缘石等（品目 68.10）	68.01
2	经加工的碑石或建筑用石（不包括板岩）及其制品（如门槛、墓碑、花瓶）；天然石料（包括板岩）制的镶嵌砖（马赛克）及类似的大理石砖，不论是否用纸或其他材料作衬背；天然石料（包括板岩）制的人工染色石粒、石片及石粉（参见章注二） 不包括未经人工染色的石粒、石片屑及石粉和染色的天然砂（第二十五章），用水泥或其他黏合剂（如塑料）黏聚天然石料块制成的石板、砖瓦等（品目 68.10）等	68.02
3	已加工的板岩及经抛光或其他加工的板岩的制品：墙砖、石板（用于铺路等）、石池、石盆、壁炉台等；明显用于铺屋顶、贴墙面或作防潮层用的板岩；黏聚板岩的制品	68.03

续表

序号	商品描述	归类
3	不包括天然板岩（品目 25. 14）；书写或绘画用的板岩板，不论是否镶框（品目 96. 10）等	68. 03

其中，品目 68. 01 的产品是用手工或机械将石料切割、粗劈或切成块状制得的；品目 68. 02 的石料除经劈、锯、粗切成块、片、板块（石面为方形或长方形）以外，还可经浮饰，用镐、锤、凿等修琢，用箅式石凿等开出石沟，刨平、砂磨、打磨、抛光、切斜角、模制、车削、饰面、雕刻等加工；品目 68. 03 的板岩是经锯或切成矩形（包括正方形）以外的形状，或经打磨、抛光、切斜角、钻孔、涂清漆、涂瓷釉、模制或其他装饰。

例 1. 大理石板材，规格为 200 厘米 ×200 厘米，表面、底面切割平整，并且表面经过磨平、抛光处理，用于建筑装修

【答案】6802. 9190

【归类说明】本题货品的加工程度已超出第二十五章章注一的范围，应归入本章。因该货品用于建筑装修，符合 68. 02 品目条文的规定，应归入品目 68. 02。因其表面经过磨平、抛光处理，故其应归入一级子目 6802. 9“其他”。因其不是“石刻”的，故其应归入三级子目 6802. 9190“其他”。

（二）研磨、摩擦制品的归类

序号	商品描述	归类
1	磨浆用石磨和石碾；刀具、工具等磨刃用的磨石；用于研磨、抛光、磨刃、整形或切割的砂轮、磨头、磨盘、磨齿等；带柄或不带柄的抛光石、磨刀石、油石及类似品，以及这些物品的坯件；主要由石料、黏聚研磨料或陶瓷制成的上述货品的部分品、成品零件	68. 04
2	砂布、砂纸及以其他材料为底的类似品，不论是否裁切、缝合或用其他方法加工成形 不包括品目 68. 04 的物品	68. 05

其中，品目 68. 04 的石磨、石碾、砂轮等是用天然石料、黏聚的天然或人造磨料或陶瓷制成的，不得装有支架。装有支架的，不论是手推还是脚踏操作的，均应归入品目 82. 05；若是机动的，应归入第八十四章或第八十五章。

品目 68. 05 的货品是指把研磨料包括金刚砂、刚玉、石榴石、石英及玻璃粉等天然或人造磨料用胶水或塑料粘于纺织材料、纸、皮革或其他材料上制成的各种形状的制品，用于货品表面的清洁或磨光，不论这种砂纸、砂布是否粘于木轮或木条等支座上。

（三）其他矿物材料制品的归类

序号	商品描述	归类
1	矿渣棉、岩石棉及类似的矿质棉（包括其相互混合物），块状、成片或成卷（如硅酸铝纤维及其制品）；页状蛭石、膨胀黏土、膨胀珍珠岩、绿泥石、黑曜岩、泡沫矿渣及类似的膨胀矿物材料（包括其相互混合物）；具有隔热、隔音或吸音性能的矿物材料的混合物（如主要由硅藻土、硅质化石粉、碳酸镁等组成的混合物）及其制品（如薄板、砖、瓦、管、气缸壳体、绳索、垫块等）；锯成块状或其他形状的硅藻土或其他硅质土 不包括轻质混凝土制成的物品（含页状蛭石、膨胀或类似品作集料的混凝土）（品目68.10），以石棉或石棉与碳酸镁为基本材料的混合物及其制品（品目68.12）等	68.06
2	用天然沥青、煤焦油沥青、石油沥青、沥青混合物等制成的物品（常含有沙、矿渣等的填料），例如压制或模制而成的板、砖、瓦、扁平石；浇铸或模制的管子及容器 不包括主要用石棉水泥加沥青制成的物品（品目68.11）等	68.07
3	用水泥、石膏及其他矿物黏合材料黏合植物纤维、稻草、刨花、木片屑、木粉、锯末或木废料制成的建筑用或隔热、隔音、吸音用镶板、平板、瓦、砖及类似品（轻但硬，植物原料在黏合材料中仍保持其本身特性）	68.08
4	石膏制品及以石膏为基本成分的混合材料制品，如（纤维）灰泥，仅用纸、纸板贴面或加强的未经装饰的石膏板、片、砖、瓦，模制品（如塑像、瓶、工业用型模） 不包括石膏骨折夹板（品目90.21）、品目68.06或68.08的用石膏黏聚制成的镶板等	68.09
5	用水泥（包括矿渣水泥）、混凝土或人造石经模制、压制或离心作用制成的物品，不论是否（用金属等）加强（如水磨石、砖、瓦、管、杆、板、铁道轨枕、装饰品） 不包括品目68.06、68.08及68.11的物品等	68.10
6	石棉水泥、纤维素水泥或类似材料的制品，其他片、板、砖、瓦及类似制品、管子及管子附件，以及桶、密封垫圈和接头、窗台、花盆、招牌板	68.11

续表

序号	商品描述	归类
7	已加工的石棉纤维；以石棉为基本成分或以石棉与其他材料为基本成分的混合物；上述混合物或石棉的制品，不论是否用金属等加强 不包括品目 68.11 或 68.13 的货品	68.12
8	以石棉、其他矿物质或纤维素纤维为基本成分的未装配摩擦材料及其制品，适于作制动器、离合器及类似品，不论是否与织物或其他材料结合而成 不包括：不含矿物材料或纤维素纤维的摩擦材料，如软木（按其构成材料归类）；已装配的闸衬（应按其所用的机器或车辆零件归类，如品目 87.08）等	68.13
9	已加工的云母及其制品，包括黏聚或复制的云母，不论是否附于纸、纸板或其他材料上 不包括制成圣诞树装饰品的云母（品目 95.05）等	68.14
10	其他品目未列名的石制品及其他矿物制品，如非电器用的石墨或其他碳精制品、碳纤维及其制品、泥煤制品、玄武岩纤维及其制品、测验贵金属的试金石 不包括：用人造石墨或"其他碳精"制成的块、板及类似的半制成品，主要用于切割成电刷（品目 38.01）；泥炭纤维纺织品（第十一类）等	68.15

其中，矿质棉像玻璃纤维（品目 70.19）一样，其外表呈羊毛状或纤维状，只是两者的化学成分不同，矿质棉纤维通常较短，颜色也不够白。

品目 68.06 的泡沫矿渣是将少量的水加入熔融矿渣中制成的，而密度较高的粒状矿渣（品目 26.18）是将熔融矿渣注入水中制成的。品目 68.08 的物品与木质碎料板（品目 44.10）和木纤维板（品目 44.11）的区别是，前者是以矿物黏合材料黏聚的，后者是用有机黏合剂黏聚的。

品目 68.11 的制品是主要由石棉、纤维素和其他植物纤维、合成聚合物、玻璃或金属纤维和水泥或其他水硬性胶粘剂的均匀混合物组成的硬化物品。这些物品可用金属等加强。品目 68.12 的制品可通过黏合、纺纱、搓捻、编结、纺织、缝合或模制而成。

例 2. 成卷的沥青

【答案】6807.1000

【归类说明】本题货品是以沥青为原料的制品，应归入本章。该货品符合 68.07 品目条文的规定，应归入品目 68.07，然后按"成卷"的列名归入子目 6807.1000。

例 3. 石棉制安全帽（帽内衬有纯棉机织物制衬里）

【答案】 6812.9100

【归类说明】 本题货品看似既可按“帽类”归入品目 65.05，也可按“石棉”制品归入品目 68.12，但根据第六十五章章注一（二）“第六十五章不包括石棉制帽类（品目 68.12）”的规定，该货品应归入品目 68.12。查阅子目，该货品应归入一级子目 6812.9“其他”，然后按列名归入二级子目 6812.9100“服装、衣着附件、鞋靴及帽类”。

第六十九章　陶瓷产品

一、本章商品范围及结构

本章共有 2 条章注、13 个品目（品目 69.08 已被删除），根据组成成分和所采用的烧制工序及用途分为 2 个分章。第一分章（品目 69.01 ~ 69.03）是硅化石粉或类似硅土及耐火材料制品，第二分章（品目 69.04 ~ 69.07 及 69.09 ~ 69.14）是其他陶器制品。

二、本章商品归类要点概述

（一）本章不包括破碎陶瓷及破碎砖块（品目 25.30）、玻璃陶瓷产品（第七十章）、金属陶瓷（品目 81.13），以及未装配的工具用金属陶瓷板、杆、刀头及类似品（品目 82.09）等。

（二）用坯泥成形后加以烧制是陶瓷制品的主要特征。陶瓷产品依其成分和烧制工序，分为陶器、瓷器、炻器三大类。其中，陶器的原料是陶土和黏土，其主要成分为高岭土，含杂质较多，质地较粗；瓷器的原料是瓷土（高岭土），含杂质较少，另加长石和石英；炻器又称半瓷器或仿瓷器，它介于陶器和瓷器之间。炻器不作为瓷器而应作为陶器归类。例如，炻器制成的餐具、厨房用具及其他家用或盥洗用具，应按陶制的归入品目 69.12。

（三）品目 69.02 或 69.03（第一分章）的耐火制品既是能耐高温的物品，还是能在高温下工作用的物品。而非高温工作用的物品，即使用耐火材料制成，仍应归入第二分章。例如，用烧结氧化铝制成的坩埚归入品目 69.03，而用同样原料制成的纺织机导纱器（显然不是作为耐火材料使用）则归入品目 69.09。

此外，第一分章的商品应优先归类，即对属于耐火材料的陶瓷制品，如可归入品目 69.01 ~ 69.03 中的一个品目，又可归入品目 69.04 ~ 69.07 及 69.09 ~ 69.14 中的一个品目，应优先归入品目 69.01 ~ 69.03。例如，陶瓷制耐火砖，应归入品目 69. 02 而不归入品目 69. 04。

（四）除品目 69. 11 和 69. 12 外，本章的绝大多数品目并没有按陶制或瓷制进行区分，而在子目方面则有部分子目是有区别的，如品目 69. 09 项下的 6909. 11、品目 69. 10 项下的 6910. 10、品目 69. 13 项下的 6913. 10、品目 69. 14 项下的 6914. 10 都是瓷制的。

（五）本章品目归类时，要注意货品的组成成分及用途。

三、本章商品与相关商品的归类

（一）硅化石粉或类似硅土及耐火材料制品的归类

归类时，应注意品目 69. 02 ~ 69. 03 所列货品所用的相关原料的成分含量。

序号	商品描述	归类
1	用硅质化石粉（如各种硅藻土）或类似硅土制的砖、块、厚板、镶板、瓦、空心砖、圆筒罩套、管等，不论其形状如何及是否具有耐火性能 不包括不含硅质化石粉或类似硅土的轻质非耐火砖（品目 69. 04），以及用含有硅藻土和石英的坯泥制成的过滤板（品目 69. 09）	69. 01
2	常用于建造各种烘箱、窑、炉或其他设备的耐火产品：各种形状的砖；供铺地面、墙面、壁炉膛等的耐火砖和瓦 不包括品目 69. 01 的物品	69. 02
3	其他耐火陶瓷制品，包括：曲颈甑、反应容器、坩埚、烤钵及工业或实验用的类似物品、马弗罩、喷管、栓塞、燃烧器喷嘴及熔炉上的类似零件；陶器烧制过程中支撑或分隔陶器用的烧盆、支架及其他窑具；护套和棒条；坩埚支架；铸模；管子（包括半圆筒形滑道）、角管、弯管及类似的管子附件	69. 03

其中，耐火物品（品目 69. 02 和 69. 03）是指具有耐冶金和玻璃等工业高温（例如 1500℃及以上），且还能在此种温度下进行工作，具有特殊性能的烧制物品。制成的建材产品（如砖、瓦）归入品目 69. 02，其他耐火产品（如曲颈甑、坩埚）归入品目 69. 03。前者一般是永久性固定在建筑物上的；后者一般不是固定的。但因管子（包括半圆形滑道）、角管及类似的管子附件已在品目 69. 03 中列名，故即使它们是永久性安装在建筑物上的，也应归入品目 69. 03。

（二）其他陶瓷制品的归类

建筑用陶瓷器归入品目 69. 04 和 69. 07。技术用途陶瓷器归入品目 69. 09。陶瓷制卫生设备归入品目 69. 10。家用陶瓷制用具分为餐具、厨房用具及其他家用或盥洗用具：瓷制的，归入品目 69. 11；其他陶瓷材料制的，如粗陶器、精陶器、仿瓷器，归入品目 69. 12。塑像及其他装饰用陶瓷制品归入品目 69. 13。本章其他品目或《税则》其他各章未列名的所有陶瓷制品归入品目69.14。具体归类如下：

序号	商品描述	归类
1	建筑用砖、铺地砖、支撑或填充用砖等的非耐火陶瓷砖，用于筑墙、造房、建工业烟囱衬壁等	69.04
2	用于建筑工程的非耐火陶瓷制品：屋顶瓦；管状烟囱零件（如烟囱罩、通风帽、烟囱衬壁及烟道砖）；房屋、墙壁、大门等上用的建筑装饰物（如柱的上楣及中楣）；滴水嘴；三角檐饰、圆花窗、栏杆、梁托、柱头；山墙端、屋檐、屋脊和屋顶装饰物等；其他建筑用陶瓷制品（如通风管格栅；黏土条，用作抹泥工作的底架）	69.05
3	相互接合用于排泄或分流的非耐火管子、明沟及类似品与用于连接或分岔的管子附件（项圈、法兰、弯管、T形管等）	69.06
4	供铺地面或铺墙面、壁炉面等用的未上釉的陶瓷贴面砖、铺面砖，包括：炉面砖及墙面砖；未上釉的陶瓷镶嵌砖（马赛克）及其类似品，不论是否有衬背；饰面陶瓷（如边缘砖、镶边砖、中饰砖、角砖，具有饰面特征） 不包括上釉制品、专门制成炉用的陶瓷砖（品目69.14）等	69.07
5	实验室、化学或其他专门技术用途的陶瓷器，包括：瓷制、莫氏硬度为9或以上的物品等（如实验用盘、汞槽；化学槽）；农业用陶瓷槽、缸及类似容器；商业运输或包装货物用的各种容器（如瓶、坛、罐） 不包括：用耐火材料制成的蒸馏甑、坩埚等（品目69.03）；实验室用的普通罐和容器及用于药店、食品店等展示用的罐（品目69.14）等	69.09
6	固定的陶瓷卫生设备，如洗涤槽、脸盆、脸盆座、浴缸、坐浴盆、抽水马桶、水箱、小便池等 不包括：小型浴室或卫生附件（如肥皂碟、海绵篮、牙刷架、毛巾钩、卫生纸架等，即使其固定在墙上）；便携式的卫生用品（如卫生桶、尿壶和便壶等）[应按照材质（陶器或瓷器）酌情归入品目69.11或69.12]	69.10
7	瓷餐具、厨房器具及其他家用或盥洗用瓷器（参见品目69.12）	69.11
8	陶餐具（如刀架、汤匙、蛋杯）；厨房器具（如炖锅、漏斗、长柄勺）；其他家用物品（如烟灰缸、热水瓶）；盥洗物品（如便盆、痰盂、毛巾架），不论是否家用 不包括：用于盛装或运输货物的缸、坛、瓶、罐及类似品（品目69.09）；贵金属或包贵金属在其中不仅只起小装饰物作用的陶瓷制品（第七十一章）等	69.12

续表

序号	商品描述	归类
9	主要用于家庭、办公室、会议室、教堂等内部装修以及用于室外装饰的陶瓷制品：仅作装饰而无实用价值的物品以及仅用于支撑、盛装装饰品或增加其装饰效果的物品（如塑像、装有悬挂装置的墙饰）；其观赏价值明显大于其使用价值的餐具及其他家用物品（如无实际使用价值的模制浮雕盘）；家庭、办公室等装潢、修饰用的物品（如成套烟具、香烟盒、香炉、墨水台、书档、镇纸和画框）（参见品目 83.06） 不包括檐口、中楣及类似的建筑饰品（品目 69.05）等	69.13
10	其他陶瓷制品（如以陶瓷为基料制成的火炉及其他加热器；火炉及壁炉的陶瓷零件；非装饰性的花盆；商店标志及橱窗用的字母、数字、招牌板及类似图案，但发光标志除外；供实验室用的普通罐和容器及药店、糖果店等用的展示罐） 不包括陶瓷假牙（品目 90.21）等	69.14

其中，品目 69.05 的物品不论是平面、砂面、涂泥釉、整体着色、用其他物质浸渍、上釉、起肋纹、带槽沟或模制成其他装饰形状的均归入本品目。品目 69.06 的管子有各种形状或截面（直的、弯的、分叉的、直径一致或不一的等），也有上釉的。品目 69.07 的货品是根据其形状及规格而不是根据其成分进行归类的。归类时，注意由干燥样品（砖）在水中浸泡饱和后，按重量计含水量的百分比（即吸水率）及其尺寸（最大表面积的最大边长）。品目 69.09 包括通常用玻璃化陶瓷（粗陶器、瓷、块滑石陶瓷等）制成的上釉或不上釉的制品，以及虽用耐火材料制成但非供高温工作用的物品（如用烧结矾土制成的引线器）。

品目 69.10 的货品永久固定于房舍内或某一地点上，且通常与供水系统或下水道相连接。品目 69.13 带装饰性的餐具及其他家用物品，若其使用效果不比未装饰的同类物品差，应归入品目 69.11 或 69.12。

陶瓷制的铺地砖涉及 2 个品目：品目 69.04、69.07。其中，既适于铺路又适于建筑的砖归入品目 69.04；贴面砖、铺面砖，从其表面规格来看比建筑用砖要薄。

品目 69.05 的屋顶瓦与品目 69.07 的瓦的区别在于：前者通常具有挂脚或打有用钉固定的孔眼或经模制使之相互叠接；后者通常是平面的，不需钻孔，不带挂角，也不制成相互叠接形状，使用时是并排的而不是交搭的。

例 1. 用于腐蚀性流体的瓷制龙头（莫氏硬度 9 以下的瓷制成）

【答案】 6909.1100

【归类说明】 本题货品是一种陶瓷制品，应归入本章。查阅品目，该货品属于专门技术用途的陶瓷器，应归入品目 69.09。因该货品是瓷制的，应归入子目 6909.1100。

例 2. 陶制汤碗

【答案】 6912.0010

【归类说明】 本题货品是陶制餐具，应归入本章。查阅品目，该货品符合 69.12 品目条文的规定，应归入品目 69.12，然后按“餐具”的列名归入子目 6912.0010。

例 3. 装饰用瓷制大花瓶

【答案】 6913.1000

【归类说明】 本题货品是一种用瓷土制造的花瓶，应按“陶瓷产品”归入本章。查阅品目，该货品符合 69.13 品目条文的规定，应归入品目 69.13，然后按“瓷制”的条件归入子目 6913.1000。

第七十章　玻璃及其制品

一、本章商品范围及结构

本章共 5 条章注、1 条子目注释、19 个品目（品目 70.12 已被删除），主要包括各种形状的玻璃及玻璃制品。《税则》所称的“玻璃”，包括熔融石英及其他熔融硅石。

本章按照加工程度由浅入深的顺序排列，同时兼顾了制造方法、材料属性及用途，具体排列顺序为：玻璃材料（品目 70.01 ~ 70.08）→玻璃制品（品目 70.09 ~ 70.11 及 70.13 ~ 70.20）。

二、本章商品归类要点概述

（一）玻璃包括熔融石英及其他熔融硅石。玻璃按其组分不同有许多品种，如玻希米亚玻璃、铅晶质玻璃、氧化铅玻璃。这些不同类型的玻璃是非晶性（非晶质）的，且是全部透明的。

在某些情况下，制作方法可决定玻璃品在本章中品目的归类。例如，铸制或轧制的玻璃（如毛玻璃、教堂玻璃、压花玻璃、波纹玻璃）归入品目 70.03，拉制或吹制的玻璃归入品目 70.04，而用浮法工艺加工的玻璃归入品目 70.05，用于室内装饰和类似用途的铸制或模制玻璃花、叶和果实归入品目 70.13，而用糊状玻璃通过吹管吹制而成的小塑像及其他装饰品（动、植物、小人像等）归入品目 70.18。

普通玻璃一般无标识；含铅水晶玻璃的少量牌子有 Pb 标识，或者“LEAD CRYSTAL”字样；无铅水晶玻璃一般含钾，高端制品外包装通常有“NON LEAD

CRYSTAL”“K2O”等标识。

（二）光学元件的归类如下：

光学加工是先用粗磨料，然后再不断地用越来越细的磨料对玻璃表面进行研磨，其加工顺序为粗磨、修整、磨平和抛光。

只对玻璃圆片或镜片的边缘进行简单的打磨，但未做进一步加工的，不能视为进行过光学加工。

经过一道或数道抛光前的工序所制得的物品归入品目 70. 14；但一面或多面全部或部分进行过抛光，达到了所需光学性能的玻璃件归入品目 90. 01 或 90. 02。非玻璃制光学元件，不论是否经过光学加工，应归入第九十章。

（三）玻璃球的归类如下：

序号	商品描述	归类
1	直径不超过 1 毫米的微型玻璃球（滚圆的实心球体）	70. 18
2	直径超过 1 毫米的玻璃球	70. 02
3	具有玩具性质的玻璃球（任何包装形式的彩色条纹玻璃弹子及供儿童娱乐用的小包装各式玻璃球）	95. 03
4	成型后经过磨光，作某种瓶子的瓶塞用的玻璃球	70. 10

（四）单层液晶玻璃基板，未经进一步加工的，应归入品目 70. 06。经印刷线路、灌注液晶等深度加工之后的液晶面板或液晶面板零件，应归入品目 90. 13。

（五）玻璃假眼的归类如下：

序号	商品描述	归类
1	未装有闭眼装置的供玩偶、机器人、玩具动物使用的玻璃假眼	70. 18
2	装有闭眼装置的玩偶假眼	95. 03
3	供人使用的玻璃假眼	90. 21

（六）玻璃陶瓷与金属陶瓷的区别如下：

玻璃陶瓷（第七十章）是指在玻璃溶体中加入如萤石或骨灰之类的材料（约加 5% 比率）制成的半透明玻璃，所加材料在溶体冷却或再加热可以引起部分结晶。其主要用于玻璃器皿的制造。

金属陶瓷（第八十一章）是指金属与陶瓷成分以极细微粒不均匀结合而成的产品。其主要用于航空工业、核工业及导弹的制造，也用于制熔炉、金属铸件、轴承等。

三、本章商品与相关商品的归类

（一）玻璃材料的归类

碎玻璃及玻璃块料归入品目 70. 01；未经进一步加工的玻璃半制成品归入品

目 70.02～70.05；经进一步加工的玻璃半制成品归入品目 70.06～70.08。

序号	商品描述	归类
1	碎玻璃及废玻璃；玻璃（包括“釉彩”玻璃）块料，呈块状（成团或厚板） 不包括粉状、粒状或粉片状的玻璃（包括维特利特玻璃及“釉彩”玻璃）（品目 32.07）	70.01
2	未加工的玻璃球、棒及管，如“釉彩”玻璃条、棒或管，以及在本体加入荧光材料的玻璃管（不论是否切割成段） 不包括仅在管内涂有荧光材料的玻璃管（品目 70.11）；成为制成品或制成品零件的玻璃球、棒和管（应依照产品的特征及用途归入品目 70.11、70.17、70.18 或第九十章）或（品目 70.20，已加工但不能确定其特定用途的）	70.02
3	铸制或轧制玻璃板、片（包括夹丝和非夹丝玻璃板、片）或型材及异型材	70.03
4	拉制或吹制的玻璃板、片	70.04
5	浮法玻璃板、片及表面研磨或抛光玻璃板、片，包括夹丝和非夹丝的	70.05
6	弯曲或曲形玻璃，边缘经研磨、圆角、开槽、倒角、斜边、成形等加工的玻璃，制成后经打洞或开凹槽的玻璃，制成后经打毛工序制成的磨砂玻璃等，冰花玻璃，雕刻或蚀刻玻璃、釉彩玻璃及用其他方法加工具有装饰和各种花纹的玻璃，但不带框架、背衬，也没有其他材料装配的 不包括：装于木料或贱金属上用作相片、图画等框架的玻璃片（品目 44.14 或 83.06）；用导电金属糊压印出电路的玻璃板和具有电阻作用的金属带或装置的加热玻璃板（第八十五章）等	70.06
7	钢化玻璃、层压玻璃，不管成一定形状（如弯曲）或不成一定形状的 不包括具有钟表玻璃特征或用作太阳镜片的弧面安全玻璃（品目 70.15）等	70.07
8	多层隔温、隔音玻璃组件	70.08

其中，根据章注二，对于品目 70.03、70.04 及 70.05，玻璃在退火前的各种处理都不视为“已加工”；玻璃切割成一定形状并不影响其作为板片归类。此外，这 3 个品目所列物品，不论是否有吸收、反射或非反射层，也不论是否着色或镶色，均应未经其他加工。品目 70.04 的物品可以有不同厚度，但一般不如品目 70.03 的铸制玻璃厚。

根据章注三，品目 70.06 所述的产品，不论是否具有制成品的特性仍应归入该品目。例如，不论是否斜边、着色、带有图案或其他装饰的招牌板，应作为具有特定用途的平面玻璃制成品归入该品目。

用于家具上的未用其他材料装框或装镶的玻璃板，单独报验的，应归入品目70.06；与家具同时报验（不论是否已组装），并明显用于该家具上的，则应与家具一同归类。用其他材料装框或装镶的玻璃板如果构成机器、用具或家具的零件时，应与该机器、用具或家具一同归类。

品目70.07的安全玻璃，若装于其他物品上，构成了机器、用具或车辆零件的，应与有关机器、用具或车辆一并归类；若安全玻璃是单独进口的，即使说明是装于机器、用具或车辆上，仍应归入品目70.07。

例1. 浮法夹丝玻璃板（边缘未经加工）

【答案】7005.3000

【归类说明】本题货品属于玻璃材料，应归入本章。查阅品目，该货品符合70.05品目条文的规定，应归入品目70.05，然后按列名归入子目7005.3000。（注意：若其边缘已经加工但未用其他材料镶框和装配，则该货品应归入子目7006.0000）

例2. 钢化玻璃制未镶框的安全玻璃，已制成一定形状，专用于飞机上

【答案】7007.1110

【归类说明】本题货品专用于飞机上，似乎既可按钢化安全玻璃归入品目70.07，也可按飞机零件归入品目88.03。但根据归类总规则三（1）"列名比较具体的品目优先于列名一般的品目"的规定，该货品应按"钢化安全玻璃"归入品目70.07。因该货品是专用于飞机上的，应归入子目7007.1110"航空器、航天器及船舶用"。

（二）玻璃制品的归类

序号	商品描述	归类
1	玻璃镜（包括后视镜），不论是否镶框；镜片；仅由一块镜子构成的桌面中心 不包括经光学加工的玻璃镜（第九十章）	70.09
2	用于运输或盛装液体或固体产品（粉末、颗粒等）的各种玻璃容器，如坛、瓶、缸、罐、安瓿及其他容器；玻璃制保藏罐；玻璃塞、盖及类似的封口器；作瓶塞用的某些玻璃球；任何材料制成的容器塞盖（与本品目容器一起报验） 不包括商店专用的展示瓶、罐（品目70.20）等	70.10
3	制灯泡、阴极射线管及类似品用的不带配件未封口玻璃外壳（包括玻璃泡及管）及其玻璃零件（如电视机阴极射线管的荧光屏或椎体，聚光灯泡反射器） 不包括仅切割成一定长度的玻璃管，在玻璃本体加有荧光材料（如铀酸钠）的玻璃管（品目70.02）等	70.11

续表

序号	商品描述	归类
4	餐桌或厨房用玻璃器皿（如水杯、油瓶、冰桶）；盥洗用品（如肥皂碟、牙刷架）；办公室用玻璃器具（如镇纸、笔架、烟灰缸）；室内装饰用玻璃器及其他玻璃器（包括教堂和类似场所用的） 不包括品目 70.10 或 70.18 的货品	70.13
5	未经光学加工的信号玻璃器（凸面、半球形或具有平行槽纹平面的）及玻璃制光学元件，如汽车车头灯、自行车后灯等的透镜及类似品，某些普通放大镜所用的镜片及类似品；光学元件的毛坯和需进行光学加工的光学元件（上述物品可镶框、装有架座或背衬反射面，无色或着色） 不包括品目 70.15 的货品，经过光学加工的玻璃光学元件或非玻璃材料制的光学元件（第九十章）等	70.14
6	呈弧面、弯曲、凹形或类似形状但未经光学加工的钟表玻璃及类似玻璃、视力矫正或非视力矫正眼镜用玻璃（包括作视力矫正眼镜片的毛坯，如变色镜片坯件）；制造上述玻璃用的凹面圆形及扇形玻璃 不包括实验室专用的钟、表玻璃（中间穿孔、边缘经过打磨以保证其密封性等）（品目 70.17），经光学加工的视力矫正眼镜片或隐形眼镜（第九十章）等	70.15
7	建筑用压制或模制的铺面用实心或空心玻璃砖、块、片、瓦及各种模制品（双头制品等）以及建筑用玻璃装饰品（圆花窗、中柱等）、梯级及其竖版、栏杆球饰等，不论是否夹丝；供镶嵌或类似装饰用的玻璃马赛克及其他小件玻璃品，不论是否用纸、纸板、纺织物或其他材料衬背；私人房舍的花式铅条窗、教堂等用的彩绘玻璃窗；多孔或泡沫玻璃块、板、片及类似品（一种隔温、隔音和吸音材料） 不包括用马赛克方砖制成的成品镶板和其他装饰性图案（品目 70.20），超过 100 年的花式铅条窗（品目 97.06）等	70.16
8	实验室（研究、配药、工业等）的玻璃器（如试剂瓶、试管渗析器）；卫生及配药用玻璃器（冲洗器、吸杯、洗眼杯）	70.17
9	玻璃珠、空心或实心仿珍珠、仿宝石（包括仿半宝石）、其他的玻璃小精品（如仿珊瑚）、各种玻璃制品（如装饰花环用的玻璃花/叶/珠）；玻璃假眼；灯工方法制作的小塑像及其他装饰品；直径不超过 1 毫米的微型玻璃球（用于制作路标板、反光标牌或电影银幕等） 不包括用于室内装饰和类似用途的铸制或模制玻璃花、叶和果实（品目 70.13）等	70.18

续表

序号	商品描述	归类
10	玻璃纤维及其制品，可具有以下几种形状：散装玻璃棉（参章注四）；梳条、粗纱、纱线和短切纤维；薄片（巴厘纱）、纤维网、席、垫、板及类似无纺产品；机织物，包括狭幅机织物，以及帘、幕和其他玻璃纤维机织物制品 不包括将玻璃纤维压制后，或将多层玻璃纤维层叠后用塑料浸渍制成的半制成品或制成品（第三十九章）等	70.19
11	其他玻璃制品（含物品的玻璃零件），包括：工业用品（如滑脂杯、导线器、液面玻璃管）；畜牧用品（罐、槽等）和园艺用具（钟形罩等）；商店标志和橱窗用的字母、数字、招牌板及其他图案，不论是否印有图画或文字（若装有照明装置，则归入品目 94.05）；保温瓶等用的玻璃胆；杂项制品（如门等上用的球形捏手的把手）；滴管、酒精灯（品目 70.17 的特种酒精灯除外）；救生圈和安全带 不包括伞和手杖用的玻璃球形把手等（品目 66.03）及第九十六章的玻璃制品等	70.20

玻璃制容器依其最终用途分别归入品目 70.10、70.13 和 70.17。常用于运输或盛装液体或固体产品的各种玻璃容器（一般为广口瓶、短颈瓶、带封口盖），归入品目 70.10。供餐桌、厨房、盥洗室、办公室、室内装饰或类似用途的玻璃器（其中大部分是在模子中加压或吹制而成的，一般带把、开口较小），归入品目 70.13，如玻璃制的水果架、油瓶。供实验室、卫生及配药用的玻璃器，不论有无刻度或标量，归入品目 70.17，如玻璃制的培养瓶、特种烧瓶、特种酒精灯、洗瓶、痰盂等。但部分玻璃制容器不归入上述 3 个品目。例如，保温瓶或其他保温容器用的玻璃胆（品目 70.20），商店专用的玻璃展示瓶、罐（品目 70.20），香水喷雾器（品目 96.16）和保温瓶及其他保温容器（品目 96.17）。

品目 70.14 的信号玻璃器供安装于反光路标（如板、牌、柱）或展示牌上，或作自行车、汽车等的简单反射器。

品目 70.14 所列玻璃元件的主要功能是产生某种所需的光学效果，而品目 70.15 所述的钟表玻璃的主要功能是起保护作用。这两个品目的玻璃制光学元件经光学加工的，应归入第九十章，例如经光学加工的视力矫正眼镜片或隐形眼镜。

品目 70.16 包括玻璃制块、砖、片、瓦及其他制品，其用于铺盖平屋顶、圆屋顶和拱道等。以下是建筑用块、砖、片、瓦及其制品的归类表：

序号	商品描述	归类
1	水泥制块、砖、片、瓦及其相关制品	68.10
2	天然石料块、砖、片、瓦及其相关制品	68.01 或 68.02

续表

序号	商品描述	归类
3	石膏制块、砖、片、瓦及其相关制品	68.09
4	用矿物黏合材料黏合植物材料或非木料等制的块、砖、片、瓦及其制品	68.08
5	石棉水泥制块、砖、片、瓦及其相关制品	68.11
6	耐火块、砖、片、瓦及其制品	69.01、69.02、69.03
7	普通建筑用砖、片、瓦及其制品	69.04、69.05
8	塑料制板、片、膜、带、扁条等	39.19、39.20、39.21
9	玻璃制块、砖、片、瓦及其他制品，如建筑用装饰品（圆花窗、中柱等）、梯级及其竖板等	70.16

品目70.17的配药和卫生用玻璃器具可用普通玻璃制成，而实验室用玻璃器常用硼硅玻璃、熔融石英或硅石制成，因这些玻璃具有化学稳定性和低膨胀系数。

品目70.18的大部分玻璃制品直接用作或经过加工后用作观赏和装饰用途。

品目70.19的玻璃纤维特征包括：不如植物或动物纺织纤维那样柔韧（玻璃纤维很难打结）；不具延伸性；强度大（其强度比第十一类任何纺织纤维的都大）；不燃烧；不腐烂、不受水和大部分酸的侵蚀；导电性能差，在某些情况下，导热和传音性能也很差；不吸湿。

仿宝石（品目70.18）与合成宝石（品目71.04）的区别是：前者是用高折射率的特种玻璃制成；后者是用化工方法制成的具有与天然宝石基本相同的化学成分和晶体结构的宝石，或由于其色泽艳丽、结构稳定及其硬度而用以替代天然宝石或半宝石使用。

例3. 轿车用后视镜（已镶框）

【答案】7009.1000

【归类说明】本题货品属于汽车零件，看似既可按“汽车零件”归入品目87.08，又可按“玻璃后视镜”归入品目70.09。根据归类总规则三（1）“具体列名优先”的原则，品目70.09“玻璃镜（包括后视镜）”的列名优先于品目87.08“机动车辆的零件”的列名，该货品应归入品目70.09，然后按列名归入子目7009.1000。

例4. 未封口的电子玻璃管（非阴极射线管用）

【答案】7011.9010

【归类说明】本题货品因其未封口、装配，应作为半成品按“玻璃制品”归入本章。查阅品目，该货品符合70.11品目条文的规定，应归入品目70.11，然后按用途归入三级子目7011.9010“电子管用（阴极射线管用的除外）”。

第十四类　天然或养殖珍珠、宝石或半宝石、贵金属、包贵金属及其制品；仿首饰；硬币

第七十一章　天然或养殖珍珠、宝石或半宝石、贵金属、包贵金属及其制品；仿首饰；硬币

一、本章商品范围及结构

本章共 11 条章注、3 条子目注释、18 个品目。本章按照材质及加工程度分为 3 个分章，其中第一分章及第二分章包括原材料及半制成品，第三分章包括制成品。具体而言，第一分章（品目 71.01 ~71.05）包括天然或养殖珍珠、宝石或半宝石，第二分章（品目 71.06 ~71.12）包括贵金属及包贵金属，第三分章（品目 71.13 ~71.18）包括珠宝首饰、金银器及其他制品。

二、本章商品归类要点概述

（一）包贵金属（包括镶嵌贵金属的贱金属，如电气工业用的嵌有银条的铜板）应按外层贵金属材料归入本章相应品目（品目 71.07、71.09、71.11 或 71.14）；而镀贵金属，不论所镀贵金属有多厚，按被镀的贱金属或非金属（内层底材料）归类。例如，以不锈钢为底的包银材料制成的餐刀应按包贵金属制的金银器归入品目 71.14，而以不锈钢为底的镀银材料制成的餐刀应按贱金属刀具归入品目 82.11。

（二）含有放射性贵金属及其化合物和残渣优先归入品目 28.44，如铱 192 归入品目 28.44；非放射性贵金属同位素及其化合物优先归入品目 28.45；贵金属汞齐、胶态贵金属优先归入品目 28.43；超过 100 年的珠宝、金银器具优先归入品目 97.06；其他贵金属或包贵金属的废碎料及用于回收贵金属的废碎料优先归入品目 71.12，如涂有金属银化合物的废纸板（用于回收金属银），根据本章章注八的规定，应优先归入品目 71.12。

（三）本章章注五规定，含有贵金属的合金，只要其中任何一种贵金属的含量达到合金重量的2%，则应视为贵金属合金，并按相应的贵金属归类（条文另有规定的除外）：

1. 按重量计铂（或铂族）含量在2%及以上的合金，按铂归类（在此不考虑金或银的含量是否超过铂的含量）；

2. 按重量计金含量在2%及以上，但不含铂或按重量计含铂量在2%以下的合金，按金归类（在此不考虑银的含量是否超过金的含量）；

3. 按重量计含银量在2%及以上的其他合金，按银归类（在此要求铂或铂族和金的含量均要小于2%）；

4. 含铂、金、银都低于2%的所有合金按贱金属归类（第十五类）。

由上可知，贵金属合金归类的优先顺序是：铂（或铂族）合金→金合金→银合金。

故银合金应归入品目71.06，金合金应归入品目71.08，铂合金归入品目71.10。对于品目71.10项下的子目所列合金的归类，按其所含铂、铱、锇、钯、铑及钌中含量最大的一种金属归类，比例相同则从后归类。

三、本章商品与相关商品的归类

（一）珍珠、宝石或半宝石的归类

<table>
<tr><th>序号</th><th colspan="2">商品描述</th><th>归类</th></tr>
<tr><td>1</td><td rowspan="2">天然或养殖珍珠</td><td>未成串或未镶嵌的（不论是否加工或分级），包括为便于运输而暂穿成串的
不包括：仿珍珠（塑料制的归入品目39.26，玻璃制的归入品目70.18，蜡制的归入品目96.01）；未加工或简单整理的珍珠母（品目05.08），已加工的珍珠母（品目96.01）</td><td>71.01</td></tr>
<tr><td>2</td><td>已成串或已镶嵌的</td><td>71.16</td></tr>
<tr><td>3</td><td rowspan="2">钻石</td><td>未镶嵌的钻石（不论是否加工），包括未分级、工业用和非工业用钻石
不包括：已加工但未装配的钻石唱针（品目85.22）；经过加工后明显作为仪表、测量仪器或第九十章所列其他物品零件的钻石（第九十章）</td><td>71.02</td></tr>
<tr><td>4</td><td>已镶嵌的钻石按制成品归类</td><td>71.13</td></tr>
</table>

续表

序号	商品描述		归类
5	天然、合成宝石或半宝石	未成串或未镶嵌的天然宝石或半宝石（不论是否加工或分级）和为便于运输而暂穿成串的未分级的天然宝石或半宝石（钻石除外） 不包括：已制成制成品的宝石（品目71.16）；用玻璃制的仿宝石或仿半宝石（品目70.18）等	71.03
6		未成串或未镶嵌的合成或再造的宝石或半宝石（不论是否加工或分级）和为便于运输而暂穿成串的未分级的合成或再造的宝石或半宝石	71.04
7		天然或合成宝石或半宝石的粉末（其中大多数是钻石和石榴石粉末） 不包括人造刚玉粉末（品目28.18）	71.05
8		已穿成串的上述宝石或半宝石，即宝石或半宝石的制品（不含贵金属或包贵金属）	71.16

根据第九十六章注释二（二）的规定，宝石或半宝石不包括琥珀、海泡石、黏聚琥珀、黏聚海泡石、黑玉及其矿物代用品。

天然宝石与合成和再造宝石的区别在于，后者一般通过显微镜检查（最好在非空气的介质中进行），可以发现其中有小气泡和条痕。

品目71.03的宝石主要是用于装嵌在首饰、金/银器上。品目71.05的天然钻石粉末是将“圆粒金刚石”（工业级金刚砂）压碎制得，而合成钻石粉末一般是将石墨通过高温高压处理直接制得。这些粉末与品目71.02和71.04的钻石不同，因其颗粒太小，不能单独镶嵌，通常用作研磨料。粉末的粒度在很大程度上与宝石、半宝石的粒度有交叉，但宝石、半宝石是通过计点颗数来确定其质量的，而粉末是以重量计量的。

金刚石粉末用于制造砂轮、抛光轮、刀具等，而石榴石粉末用于研磨光学透镜，也用作制砂纸或砂布的研磨料。

（二）贵金属及包贵金属的归类

贵金属归类时要注意，“未锻造”的贵金属与“半制成”的贵金属的加工程度不同：“未锻造”包括贵金属的块状、粒状、锭状、铸条状、小球状等，而“半制成”包括贵金属的条、棒、丝、板、片及带、型材、管状等。

序号	商品描述	归类
1	未锻造、半制成或粉末状的银、银合金（如银铜合金）、镀金、镀铂的银；以“碳”作底料的含银金属石墨块、板、条、棒等不包括用于外科缝合的极细的无菌银丝（品目30.06）等	71.06
2	以贱金属（锡、镍、锌及铜的合金等）为底的包银材料。包银贱金属常制成棒、杆、型材、丝、板、片、带、管等形状	71.07
3	未锻造、半制成或粉末状的金或金合金（如金银合金、金铜合金）以及镀铂的金	71.08
4	以贱金属（铜等）或银为底的包金材料	71.09
5	未锻造、半制成或粉末状的铂、钯、铑、铱、锇及钌；铂合金	71.10
6	以贱金属、银或金为底的包铂材料	71.11
7	贵金属或包贵金属的废碎料；主要用于回收贵金属的含有贵金属或贵金属化合物的其他废碎料	71.12

其中，贵金属是指银、金及铂。根据本章章注六，贵金属包括章注五所规定的贵金属合金，但不包括包贵金属或表面镀以贵金属的贱金属及非金属。“铂”是指铂、铱、锇、钯、铑及钌。另外，子目7110.11及子目7110.19所称的“铂”，可不受本章章注四（二）的规定约束，不包括铱、锇、钯、铑及钌，即仅指铂族金属中的铂。

例1. 按重量计含铁80%、铜15%、银3%、金2%的金属合金（未经锻造，非货币用）

【答案】7108.1200

【归类说明】本题货品是由铁、铜、银、金的金属元素制成的金属合金。根据本章章注五的规定“含有贵金属的合金，只要其中任何一种贵金属的含量达到合金重量的2%，即应视为本章的贵金属合金”的规定，该货品属于贵金属合金，应归入本章。查阅品目，因金含量达到2%，根据本章章注五的规定，该货品应按金合金归类。按本章章注六“除条文另有规定的以外，本协调制度所称的贵金属应包括上述注释五所规定的贵金属合金”的规定，该货品应归入品目71.08，然后按“非货币用”和“未经锻造”的条件，归入子目7108.1200。

例2. 一种工业用的钯基绕组线材，直径0.15毫米，按重量计含银36%、铜4%，其余为钯

【答案】7110.2990

【归类说明】本题货品是一种不同金属元素的合金，该合金中钯的含量为60%，超过了2%，故该货品应按铂合金归类。再根据本章章注六的规定，贵金属合金应按贵金属归类。因该货品是线材，属于半制成，故该货品应归入品目71.10，然后按列名归入一级子目“钯”。因“半制成”未在二级子目列名，故该货品应归入二级子目“其他”；又因线材未在三级子目列名，故该货品应归入三子目 7110.2990“其他”。

（三）珠宝首饰、金银器及其他制品的归类

完全由贵金属或包贵金属制的首饰归入品目 71.13，其加工方法包括镶嵌宝石、包金、包银等；镶嵌珍珠、宝石的贵金属或包贵金属制的首饰归入品目 71.13；完全由珍珠、宝石制的首饰归入品目 71.16。

首饰、金银器及贵金属或包贵金属的其他制品全部或部分用贵金属或包贵金属制成的，归入品目 71.13 ~71.15。这 3 个品目不包括带有贵金属或包贵金属制的小零件或小装饰品（如交织字母、套、圈、套环）的制品。其中，品目 71.13 ~71.14 的商品可镶嵌珍珠（天然、养殖或仿制的）、宝石或半宝石（天然、合成或再造的）、仿宝石、玳瑁、珍珠母、象牙、琥珀（天然或黏聚的）、黑玉或珊瑚；品目 71.15 的手提包等物品也可镶嵌有珍珠、宝石、半宝石、玳瑁等制成的配件或装饰品。

对于首饰零件，由贵金属或包贵金属制成的首饰零件，归入品目 71.13；由珍珠、宝石或半宝石制成的首饰零件，若此零件具有制成品的基本特征，则归入品目 71.16，若仅仅是经过简单加工或分级的，则应归入本章第一分章相应品目。对于仿首饰的零件，具有完整品基本特征的，应归入品目 71.17；否则，应按材质归入相应的品目。具体归类如下：

序号	商品描述	归类
1	贵金属或包贵金属制的首饰及其零件，包括：个人佩戴的小饰物（镶嵌或不镶嵌宝石）；通常放置在衣袋、手提包或佩戴在身上的个人用品	71.13
2	贵金属或包贵金属制的金银器及其零件，包括餐具、梳妆用具、办公室和写字台用品、吸烟用具、其他室内用品及类似物品和宗教用品。以上货品的加工方法包括包金、镀金等 不包括装饰性发梳和随身小梳（品目 71.13）等	71.14
3	贵金属或包贵金属制成的其他制品，包括技术或实验室用的物品、贵金属或包贵金属构成其基本特征的手提包等物品 不包括用金、银、铂制成的实验室仪器和器具及其零件（第九十章）等	71.15
4	用天然或养殖珍珠、宝石或半宝石（天然、合成或再造的）制成的物品，全部或部分由宝石或半宝石构成的其他物品	71.16
5	仿首饰［仅限于章注九（一）所述的供个人佩戴的小件物品］ 不包括品目 96.06 的纽扣和其他物品或品目 96.15 的发梳、发夹和发针等	71.17

续表

序号	商品描述	归类
6	任何金属制成的法定货币或非法定货币的硬币 不包括：装在胸针、领带夹等个人装饰品上的硬币（品目71.13或71.17）；作为具有钱币学意义的收藏品及珍藏品的硬币（品目97.05）；只能作金属废、碎料的破碎、切碎或毁损的硬币（按材料归类）等	71.18

镀贵金属的物品或珍珠、宝石、贵金属仅作为小零件、小装饰品的个人佩戴的小饰物，仍可视为仿首饰，如镀金的铜制戒指。

品目71.14的器具一般要比品目71.13的首饰大。除品目71.13、品目71.14及本章章注二（一）及三所列的物品外，其余贵金属或包贵金属制成的物品（如具有贵金属投资价值的普通银条），应归入品目71.15。品目71.16的物品可含有作为小配件的贵金属或包贵金属（如带有金搭扣的珍珠项链），但不包括所含贵金属或包贵金属超出小配件范围的物品。例如，带有金耳朵的耳饰（品目71.13）；经加工的宝石或半宝石制品，用于钟、表的零件（第九十一章）。

品目71.17不包括本章章注九（二）所列的物品。例如，铜制的耳环是仿首饰，因为“耳环”属于本章注释九（一）所列的物品，故其应归入品目71.17；纸制的香烟盒不是仿首饰，因为“香烟盒”属于本章注释九（二）所列的物品，故其不能归入品目71.17。

例3. 成套的银制餐叉

【答案】7114.1100

【归类说明】本题货品属于贵金属制品，应归入本章。根据本章章注十的规定，餐叉属于餐具，该货品应归入品目71.14。因该货品是贵金属制的，应归入一级子目7114.1“贵金属制，不论是否包、镀贵金属”，然后按列名归入二级子目7114.1100。

例4. 铜制镀金领带夹

【答案】7117.1900

【归类说明】本题货品是以铜为基料经镀金加工的领带夹，属于贱金属制的仿首饰，应归入本章。查阅品目，该货品符合71.17品目条文的规定，应归入品目71.17。因该货品是贱金属制的，应归入一级子目7117.1“贱金属制，不论是否镀贵金属”。因其未在二级子目列名，故其应归入二级子目7117.1900“其他”。

第十五类　贱金属及其制品

一、本类商品范围及结构

本类共有8条类注、11章（第七十二章至第八十三章，其中第七十七章为空章），分为三部分：第一部分为钢铁及其制品（第七十二章至第七十三章）；第二部分为有色金属、金属陶瓷及其制品（第七十四章至第八十一章）；第三部分为贱金属制品（第八十二章至第八十三章）。本类按商品的功能及用途排列。

本类包括贱金属（含化学纯贱金属）及许多贱金属制品，还包括从其脉石中分离出来的自然金属，以及铜锍、镍锍和钴锍，但不包括金属矿砂及含有自然金属的脉石（品目26.01～26.17）。

二、本类商品归类要点概述

（一）合金的归类

1. 贱金属与贵金属组成的合金

若合金中没有任何一种贵金属（银、金、铂）的重量含量达到合金重量的2%，按所含重量最大的贱金属归类，否则，其应归入第七十一章。但贵金属汞齐归入品目28.43。例如，重量含量为银1.5%和铜98.5%构成的用作电导体的铜丝，应按铜合金丝归入品目74.08；由重量含量为97%的锡和3%的银构成的锡焊条，应按银合金归入第七十一章。

2. 贱金属与贱金属组成的合金

除了品目72.02的铁合金和品目74.05的铜母合金以外，该合金产品应按其所含重量最大的那种金属归类，没有一种含量最大时，根据总规则三（3）从后归类。例如，重量含量为铝75%和镁25%构成的铝镁合金产品，其中的铝含量较大，所以该种合金应按铝合金归入第七十六章中有关品目。

3. 贱金属与品目28.05的金属组成的合金

对于贱金属与品目28.05的碱金属、碱土金属、稀土金属等组成的合金类产品，若这种合金中贱金属的总重量等于或超过所含其他元素的总重量，则此类合金应按贱金属归类；若其他元素总重量超过贱金属的总重量，则此类合金通常归入品目 38.24。但贱金属汞齐归入品目 28.53。

品目 28.05 的金属包括碱金属（钠、锂、钾、铯、铷）、碱土金属（钙、钡、锶）、稀土金属（铈、镝、铒、铕、钆、钬、镧、镥、铷、镨、钐、铽、铥、镱）、钪、钇、汞等。

例如，由重量含量镁 80% 和钇 20% 构成的镁钇合金，应按镁归入品目 81.04，而由重量含量钇 80% 和镁 20% 构成的钇镁合金，应归入子目 3824.9999。

4. 贱金属与非金属组成的合金

若贱金属的总重量等于或超过其他非金属元素的总重量，则贱金属与非金属元素组成的合金应按贱金属进行归类，否则归入品目 38.24。例如，钒氮合金的产品，呈杂色细砂状，用作合金添加剂。其中，钒含量为 56.89%，氮含量为 18% ~20%，碳含量在 0.4% 以下，其他为镁、铝、硅等杂质元素。该种合金应按钒产品归入品目 81.12。

非金属元素主要包括砷、硼、溴、碳、氯、氟、氢、碘、氮、氧、磷、硒、硅、硫、碲。

5. 金属粉末的烧结混合物、熔炼而得的不均匀紧密混合物（金属陶瓷除外）及金属间化合物

金属粉末的烧结混合物及熔炼而得的不均匀紧密混合物应作为合金对待（但金属碳化物与金属烧结而成的硬质合金，应作为金属陶瓷归入品目 81.13）。这些紧密混合物主要包括熔化废碎金属而得的组分不同的锭块。但未经烧结的金属粉末混合物应按本类注释七的规定归类。

由两种或多种贱金属组成的金属间化合物也应作为合金对待。金属间化合物与合金的主要区别在于：金属间化合物晶格中不同原子的排列是有规则的，而合金晶格中不同原子的排列是没有规则的。

（二）贱金属复合材料制品的归类

本类注释七规定，除品目另有规定（如铜头的钢铁钉即使所含的铜不是主要成分，仍归入品目 74.15）的以外，含有两种或两种以上贱金属材料的制品，应按其所含重量最大的那种贱金属的制品归类。对于部分由非金属构成的制品，若按照归类总规则，贱金属赋予这些制品基本特征的，也按本规定办理。

在计算各种金属的比率时，应注意下列三点：

1. 铁或不同种类的钢铁，均应视为一种金属。例如，某种复合材料的管子按重量计含量为铜 40%、不锈钢 30%、硅锰钢 30%，后两者同属合金钢，应合并计算，两者含量之和超过铜的含量，所以其应按钢铁管归入第七十三章。

2. 作为某一种金属归类的合金，应视为一种金属。例如，由黄铜构成的铜制品应视为全部由纯铜构成。

3. 品目 81.13 的金属陶瓷，应视为一种贱金属。

（三）贱金属制通用零件的归类

一般而言，明显为制品的零件应按有关制品的零件归入相应的品目，但单独报验的通用零件不能作为制品的零件归类，而应按其材料构成归入本类中相应章及相应品目。

根据本类类注二的规定，《税则》所称的“通用零件”归类如下：

序号	商品描述	归类
1	管子附件（如接头、肘管、管套）	73.07、74.12、75.07、76.09、79.07、80.07
2	非绝缘的绞股线、缆、编带及类似品	73.12、74.13、76.14
3	链条及其零件	73.15、74.19
4	钉、平头钉、图钉、波纹钉、U形钉及类似品	73.17、74.15、76.16
5	螺钉、螺栓、螺母、方头螺钉、钩头螺钉、铆钉、销、开尾销、垫圈（包括弹簧垫圈）及类似品	73.18、74.15、76.16
6	弹簧及弹簧片	73.20、74.19
7	锁及钥匙、带锁的扣环及扣环框架	83.01
8	用于家具、门窗、楼梯、百叶窗、车厢、鞍具、衣箱、盒子等的附件及架座，帽架、帽钩、托架及类似品，小脚轮，自动闭门器	83.02
9	相框或画框及类似品，镜子	83.06
10	用于衣着、鞋靴、天篷、提包、旅行用品或其他制成品的扣、钩、环、眼及类似品，管形铆钉及开口铆钉，珠子及亮晶片	83.08
11	标志牌、铭牌、地名牌及类似品、号码、字母及类似标志	83.10

除条文另有规定的以外，不论是否适用于专门的机器设备，上述通用零件一律优先归入相关章的有关品目。

但贱金属制的龙头、阀门不属于“通用零件”，应归入品目84.81。绝缘的电线、电缆及其他绝缘电导体应归入品目85.44。各种贱金属制的成条订书钉应归入品目83.05。贱金属制的管形铆钉及开口铆钉应归入品目83.08。用金属片与其他材料制成或用双层或多层金属片制成的密封垫或类似接合衬垫应归入品目84.84。

（四）贱金属制品及其零件的归类

第七十二章至第七十六章及第七十八章至第八十一章均不包括第八十二章、第八十三章的物品，即具有第八十二章、第八十三章商品特性的贱金属制品应优先按商品的属性归入这两章相应品目。例如，刀、匙、叉、勺等应优先归入品目82.11～82.15相应项下。同样，属于第八十二章或第八十三章的其他贱金属零件应优先归入这两章。例如，铝合金制的易拉罐盖应优先按商品属性归入品目83.09，而不应按材料属性归入第七十六章。

（五）贱金属废碎料的归类

能作为原物使用的金属制品按原商品归类。在金属生产或机械加工过程中产生的废料及废屑，以及明显不能作为原物使用的废旧金属制品，应归入以废碎料列名的品目。

（六）本类商品因加工方法不同而产生不同形态的产品

本类商品因加工方法不同而产生不同形态的产品，如锭、块、颗粒、板材、条、杆、丝、管、型材及异型材等，每章的注释均有相关定义。应注意，第七十四章至第八十一章与第七十二章、第七十三章的品目设置虽然基本一致，但与钢材相比，板、片、带、管、型材的定义不尽一致，归类时应予以重视。

（七）工业用和非工业用的判断标准

第七十三章至第七十六章及第七十八章、第七十九章品目号有关“工业用”是指直接用于工业、农业等生产行业，属于生产设备、器具的一部分。

对于品目73.25、73.26，一般若用于工业领域（生产领域），则申报为工业用；若用于消费领域，则申报为非工业用。

第七十二章　钢铁

一、本章商品范围及结构

本章有3条章注、2条子目注释、29个品目，包括：生铁、镜铁、铁合金及其他冶炼钢铁的金属原料；锭块及其他初级形状钢铁产品；半制成品以及用它们直接生产出来的各种钢材（平板轧材、条、杆、丝、角材、型材及异型材等）。

本章29个品目按加工程度及材料属性分为4个分章（详见“本章商品与相关商品的归类”）。

第二分章至第四分章的货品基本相同，它们的区别主要在材料的属性上。

经进一步加工的制品（如铸件、锻件等），板桩、焊接角材、型材及异型材、铁道及电车道铺轨用材料及管材归入第七十三章或其他章。

二、本章商品归类要点概述

（一）对于只有一种元素超出本章章注一（三）规定的最低百分比的铁合金，应作为二元合金归入相应的子目。以此类推，若有两种或三种合金元素超出了最低百分比的，则可分别作为三元或四元铁合金。此处应注意，铁的含量不一定要超过其他金属的含量。在运用本规定时，本章注释一（三）所述的未列名的“其他元素”，按重量计单项含量必须超过10%。

例1. 按重量计含硅35%、钡30%、铝3%、锰0.4%、碳0.3%的铁合金

【答案】7202.9999

【归类说明】铁合金属于钢铁材料，应归入本章。经计算，按重量计铁元素含量为31.3%，在4%以上，其他元素的含量也符合本章章注一（三）的规定，该货品应按铁合金归入品目72.02。该货品中硅的含量为35%，超出本章章注一（三）规定的最低百分比（8%）；锰的含量为0.4%，未超出本章章注一（三）规定的最低百分比（30%）。钡、铝属于本章章注一（三）所述的未列名的“其他元素”。其中，钡的含量为30%，超过10%；铝的含量为3%，未超过10%。根据本章子目注释二的规定，该货品应作为三元合金（硅钡铁合金）归类。因该货品未在一级子目列名，应归入一级子目“其他”，同理归入子目7202.9999“其他”。

（二）“初级形状”的铁及非合金钢主要包括锭块、方块、团块、熟铁棒、板桩及熔融状态的钢等，这些产品是由冶炼好的熔融的钢水制得的。“半制成品”的铁及非合金钢主要包括大方坯、小方坯、圆材坯、厚板坯、薄板坯、外观粗糙的粗锻件，角材坯、型材坯、异型材坯及所有通过连续铸造制得的实心产品。

（三）钢铁可通过热塑成型或冷塑成型加工成平板轧材、条、杆、角材、型材、异型材、丝等制品，也可在此基础上经进一步的表面处理。钢材在归类时应严格按注释中的规定进行：

1. 截面为非凹型实心钢材的归类

本章的截面为非凹型实心钢材包括：平板轧材、不规则盘绕的热轧条、杆（俗称盘条）、其他条、杆和丝。

归类时，首先，应判断该类钢材是铁及非合金钢、不锈钢、其他合金钢（高速钢、硅电钢、硅锰钢等）中的哪一类，以决定其应归入的分章。

其次，依据所给钢材的外形尺寸（厚度及宽度）、报验状况（盘卷还是平直）、加工方式（热轧或冷轧）判断是否属于“平板轧材”［参见本章章注一（十）］。若是，铁或非合金钢制平板轧材归入品目72.08～72.12，不锈钢制的归入品目72.19～72.20，其他合金钢制的归入品目72.25～72.26。对于非平板轧材的钢材，其中直条状或折叠捆状的是“其他条、杆”［参见本章章注一（十二)]，分别归入品目72.14及72.15（均由铁或非合金钢制）、品目72.22（不锈钢制）或72.28（其他合金钢制）；冷加工（冷成型）盘卷状的是“丝”[参见本章章注一（十四)]，分别归入品目72.17（铁或非合金钢制）、品目72.23（不锈钢制）或72.29（其他合金钢制）；热轧不规则盘卷状的是“不规则盘卷的热轧条、杆（盘条)”[参见本章章注一（十一)]，不规则盘卷的铁或非合金钢的热轧条、杆归入品目72.13，不规则盘卷的不锈钢热轧条、杆归入品目72.21，不规则盘卷的其他合金钢热轧条、杆归入品目72.27。

然后，再根据所给出的其他条件（如未经其他加工或镀锌、涂塑、涂漆等）确定该类钢材应归入的品目及子目。应注意，对于“其他条、杆”而言，加工方式（冷轧或热轧）的不同，其所属的品目也不同。例如，热成形加工（热轧、锻造、热拉拔等）的产品归入品目72.14；冷成形加工（冷轧、冷挤压等）的产品归入品目72.15。

例2. 高速钢热轧制的圆钢，截面为实心圆形，直条状，直径4厘米，长4米。

【答案】7228.1000

【归类说明】本题货品是截面为非凸形的实心钢材，应归入本章。因其为高速钢，应归入第四分章。因其截面是实心圆形，不符合“平板轧材”的定义，不是“平板轧材”；报验状态是直条状，不符合“不规则盘卷的热轧条、杆”及“丝”的定义，故判断其是“其他条、杆”，应归入品目72.28。最后按列名该货品应归入一级子目7228.1000“高速钢条、杆”。

2. 截面为凹型实心钢材的归类

《税则》将截面为凹型的实心钢材称为“角材、型材及异型材”。其中，非焊接的“角材、型材及异型材”归入本章，然后根据其材质（铁及非合金钢、不锈钢、其他合金钢)，确定应归入的分章，再归入列名为“角材、型材及异型材”的品目。角材、型材、异型材应归入品目72.16（铁或非合金钢制)、品目72.22（不锈钢制）或72.28（其他合金钢制)。

为了确定以上货品的槽形、工字、H型、直角形、丁字等形状的钢铁在子目的归类，须按以下规定测定其截面高度：槽形、工字或H型钢铁，是以平行两面的外部表面之间的距离为准；角钢铁，是以最大的外边高度为准；丁字钢铁，是以横截面的总高度为准；丁字钢铁（窄边或中边)，是凸缘宽度不超过横截面高度的66%，且总宽度小于300毫米的产品。

焊接的“角材、型材及异型材”归入品目73.01。由角材、型材及异型材焊接的钢铁结构体归入品目73.08。

3. 截面为空心钢材的归类

符合本章章注一（十五）定义的空心钢材，应按空心钻钢归入子目7228.8000。不符合本定义的其他空心管子及空心异型材，应按钢铁制品归入品目

73.03～73.06。

（四）焊丝、条、管、板的归类如下：

<table>
<tr><th>序号</th><th colspan="2">商品描述</th><th>归类</th></tr>
<tr><td>1</td><td colspan="2">表面涂有焊剂或以焊剂为芯的焊丝、条、板、电极等</td><td>83.11</td></tr>
<tr><td rowspan="2">2</td><td rowspan="2">未涂有焊剂或未以焊剂为芯的焊丝、条、板、电极等</td><td>铁丝或非合金丝</td><td>72.17</td></tr>
<tr><td>合金钢丝</td><td>72.29</td></tr>
</table>

（五）根据本章章注二的规定，用一种黑色金属包覆不同种类的黑色金属，应按其中重量最大的材料归类。

（六）根据本章章注三的规定，用电解沉积法、压铸法或烧结法所得的钢铁产品，应按其形状、成分及外观归入本章类似热轧产品的相应品目。

（七）归类时，应注意本章货品的材质（铁、合金钢、非合金钢）、成分含量（铁、碳、合金元素、非合金元素含量）、形状（方锭、块、团、团粒，平板、卷板，条、杆，角材、型材、异型材等）、状态（不规则盘卷，带有/不带有凹痕、凸缘等；带有或不带有轧制产生的变形或轧制后的扭曲）、加工方法（初轧、粗锻等，锻造，热轧、热拉拔、热挤压、冷轧、冷成形、冷加工、未包覆、未镀层、未涂层或经包覆、经镀层、经涂层）及涂层种类（锡、铅、电镀锌、涂锌等）、加工程度（是否经酸洗，是否轧有花纹等）、截面形状（圆形、方形等）、截面尺寸、规格（板材的厚度、宽度，条、杆的直径）、技术参数（屈服强度）等。

（八）本章章注一对生铁，镜铁，钢，不锈钢，其他合金钢，供再熔的碎料钢铁锭，颗粒，半制成品，平板轧材，不规则盘绕的热轧条、杆，其他条、杆，角材、型材及异型材，丝，空心钻刚等作出了明确的规定。子目注释一对合金生铁、非合金易切削钢、硅电钢、高速钢及硅锰钢等作出了明确的规定。归类时，应根据其是否符合相关注释的规定来确定。

三、本章商品与相关商品的归类

（一）原料、粒状及粉状产品的归类（第一分章）

序号	商品描述	归类
1	生铁及镜铁，锭、块或其他初级形状；合金生铁	72.01
2	铁合金 不包括铀铁（品目28.44）及各种形状的铈铁及其他引火铁合金（品目36.06）等	72.02

续表

序号	商品描述	归类
3	直接从铁矿还原所得的铁产品（表面粗糙多孔）及其他海绵铁产品（表面圆滑）；杂质含量不超过0.06%的铁（一种很好的金属稀释剂）。以上产品均呈块、团、团粒及类似形状 不包括有时称为“海绵钢”的钢丝绒等（品目73.23）	72.03
4	符合第15类注释八（一）所规定的钢铁废碎料；供再熔的碎料钢铁锭（未经轧制，炼钢中用作添加产品） 不包括：冶炼钢铁所得的熔渣、浮渣、氧化皮或其他废料（品目26.19）；因具有放射性而不能直接用于钢铁工业的废碎料（品目28.44）	72.04
5	生铁、镜铁及钢铁的颗粒（即稍圆的小球粒、棱角粒及钢铁丝丸粒）和粉末 不包括：放射性铁粉（同位素）（品目28.44）；制成品目30.03或30.04所列药剂的铁粉；铁合金粒及粉（品目72.02）等	72.05

其中，生铁具有性脆和不可加工的特点。铁合金与生铁不同，其含铁量较小，其中的铁仅作为含量很大的合金元素（如锰、铬、钨、硅、硼或镍）的溶剂，其含碳量在2%及以下。

品目72.03的铁产品通常按重量计含铁量大于80%且具有海绵结构（海绵铁），用于炼钢。品目72.05的颗粒用于金属的清洁及除氧化皮或表面硬化（喷丸处理）等。品目72.05的粉末（包括海绵铁粉末）可烧结成各种物品，包括电话、磁电机等用的电磁线圈铁芯，也可用于制焊接电极及焊粉等。

（二）铁及非合金钢初级产品、半制成品和钢材的归类（第二分章）

本分章包括下列形状的铁及非合金钢：锭或其他初级形状；半制成品；平板轧材；不规则盘卷的热轧条、杆及其他条、杆；角材、型材及异型材；丝。其中，对于平板轧材，归类时要考虑轧材的宽度、厚度、轧制方式（热轧还是冷轧），报验状态（卷材还是平直形状），表面有无镀层、涂层、包覆，是否经进一步加工等。对于金属材料中的条、杆、丝，应了解其截面尺寸和尺寸参数。具体归类如下：

序号	商品描述	归类
1	铁及非合金钢，锭状或其他初级形状（方块、团块、熟铁棒及板桩，包括熔融状态的钢） 不包括供再熔的碎钢铁锭（品目72.04）等	72.06

续表

序号	商品描述		归类
2	铁及非合金钢的半制成品，即大方坯、小方坯、圆材坯、厚板坯、薄板坯、粗锻件、角材坯、型材坯、异型材坯及所有通过连续铸造制得的半制成品		72.07
3	宽度不小于600毫米的铁或非合金钢平板轧材，未经包覆、镀层或涂层	经热轧	72.08
4		经冷轧	72.09
5	宽度不小于600毫米的铁或非合金钢平板轧材，经包覆、镀层或涂层		72.10
6	宽度小于600毫米的铁或非合金钢平板轧材，未经包覆、镀层或涂层		72.11
7	宽度小于600毫米的铁或非合金钢平板轧材，经包覆、镀层或涂层，包括品目72.10所述的同类产品		72.12
8	不规则盘卷的铁或非合金钢的热轧条、杆［符合本章章注一（十一）的要求］，包括做混凝土钢筋用的条及杆 不包括已矫直并切成一定尺寸的条及杆（品目72.14）		72.13
9	铁或非合金钢的其他条、杆［符合本章章注一（十二）的要求］	锻造、热轧、热拉拔或热挤压制得的，包括轧制后扭曲的 不包括由两根或两根以上轧制条杆相互扭绞而成的产品（品目73.08）等	72.14
10		冷成形或冷加工制得的，或通过加工制得（钻孔或精压，或镀层、涂层或包覆），包括品目72.13或72.14所列货品以外的各种条及杆 不包括钢铁楔杆（品目73.26）等	72.15
11	铁或非合金钢的角材、型材及异型材［符合本章章注一（十三）的要求］ 不包括焊接的角材、型材、异型材及板桩（品目73.08）及钢铁结构体用制品（品目73.08）		72.16

续表

序号	商品描述	归类
12	铁丝或非合金钢丝（冷加工规则盘卷状）［符合本章章注一（十四）的要求］ 不包括：带刺钢丝；围篱用扭绞单股扁丝（不论是否带刺）（品目 73.13）；供针布（全钢针布）用的锯齿钢丝（品目 84.48）等	72.17

其中，品目 72.07 仅包括需经锻造、压印、车削等进一步深加工才能成形的粗锻件。

品目 72.08 主要包括“宽卷材”“片材”“板材”。“宽卷材”与“片材”及“板材”不同：前者是以几乎齐边的一层叠于另一层之上盘绕成卷报验的；后者是以扁平状报验的。本品目也包括“宽扁材”（亦称“万能板材”），其厚度不小于 4 毫米，宽度在 600 毫米及以上但不超过 1250 毫米。“宽扁材”比“宽卷材”“片材”“板材”更为平直，其各边加工得更为精确，边角更为尖锐。本品目不包括用贵金属包层的平板轧材（第七十一章）、网眼钢铁板（品目 73.14）等。

品目 72.10 包括用金属涂层、电镀或包层的平板轧材，以及用非金属物质如油漆、搪瓷或塑料涂层的平板轧材。

注意，品目 72.08 ~ 72.12 的平板轧材应符合本章章注一（十）的要求。

品目 72.14 的条及杆主要是以笔直条状或折叠捆状交货的。品目 72.15 的冷成形或冷加工的条及杆是以笔直条状交货的，故可与通常呈盘卷状的品目 72.17 的钢铁丝区别开来。

品目 72.16 的产品可以进行钻孔、冲孔、扭绞等加工或涂层、镀层、包覆等表面处理，只要其不具有其他品目所列制品或产品的特征。本品目也包括在辊式机器中制得的或在压力机中对片、板或带加工成形制得的角材、型材及异型材，以及具有角状截的所谓“起肋片及板”。

最常见的型材有 H 型、工字、丁字、Ω 形、Z 型、U 型（包括槽形）、钝角、锐角、直角等形状的钢铁。重型角材、型材及异型材（如大梁、小梁、立柱及托架）用于建造桥梁、房屋、船舶等。

品目 72.17 的钢铁丝报验时呈盘卷状（同芯螺旋状或非同芯螺旋状，不论有无卷绕芯子）。用纺织品之类的物料包覆的钢铁丝，若其中的钢铁丝起主要作用，而其他物料仅起包覆作用［如用于制帽框的钢铁丝（女帽钢丝）、人造花茎梗或卷发器］，则其也应归入品目 72.17。

例 3. 宽 1 米、厚 2 毫米的非合金钢热轧卷板，表面涂有防锈漆

【答案】 7210.7090

【归类说明】 本题货品属于钢铁板材，应归入本章。因其为非合金钢，应归入第二分章。因其截面尺寸属于矩形，报验状态属于层叠的卷材，符合“平板轧材”的定义，其应按“平板轧材”归类。因该货品宽1米，表面涂有防锈漆，符合72.10品目条文的规定，故其应归入品目72.10。因该货品经表面涂层处理，且厚2毫米，故其应归入子目7210.7090“其他”。

例4. 螺纹钢，由非合金钢经热轧扭曲成表面起螺纹的实心直条状，直径2厘米，长4米

【答案】7214.2000

【归类说明】本题货品是钢铁半制品，且其材料是非合金钢，应归入本章第二分章。根据本章章注一（十二）关于“其他条杆”的规定，查阅品目，该货品符合72.14品目条文的规定，应归入品目72.14。因该货品是经热轧后扭曲的非合金钢实心直条，查阅子目，该货品应归入子目7214.2000。

（三）不锈钢的归类（第三分章）

耐热钢、抗蠕变钢及其他符合本章注释一（五）规定的钢应作为不锈钢归类。其中，热轧不锈钢表面发乌，材质单上标有“NO.1”等字样；冷轧不锈钢表面发亮，材质单上标有“2B”或“2D”或“BA”等字样。

不锈钢具有较强的抗腐蚀性，故用于制消声器、催化转化器或变压器箱。具体归类如下：

序号	商品描述		归类
1	锭状或其他初级形状的不锈钢；不锈钢半制成品		72.18
2	不锈钢平板轧材，经热轧或冷轧加工等	宽度不小于600毫米	72.19
3		宽度小于600毫米	72.20
4	不规则盘卷的不锈钢热轧条、杆		72.21
5	不锈钢其他条、杆（热轧、热拉拔或热挤压，或冷成形或冷加工等）；不锈钢角材、型材及异型材		72.22
6	不锈钢丝 不包括供外科缝合用的极精细的无菌不锈钢丝（品目30.06）		72.23

例5. 不规则盘卷状报验的不锈钢钢材（截面为矩形，宽为50毫米，厚为5毫米），除热轧外未经进一步加工

【答案】7221.0000

【归类说明】本题货品为不锈钢钢材，应归入本章第三分章。查阅品目，该货品应按列名归入品目72.21，并归入子目7221.0000。

（四）其他合金钢及合金钢或非合金钢制的空心钻钢的归类（第四分章）

第四分章包括：除不锈钢以外的各种合金钢，可呈锭状或其他初级形状；半制成品（如大方坯、小方坯、圆材坯、厚板坯、薄板坯、粗锻件）；平板轧材

（即所谓宽扁材、宽卷材、片材、板材或带材），不论是否盘卷；条及杆、角材、型材、异型材或丝。上述产品都可经加工，只要其不具有其他品目所列制品或产品的特征。

其他合金钢用于需要特种性能（如耐久性、高硬度、高弹性、高强度）的多种用途，如用于军械、工具、刀具及机械。具体归类如下：

序号	商品描述		归类
1	锭状或其他初级形状的其他合金钢；其他合金钢制的半制成品（如单件重量在10吨及以上的粗铸锻件坯）		72.24
2	其他合金钢平板轧材，经热轧、冷轧或镀层、涂层等	宽度不小于600毫米	72.25
3		宽度小于600毫米	72.26
4	不规则盘卷的其他合金钢热轧条、杆		72.27
5	其他合金钢条、杆（如高速钢条、杆；硅锰钢条、杆）；其他合金钢角材、型材及异型材；合金钢或非合金钢制的空心钻钢［见章注一（十五）］		72.28
6	其他合金钢丝，如硅锰钢丝、高速高丝		72.29

其中，宽度在600毫米及以上的取向性硅电钢归入子目7225.11，而无取向性硅电钢归入子目7225.19；宽度在600毫米以下的取向性硅电钢归入子目7226.11，而无取向性硅电钢归入子目7226.19 。

例6. 由高速钢（一种合金钢）热轧制得的圆钢，截面为实心圆形，直条状，直径4厘米，长4米

【答案】 7228.1000

【归类说明】 本题货品为实心直条状钢材，应归入本章。查阅品目，该货品符合本章章注一（十二）“其他条、杆”的规定，应归入品目72.28，然后按列名归入子目7228.1000“高速钢条、杆”。

第七十三章　钢铁制品

一、本章商品范围及结构

本章共有2条章注、26个品目，所包括的钢铁制品是由第七十二章的产品经进一步加工制得的，主要有钢铁的结构体、管及管子附件、部分钢铁的通用零件及其制品。

本章品目73.01～73.24为具体列名的物品；品目73.25～73.26包括既未在

第八十二章或第八十三章具体列名，又未归入本协调制度其他章的钢铁（包括章注一所述的铸铁）制品。

本章按照商品的加工程度排列，即先钢材后钢铁制品，其具体顺序为：钢材（品目73.01～73.06）→管子附件（品目73.07）→钢铁结构体及其部件（品目73.08）→钢铁制容器（品目73.09～73.11）→钢铁制通用零件及其他列名零件（品目73.12～73.20）→列名钢铁制品（品目73.21～73.24）→未列名钢铁制品（品目73.25～73.26）。

二、本章商品归类要点概述

（一）“管”是指内、外表面形状相同，全长横截面也相同，且只有一个闭合空间的同心中空产品。其截面可以是圆形、椭圆形、矩形（包括正方形）、等边三角形或其他规则外凸多边形。全长边角已经磨圆的横截面非圆形的产品以及带有法兰形端部的管子均应作为管归类。它们不论是否两管相接、钻孔、缩腰、胀口、成锥形或装法兰、颈圈或套环，都可以经抛光、涂层、弯曲（包括盘管）、攻丝处理。

“空心异型材”是指内、外表面形状不同的空心产品（不符合《协调制度》“管”和“空心钻钢”的定义）。

本章所称“丝”是指热或冷成形的任何截面形状的产品，但其截面尺寸均不超过16毫米，例如，轧制的钢铁丝、钢铁盘条及从薄板切下的钢铁丝扁带。而第七十二章的“丝”是冷成形、盘卷状的，且对尺寸没有要求。

（二）本章的通用零件的归类参见本书第十五类二（三）“贱金属制通用零件的归类”。

（三）钢铁钉的归类如下：

序号	商品描述	归类
1	钢铁制的钉、平头钉、图钉、波纹钉、U形钉及类似品	73.17
2	钢铁制的螺钉、方头螺钉、钩头螺钉、普通铆钉（实心的）	73.18
3	带有铜或铜合金钉头的钢铁钉、平头钉等	74.15
4	管形铆钉和开口铆钉	83.08
5	条状订书钉（供办公室、室内装饰或包装等用的）	83.05

（四）钢铁制“针”的归类如下：

序号	商品描述	归类
1	手工缝针、编织针、引针、钩针、装订针、地毯针、刺绣穿孔锥及类似品，安全别针、普通别针和大头针	73.19

续表

序号	商品描述	归类
2	针织机、编带机、刺绣机等用的针	84.48
3	缝纫机针	84.52
4	鞋匠用的无眼锥子及皮革加工、办公室等用的穿孔锥型穿刺工具	82.05
5	拾音器用的唱针	85.22
6	医疗、外科、牙科或兽医用的针	90.18

三、本章商品与相关商品的归类

（一）钢材的归类

本章的钢材包括：板桩，焊接的角材、型材及异型材，铁道及电车道铺轨用钢铁材料，管子（包括铸铁管、无缝钢管、焊接管及铆合管等）。

序号	商品描述	归类
1	钢铁板桩（不论是否钻孔、打眼或组装）及焊接的钢铁角材、型材及异型材 不包括：焊接空心异型材（品目73.06）；已装配成桩的板桩，这种桩没有供外部连接用的“联锁装置”（品目73.08）	73.01
2	铁道或电车道铺轨用钢铁材料，如钢轨、护轨、齿轨、道岔尖轨、辙叉、轨枕、鱼尾板、轨座及其他专门用于连接或加固路轨的材料	73.02
3	符合章注一定义的铸铁管及铸铁空心异型材（直的或弯的，光面的或翅式的，可带有套管、本身带凸缘）	73.03
4	无缝钢铁管及空心异型材（铸铁的除外），不锈钢的其他圆形截面管，翅片管及翅片空心异型材	73.04
5	焊、铆及用类似方法接合的其他圆形截面钢铁管（其外径超过406.4毫米）	73.05
6	辊缝、焊、铆及类似方法接合的其他钢铁管及空心异型材；非圆形截面的其他焊缝管，以及具有纵向或横向翅片的翅管	73.06

品目73.03、73.04、73.05或73.06不包括：已明显成为制品的管子及空心异型材，如用于结构体的管子（品目73.08）、集中供暖散热器的管式部件（品目73.22）、内燃活塞式发动机的排气集管（品目84.09）；钢铁软管，不论是否带附件（品目83.07）；绝缘电缆导管（品目85.47）等。

例1. 钻探石油用的不锈钢无缝钢钻管，外径20厘米，内径12厘米

【答案】7304.2290

【归类说明】 本题货品应按“钢铁制品”归入本章。查阅品目，该货品符合73.04品目条文的规定，应归入品目73.04，然后按“钻管”“不锈钢制”及“外径为20厘米”的条件归入子目7304.2290。

（二）管子附件的归类

主要用于连通两条管子，将管子连接于其他设备或将管口封闭的钢铁附件归入品目73.07，包括平面法兰、带有锻造挡圈的法兰、肘管、弯头、回转弯头、异径接头、丁字接头、十字接头、管帽、管塞、活套接头、管状栏杆及结构件的附件、偏置管、多支管、接箍或管套、清洗存水弯管、螺纹短接管、活接头、管夹及颈圈。但本品目不包括电缆导管的绝缘接头（品目85.47）等。

本品目所用的材质为无可锻性铸铁、不锈钢、其他钢铁，其加工方法为铸造、锻造等。

（三）钢铁结构体的归类

品目73.08的钢铁结构体通常是用条、杆、管、角材、型材、异型材、片、板、宽扁材（包括所谓万能板材）、箍材、带材、锻件或铸件通过铆接、拴接、焊接等方法制得，具有一旦置于某一位置便一般不再改变的特点，包括：建筑用结构件，在商店、工厂、仓库等装配后作为固定设施的大型货架、摊架及搁物架等；上述结构体用的已加工钢铁板、杆、角材、型材、异型材、管子及类似品；用于钢筋混凝土或预应力混凝土工程的由各根辗杆相互绞扭而成的产品。上述货品用于支撑等。

结构体零件包括专门用于装配圆形横截面（管形或其他形状）金属结构件的夹子及其他紧固件。这些紧固件通常具有带螺纹洞的凸缘，装配时将螺钉旋入，把夹子固定在管子上。

本品目不包括：具有模具特征的用于浇注混凝土的隔板（品目84.80）；明显作为机器零件的结构体（第十六类）；第十七类的结构件，如铁路、车辆等或汽车用的底盘车架（第八十六章或第八十七章）；具有家具特征的结构件（品目94.03）；其他品目无更具体列名的可移动的结构件（品目73.26）；品目94.06的活动房屋等。

（四）钢铁制容器的归类

钢铁制容器的归类如下：

<table>
<tr><th>序号</th><th colspan="2">商品描述</th><th>归类</th></tr>
<tr><td>1</td><td rowspan="2">供商品运输、包装货物或固定安装在工厂等地供盛装除压缩气体或液化气体以外任何物料用的囤、柜、罐、桶、盒及类似容器（一般只包括非家用的），不论是否衬里或隔热，但无机械或热力装置</td><td>容积超过300升</td><td>73.09</td></tr>
<tr><td>2</td><td>容积不超过300升且易于移动或搬动</td><td>73.10</td></tr>
</table>

续表

<table>
<tr><th>序号</th><th colspan="2">商品描述</th><th>归类</th></tr>
<tr><td>3</td><td colspan="2">供运输或储存压缩或液化气体（如氦、氧、氢、乙炔、二氧化碳或丁烷）用的容器，不论其容量大小
不包括蒸汽储蓄器（品目 84.04）</td><td>73.11</td></tr>
<tr><td>4</td><td colspan="2">钢铁制的手提箱、公文箱等</td><td>42.02</td></tr>
<tr><td>5</td><td colspan="2">粗腰饼干桶、茶叶罐、糖听及类似的家庭或厨房用容器及金属罐</td><td>73.23</td></tr>
<tr><td>6</td><td rowspan="2">供个人用的香烟盒、粉盒、首饰盒等</td><td>以实用为主要用途</td><td>73.26</td></tr>
<tr><td>7</td><td>以装饰为主要用途</td><td>83.06</td></tr>
<tr><td>8</td><td colspan="2">保险柜、钱箱或文件保险箱及类似物品</td><td>83.03</td></tr>
<tr><td>9</td><td colspan="2">贱金属制的档案柜、卡片索引柜、文件盘、文件篮、笔盘、公章架及类似的办公用品</td><td>83.04</td></tr>
<tr><td>10</td><td colspan="2">专业用的标本箱、工具箱（品目 42.02 的除外）</td><td>73.26</td></tr>
<tr><td>11</td><td colspan="2">经专门设计及装备的集装箱</td><td>86.09</td></tr>
</table>

品目 73.09 的容器可装有龙头、阀门、液面计、安全阀、压力计等。品目 73.09 及 73.10 还包括利用双层壁或双层底来进行隔温的桶，但不包括双层壁之间装有加热或冷却液体的循环装置的容器（品目 84.19），以及装有搅拌器、加热或冷却盘管、电子元件等机械或热力装置的容器（第八十四章或第八十五章）。

归类时，应注意品目 73.09 及 73.10 所列货品的规格（容积）、品目 73.10 的加工方法（焊边或卷边接合等），以及品目 73.11 所列货品是否零售包装用的等。

例 2. 装液化丙烷的零售用钢瓶

【答案】7311.0010

【归类说明】本题货品是钢铁容器，应按“钢铁制品”归入本章。查阅品目，该货品符合 73.11 品目条文的规定，应归入品目 73.11，然后按“零售用”的条件归入子目 7311.0010。

（五）钢铁制通用零件及其他列名零件的归类

归类时，应注意品目 73.14 所列货品的用途（工业用等）、材质（铁、非合金钢、不锈钢、合金钢）、加工方法（镀锌、涂锌、涂塑等）、规格（网眼尺寸、丝的截面尺寸），以及品目 73.18 的抗拉强度。

序号	商品描述	归类
1	非绝缘的钢铁绞股线、绳、缆、编带、吊索及类似品	73.12
2	带刺钢铁丝，围篱用的钢铁绞带或单股扁丝（不论是否带刺）及松绞的双股线 不包括有时也供围篱用的紧绞股线及缆（品目 73.12）	73.13

续表

序号	商品描述	归类
3	钢铁丝制的布（包括环形带）、网、篱、格栅，网眼钢铁板 不包括与其他材料装配后成为机器零件的钢铁丝布等（第八十四章或第八十五章）、制成手用细筛及粗筛的钢铁丝布等（品目 96.04）等	73.14
4	钢铁链，链条专用的钢铁零件 不包括装有锯齿等并用作链锯或切割工具的链条（第八十二章）、测量链条（品目 90.15）等	73.15
5	供船舶、海上平台、浮标、信标、水雷等锚泊用的锚（可装有横杆或锚杆）、多爪锚（是小锚）及钢铁锚的零件	73.16
6	钢铁钉、平头钉、U 形钉（品目 83.05 的货品除外）及类似品；其他特种钉、道钉等，例如锻造扣钉或扒钉、钩头道钉、波纹钉、钩头钉及环头钉、各种图钉、供纺织梳棉机用及类似用途的针布钉，不论钉头是否用其他材料制成	73.17
7	螺纹制品，如方头螺钉（螺旋道钉）、其他木螺钉、钩头螺钉及环头螺钉、自攻螺钉、其他螺钉及螺栓（包括螺栓坯），不论是否带有螺母或垫圈、螺母（包括未攻丝的螺母）、钉头开槽的尖头螺钉及钝头螺钉等；无螺纹制品，如弹簧垫圈及其他防松垫圈、铆钉（含仅有部分空心的铆钉）、销及开尾销等 不包括钉头未开槽的尖头螺钉（品目 73.17）等	73.18
8	钢铁制手工缝针、织针、引针、钩针、刺绣穿孔锥、结网针及类似品，以及针坯（如未制成针的杆，有眼但未削尖或磨光的针）；其他品目未列名的安全别针、普通别针和大头针，以及供饰针、徽章、帽针等用的尖头针杆等 不包括帽针及个人装饰用的类似品（品目 71.17）等	73.19
9	各种类型的钢铁弹簧，包括片簧（单片或叠片，用于车辆的悬挂系统）、螺旋弹簧（用于车辆或减震器、大剪刀等）、扁簧及螺旋扁簧（用于弹簧驱动的动力装置、锁等）、圆盘弹簧及环状弹簧（用于铁路缓冲器等）、簧片 不包括供雨伞或阳伞的转轴或伞杆用的弹簧（品目 66.03）、弹簧垫圈（品目 73.18），第十七类的扭杆弹簧等	73.20

其中，品目 73.15 的铰接链与品目 83.02 的铰链是看似相同实则不同的两种物品。前者一般有测距环、滚子、转向轴等，经过环环相扣或滚子带动进行移动（如自行车或机动车链条）；后者又称合页，是用来连接两个固体并允许两者之间作转动的机械装置，其可能由可移动的组件构成，或由可折叠的材料构成，一般安装于门窗、橱柜上。故有环节连接的链状或环状结构链条，应按铰接链归入品目 73.15；在门窗、橱柜一侧使用的转向开合折叶，应按铰链归入子

目 8302.1000。

铆钉与螺丝不同之处在于其未车螺纹。钢铁制铆钉归入子目 7318.2300，而管形铆钉及开口铆钉则归入子目 8308.2000。前者只能为钢铁制；后者可以是所有贱金属制。前者一般用于金属部件的永久性装配（如大型框架、船舶及容器等），因其封闭特质，铆接后可以包住轴心，故适用于有防水要求的多方面应用；后者一般用于衣着、鞋靴、天篷、旅行容器、皮革制品、带料等，也用于工程技术（如建造飞机）。

品目 73.18 的木螺钉（子目 7318.1200）、环头螺钉（子目 7318.1300）及自攻螺钉（子目 7318.1400）的区别如下。木螺钉的锥形有尖头，有较斜的切削螺纹，便于旋入木料中，另外，该物品一般带有开槽钉头，从不与螺母配用。环头螺钉的一头是尖的，而另一头则弯成环状，车有螺纹，一般都可以自行开沟并旋入木料中，主要用于悬挂或固定其他物体。自攻螺钉具有一个开槽钉头，一条切削螺纹，其末端是尖的或锥形的，可以自行开沟并旋入金属、大理石、板石、塑料等薄板中。简言之，与木螺钉相比较，环头螺钉主要是头部被弯成了环状，即外形不同；自攻螺钉的用途较广泛，不局限于木质材料，且其制造基材的强度和韧度通常比木螺钉的高。

例 3. 汽车发动机（点燃式活塞内燃发动机）排气门用的螺旋弹簧（材料为合金钢）

【答案】 7320.2090

【归类说明】 本题货品看似既可按“发动机零件”归入品目 84.09，也可按“贱金属制弹簧”归入品目 73.20。但根据第十六类类注一（七）、第十五类类注二（二）的规定，除钟表发条以外的弹簧属于“通用零件”。故该货品应作为贱金属制通用零件归入品目 73.20，然后按列名归入一级子目“螺旋弹簧”。因“汽车用螺旋弹簧”未在三级子目列名，该货品应归入三级子目 7320.2090“其他”。

（六）钢铁制品的归类

钢铁制品包括钢铁制家用器具（品目 73.21～73.24）、钢铁的铸造制品（品目 73.25）和其他未列名钢铁制品（品目 73.26）。

序号	商品描述	归类
1	非电热的钢铁制家用炉、灶（包括附有集中供暖用的热水锅的炉）、烤肉架、烤炉、煤气/酒精炉、加热板和类似非电热的家用器具及钢铁零件，如烤箱搁架、加热板及环、炉灰盘、煤气燃烧器、炉门、炉脚等 不包括煤气—电力两用炉（品目 85.16），不适宜装配供热元件的烤箱及锅炉（品目 73.23）等	73.21

续表

序号	商品描述	归类
2	非电热的钢铁制集中供暖用散热器及其零件；非电热的钢铁制空气加热器、暖气分布器（包括可分布新鲜空气或调节空气的）及其零件（如热交换器、喷嘴、直接散热导管、风挡等），装有电动风扇或鼓风机 不包括电散热器（品目 85.16）、散热器台架（品目 73.25 或 73.26）、装有供热元件的燃气或燃油散热器（品目 73.21）等	73.22
3	钢铁丝绒；擦锅器及洗刷擦光用的块垫、手套及类似品（除钢铁丝绒有多种用途外，这些货品主要供家庭用）；餐桌、厨房或其他家用钢铁器具及其零件（如漏斗、糖盒、衣架） 不包括有加热源的家用渗漏壶（品目 73.21）、具有工具特征的家用制品（如火钳、绞肉机）等	73.23
4	其他品目未具体列名的钢铁制卫生器具及其零件	73.24
5	其他品目未具体列名的钢铁铸造制品。如下水道及供水系统等用的检查闸门、滤栅、阴沟盖及类似铸件；消防栓墩及盖；饮用喷泉；邮筒、火警柱；檐槽；矿井壁；研磨机及粉碎机用的滚珠；未装有机械或热力装置的冶金用罐及坩埚；平衡块；人造花、叶等；水银瓶 不包括不通过铸造方法制得的上述货品，如烧结制品（品目 73.26），装饰用的铸像、瓶、瓮（品目 83.06）等	73.25
6	通过锻造、冲压、切割、模压、折叠、组合、焊接、车削、铣削或穿孔等方法加工制得的其他钢铁制品（如未校准的钢珠、容量量具、锻制的人造花） 不包括品目 73.23 的家用量具/容器等	73.26

其中，空气加热器与装有供热元件的散热器（品目 73.21）不同，空气加热器装有一个可将热空气分散或吹送到取暖地方的吹风装置（风扇或鼓风机）。暖气分布器由一个通常为一组凹缘管或翅片管构成的加热元件及一个电风扇组成，与集中供暖锅炉连接；而调节空气分布器（品目 84.79）在室内恒温器的控制下将高压输入的冷热空气混合起来，它主要由 1 个混合室和 2 个装有气动调节控制阀的进气喷嘴组成，整套设备安装在一个罩壳内，既不带散热器，也不带电动风扇或鼓风机。

品目 73.21 的器具须符合以下要求：用于产生并利用热能进行空间供暖、烹饪或烧煮；使用固体、液体或气体燃料或其他能源（如太阳能），而不是使用电力；通常为家庭用或野营用。

品目 73.23 及 73.24 的制品可铸造制得或用钢铁片、板、箍、带、丝、丝网、丝布等制得，也可通过模铸、锻造、模压、冲压等各种制造方法制得。它们可装有其他材料制的盖、柄、其他零件或附件。

子目 7326.11 及 7326.19 的产品经锻造或冲压，但未经进一步加工；经进一步加工的，归入子目 7326.90。

例 4. 钢铁制烧水壶

【答案】 7323.9300

【归类说明】 本题货品属于厨房器具，应归入品目 73.23，然后按其材料（不锈钢）归入子目 7323.9300。

第七十四章　铜及其制品

一、本章商品范围及结构

本章共有 8 条章注、4 条子目注释、16 个品目（品目 74.14、74.16 和 74.17 已被删除），包括粗铜、精炼铜、铜合金、铜粉、铜材以及结构简单的铜制品。

铜的延展性及可锻性极好，其导热、导电性能仅次于银的。

本章按照加工程度由浅入深的顺序排列，具体为：铜的初级产品及废料（品目 74.01～74.06）→各种铜材（品目 74.07～74.11）→铜制品（品目 74.12～74.13、74.15 及 74.18～74.19）。

二、本章商品归类要点概述

（一）本章注释一至三分别对“精炼铜”“铜合金”“铜母合金”作出了规定。本章注释四至八分别对“条、杆”“型材及异型材”“丝”“板、片、带、箔”“管”做了解释。这些解释与第七十五章、第七十六章、第七十八章至第八十章的注释的解释基本相同。

第七十四章至第八十一章（第七十七章为空章）的货品范围与第七十二章至第七十三章的基本相同。但要注意第七十四章至第八十一章的“条、杆”“型材及异型材”“丝”“板、片、带、箔”“管”与第七十二章及第七十三章两章相同的货品在形状等方面的不同。故对第七十四章至第八十一章所述材料的归类应根据具体章相应的注释进行。

（二）作为铜归类的铜基合金包括铜锌合金（黄铜）、铜锡合金（青铜）、铜镍锌合金（德银）、铜镍合金（白铜）、铝青铜、铍铜、硅铜及铬铜。其中，本章子目注释对铜锌合金、铜锡合金、铜镍锌合金、铜镍合金的归类作出了规定。

（三）铜制的通用零件归入品目 74.12、74.13、74.15 或 74.19。

三、本章商品与相关商品的归类

（一）铜的初级产品及废料的归类

序号	商品描述	归类
1	铜硫和沉积铜（泥铜，一种黑色粉末）	74.01
2	未精炼铜，包括粗铜、泡铜；电解精炼用的铜阳极（通常是铸成带有两只吊耳的厚板，以便悬挂在电解槽内） 不包括电镀铜用的阳极（品目74.19）	74.02
3	未锻轧的精炼铜（包括阴极及阴极型材、线锭、坯段等）及铜合金	74.03
4	铜废碎料，包括拉丝铜泥屑 不包括：铜矿渣、铜矿灰及含铜炉渣（品目26.20）；通过再熔铜废碎料制得的锭块及类似形状的未锻轧浇铸产品（品目74.03）	74.04
5	铜母合金（无实用可锻性，用作炼铜的添加剂），包括铝铜、铍铜、硼铜、镉铜、铬铜、铁铜、镁铜、锰铜、钼铜、硅铜、钛铜及钒铜 不包括：铜镍合金（具有实用的可锻性）；按重量计含磷量超过15%的磷化铜（磷铜）（品目28.53）	74.05
6	符合第十五类注释八（二）规定的铜粉末、铜粉片，以及与其他贱金属粉末混合的铜粉（如青铜粉）（须符合第十五类注释七规定的条件）	74.06

其中，泥铜与铜粉（品目74.06）不同的是，后者不含杂质。

品目74.02的粗铜的含铜量按重量计在60%～85%之间。泡铜的含铜量按重量计一般达到98%。

品目74.03的精炼铜按重量计含铜量至少为99.85%，一般铸成锭块或供再熔的铸块，铸成供轧制的线锭、板坯，或铸成坯段（包括圆形截面的）或类似材料，也可呈丸状（即铜丸）。电解精炼铜有时以阴极形式报验，即带有两只耳环的铜板或铜片。本品目还包括具有锥形尾端或尾端经其他简单加工以便送入机器制成盘条或管子等的线锭或坯段。

浇铸条、杆（包括“黑玉条”和连续浇铸条）或烧结条、杆，只要在生产后除简单剪修或去氧化皮外未经其他加工的，均应归入品目74.03；经其他加工的，若不具有其他品目所列制品或产品的特征，可归入品目74.07。

此外，未锻轧的铜合金归入品目74.03；若铜合金制成条、杆、型材、丝、板、片、带、管及管子附件等形状，则其归类思路与合金钢制的相似。

例 1. 废电动机，大小、形状不一，混装在一起，都已损坏，只能用于拆解并回收铜、铁等原材料，以回收铜为主

【答案】7404.0000

【归类说明】本题货品是一种以回收铜为主的废旧物品，应按“铜及其制品”归入本章。查阅品目，该货品应按列名归入品目 74.04，并归入子目 7404.0000。

（二）各种铜材的归类

序号	商品描述	归类
1	铜条、杆、型材及异型材（包括挤压制得的空心异型材，如翅管或肋形管） 不包括用焊接等方法装上翅片的管材（品目 74.19）	74.07
2	铜丝（参见章注六） 不包括外科缝合用的极细无菌青铜丝（品目 30.06）等	74.08
3	厚度超过 0.15 毫米的铜板、片及带 不包括网眼铜板（品目 74.19）等	74.09
4	厚度（衬背除外）不超过 0.15 毫米的铜箔（不论是否印花或用纸板、塑料或类似材料衬背） 不包括：压印箔（品目 32.12）；作为印刷物的已印制铜箔标签（品目 49.11）；制成圣诞树装饰品形状的铜箔（品目 95.05）等	74.10

品目 74.08 的铜丝是经轧、挤或拔制而成的，报验时呈盘卷状。品目 74.09 所列的各种货品可经加工（例如切割成形、穿孔、制成瓦楞形、肋条形、凹槽、抛光、涂层、压花或圆边），只要它们不具有其他品目所列制品或产品的特征。此外，厚度超过 0.15 毫米的限制包括清漆等涂层的厚度。品目 74.10 的铜箔呈极薄的片状，可经压花、切割成形（长方形或其他形状）、穿孔、涂层（镀金、镀银、上漆等）或印花处理。此外，厚度不超过 0.15 毫米的限制包括清漆等涂层的厚度，但不包括纸张等衬底材料的厚度。

（三）铜制品的归类

序号	商品描述	归类
1	铜管（大多数是无缝的）（参见章注八及品目 73.04～73.06） 不包括：通过挤压制成的翅片铜管（品目 74.07）；通过焊接等方法装上翅片的铜管（品目 74.19）；已制成明显为其他章所列物品的管子，如机器零件（第十六类）	74.11
2	铜制管子附件（如接头、肘管、管套）（参见品目 73.07），如水表接头（成分为铜合金）（子目 7412.2090）	74.12

续表

序号	商品描述	归类
3	非绝缘的铜丝绞股线、缆、编带及类似品（不论是否带有钢芯及其他金属芯，只要按重量计以铜为主）	74.13
4	铜制或钢铁制带铜头的钉（即铜头铁钉或钢钉）、平头钉、图钉、U形钉（品目83.05的货品除外）及类似品；铜制螺钉、螺栓、螺母、钩头螺钉及环头螺钉、铆钉、销、开尾销、垫圈（包括弹簧垫圈）及类似品（参见品目73.17及73.18）	74.15
5	餐桌、厨房或其他家用铜制器具及其零件，包括：家用的铜制烹饪或加热器具（如汽油/酒精炉）；铜制擦锅器、洗刷擦光用的块垫、手套及类似品；铜制卫生器具及其零件（参见品目73.21、73.23、73.24，以及品目73.22所述类型的家用器具） 不包括品目85.09或85.16所列的器具及用具等	74.18
6	其他铜制品，包括：其他品目未列名的铜制别针及其他针（帽针和其他装饰用针及图钉除外）；铜或铜合金制的电镀阳极板；通过焊接等方法装上翅片的其他品目未列名的铜管；铜丝制的布、格栅及网和网眼钢板；弹簧（品目91.14的钟表发条除外）；其他（参见品目73.09～73.11，73.15，73.25～73.26） 不包括制成的铜焊丝网板（品目83.11）及制成手用细筛及粗筛的丝网布（品目96.04）等	74.19

例2. 两端带有螺纹的铜镍合金制管子，平直状，长4米，外径42毫米

【**答案**】7411.2200

【**归类说明**】本题货品属于铜制品，应归入本章。查阅品目，该货品符合74.11品目条文的规定，应归入品目74.11。因该货品是铜合金制的，应归入一级子目7411.2“铜合金制”，然后按列名归入二级子目7411.2200。

例3. 黄铜制的火锅（加热方式为烧木炭）

【**答案**】7418.1020

【**归类说明**】非电热的黄铜制的火锅应按铜制品归入本章。该货品属于厨房用器具，应归入品目74.18，然后按“家用烹饪器具”归入子目7418.1020。

第七十五章　镍及其制品

一、本章商品范围及结构

本章共有5条章注、2条子目注释、8个品目，包括镍的初级产品（镍锍及镍冶炼的中间产品）、未锻轧的镍、镍材和镍制品。

本章按加工程度由低到高的顺序排列，具体为：镍的初级产品及废料（品目75.01～75.04）→各种镍材（品目75.05～75.06）→镍制品（品目75.07～75.08）。

二、本章商品归类要点概述

本章注释一至五对“条、杆”“型材及异型材”“丝”“板、片、带、箔”“管”做了解释。本章子目注释一对“非合金镍”“镍合金”作出了规定；子目注释二说明了子目7508.10所称“丝”的含义，它不受本章注释三的限制。故对镍材的归类应根据本章相应的注释进行。

镍制的通用零件归入品目75.07或75.08。

有关镍材及镍制品的归类原则和方法与第七十四章的铜相似。

三、本章商品与相关商品的归类

（一）镍的初级产品及废料的归类

归类时，应注意品目75.02的未锻轧非合金镍锭的成分含量（含镍99.986%，含钴0.004%），品目75.03及75.04的镍及合金元素的含量。

序号	商品描述	归类
1	镍硫、镍冶炼的其他中间产品（包括不纯氧化镍，如氧化镍烧结物、粉状氧化镍、不纯镍铁及镍黄渣） 不包括精炼镍铁（品目72.02）等	75.01
2	未锻轧的非合金镍和镍合金（包括镍铁合金、镍铬及镍铬铁合金、镍铜合金），如未经过锻轧的镍圆片（经过轧辊轧制的，归入品目75.08）	75.02
3	镍废碎料	75.03
4	各种镍粉及粉片，不论其用途如何	75.04

其中，品目75.01的镍硫常呈铸块或铸板块、颗粒状或粉末状，用于生产未锻轧镍；品目75.02的未锻轧镍通常为锭、块、团粒、板、方块、结壳、砖、丸、阴极或其他电沉积形状。电解而成的镍板（阴极），修整或未修剪，或切成带状、矩形小块状，但未进一步加工的，不论其规格、用途如何，仍应归入本品目。它们与品目75.08的电镀阳极不同，它们既未装有挂钩，也无装挂钩的位置。

（二）各种镍材的归类

归类时，应注意品目75.05及75.06的镍及合金元素的含量。

序号	商品描述	归类
1	镍条、杆、型材及异型材（包括空心异型材）或丝 不包括结构件的条、杆、型材及异型材（品目75.08）等	75.05

续表

序号	商品描述	归类
2	镍板、片、带、箔 不包括网眼金属板（品目 75.08）	75.06

例 1. 镍丝，镍占 98%，钴占 1%，铁占 0.5%，氧占 0.2%，铜占 0.3%

【答案】7505.2100

【归类说明】本题货品以镍为主，应按“镍及其制品”归入本章。查阅品目，该货品应按列名归入品目 75.05。因镍和钴的含量为 99%，其他元素的含量不超过本章子目注释一（一）2 规定的限量，该货品属于非合金镍，故应归入子目 7505.2100“非合金镍制”。

（三）镍制品的归类

归类时，应注意品目 75.07 的镍及合金元素的含量，以及品目 75.08 其他镍制品的用途（电镀用、工业用、非工业用）。

序号	商品描述	归类
1	镍管及管子附件（如接头、肘管、管套）（参见品目 73.04～73.07）	75.07
2	其他镍制品，包括：电镀阳极、电解阳极；窗框等结构件及结构件的组装零件；无机械或热力装置的囤、柜、罐、桶及类似容器，不论容量大小；镍丝制的布、网、篱、格栅，以及网眼镍板；镍钉、平头钉、螺母、螺栓、螺丝钉，以及品目 73.17 和 73.18 所列类型的其他镍制品；弹簧；家庭用品、卫生洁具及其零件；铸币毛坯，为镍制的圆片，其边凸起；相当于品目 73.25 及 73.26 所列钢铁制品范围的镍制品	75.08

品目 75.08 的电镀阳极的形状如下：可为电镀件提供最大阳极面的特殊形状（星形、环形、某种异形），对于棒状阳极（横截面通常为卵形、椭圆形、长菱形或菱形），其长度应适于做阳极；板（平面或弯曲）、带、片、圆盘（平面或起波纹）、半球或圆球等形状。这些物品必须具有能确定其为电镀阳极的特征，即它们必须装有供在电解槽内悬挂用的吊钩，或制备装钩位置（如车螺纹、穿孔或攻丝）。而品目 75.02 电解精炼用的铸造阳极一般铸成带有两只吊耳的厚板，便于悬挂在电解槽内。

例 2. 电镀用镍阳极

【答案】7508.9010

【归类说明】本题货品应按“镍及其制品”归入本章。查阅品目，因该货品未在本章有关品目列名，应归入品目 75.08“其他镍制品”。查阅子目，因该货品未在一级子目列名，应归入一级子目 7508.9“其他”，然后按列名归入三级子目 7508.9010“电镀用镍阳极”。

第七十六章　铝及其制品

一、本章商品范围及结构

本章共有 5 条章注、2 条子目注释、16 个品目，包括未锻轧铝及铝废碎料、铝粉及片状粉末、各种铝材及某些铝制品。

本章基本按加工程度由低至高的顺序排列，具体为：铝的初级产品及废料（品目 76.01 ~ 76.03）→各种铝材（品目 76.04 ~ 76.07）→铝制品（品目 76.08 ~ 76.16）。

二、本章商品归类要点概述

本章注释一至五对“条、杆”“型材及异型材”“丝”“板、片、带、箔”“管”的解释与第七十四章等注释的解释基本相同。本章子目注释一对非合金铝、铝合金作出了规定；子目注释二说明了子目 7616.91 所称“丝”的含义。故对铝材的归类应根据本章相应的注释进行。

铝制的通用零件归入品目 76.09、76.14 或 76.16。

三、本章商品与相关商品的归类

（一）铝的初级产品及废料的归类

序号	商品描述	归类
1	通过浇铸电解铝或再熔铝废料所制得的未锻轧铝，液状、块状、锭状、坯段、板坯、凹口小锭、线锭及类似形状，包括主要用于冶金的铝团粒，以及某些铸造或烧结的铝条等	76.01
2	铝废碎料	76.02
3	第十五类注释八（二）所规定的铝粉及片状粉末	76.03

品目 76.01 的铝合金包括铝铜合金、铝锌铜合金、铝硅合金、铝锰镁合金、铝镁硅合金、铝铜镁锰合金、铝镁合金、铝锰合金、铝锌镁合金。

（二）各种铝材的归类

序号	商品描述	归类
1	铝条、杆、型材及异型材（包括空心异型材） 不包括结构件用已加工的条杆、型材及异型材（品目 76.10）等	76.04

续表

序号	商品描述	归类
2	铝丝，如最大截面尺寸超过7毫米的非合金铝丝	76.05
3	铝板、片及带，厚度超过0.2毫米 不包括：厚度不超过0.2毫米的铝箔（品目76.07）；网眼铝板（品目76.16）	76.06
4	厚度（衬背除外）不超过0.2毫米的铝箔（不论是否印花或用纸、纸板、塑料或类似材料衬背） 不包括制成圣诞树装饰品形状的铝箔（品目95.05）等	76.07

例1. 用于贵重物品包装的，一面用纸板衬背的铝箔（铝箔厚0.18毫米，纸板厚1毫米）

【答案】7607.2000

【归类说明】本题货品看似既可归入第四十八章，又可归入本章。但根据第四十八章注释二（十三）的规定，用纸板衬背的铝箔应归入第十五类。故该货品应按“铝箔”归入本章。查阅品目，该货品符合76.07品目条文的规定，应归入品目76.07。因其有衬背，应归入子目7607.2000。

（三）铝制品的归类

<table>
<tr><th>序号</th><th colspan="2">商品描述</th><th>归类</th></tr>
<tr><td>1</td><td colspan="2">铝管，不论是否管端车螺纹或装有管套、法兰、套圈及套环等</td><td>76.08</td></tr>
<tr><td>2</td><td colspan="2">铝制管子附件（如接头、肘管、管套）
不包括用以装配建筑构件的夹子或其他附件（品目76.10）等</td><td>76.09</td></tr>
<tr><td>3</td><td colspan="2">铝制结构体及其部件（如桥梁及桥梁体段、塔、格构杆、屋顶、屋顶框架、门窗及其框架、门槛、栏杆、支柱及立柱）；上述结构体用的已加工铝板、杆、型材、异型材、管子及类似品（参见品目73.08）</td><td>76.10</td></tr>
<tr><td>4</td><td rowspan="2">盛装物料用的铝制囤、柜、罐、桶、盒及类似容器，不论是否衬里或隔热，但无机械或热力装置</td><td>容积超过300升</td><td>76.11</td></tr>
<tr><td>5</td><td>容积不超过300升且易于移动或搬动</td><td>76.12</td></tr>
<tr><td>6</td><td colspan="2">装压缩气体或液化气体用的铝制容器</td><td>76.13</td></tr>
<tr><td>7</td><td colspan="2">非绝缘的铝制绞股线、缆、编带及类似品
不包括绝缘的铝制电线、电缆（品目85.44）</td><td>76.14</td></tr>
<tr><td>8</td><td colspan="2">餐桌、厨房或其他家用铝制器具及其零件；铝制擦锅器、洗刷擦光用的块垫、手套及类似品；铝制卫生器具及其零件（参见品目73.23及73.24，品目74.18）</td><td>76.15</td></tr>
</table>

续表

序号	商品描述	归类
9	其他铝制品（参见品目 73. 14 ~ 73. 15、73. 17 ~ 73. 19、73. 25 及 73. 26）	76. 16

品目 76. 10 的铝制结构体有时用合成树脂或橡胶化合物黏合组成，而不是采用一般的铆接、拴接等方法。品目 76. 12 不包括铝制的装饰盒（品目 83. 06）、单独报验的易拉罐盖（品目 83. 09）（但铝制的易拉罐和罐体归入品目 76. 12）等。品目 76. 14 铝制的电缆可带有钢芯或其他金属芯，但其按重量计应以铝为主。

例 2. 铝制的易拉罐体

【答案】7612. 9010

【归类说明】本题货品属于铝制品，应归入本章。查阅品目，该货品符合 76. 12 品目条文的规定，应归入品目 76. 12。因易拉罐体未在一级子目列名，故该货品归入一级子目 7612. 9“其他”，然后按列名归入三级子目 7612. 9010“易拉罐及罐体”。

例 3. 铝制铆钉（铝壶零件）

【答案】7616. 1000

【归类说明】本题货品属于铝制品，应归入本章。因该货品属于“通用零件”，故不能作为铝壶（品目 76. 15）的零件归入品目 76. 15。因该货品未在本章有关品目列名，应归入品目 76. 16“其他铝制品”，然后按列名归入一级子目 7616. 1000。

第七十八章　铅及其制品

一、本章商品范围及结构

本章共有 5 条章注、1 条子目注释、4 个品目（品目 78. 03、78. 05 已被删除），包括铅、铅合金及其某些制品。

本章基本按加工程度由低至高的顺序排列，具体为：未锻轧铅（品目 78. 01）→铅废碎料（品目 78. 02）→其他铅产品（品目 78. 04、78. 06）。

二、本章商品归类要点概述

本章注释一至五对“条、杆”“型材及异型材”“丝”“板、片、带、箔”“管”的解释与第七十四章等注释的解释基本相同。本章子目注释对“精炼铅”作出了规定。故对铅材的归类应根据本章相应的注释进行。

铅制的通用零件应归入品目 78.06。

三、本章商品与相关商品的归类

本章商品包括未锻轧铅、铅废碎料及其他铅产品。

序号	商品描述	归类
1	不同纯度的未锻轧铅（如不纯的生铅、含银铅及电解精炼铅，呈块、锭、坯板、饼或类似形状或铸棒状）、电解精炼用铸造阳极以及用于滚轧、拉拔或重铸为成形制品的浇铸铅杆	78.01
2	铅废碎料（参见品目 72.04）	78.02
3	铅板、片、带、箔；第十五类注释八（二）所述的铅粉及片状粉末	78.04
4	其他铅制品（用浇铸、压制、模压等方法制成），包括：用于包装颜料或其他产品的软管；无机械或热力装置的囤、槽、罐、桶及类似容器（用于盛装酸类、放射性产品或其他化学品）；渔网的铅坠，衣着、帷幕等的铅坠；钟的摆锤以及通用砝码；用于包装或管子接口堵缝的铅丝或铅线绞、束或绳；建筑结构体的零件；游艇的龙骨、潜水员的胸板；电镀阳极；本章注释一、二及三所定义的铅制的条、杆、型材及异型材和丝；本章注释五所定义的铅管及管子附件（如接头、肘管、管套） 不包括：用于滚轧、拉拔或重铸为成形制品等的浇铸铅杆（品目 78.01）；已制成可确定为专用物品的管子（第十六类）等	78.06

第七十九章　锌及其制品

一、本章商品范围及结构

本章共有 5 条章注、3 条子目注释、6 个品目（品目 79.06 已被删除），包括锌、锌合金及其某些制品。

本章按加工程度由浅入深的顺序排列，具体为：锌的初级产品及废料（品目 79.01 ~ 79.03）→各种锌材（品目 79.04 ~ 79.05）→锌及锌合金的制品（79.07）。

二、本章商品归类要点概述

本章注释一至五对“条、杆”“型材及异型材”“丝”“板、片、带、箔”

“管”的解释与第七十四章等注释的解释基本相同。此外，本章子目注释一至三对“非合金锌”“合金锌”“锌末”作出了解释。故对锌材的归类应根据本章相应的注释进行。

锌制的通用零件应归入品目 79.07。

三、本章商品与相关商品的归类

（一）锌的初级产品及废料的归类

序号	商品描述	归类
1	不同纯度的未锻轧锌（如粗锌、精炼锌），呈块、板、锭、坯段、板坯及类似形状或团粒状	79.01
2	锌废碎料	79.02
3	锌末、锌粉及片状粉末	79.03

（二）各种锌材的归类

序号	商品描述	归类
1	锌条、杆、型材及异型材（包括空心异型材）或丝，以及锌基合金制的焊条（不得涂有焊剂） 不包括：已经涂有焊料的焊条（品目 83.11）；用于滚轧、拉拔或重铸为成形物品的浇铸锌杆（品目 79.01）	79.04
2	锌板、片、带及箔 不包括网眼锌板（品目 79.07）等	79.05

（三）锌及锌合金的制品的归类

品目 79.07 包括：包装药品等用的管状容器；用于树木、植物等的锌制“标签”（但不包括品目 83.10 的“标签”）；刻花模板；电镀阳极；阴极保护阳极（防蚀消耗阳极）；其他制品（参见品目 73.04 ~ 73.10、73.14、73.17 ~ 73.18、73.23 ~ 73.26）。

第八十章　锡及其制品

一、本章商品范围及结构

本章共有 5 条章注、2 条子目注释、4 个品目（品目 80.04 ~ 80.06 已被删除），包括锡、锡合金及它们的某些制品。

本章基本按加工程度由低至高的顺序排列品目，具体为：未锻轧锡及废碎料

（品目 80.01～80.02）→锡条、杆、型材及异型材或丝（品目 80.03）→其他锡制品（品目 80.07）。

二、本章商品归类要点概述

本章注释一至五对“条、杆”“型材及异型材”“丝”“板、片、带、箔”“管”的解释与第七十四章等注释的解释基本相同。此外，本章子目注释一至二对“非合金锡”“锡合金”作出了解释。故对锡材的归类应根据本章相应的注释进行。

锡制的通用零件应归入品目 80.07。

三、本章商品与相关商品的归类

（一）未锻轧锡及废碎料的归类

归类时，应注意品目 80.01 所列货品的材质（非合金锡、锡合金）与成分含量（锡及合金元素的含量）。

序号	商品描述	归类
1	呈块、锭、板坯、条、杆（例如，用于滚轧、拉拔或重铸为成形制品的浇铸锡杆）或类似形状的未锻轧锡（其中锡合金包括锡铅合金、锡锑合金、锡铅锑合金及锡镉合金），以及锡碎片、锡粒及类似品	80.01
2	锡废碎料	80.02

（二）锡条、杆、型材及异型材或丝的归类

品目 80.03 包括锡条、杆、型材及异型材（包括空心异型材）或丝，以及不论是否切成一定长度的锡基焊条（不得涂有焊剂）。但本品目不包括涂有焊剂的焊条（品目 83.11）等。

（三）其他锡制品的归类

品目 80.07 的其他锡制品包括：无机械或热力装置的囤、槽、罐、桶及其他容器；包装牙膏、颜料或其他产品的软管；家用器具及餐具（通常为白蜡器），如壶、盘、杯、虹吸管头及啤酒罐盖；容量量器；电镀阳极；锡粉及片状粉末；锡板、片及带，厚度超过 0.2 毫米；锡箔（不论是否印花或用纸、纸板、塑料或类似材料衬背），厚度（衬背除外）不超过 0.2 毫米；锡管及管子附件（如接头、肘管、管套）。

例　锡箔纸（以纸衬背），规格 80 毫米×80 毫米×0.1 毫米

【答案】 8007.0030

【归类说明】 根据第四十八章章注二（十三）“本章不包括纸或纸板衬底的金

属箔（第十四类或第十五类）”的规定，本题货品应按“锡制品”归入本章。查阅品目，因相关品目没有“锡箔”的列名，故该货品应归入品目 80.07“其他锡制品”，然后按列名归入子目 8007.0030“锡箔”。

第八十一章　其他贱金属、金属陶瓷及其制品

一、本章商品范围及结构

本章共有 1 条子目注释、13 个品目，包括 21 种贱金属［钨、钼、钽、镁、钴（包括钴锍及其他冶炼钴时所得的中间产品）、铋、镉、钛、锆、锑、锰、铍、铬、锗、钒、镓、铪、铟、铌、铼及铊］及它们的合金和制品，金属陶瓷及其制品。

本章 13 个品目的排列顺序为：前 11 种贱金属及其制品（品目 81.01～81.11）→后 10 种贱金属及其制品（品目 81.12）→金属陶瓷及其制品（品目 81.13）。

二、本章商品归类要点概述

归入本章的大多数金属一般作为合金或碳化物使用为多，而较少直接使用纯金属。这些合金应按第十五类注释五的规则归类。

根据本章子目注释，第七十四章注释中有关“条、杆”“型材及异型材”“丝”“板、片、带、箔”的规定亦适用于本章。

根据第十五类类注二的规定，用本章贱金属制的通用零件也应归入本章相应品目。

81 种金属元素的归类如下：

序号	商品描述	归类
1	碱金属、碱土金属、稀土金属、液体金属汞等 25 种金属元素	28.05
2	镭、铀、钍等 20 种放射性金属元素	28.44
3	金、银、铂等 8 种贵金属	第七十一章
4	铁、铜、镍、铝、铅、锌、锡	分别归入第七十二章、第七十四章至第八十章
5	其他 21 种贱金属	第八十一章

三、本章商品与相关商品的归类

（一）前 11 种贱金属及其制品的归类

序号	商品描述	归类
1	下列形状的钨：粉末；未锻轧形状，如块、锭、烧结棒及杆；已锻轧形状，如轧或拔制的条；型材及异型材、板、片、带、箔或丝；废碎料；制成品（如弹簧）；钨合金（烧结制得的），包括钨铜合金、钨镍铜合金 不包括碳化钨：未混合粉末（品目 28.49），未烧结的混合物（如与碳化钼或碳化钽混合而成，不论有无黏合剂）（品目 38.24），已烧结但未装配的工具用板、杆、刀头及类似品（品目 82.09）	81.01
2	钼及其制品（参见品目 81.01）	81.02
3	各种形状的钽：粉末、块、废碎料；条、线、丝；片、带、箔；型材及异型材；管及其他品目未具体列名的其他制品（如弹簧及丝网布）；钽合金（如钽钨合金）	81.03
4	镁及其制品，包括：未锻轧镁（呈锭、板坯、棒、饼、方块、坯段及类似形状）；废碎料；条、杆、型材、异型材、板、片及带、箔、丝、管、空心异型材、粉末及片状粉末、规格一致或不一致的锉屑、车屑及颗粒；结构体及其部件；无机械或热力装置的囤、槽及类似容器，桶及罐；丝网布；螺栓、螺母、螺丝刀等	81.04
5	钴锍、其他冶炼钴时所得的中间产品及各种形状的钴，例如锭、阴极、颗粒、粉末、废碎料及未在其他品目具体列名的制品；钴合金，包括钴铬钨合金、钴铁铬合金、钴铬钼合金	81.05
6	未锻轧铋；废碎料；粉末；铋制品；铋合金，包括铋铅锡合金、铋铟铅锡镉合金	81.06
7	未锻轧镉；粉末；废碎料；镉制品；镉合金，包括镉锌合金	81.07
8	各种形状的钛，特别是海绵状、锭、粉末、阳极、条、杆、型材及异型材、丝、板、片、带、箔、废碎料及制成品 不包括第十六类或第十七类所列的钛制品，如直升机水平旋翼、螺旋桨叶片、泵或阀门	81.08
9	未锻轧锆；粉末；废碎料；锆制品	81.09

续表

序号	商品描述	归类
10	未锻轧锑；粉末；废碎料；锑制品	81.10
11	未锻轧锰；废碎料；粉末；锰制品	81.11

注意，碳化钽、碳化钛的归类与碳化钨的相同。

例 1. 钨丝

【答案】 8101.9600

【归类说明】 本题货品应按“其他贱金属及其制品”归入本章。查阅品目，该货品符合 81.01 品目条文的规定，应归入品目 81.01。因一级子目没有“丝”的列名，该货品应归入一级子目 8101.9“其他”，然后按列名归入二级子目 8101.9600。

例 2. 按重量计锡、铋、镉、铅的比例为 1:4:1:2 的伍德合金（电源保险丝）

【答案】 8106.0090

【归类说明】 本题货品是由 4 种贱金属构成的合金，根据第十五类类注五（一）“贱金属的合金按其所含重量最大的金属归类”的规定，因其铋的含量最高，该货品应归入品目 81.06。因该货品未在三级子目列名，应归入子目 8106.0090“其他”。

（二）后 10 种贱金属及其制品的归类

铍、铬、锗、钒、镓、铪、铟、铌（钶）、铼、铊及其制品，包括废碎料、粉末等归入品目 81.12。例如，未锻轧铬及粉末归入子目 8112.2100，铬废碎料归入子目 8112.2200，锻轧的铬及制品归入子目 8112.2900。

归类时，应注意以上货品的形状［粉末（注明粒度）、条、杆、型材、异型材、板、片、带、箔］、材质（铍、铬等贱金属及其合金）、加工方法（未锻轧等）、状态（废、碎、非废碎）及成分含量。

（三）金属陶瓷及其制品的归类

品目 81.13 包括未锻轧的金属陶瓷或制成《税则》其他品目未列名的金属陶瓷制品。但本品目不包括含有裂变或放射性物质的金属陶瓷（品目 28.44），未装配的工具用金属陶瓷板、棒、刀头及类似品（品目 82.09）。

例 3. 金属陶瓷管

【答案】 8113.0090

【归类说明】 金属陶瓷管属于金属陶瓷制品，应归入本章。根据第六十九章章注二（四）“本章不包括品目 81.13 的金属陶瓷”的规定，该货品应归入品目 81.13。因子目 8113.0010 的列名为“颗粒；粉末”，而该货品已制成管子形状，故其应归入子目 8113.0090“其他”。

第八十二章　贱金属工具、器具、利口器、餐匙、餐叉及其零件

一、本章商品范围及结构

本章共有3条章注、15个品目，包括具有工具、器具、刀具、餐具等性质的某些贱金属制品。这些贱金属制品不按所用贱金属材料归入第七十二章至第八十一章，也不属于第十六类的机器或器具、第九十章的仪器或设备和品目96.03或96.04的制品。

本章按货品的功能、用途等属性排列，具体为：手工工具及成套手工工具（品目82.01～82.06）→供手工工具、机床或手提式动力工具用的可互换工具（品目82.07）→机器或机械器具的刀及刀片（品目82.08）→未装配的工具用板、杆、刀头及类似品（品目82.09）→手动机械器具（品目82.10）→生活和家用刀及利口器（品目82.11～82.15）。

二、本章商品归类要点概述

（一）根据章注一，除喷灯、轻便锻炉、带支架的砂轮、修指甲和修脚用器具（品目82.14）及工具用金属陶瓷板、杆、刀头及类似品（品目82.09）外，本章仅包括：其刀片、工作刃、工作面或其他工作部件是由贱金属、硬质合金或金属陶瓷制成的工具、利口器等（上述器具即使装有其重量超过金属工作部件的非金属柄、身，仍应归入本章，如装有金属刀片的木刨）；由天然、合成或再造宝石或半宝石（如黑金刚石）制的工作部件装于贱金属、硬质合金或金属陶瓷支架上而构成的工具。此外，在某些情况下，其工作部件可由用磨料镶嵌或包覆的贱金属制成。当附上磨料后，所具有的切齿、沟、槽或类似结构仍保持其特性及功能。

（二）本章货品可用任何贱金属制成。根据第十五类类注二的规定，凡是能归入本章的贱金属制品，都不能按贱金属材料归入第七十二章至第七十六章及第七十八章至第八十一章中的任何一章。

（三）手工工具及器具的归类如下。

1. 单独使用的手工工具（不论是否装有齿轮、曲柄、活塞、螺旋装置或杠杆等简单机构，但不能配有动力装置）应归入本章。例如，工人用手自由操作的无支架胸压式手摇钻，尽管装有简单的齿轮机构，仍应归入品目82.05；钳式金属剪应归入品目82.03。

2. 除在本章中已有具体列名的物品，例如轻便锻炉、带支架的砂轮等以

外，对于准备装于工作台、墙壁等上的器具或由于重量、规格或使用所需力度等原因而装于底板、底座、支架等上以便放置于地板、工作台等上面的器具，一般应归入第八十四章。例如，装于支座或支架上的钻机应归入品目84.59；而配有支座或底板的闸刀式剪切机，即使是手工操作的也应归入品目84.62。

3. 本章具体列名的货品应归入本章相应品目。例如，台钳、带支架砂轮及轻便锻炉因本章有具体列名而归入品目82.05。某些机械器具（咖啡磨、榨汁机、绞肉机等）因有专门规定，应归入品目82.10。

4. 第八十四章具体列名的可独立操作的手工器具，应归入该章相应品目。例如，液体或粉末的喷雾器具（品目84.24）、手提式风动工具（品目84.67）、非手枪式办公室用订书机（品目84.72）。

5. 不带支架的研磨工具一般应归入品目68.04。

（四）本章成套货品的归类参见子目8205.9000、8206.0000、8211.1000及8215.1000。

（五）模具的归类如下。

金属用模具，拉拔或挤压用的，归入子目8207.2；锻造或冲压用的，归入子目8207.3；金属铸造用型箱归入子目8480.1；型模底板归入子目8480.2；阳模归入子目8480.3；金属、硬质合金用型模归入子目8480.4（其中注模或压模归入子目8480.41，其他归入子目8480.49）。上述金属用模具的区别主要是成型原理不同，第八十二章的模具要通过锻造、挤压、拉拔、冲压等成型，而第八十四章的金属模具主要是注模和压模。

玻璃用型模归入子目8480.5；矿物材料用型模归入子目8480.6；塑料或橡胶用型模归入子目8480.7（其中注模或压模归入子目8480.71，其他归入子目8480.79）。

（六）机床上用的可互换刀具（如车刀、钻头、铣刀、刨刀、铰刀、拉刀等），包括已装配的刀具（如镗刀、滚刀等）归入品目82.07。未装配的机床用刀具中又分两种：用金属陶瓷制的未装配的板、杆、刀头及类似品归入品目82.09；用金属陶瓷以外的金属材料制得的未装配的刀及刀片归入品目82.08；用其他材料制得的，如合金钢制的机床用刀杆归入品目84.66。

（七）贱金属零件的归类如下。

1. 第十五类注释二所述的链条、钉子、螺栓、螺母、螺钉、铆钉、弹簧及其他通用零件应归入贱金属材料所在章（第七十三章至第七十六章及第七十八章至第八十一章）或第八十三章的通用零件所在的相应品目。

2. 当该零件属于品目具体列名的零件及手工工具的工具夹具（品目84.66）时，按具体列名归类。

3. 明显作为工具、利口器等的贱金属零件（如锯架），通常与其完整品归入本章同一品目。

4. 品目 82.08 ~ 82.15 的利口器及其他物品可装配有贵金属或包贵金属制的小件装饰品（如饰带）；但若它们带有贵金属或包贵金属制的其他零件（如柄或刀片），或者除工作部件外含有天然或养殖珍珠、宝石或半宝石（天然、合成或再造），则应归入第七十一章。

三、本章商品与相关商品的归类

（一）手工工具及成套手工工具的归类

序号	商品描述	归类
1	用于农业、园艺或林业的手工工具（不论是否配有手柄），包括：锹、铲、叉、镐、锄及耙；斧子、钩刀；不带指环的修枝剪（包括家禽剪）；树篱剪、双手修枝剪；镰刀、秣刀；种植器、播种器；摘果器；牛梳；伐木楔子；羊毛剪；明显作为这些工具零件的贱金属制品 不包括：整枝刀（品目 82.11）；带有修枝剪刀片但具有指环的修枝剪式剪刀（品目 82.13）；机械耙、割草机及类似器具，包括用手推或手拉的机械在内（第八十四章）；破冰斧（品目 95.06）等	82.01
2	手工锯、各种锯的锯片（包括切条、切槽或无齿锯片）、锯片坯，以及单独报验的手工锯贱金属零件（如锯架、锯柄）及供装于锯片上的贱金属齿及扇形齿板 不包括装配有磨料轮缘的无齿圆盘（品目 68.04）、本身带发动机的手工锯（品目 84.67）等	82.02
3	钢锉、木锉及类似工具（包括钢木两用锉）；钳子（包括剪钳）、镊子及类似工具（如钳式整锯器、起钉器）；白铁剪及类似工具；切管器、螺栓切头器、打孔冲子及类似工具（如螺栓剪钳、钮孔冲孔器、剪票钳） 不包括机床用的冲头及锉刀（品目 82.07）；用在票据上打印日期或其他任何标记的剪票器（品目 96.11）等	82.03
4	手工扳手及扳钳（包括转矩扳手），如套筒扳手；可互换的扳手套筒，不论是否带手柄，包括扳头及加长杆 不包括丝锥扳手（品目 82.05）	82.04

续表

序号	商品描述	归类
5	其他品目未列名的手工工具：钻孔或攻丝工具（如板牙绞手）；锤子；木工用刨子、凿子及类似切削工具（如木工等用辐刀、刻刀）；螺丝刀（包括棘轮式的）；其他手工工具（如开瓶器、玻璃刀）；喷灯（如供软焊或硬焊用）；台钳、夹钳及类似品；砧（包括双角砧，如鞋匠用鞋楦）；轻便锻炉（用于小型车间等）；带支架的手摇或脚踏砂轮；本品目项下两个或多个子目所列物品组成的成套货品（如由榔头、木工用刨子、凿子、螺丝刀构成的工具包） 不包括：机动砂轮（第八十四章或第八十五章），单独报验的砂轮及类似品（品目 68.04），电熨斗（品目 85.16），以及构成机床或水射流切割机附件或零件的台钳等	82.05
6	由品目 82.02 ~ 82.05 中两个或多个品目所列工具组成的零售包装成套货品，这些成套货品通常装于一个塑料箱或一个金属工具箱中，主要包括汽车修理工用的成套工具（包括全套套筒、扳手、棘轮扳手、螺丝刀、钳子等），以及简单组合品（如成套的扳手和螺丝刀）	82.06

手工工具是指一般用手握持，以人力或以人控制的其他动力作用于物体的小型工具，可以装有齿轮、曲柄、活塞、螺旋装置或杠杆等简单机构，但不能配有动力装置。

例 1. 零售包装的成套工具（内有锤子、螺丝刀、开瓶器）

【答案】 8205.9000

【归类说明】 本题货品是成套的贱金属工具，应归入本章。查阅品目，该货品是由锤子（子目 8205.2）、螺丝刀（子目 8205.4）及开瓶器（子目 8205.5）组成的成套工具，符合 8205.9000 子目条文的规定，应归入子目 8205.9000。

例 2. 装入一个皮盒中的零售的成套家用修理工具，内含老虎钳、扳手、铁锤、螺丝刀、钢锉、钢锯各一把

【答案】 8206.0000

【归类说明】 本题货品是成套的贱金属工具，应按“贱金属工具”归入本章。查阅品目，因该货品是由老虎钳（品目 82.05）、扳手（品目 82.04）、铁锤（品目 82.05）、螺丝刀（品目 82.05）、钢锉（品目 82.03）及钢锯（品目 82.02）组成的成套工具，符合 82.06 品目条文的规定，其应归入品目 82.06，并归入子目 8206.0000。

（二）供手工工具等用的可互换工具的归类

品目 82.07 包括供手工工具（不论是否机械式）、机床、手提式动力工具用的可互换工具（材质为合金钢制等），用于对金属、硬质合金、木材、石料、硬橡胶、某些塑料或其他材料的锻压、冲压、冲孔、攻丝、钻孔、镗孔、铰孔、拉削、铣削、切齿、车削、切割、凿榫或拉拔等加工或用于上螺丝，具体如下：

序号	商品描述
1	凿岩或钻探工具，包括采矿、油井钻探或探测用工具（如麻花钻头、活钻头及扁钻）
2	金属拉拔或挤压用模，包括拉丝模板
3	锻压或冲压工具，包括金属片材冷锻压或冷冲压用的冲子及模具；锻模；冲孔或切割模、机床用冲头
4	攻丝工具，如丝锥及板牙、螺纹梳刀及螺纹梳刀盘
5	钻孔工具，但凿岩及钻探用的除外，包括钻头（螺旋或磨花钻、中心钻等用的钻头）、曲柄钻等
6	镗孔或铰孔工具，包括铰
7	铣削工具，如铣刀；齿轮滚铣刀
8	车削工具（如车刀）
9	其他可互换工具，如磨削、刨削、开槽、研磨、修整用的工具；木材凿榫或成形工具，包括木材凿榫用割链；油漆、胶水、胶泥、胶粘剂及涂面泥釉的混合、搅拌等工具；螺丝刀头

以上大多数工具可带有金属陶瓷、天然或合成金刚石、立方氮化硼制的工作部件。此外，拉丝模、车刀等即使制成具有放射性的，仍归入本品目。

本品目不包括：玻璃纤维拉丝用模（品目84.75）；机器或器具用的模具、冲头、钻头或其他可互换工具（应按所属机器或器具用的零件归类）；其工作部件不是用本章注释一所述的物料制成的供手工工具、机床或手提式动力工具用的贱金属制可互换工具，其通常应按工作部件的构成材料归类，如橡胶制的归入第四十章，皮革制的归入第四十二章，毛皮制的归入第四十三章，软木制的归入第四十五章，纺织品制的归入第五十九章，陶瓷材料制的归入品目69.09。

（三）机器或机械器具用的刀及刀片的归类

品目82.08包括矩形、圆形或其他形状的未装配的机器或机械器具用的刀或刀片（材质为不锈钢制等），用于金属加工、木材加工，用于厨房器具或食品工业机器，用于农业、园艺或林业机器，用于其他机器或机械器具。但本品目不包括品目82.01～82.05的手工工具用的刀片或刀。此外，应注意硬质合金制的刀及刀片是否经镀或涂层。

（四）未装配的工具用板、杆、刀头及类似品的归类

品目82.09包括金属陶瓷制的未装配的工具用板、杆、刀头及类似品，通常

呈板、杆、尖、棒、丸、环等形状，具有硬度大、刚性强的特点，被焊于或夹于车刀、铣刀、钻头、模具或其他高速切割工具上，用于加工金属或其他硬质材料。例如，硬质合金棒料（成分组成为：碳化钨、钴及添加剂），主要用于制造硬质合金刀片、刀杆、钻头等工具，属于未装配的工具用金属陶瓷板、杆、刀头及类似品，应归入本品目。

上述货品若装于工具上，则应按工具归入相应的品目，主要是品目 82.07。本品目不包括工具用的陶瓷板、杆、刀头及类似品（品目 69.09）等。

（五）手动机械器具的归类

归入品目 82.10 的手动机械器具须满足以下条件：一是重量不超过 10 千克；二是用于食品或饮料的加工与调制。符合上述条件的下列货品应归入本品目：咖啡磨或香料磨、切菜机、绞肉机、开瓶器、果汁压榨机、面包切片机等。不符合以上条件的，则应归入品目 82.05 或第八十四章。

在本品目中，具有曲柄、齿轮、阿基米德螺旋装置、泵等机件的器具可视为机械器具。但仅具有简单杠杆或活塞机构的器具，除非是准备装于墙壁或其他表面上或装有底板等以便放置于桌面、地板等上的，否则不应视为具有机械特征而归入本品目。

例 3. 手动果汁压榨机（重量不超过 10 千克）

【答案】 8210.0000

【归类说明】 因本题货品的重量不超过 10 千克，根据第十六类类注一（十）的规定，该货品不能归入第八十四章，而应归入本章。查阅品目，该货品符合 82.10 品目条文的规定，应归入品目 82.10，并归入子目 8210.0000。

（六）生活和家用刀及利口器的归类

序号	商品描述	归类
1	非机器上用的有刃口的刀及其刀片，不论是否有锯齿：由品目 82.11 中不同品种刀具构成的成套货品或数量上以刀具为主的不同物品构成的成套货品；非折叠式刀（如切肉刀，屠刀、园艺用整枝刀）；折叠式刀（如小折刀）；带有几把可互换刀片的刀；用于制上述刀具的刀片，包括坯件；本品目刀具用的贱金属刀柄 不包括钩刀及大砍刀（品目 82.01）、品目 82.08 的刀、鱼刀及黄油刀（品目 82.15）等	82.11
2	剃刀及其刀片（包括未分开的刀片条） 不包括不与刀片一起报验的塑料安全剃刀（品目 39.24），电动剃须刀及其刀头、刀片和刀板（品目 85.10）	82.12

续表

序号	商品描述	归类
3	仅包括每块刀片末端配有指环的剪刀及在其中一端铰接并只有一个指环的剪刀（主要用于纺织工业），以及剪刀片，不论是否已制成 不包括品目 82.01 的带刀片但无指环的树篱剪、羊毛剪，以及修枝剪和类似的单手操作剪刀（包括家禽剪）等	82.13
4	其他利口器，包括：裁纸/开信/改错/铅笔刀（包括袖珍式）及其刀片；修指甲及修脚用具（如指甲锉、指甲除垢刀、鸡眼刀、鸡眼拔取器、指甲钳/刀）；手动理发推剪及其零件，以及品目 84.36 机械推剪用的刀板及刀头；屠宰场或厨房用的屠刀、砍骨/切肉/切菜刀（这些刀的形状与普通刀不同，可单/双手操作） 不包括品目 85.10 的电动理发推剪和品目 84.72 的削铅笔机	82.14
5	餐匙（包括盐匙及芥末匙）；餐叉；切肉/分菜叉等；长柄勺及长柄漏勺；吃鱼、糕点等用的分菜铲；无刃口的鱼刀及奶油刀；各种糖块夹（不论是否有刃口）、糕点/拼盘/芦笋/蜗牛/肉/冰块夹；其他餐具（如家禽或肉类、龙虾或其他食品的夹钳）；由品目 82.11 的一把或多把刀具与本品目至少数量相同的物品构成的成套货品，和由品目 82.15 中不同种类的贱金属货品构成的成套货品（参见章注三） 不包括剪切龙虾或家禽用的剪刀式刃具（品目 82.01 或 82.13）	82.15

其中，品目 82.14 的修指甲及修脚用的成套用具通常用箱、盒等盛装，可包括剪刀、非金属指甲擦光器、拔毛镊子等，但这些货品单独报验时应归入其各自相应的品目。

例 4. 成套的理发工具，由一个手动的理发推剪、一把木梳、一把剪刀、一把刷子组成，装于一只塑料盒中

【答案】8214.9000

【归类说明】本题货品是零售成套货品，根据归类总规则三（2）“零售的成套货品，如果不能按照规则三（1）归类时，在本款可适用的条件下，应按构成货品基本特征的材料或部件归类”的规定，在这套理发工具中，推剪最重要，构成了该套理发工具的基本特征，故该套理发工具应按其中的推剪归类。理发推剪为贱金属工具，应归入本章。查阅品目，该货品按列名归入品目 82.14。因理发推剪未在一级子目中列名，故该货品归入一级子目 8214.9000“其他”。

第八十三章　贱金属杂项制品

一、本章商品范围及结构

本章共有 2 条章注、11 个品目，包括不能归入前面各章的贱金属制品，主要有锁（如钥匙锁、数码锁及电动锁）、架座、铰链、小脚轮、帽钩、保险箱、档案柜、办公用品、铃、钟、锣、相框、软管、扣、钩、塞子、盖子、标志牌、焊条等五金件。

本章按照商品的功能、用途等设置品目，其排列顺序无规律可循。

二、本章商品归类要点概述

（一）本章不包括：某些车辆外部的架座（如长途汽车用外部行李架、牌照托架、保险杠、转向柱托架等）（按车身零附件归入品目 87. 08）；镂花模板（按其构成材料归类）；印刷机用活字（品目 84. 42）；打字机用字粒及地址印写机用印板（品目 84. 73）等。

（二）本章制品的贱金属零件的归类如下：

1. 这些制品的零件若属于第十五类注释二所述的通用零件［即非绝缘的绞股线、绳、缆、编带及类似品，链条及其零件，钉子、图钉及类似品，螺钉、螺栓、螺母及类似品，弹簧（即使制成供锁等专用）及弹簧片］，应作为通用零件分别归入第七十三章至第八十一章的相应品目（第七十七章为空章）。

2. 其他章品目已具体列名的零件，按具体列名归类。

3. 根据章注一的规定，本章制品的专用零件应与其制品一同归类，如铜制锁壳，属于贱金属锁的专用零件，应与贱金属锁一同归入品目 83. 01。

（三）本章贱金属制通用零件的范围参见第十五类的“贱金属制通用零件的归类”。

（四）本章商品与第八十二章的商品一样可以用任何贱金属制成，根据第十五类类注二的规定，凡是能归入本章的贱金属制品，不能按贱金属材料归入第七十二章 ~ 第八十一章中的任何一章。

（五）归类时，注意本章货品的用途、材质（不锈钢制等）、种类等。

三、本章商品与相关商品的归类

（一）品目 83. 01 包括：贱金属制的锁（挂锁、机动车用锁、家具用锁等）及其钥匙（包括粗铸件、锻坯件或冲压坯件）；带锁的扣环及扣环框架；明显为上述制品用的贱金属零件（如锁壳、锁舌片及锁插座、面板、锁孔榫舌、机械装置及圆筒体)。

本品目不包括：简单门闩（品目83.02）；手提包、公文包等用的扣件及钩环（不用钥匙或组合数码开启的）（品目83.08）。

例1. 汽车用门锁（可中央控制）

【答案】8301.2010

【归类说明】本题货品是贱金属制的锁，应按“贱金属杂项制品”归入本章。查阅品目，该货品按列名归入品目83.02；然后根据其用途，该货品按“中央控制门锁”的列名归入子目8301.2010。

（二）品目83.02包括家具、门窗、楼梯、车厢、衣箱等上面的通用贱金属附件及架座（不包括成为物品构件关键部分的货品），具体有：铰链（折叶）；用贱金属做支架的小脚轮（参见章注二）；不属于第十七类所列零件或附件范围的机动车辆用附件及架座（如脚踏板、扶手杆、车内行李架、专用烟灰缸等）；建筑用附件及架座［窗帘、百叶窗或门帘的附件（如杆、管、圆花饰）、门拉手及球形把手、楼梯附件（如楼梯踏板用护板）］；家具用附件及架座（如闩、扣件、箱柜等用的搭扣、钩环）；行李箱、柜、小提箱等用的附件及类似物品（如箱盖导轨、箱盖撑杆等）；马具用的附件及类似品（如马嚼子、勒马链、马镫、缰绳、挽绳、缰环等）；船舶的配件及类似品等；贱金属制帽架、帽钩、托架（固定的、铰接的或带齿的等）及类似品（如大衣架、毛巾架、抹布架、刷子架、钥匙架）；弹簧式或液压式自动闭门器。

本品目不包括：手提包用装饰品（品目71.17）；品目83.01的用钥匙开启的门销；不符合章注二规定的小脚轮（第八十七章）；具有家具特征的大衣架等，例如落地式的大衣架（第九十四章）。

例2. 小客车专用烟灰缸，镀锌钢铁材料制成

【答案】8302.3000

【归类说明】本题货品是机动车辆用的贱金属附件，属于第十五类类注二“通用零件”的范畴，应按“贱金属杂项制品”归入本章。查阅品目，该货品符合83.02品目条文的规定，应归入品目83.02，然后按“机动车辆用的其他附件及架座”的列名归入子目8302.3000。

（三）品目83.03包括装甲或加强的贱金属制保险箱、保险柜及保险库的门和带锁保险储存橱、钱箱、契约箱，以及具有同样保险作用的收款箱、钱盒等。但本品目不包括：住宅用的钢制安全门（品目73.08）；经专门设计可防火、防震、防砸的箱柜，其箱壁不具有钻或切等破坏性开启防护功能（品目94.03）。

（四）品目83.04包括：供信件、索引卡片或其他文件存放、归档、分类用的档案柜、卡片索引柜、分类箱及类似的办公室用具（但不得是落地式的）；文件分类用的文件盘、打字员用文件篮、写字台上的架子及类似的办公用具（如书挡、镇纸、墨水台及墨水瓶、笔盘、公章架及吸墨用具)。但本品目不包括废纸篓(应按其构成金属归类,如归入品目73.26)及品目94.03的办公室家具。

(五)品目83.05包括:供活页夹、卷宗夹用的夹子、绳、弹簧杆、环、螺钉等贱金属附件;供账簿或其他文具书本用的护环、护带及护角;用于文件扣扎或索引标记的办公室金属文具(如信夹、文件夹、文件扣件、信角、卡片索引标签、分档标签、穿钉文件夹);订书机用的成条订书钉(供办公室、室内装饰、包装等用)。但本品目不包括图钉(品目73.17或74.15),书籍、账簿等用的夹子及扣件(品目83.01或83.08)。

(六)品目83.06包括如下货品。

1. 非电动的贱金属铃、钟、锣及类似品,例如门铃、门用编钟、台锣;铃舌、铃柄及铃碗等金属零件(包括同样适合作电铃或其他铃用的),以及非电动台铃或门铃用的金属按钮及总控键。

2. 用于家庭、办公室、宗教场所、花园等的除作装饰用外而无实用价值的物品,以及只用来容纳或支撑其他装饰品或增加其装饰效果的物品。例如,小雕塑像;供壁炉台等用的装饰品;装配有悬挂配件的墙壁装饰品(饰板、碟、盘,非供个人佩戴的大奖章);供书架或家庭陈列柜用的小装饰品;宗教用品(如圣物盒或十字架);餐钵、小花瓶、壶、大花瓶(包括用景泰蓝制的)。

3. 贱金属制相框、画框、镜框及类似框架(可装有支架或配有纸板、木板或其他材料制的背板),以及装有平面玻璃的框架;贱金属镜子(如壁镜及后视镜,可镶框、衬背或装配支架)。

报验时用贱金属镶框的印刷图画及相片,若其框架具有整件物品的主要特征,应归入本品目;否则应归入品目49.11。

本品目不包括:电铃及其他信号装置(品目85.31);机械式门铃拉绳、操纵杆及附件(品目73.25、76.26);时钟的谐音器及铃(品目91.14);安装在外部夹具等上的钓具用铃(品目95.07)等。

例3. 梳妆用的铜镜

【答案】8306.3000

【归类说明】本题货品属于贱金属制镜子,应按“贱金属杂项制品”归入本章。查阅品目,该货品符合83.06品目条文的规定,应归入品目83.06,然后按列名归入子目8306.3000。

(七)品目83.07包括软管,不论是否有附件。例如,恒温波纹管或伸缩接头,装配有管套、接头等的软管。但本品目不包括其外部用金属加强的橡胶管(品目40.09)、已制成机器或车辆零件等的软管(第十六类及第十七类)。

(八)品目83.08包括:贱金属制的钩、环及眼;钩、扣及带扣的框架;环扣(带针或不带针)及扣件;管形铆钉及开口铆钉,以及断芯埋头铆钉;金属珠子及亮晶片（圆形、六角形等）。以上货品用于衣着、鞋靴、珠宝首饰、天篷、皮革制品、手表、提包、旅行用品等。

本品目不包括铆钉（第七十三章至第七十六章）等。

（九）品目 83.09 包括供圆桶、琵琶桶、瓶子等塞口或封口用或供箱子或其他包装容器加封用的贱金属制品（常带有塑料、橡胶、软木等制的垫圈或其他配件）。例如，塞子、盖子（包括冠形瓶塞、螺口盖及倒水塞）、瓶帽、螺口塞、塞子帽、封志（包括保险封志）、箱子护角，密封袋、香囊等用的夹紧件等。

（十）贱金属制的标志牌、铭牌、地名牌及类似品的归类如下。

1. 其上面须印有基本内容的标志牌、铭牌、广告牌、地名牌及类似品，以及准备拼成上述标志牌后供商店橱窗陈列、列车指示板等用的单个字母、号码或图案（或其套件），应归入品目 83.10。有些牌子除标有主要内容外，还有一些具体项目须日后加上（如有些机器铭牌上面只有名称、型号、制造厂名，而机器序号、制造日期等须日后加上），其仍归入本品目。

该品目货品的特点是常设计成为可供永久性固定安装（例如，道路标志牌、广告牌、机器铭牌）或可反复使用（如衣帽间取物牌及标签）的。

2. 没有字母、号码或图案的牌子或仅有一些次要内容而主要内容须日后填入的标志牌，可酌情归入品目 73.25、73.26、76.16 或 79.07。

但用各种材料制成的装有固定光源的发光标志、发光铭牌或类似品及其零件应归入品目 94.05。

（十一）焊料的归类如下。

1. 未以焊剂涂面或未以焊剂为芯的贱金属丝、条、管、板、电极等，应按其构成材料归类，如铁丝或非合金钢丝归入品目 72.17，合金钢丝归入品目 72.29；

2. 焊料（焊剂除外）由按重量计任何一种贵金属含量在 2% 及以上的合金构成的带芯焊丝及焊条，应归入第七十一章；

3. 其他以焊剂涂面或以焊剂为芯的丝、条、管、板、电极及类似产品，应归入品目 83.11。本品目也包括将贱金属粉末（通常是镍）与以塑料为基料的赋形剂黏聚后挤压成形的焊丝及焊条［用于各种材料（如金属或水泥）的金属喷镀］。

第十六类 机器、机械器具、电气设备及其零件；录音机及放声机、电视图像、声音的录制和重放设备及其零件、附件

一、本类商品范围及结构

除本类注释和第八十四章、第八十五章注释规定不归入本类的货品，以及在其他各类已具体列名的货品以外，本类包括所有用机械及电气方式操作的机器、装置、器具、设备及其零件，也包括某些既不用机械方式，也不用电气方式进行操作的装置和设备（如锅炉、锅炉房设备、过滤装置等）及其零件。

本类所列的货品大部分是用贱金属制成，部分是由其他材料制成（如全部用塑料制成的泵），而零件是用塑料、木材、贵金属等制成。

二、本类商品归类要点概述

（一）机器设备零件（单独报验的非成套散件）的归类

单独报验的机器设备的零件，一般按下列顺序归类：

1. 其他类列名的零件，归入其他类，即本类类注一、第八十四章章注一及第八十五章章注一所述的机器设备用零件，应归入其他类。其中，主要的零件归类如下：

序号	商品描述		归类
1	传动带、输送带	塑料制	39.26
2		橡胶制	40.10
3		纺织材料制	59.10
4	专门技术用途的制品	皮革、再生皮革制	42.05
5		毛皮制	43.03
6		其他纺织材料制	59.11

续表

序号	商品描述		归类
7	筒管、卷轴、纡子、锥形筒管、芯子、线轴及类似品	塑料制	39.23
8		橡胶制	第四十章
9		木制	44.21
10		纸制	48.22
11		贱金属制	第十五类
12	通用零件	塑料制	第三十九章
13		贱金属制	第十五类类注二
14	可互换工具	橡胶制	第四十章
15		皮革制	第四十二章
16		毛皮制	第四十三章
17		软木制	第四十五章
18		纺织材料制	第五十九章
19		石料制	68.04
		陶瓷制	69.09
20		贱金属制	第八十二章
21	提花机及类似机器用穿孔卡片	塑料制	第三十九章
22		纸制	第四十八章
23		贱金属制	第十五类
24	贱金属制的丝、带制的环形带		第十五类
25	作为机器零件的刷子		96.03
26	钢铁制的钻管		73.04
27	打字机色带或类似色带		96.12
28	供任何材料制机器用的陶瓷零件		第六十九章
29	玻璃制机器设备用的零件		第七十章
30	制灯泡等类似品用的未封口玻璃外壳及其零件		70.11

2. 本类有具体列名的零件，归入本类列名的相应品目。

序号	商品描述	归类
1	密封垫或类似接合衬垫	84.84
2	电气设备用的绝缘电线、电缆等类似品	85.44

续表

序号	商品描述	归类
3	电气设备用的碳电极、碳刷、灯碳棒、电池碳棒等石墨或碳精制品	85.45
4	电气设备用的各种材料制的绝缘子	85.46
5	电气机器、器具或设备用的绝缘零件、内衬绝缘材料的贱金属制线路导管及其接头	85.47

3. 某些明显专用于或主要用于机器设备的零件归入第八十四章、第八十五章独立的品目中。

序号	商品描述	归类
1	专用于或主要用于品目 84.07 或 84.08 所列发动机的零件	84.09
2	专用于或主要用于品目 84.25 ~ 84.30 所列工程机械的零件	84.31
3	专用于或主要用于品目 84.44 ~ 84.47 所列纺织机器的零件、附件	84.48
4	专用于或主要用于品目 84.56 ~ 84.65 所列机床的零件、附件	84.66
5	专用于或主要用于品目 84.70 ~ 84.72 所列办公室用机器的零件、附件	84.73
6	本章其他品目未列名的机器零件	84.87
7	专用于或主要用于品目 85.01 ~ 85.02 所列机器的零件	85.03
8	专用于或主要用于品目 85.19 ~ 85.21 所列设备的零件、附件	85.22
9	专用于或主要用于品目 85.25 ~ 85.28 所列装置或设备的零件	85.29
10	专用于或主要用于品目 85.35 ~ 85.37 所列装置的零件	85.38
11	机器或设备的本章其他品目未列名的电气零件	85.48

注意，上述专用零件与其整机归入不同的品目。例如，点燃式内燃机整机归入品目 84.07，而其专用零件则归入专用于或主要用于该机器的零件品目 84.09。

其他可确定为机器零件，但非专用于或主要用于某种机器或某类机器（即通用于不同品目所列的多种机器）的货品，非电气零件的应归入品目 84.87，电气零件的应归入品目 85.48。

4. 除上述货品以外，凡明显专用于或主要用于某种机器或装置（包括品目 84.79 或品目 85.43 所列货品），或同一品目所列同类机器或装置的零件，都应与有关机器或装置归入同一个品目。例如，适用于第八十四章货品的零件如下表所列：

序号	商品描述	归类
1	泵/液体提升机用零件	84.13
2	压缩机用零件	84.14
3	过滤、净化机器及装置用零件	84.21
4	龙头、旋塞、阀门等用零件	84.81
5	滚珠轴承、滚子轴承、滚针轴承用零件，以及公差不超过1%或0.05毫米（以相差数值较小的为准）的抛光钢珠用零件	84.82
6	传动轴、曲柄、轴承座、滑动轴承、齿轮及齿轮传动装置（包括摩擦传动装置、齿轮箱及其他变速装置）、飞轮、滑轮与滑轮组、离合器及联轴器用零件	84.83
7	第八十四章其他品目未列名的具有独立功能的机器设备的零件	84.79

适用于第八十五章货品的零件如下表所列：

序号	商品描述	归类
1	变压器及其他机器及装置用零件	85.04
2	土壤加热器及加热电阻器用零件	85.16
3	电容器用零件	85.32
4	白炽灯泡、放电灯管等用零件	85.39
5	电子管用零件	85.40
6	二极管、晶体管等用零件	85.41
7	第八十五章其他品目未列名的具有独立功能的电气设备用零件	85.43

另外，能同时主要用于品目85.17和85.25～85.28所列机器的零件，应归入品目85.17。

（二）附属装置的归类

附属的仪器及装置（如压力计、温度计、水平仪或其他测量或检验仪器、产量计数器、时钟机构开关、控制板、自动调节器等），若与所属机器设备同时报验，且专用于测量、检测、控制或调节某种机器或装置（可以是组合机器或功能机组），应与有关机器设备一并归类。但用以检测、控制或调节多台机器（不论是否同一类型）的附属仪器及装置应归入其所属的适当品目。

（三）多功能机器和组合机器的归类

多功能机器是指具有两种或两种以上互补、交替功能的机器。从外观结构上看，多功能机器是一个整体，即一台机器可实现多个功能。例如，手机具有通信、收音、拍摄、玩游戏等多个功能，属于多功能机器。此类机器大多在外观上可看到一些不同的操作按钮，以实现各种功能的执行。例如，具有扫描、复印、打印多种功能的办公一体机。但通过电线或管道连接起来的不同机器（虽然它们具有多个功能），但不能视为多功能机器。因为从外观看，它们不属于一个整体，而是由几个独立的机器构成的。

组合机器是由两台或多台不同类型的机器或器具组成的整套设备，各台机器可同时或序贯执行各自的功能，这些功能一般是互补的，不同的功能列在第十六类的不同品目中。例如，配有托纸辅助机器的印刷机器（品目 84.43），配有起重或搬运装置的工业熔炉（品目 84.17 或 85.14）。组合机器常见的结构形式包括：一台机器装在另一台机器的内部或上面，或者两者装在同一个底座、支架上或同一个机壳内。从外观看，组合机器是一个整体。对于组合机器，各台机器必须永久性连在一起使用。

因此，临时组合的或通常未构成组合机器的机器组合体，不能视为组合机器；安装在地板、混凝土底座、墙、隔板、天花板上的不同机器，也不能视为组合机器。

多功能机器和组合机器是两种不同类型的机器，但都具有整体性和功能多样性的特点。故它们的归类方法是相同的，即“除条文另有规定的以外，应按主要功能的机器归类”。具体而言，上述两类机器应按以下 3 个具体步骤归类：

1. 条文另有规定的，按条文规定归类。当多功能机器和组合机器在某个特定品目有列名时，应按该列名归类，而不必考虑其主要功能。

例如，品目 85.25 列名的“视频摄录一体机”，是一种集视频摄像（品目 85.25）和视频录制（品目 85.21）两种功能的多功能机器。这类设备报验时，可直接按此列名归类，无须考虑其主要功能是视频摄像还是录制。

以下货品在品目条文、子目条文或品目注释中已有相关规定，在归类时，可直接按条文确定归类，而不能按本类类注三确定归类：

序号	商品描述	归类
1	多功能一体机（具有打印、复印或传真中两种及以上功能的机器）	8443.31
2	家用洗衣机（具有洗涤和干燥功能）	84.50
3	多功能家用缝纫机	8452.101
4	镗铣机床	8459.31

续表

序号	商品描述	归类
5	带有变速装置的电动机	85.01
6	发动机组（由发电机和内燃机组成，安装在同一底座上）	85.02
7	声音的录制与重放设备	85.19
8	视频的录制与重放设备	85.21
9	无线电广播、电视的发送、接收设备及摄录一体机	85.25
10	具有收音和声音的录制、重放功能的设备	85.27
11	装有声音、图像录制或重放装置的电视接收机	85.28
12	电子万能试验机	9024.101
13	温度计与湿度计的组合装置	90.25
14	万用表	9030.31～9030.32

2. 条文没有另行规定的，按机器的主要功能归类。归类时其主要功能应视为其唯一功能。

例如，手机能实现无线通话、短信息、上网、数码摄像、音乐、游戏等多种功能。该多功能机器虽没有具体列名，但现今通常视其无线通话为主要功能，故按“手持式无线通话机”的列名归入品目85.17。

3. 主要功能无法判定且条文没有明确规定时，按归类总规则三（3）选择最后的一个品目归类。

例如，具有制冷和制热两种功能的家用型饮水机，采用半导体制冷方式制冷，采用电热方式制热。当无法判定哪种功能为主要功能时，考虑制冷功能其可归入品目84.18，而考虑制热功能其可归入品目85.16，则从后其归入品目85.16。

（四）功能机组的归类

根据本类类注四的规定，一台机器（包括机组）由多个独立部件组成，它们之间由管道、传动装置、电缆和其他装置连接，或者无任何连接，各自相互独立，当将它们视为一个整体后，明显具有第八十四章、第八十五章或第九十章某个品目所定义的功能时，则将它们视为功能机组。本类类注四所指的功能机组可按本章具体列名品目归类的实例如下：

1. 液压系统，由液压动力机组（主要由液压泵、电动机、控制阀及油箱组成）、液压缸及连接液压缸和液压动力装置所需的管道构成，归入品目84.12；

2. 冷藏设备，其各个构成部件并不组装成整体，而是由管道连接起来，冷却剂在管道中循环流动，归入品目84.18；

3. 灌溉系统，包括由过滤器、喷射器、计量阀等组成的控制站、地下分布支管及地面网络，归入品目84.24；

4. 信件分拣系统，主要由编码台、预分拣信道、中间分拣机及最终分拣机组成，整套设备是由一台自动数据处理机控制，其归入品目84.72；

5. 焊接设备，由焊头或焊钳组成，配有变压器、发电机或整流器，用以供电，归入品目85.15；

6. 配有手提话筒的手提式无线电话发送设备，归入品目85.17；

7. 配有电源、放大器等的雷达设备，归入品目85.26；

8. 由红外线灯、光电池及警铃等组成的防盗报警器，归入品目85.31。

功能机组归类时应注意下列问题：

一是功能机组仅包括功能机组中起基本功能作用的机器或机组，不包括执行辅助功能的机器和器具。例如，在由催芽机、麦芽压碎机、麦芽浆桶、滤酒桶和装瓶机、标签印刷机构成的酿酒机器中，只有催芽机、麦芽压碎机、麦芽浆桶、滤酒桶完成的功能才属于其基本功能（酿制功能），按功能机组一并归入品目84.38；而装瓶机、标签印刷机所执行的功能属于辅助功能，不能一并归入品目84.38，应根据其功能分别归入品目84.22和品目84.43。

二是无功能列名的机组，各部件或机器应分别归入其所属的适当品目中。最常见的情况是对于某些“系统”或“生产线”，即使它们的各台机器通过连线或输送带等方式连接，但它们视为一个整体后，所体现的功能不是第八十四章、第八十五章或第九十章某个品目已定义的功能，故不能按功能机组一并归类，仍应分别归类。例如，由多台机床组成的生产压缩机活塞的生产线，它们视为一个整体后，不属于第八十四章或第八十五章某个品目已定义的功能，故不能按功能机组一并归类，仍应分别归类。

功能机组和多功能机器是两个不同的概念，其区别如下：

比较项	功能机组	多功能机器
外观结构	由几个相互独立的部件（或机器）组成	是一个整体
功能	有多个功能，但当它们视为一个整体后，对外体现的只有唯一的一种功能	具有多个功能
归类	按唯一功能合并归类	按主要功能归类或从后归类

此外，组合机器与功能机组的主要区别如下：

比较项	组合机器	功能机组
结构	必须永久地装在一起	由若干机器（或机组部件）松散组合
功能	体现多个功能	体现唯一功能（此功能为第八十四章、第八十五章具体列名）
归类	按主要功能归类	按组合后的“新功能”归类

（五）工业机器人的归类

序号	商品描述	归类
1	搬运、码垛机器人	84.28
2	焊接机器人	85.15
3	喷漆机器人	84.24
4	切割机器人	84.65、84.75、84.77、84.79
5	装配机器人	84.65、84.79
6	多功能机器人	84.79

第八十四章　核反应堆、锅炉、机器、机械器具及其零件

一、本章商品范围及结构

本章共9条章注、4条子目注释（新增2条子目注释）、85个品目（品目84.69已被删除）。除第十六类类注另有规定的以外，本章主要包括未在第八十五章具体列名的各种机器和机械器具及其零件（包括某些非机械设备及用电的电气机器及装置），具体如下：核反应堆（品目84.01）；按功能列名的机器（通用机器）（品目84.02～84.24）；按行业列名的机器、器具（专业机器）（品目84.25～84.68及84.70～84.78）；本章未列名的机器、器具（品目84.79）；模具（84.80）；通用机械零件，列名的归入品目84.81～84.84，未列名的归入品目84.87；集成电路、平板显示器制造设备（品目84.86）。但本品目不包括具有陶瓷材料制品或玻璃制品特征的机器或机械用具。

二、本章商品归类要点概述

（一）品目84.02～84.24主要根据机器或装置的功能列名，不论其用于何种行业或部门，归类时一般只考虑其功能，不考虑其用途；品目84.25～84.68、84.70～84.79及品目84.86主要根据机器或装置所应用的行业（即用途）列目，不论其功能如何，归类时一般主要考虑其用途。

“用途”是指具有一定功效的产品的使用领域（即产品适用的最小化场合）。例如，品目84.66项下工件夹具的零件，其用途为“××牌××型××机器用”而不是“固定用”。用途一般是从机器的加工对象、使用行业来判断的。“功能”指的是一个产品所具备的功效、能力，它与该产品适用的领域无关。例如，一台

机床既可用于加工金属材料又可加工塑料时，这台机床具有多用途；它既可进行车削加工又可进行钻削加工时，它具有多功能。

“原理”是指商品在运行机制中存在的基本规律。例如，品目8518项下的扬声器，其主要原理为音频电能通过电磁、压电或静电效应，使其纸盆或膜片振动并与周围空气产生共振（共鸣）而发出声音。

（二）优先归类原则如下：

1. 除第十六类类注一及第八十四章章注一另有规定的以外，品目84.86优先于《税则》的其他品目，即符合品目84.86规定的设备及装置，应归入该品目而不归入其他品目。品目84.86主要包括：制造半导体单晶柱或晶圆、半导体器件、集成电路或平板显示器的机器及装置；本章注释九（三）规定的机器及装置。(参见章注九)

2. 品目84.01～84.24优先于品目84.25～84.80（“功能优于用途”的原则）。

例如，整理轧布机，用于织物的后期滚压整理。归类时，若从行业角度可按织物的后期染整机器归入品目84.51，若从机器工作原理体现出的基本功能的角度，可按“滚压机器”的功能列名归入品目84.20。根据章注二“品目84.01～84.24优先于品目84.25～84.80”的原则，该产品应归入品目84.20。

由此得出机械产品的基本归类思维理念：除了品目84.86的设备外，其他的商品其“功能”优先于“用途”，即一种机械产品可先从“功能”的角度，在品目84.01～84.24中查找适当的品目，若无法找到，再以行业（“用途”）为线索，在后面的品目中找到对应的品目。

在运用章注二时，还需注意该注释的例外情况。即，这一总原则不适用于品目84.19、84.22及84.24。

例如，电热家禽孵卵器从商品的功能上看是利用温度变化处理材料的机器，从商品的用途上看是家禽孵卵器。作为前者时似应归入品目84.19，作为后者时似应归入品目84.36。根据本章章注二的优先归类规定，似应归入品目84.01～84.24中的品目84.19，但本章章注二又明确说明品目84.19不包括孵卵器。故家禽孵卵器应归入品目84.36，然后归入子目8436.2100。

优先归入品目84.01～84.24的规则仅适用于可视为一个整体的机器，而不适用于组合机器、多功能机器或功能机组。

可归入两个及两个以上品目，而又不归入品目84.01～84.24中的任何一个品目的机器，应归入对该机器列名最为具体的有关品目，或按该机器的主要用途归类。

3. 品目84.56优先于品目84.57～84.65（机床类商品的“特种优于普通”原则）。

《税则》将加工机床细分为10个四位数级品目，且按两种方法分类：一种按机床车、钻、磨、刨等切削功能分类；另一种按切削加工普通工艺（普通机床）、切削加工的特殊工艺，即用激光、其他光或光子束、超声波、放电、电化学法、电子束、离子束或等离子弧处理各种材料的加工机床（特种机床）。

当出现既可按特种机床归类又可按普通机床归类的情况时，根据章注三的规定，优先按特种加工机床归入品目 84.56。例如，利用激光在各种材料上打孔的机床，既符合品目 84.56（激光加工机床）的描述，又符合品目 84.59（钻、铣、镗床）的描述，根据此注释，应将该机床归入品目 84.56。

4. 对于集成电路、晶体管等，既可按其功能归入品目 85.42 或 85.41，又可按所用机器设备的零件归入相关品目，应优先归入品目 85.42 或 85.41。

（三）发动机的归类如下：

<table>
<tr><th>序号</th><th colspan="2">商品描述</th><th>归类</th></tr>
<tr><td>1</td><td colspan="2">电动发动机（简称电动机）</td><td>85.01</td></tr>
<tr><td>2</td><td rowspan="6">非电动发动机</td><td>汽轮机</td><td>84.06</td></tr>
<tr><td>3</td><td>点燃往复式或旋转式活塞内燃发动机</td><td>84.07</td></tr>
<tr><td>4</td><td>压燃式活塞内燃发动机</td><td>84.08</td></tr>
<tr><td>5</td><td>水轮机</td><td>84.10</td></tr>
<tr><td>6</td><td>涡轮喷气发动机及其他燃气轮机</td><td>84.11</td></tr>
<tr><td>7</td><td>其他</td><td>84.12</td></tr>
</table>

（四）自推进式工程机械与品目 87.05 的特殊用途车辆的区别在于：有的工程机械（如起重机、打桩机）常装于一部完整车辆的底盘上，这些车辆的底盘上至少具有推进发动机、齿轮箱、换挡控制器、驾驶及制动装置等重要部件，由上述装置组成的设备应作为特种用途的机动车辆归入品目 87.05，不论工程机械仅仅是简单装在车辆上，还是与车辆组成一套完整的机械设备；有的工程机械虽然装在一个有车轮的底盘上，但上述的推进发动机或控制装置却是装在工程机械的驾驶室内，这种设备均按照“自推进式工程机械”归入品目 84.29 ~ 84.30。

三、本章商品与相关商品的归类

（一）核反应堆的归类

品目 84.01 包括：核反应堆及其零件（如控制棒及相应机构）；同位素分离机器、装置及其零件；核反应堆的未辐照燃料元件（释热元件）及其零件。单独报验时，未辐照燃料元件的组成部分（如装有核燃料并密封的不锈钢包壳）应按燃料元件的零件归类。

本品目不包括乏燃料（已辐照）元件（品目 28.44）等。

（二）锅炉及其他气体发生器的归类

序号	商品描述	归类
1	蒸汽锅炉（如水管/火管/混合锅炉）、过热水锅炉及其零件（如炉身及底座、内管道）	84.02
2	能产生低压水蒸气的集中供暖用的（电）热水锅炉及其零件（如锅炉壳、炉壁/门） 不包括品目 73.21 的附有辅助锅炉的炉子等	84.03
3	品目 84.02 或 84.03 所列锅炉的辅助设备（如节热器、管式炉壁）；水蒸气或其他蒸汽动力装置的冷凝器（如表面冷凝器）；上述装置及设备的零件 不包括品目 84.19 所列的蒸馏设备及其他冷凝器等	84.04
4	煤气发生器、乙炔发生器及类似的水解气体发生器（如乙烯发生器），不论有无净化器；上述设备的零件（如煤气发生器机身、炉箅、气体收集器） 不包括其他所有的气体发生器，如只需装上灯头即可组成灯具的乙炔发生器（品目 94.05），燃气轮机用的自由活塞气体发生器（品目 84.14）等	84.05

其中，单独报验的锅炉（如铁道机车锅炉），即使在结构上明显构成某种机器、设备或车辆不可分割的部分，仍应归入品目 84.02。

（三）动力机器的归类

动力机器是将非机械能量（风、水、热、电等能量）转换为机械能的机械装置。它们产生力带动其他机械机构做进一步的工作。动力机器的零件的归类应依据本类类注二的规定。某些动力机器的零件在其他品目中已有具体列名，按列名归类。例如，动力机器中的喷油泵（品目 84.13），空气、燃油过滤器（品目 84.21），齿轮箱（品目 84.83）。在其他品目中无具体列名的，则应按相关机器的专用零件来归类。例如，汽油发动机中的气缸体，在其他品目中无具体列名，则按汽油发动机的专用零件归入品目 84.09。

序号	商品描述	归类
1	汽轮机、汞汽轮机及其零件，转子、定子及其部件	84.06
2	点燃往复式或旋转式活塞内燃发动机	84.07
3	压燃式活塞内燃发动机（柴油或半柴油发动机）	84.08
4	专用于或主要用于品目 84.07 或 84.08 所列发动机的零件 不包括发动机的曲轴、凸轮轴及齿轮箱（品目 84.83）等	84.09

续表

序号	商品描述	归类
5	水轮机、水轮及其零件	84.10
6	涡轮喷气发动机、涡轮螺桨发动机及其他燃气轮机，上述发动机的零件	84.11
7	其他非电动发动机及动力装置，包括喷气发动机、液压发动机及动力装置、气压动力装置、风力发动机（风车）、发条或重力原动机、不带锅炉的活塞式发动机、带锅炉的蒸汽或其他气体动力装置	84.12

其中，点燃式内燃发动机与压燃式内燃发动机的机械结构相似，其主要部件（即气缸、活塞、连杆、曲轴、飞轮、进气阀和排气阀等）也相同。前者是依靠电火花点燃混合器的内燃机，其最常用的燃料是汽油，也有用煤油、乙醇、氢、煤气、甲烷等；后者是依靠压缩终了时空气的高温引起混合气自燃的内燃机，使用重质液体燃料（如重油或煤焦油、页岩油、植物油等）进行工作。

品目84.11的涡轮机（一般为内燃机）与汽轮机等不同，通常不需要外部热源。涡轮喷气发动机由压气机、燃烧系统、透平及喷管组成。涡轮螺桨发动机与前者相似，但在压气机涡轮的顺流处还装有与普通螺旋桨连接的另一涡轮。

归类时，应注意品目84.06～84.08所列商品的输出功率或气缸容量（排气量），品目84.07所列商品的发动机安装位置（舷外或舷内），品目84.10～84.11所列商品的功率或推力。

（四）液体、气体的输送设备的归类

归类时，注意品目84.13所列货品是否装有或可装计量装置，是否为活塞式内燃发动机用，适用发动机的输出功率，驱动方式（气动、电动、液压等）及转速；品目84.14所列压缩机的驱动方式（电动机驱动或非电动机驱动）及电动机的额定功率，通风罩或循环气罩的平面最大边长。

序号	商品描述	归类
1	液体泵，不论是否装有计量装置；液体提升机	84.13
2	空气泵或真空泵、空气及其他气体压缩机；风机及风扇；装有风扇的通风罩或循环气罩，不论是否装有过滤器	84.14

其中，子目8413.2～8413.4按泵的用途来列名，子目8413.5～8413.8则按泵的原理来列名。故若无法先按用途归入子目8413.2～8413.4的其他液体泵，可按工作原理归入子目8413.5～8413.8中。

另外，构造特殊，专用于其他机器的压缩机、空气泵、风扇、鼓风机等仍应归入品目 84.14。

与品目 84.13 所列的泵一样，空气泵及压缩机可与电动机或涡轮机装成一体。

例 1. “帅康”牌抽油烟机（罩平面尺寸为 80 厘米×45 厘米）

【答案】 8414.6010

【归类说明】 本题货品属于装有风扇的通风罩，应按“机器”归入本章。查阅品目，该货品符合 84.14 品目条文的规定，应归入品目 84.14。查阅子目，因罩平面尺寸为 80 厘米×45 厘米，该货品应归入一级子目 8414.6，然后按列名归入三级子目 8414.6010“抽油烟机”。

（五）热能转移及利用机器的归类

热能转移及利用机器归入品目 84.15～84.19。其中，品目 84.15 和 84.18 所列商品属于热能转换机器，它们通过制冷的方式，将热量从一处转移到另一处，失去热量的一处被制冷，而转移来热量的一处温度显著增高。热能产生及利用机器归入品目 84.16、84.17 和 84.19。具体归类如下：

序号	商品描述	归类
1	在密闭的空间内保持所需的温度及湿度用的空调器，装有电扇及调温调湿装置，包括不能单独调湿的	84.15
2	使用液体/粉状固体/气体的炉用燃烧器；机械加煤机/炉篦/出灰器及类似装置；上述货品的零件（如燃烧器的喷嘴）	84.16
3	非电热的工业或实验室用炉及烘箱，如面包房用烤炉及烘箱、蒸汽干燥箱；上述货品的零件（如风门、观察窗）	84.17
4	电气或非电气的冷藏箱、冷冻箱及其他制冷设备；热泵；上述货品的零件（如冷凝器、蒸发器）	84.18
5	非家用的利用温度变化处理材料的机器、装置及类似的实验室设备（如农产品干燥器、精馏塔）；非电热的快速热水器或贮备式热水器，不论是否家用；上述货品的零件 不包括：家用的类似装置，不论是否电热的（品目 85.16 等）；容器的干燥机（品目 84.22）；纺织业用干燥机（品目 84.51）等	84.19

注意空调、制冷机组及热泵的归类。其中，归入品目 84.15 的空气调节器应符合以下 3 个条件：装有电动的风扇或鼓风机；可调节空气的温度与湿度；上述所列装置一同报验。

制冷机组是指由生产制冷效应的部件（压缩机、冷凝器、贮液器等）组成的成套机械。单独进口的制冷机组应归入子目 8418.6920。

热泵（品目 84.18）是一种利用制冷原理来实现制热的装置。通常仅在热端使用该产品的，也被称为“不可逆式热泵”；而基于热泵的工作原理，既可在热端，也可在冷端使用的，称为“可逆式热泵”（品目 84.15），该货品装有一个冷热循环换向阀的单体装置，具有对空气既可制热也可制冷的双重功能。

热泵主要用于向楼房供热或为家庭提供热水，其工作原理和分类与制冷机的相同，不同的是制冷机是用来从低温物体吸热以获取低温，而热泵则是用来向高温物体供热。

此外，分体式空调或集中式空调由若干个独立部件组成，若一同报验，符合第十六类类注四中功能机组的描述，可一并按空调器的列名归入品目 84.15。

空调器的其他零件，不论其是否装成一个独立装置，均应按第十六类注释二（一）的规定进行归类（品目 84.14、84.18、84.19、84.21、84.79 等）；若注释二（一）不适用，则应按第十六类注释二（二）或二（三）的规定进行归类，这取决于这些零件是否专用于或主要用于空调器。

品目 84.17 的炉及烘箱适用于对各种放在火床上、坩埚内、曲颈瓶内或架格上的产品进行热处理（例如，焙烧、熔化、煅烧或分解）。

品目 84.18 的冷藏箱及其他制冷设备是指在主机内或在成组的装置内，通过有源冷却元件连续循环，吸收液化气体、挥发性液体或水在蒸发时所释放的潜热并产生低温（0℃左右或以下）的设备。品目 84.18 还包括以下不完整的制冷装置：将一个压缩机与冷凝器装配在同一底座上而组成的设备，不论是否装有蒸发器；装有制冷装置中的蒸发器的箱、柜或其他专用家具的设备，不论是否配有搅拌器、混合器等辅助器具。

品目 84.19 包括用于对材料（固体、液体或气体）进行加热或冷却处理（例如，加热、烹煮、烘炒、蒸馏、精馏、消毒、灭菌、汽蒸、干燥、蒸发、气化、冷凝、冷却）以简单地改变材料的温度，或主要因改变材料温度而使材料发生变化的各种机器及设备（非家用，可用煤、油、煤气、蒸汽、电力等方式加热，可带或不带机械装置）。品目 84.19 仅包括用以分离炉内产生的挥发性物质的冷凝或蒸馏设备、在相对低温下工作的蒸发或干燥设备而品目 84.17 所列的工业用炉或烘箱可产生相当高的温度。

品目 84.18 的“制冷设备”与品目 84.19 的“冷却装置”的区别是：前者采用压缩式制冷方式、半导体式制冷及吸收式制冷方式等，而后者主要采用的是冷热交换原理来工作。

（六）其他按功能列名的通用机器的归类

归类时，注意品目 84.21 所列干衣机的干衣量，品目 84.23 所列货品的最大称量，品目 84.24 所列货品的喷射材料。

序号	商品描述	归类
1	研光机或其他滚压机器及其滚筒（零件），以及研光机类型的各种平整机或熨平机（不论其是否家用型） 不包括金属滚轧机（品目 84. 55），制造平板玻璃等用的滚轧机及玻璃加工用的研光机（品目 84. 75）等	84. 20
2	离心机，包括离心干燥机；液体或气体的过滤、净化机器及装置；离心机的零件、过滤器及净化器的零件 不包括过滤漏斗、滤奶器及油漆过滤器等（第七十三章），各种材料制的过滤件（应按其构成材料归类，如纸浆制的滤块归入品目 48. 12）	84. 21
3	家用型及非家用型的洗碟机；对瓶、坛、罐、箱、桶、搅乳器、奶油分离器的回转筒或其他容器的清洁、洗涤、冲洗、干燥机器；桶、琵琶桶、罐、瓶、坛、管、安瓿、箱、包、袋等容器的装填机器；瓶、坛的封口、加塞或压盖机器；封罐机（包括焊接封口机在内）；包装机及纸板箱装箱机（包括热缩包装机器）；贴标签机；饮料充气机；打包机及捆扎机；上述机器的零件 不包括在其他品目已列名的某些包装机器。例如，草料或饲料打包机（品目 84. 33），家用型装瓶机或装罐机（品目 82. 10），废金属的压包机（品目 84. 62），装袋后的缝袋机（品目 84. 52）等	84. 22
4	衡器，包括计数或检验用的衡器；衡器用的各种砝码、秤砣	84. 23
5	将蒸汽、液体或固体材料以射流状、散射状或喷雾状进行喷射、散布或喷雾的机器及器具（不论是否手持式、固定式、移动式或机动的），如灭火器；喷枪；喷气机、喷砂机；喷水器、喷雾器；灌溉系统	84. 24

其中，研光机或其他滚压机器主要由两个或多个平行的滚筒或轧辊组成。这类机器在不同工业中有不同的名称，如洗衣业中称“烫平机”，造纸业中称“高度研光机”，纺织业中称“整理轧布机”等。

品目 84. 24 的货品归类时还应注意如下。

1. 喷射器具须配有产生或散布喷雾或射流，或自动调整喷头方向的机械装置（包括由水压推动的简单机械装置）。

2. 压力罐喷头可将其作为阀门归入品目 84. 81；常压罐喷头如消毒剂、驱蚊液、洒水器等用的喷头，可归入品目 84. 24；香水喷雾器或类似的化妆用的喷头归入品目 96. 16。

3. 子目 8424. 2 的喷枪包含枪身、枪头。它们通过连接机构连接，枪头包含喷嘴。单独报验的喷枪以及单独报验需装于喷涂设备上的喷枪部件归入本子目；与喷枪结构外形等类似的喷射器具可按本子目的“类似品”归类。

4. 子目 8424.3 的喷砂机及其类似品常是重型结构，有时还装有压气机。这种设备可高压喷出汽、砂或金属研磨料等，用以对金属制品进行除锈或清洁，或在玻璃、石料等表面进行蚀刻或褪光处理。喷汽机用以除去金属机件上的油漆等。喷漆机喷射的是油漆，不同于子目 8424.3 的喷汽机、喷砂机及类似品的喷射物质，应按其他喷射机器归入子目 8424.8。

例 2. 离心式干衣机（干衣量为 5 千克）

【答案】 8421.1210

【归类说明】 本题货品是一种利用离心力将潮湿衣物的水分除去的机器，应归入本章。查阅品目，该货品符合 84.21 品目条文的规定，应归入品目 84.21，然后分别按“离心机”“干衣机”的列名及“干衣量为 5 千克”的条件，归入子目 8421.1210。

（七）工程机械的归类

1. 物料搬运机械归入品目 84.25～84.28，包括起重、输送、装卸等机械。

序号	商品描述	归类
1	简单的起重或搬运设备：滑车及提升机、吊艇架；卷扬机及绞盘；千斤顶，提升车辆用的提升机等 不包括单独报验的滑轮及滑轮组（品目 84.83）	84.25
2	多种作间歇式运动的起重或搬运机器：船用桅杆式起重机；“德立克”吊机；移动式吊运架、跨运车及装有起重机的搬运车等 不包括品目 87.05 的起重车	84.26
3	装有提升或搬运设备的车：叉车及其他升降或堆放用车；其他装有升降或搬运装置的工作车 不包括有些利用升降机工作原理操作的堆垛机械（品目 84.28）等	84.27
4	其他升降、搬运、装卸机械，包括非连续运送的机械（如油井钻塔、缆车）、连续运送的机械（如升降机、自动梯、机械梯） 不包括旅客登机（船）桥（品目 84.79），品目 87.04 的自卸汽车等	84.28

其中，品目 84.25 的卷扬机若构成了拖拉机的正常工作部件，该整部机器（拖拉机与卷扬机）应归入品目 87.01。品目 84.25 的滑车及提升机由一套较为复杂的滑轮、缆、链条、绳索等组成。绞盘与卷扬机相似，但其棘轮卷筒是直立式的。

品目 84.28 的输送机器应进一步根据其工作原理（例如货品属于哪种类型的输送机器，货品是以哪种方式输送物料等）确定货品的具体子目。例如，皮带式连续输送机是一种只能以连续方式输送物料的机器，应归入子目 8428.3300；电磁振动送料器应归入子目 8428.9090。

2. 土方机械归入品目 84.29～84.30，主要分为采掘机械和铲土机械两大类。

序号	商品描述	归类
1	自推进式泥土挖掘或捣固机械：推土机及侧铲推土机、筑路机及平地机、铲运机、捣固机及压路机、机械铲、多挖斗挖掘机、机铲装载机、装载运输机（在矿区用于搬运）	84.29
2	用以“击进”地面表层或整理或压实地层的机器，包括：挖掘、开凿或钻探机器（如凿岩机及隧道掘进机）；捣固或压实机器（如非自推进的捣固机）；泥土的挖掘、铲运或平整机械（如斗式挖泥机），以及打/拔桩机；扫雪机及吹雪机 不包括机动压路机（品目 84.29）、农用滚压机（品目 84.32）等	84.30
3	专用于或主要用于品目 84.25～84.30 所列机械的零件（如铲斗、抓斗及夹斗）	84.31

其中，品目 84.25～84.30 不包括装在第八十六章所列车辆上的机器、装在第八十七章所列拖车型底盘上的机器及装在汽车底盘或卡车上的机器和装在第八十九章所列浮动结构体上的机器。注意以下归类：

序号	商品描述		归类
1	装在不符合真正铁路车辆规格的敞车或平车上的	起重或搬运机器	84.26
2		挖掘机等机器	84.30

品目 84.25～84.26 及品目 84.28～84.30 包括自推进式机器，这种机器的推进底座、控制装置、工作部件及其操纵设备组装在一起，构成一套完整的机械设备。

以上品目所列机器的某些工作部件可安装在拖车上。这些工作部件若构成这些品目所列的机器，则仍应分别归入这些品目；若作为这些品目所列机器的零件，即使与拖车同时报验（不论是否已装在拖车上），这些工作部件仍应归入品目 84.31，而拖车连同其操作装置应单独归入品目 87.01。

（八）农业、园艺及饮食制品加工机械的归类

1. 农、林业机械及其零件的归类

农业机械是指在作物种植和畜牧业生产过程中使用的机械，包括土壤耕作、种植和施肥和作物收获等机械。林业机械包括种子采集和处理、林地清理、整

地、育苗、中幼林抚育和林业保护等作业的机械。具体归类如下：

序号	商品描述	归类
1	农业、园艺及林业用整地或耕作机械，如犁、耙、松土机、除草机、播种机、种植机、施肥机、草坪及运动场地滚压机、稀疏机（用于分选幼苗）、上述机器的零件 不包括点播器、种植器、移植器及类似的手工工具（品目82.01），机动压路机（品目84.29）等	84.32
2	收获农作物的机器，包括收割机、脱粒机、草料打包机、割草机等；蛋类、水果或其他农产品的清洁、分选或分级机器（可装有辅助装置）；上述机器的零件 不包括割草机的刀片及刀具（品目82.08），种子、谷物或干豆类的清洁、分选或分级机器（品目84.37）等	84.33

其中，品目84.32所列机器（如犁、耙和旋转锄）即使与拖拉机一起报验（不论是否已装在拖拉机上），仍归入本品目。在自推进式农业、园艺或林业用机器中，牵引部分和机器本身构成一个整体（如机动犁），这类机器应归入本品目。

例3. 安装在品目87.01项下拖拉机上的农用联合收割机

【答案】8433.5100

【归类说明】本题货品看上去既可按“收割机”归入本章的品目84.33，也可按“拖拉机上可互换设备”归入品目87.08，但第八十七章章注二规定，用于安装在品目87.01的拖拉机上作为可替换设备的机器或作业工具，即使与拖拉机一同进口或出口，不论其是否已安装在车上，仍应归入各自相应的品目。故本题货品应按“收割机”归入品目84.33，然后按列名归入二级子目8433.5100。

2. 农副产品、食品加工机械及其零件的归类

序号	商品描述	归类
1	农场或工业用挤奶机、乳加工机器（包括均化器）及其他乳品加工机器（黄油/奶酪加工机器）；上述机器的零件（如供挤奶机用的桶、盖、挤奶杯，黄油及奶酪模制机的模具） 不包括：奶油分离器（品目84.21）；依据热交换原理进行工作的大部分的乳加工机器，如乳的冷凝或干燥装置（品目84.19）	84.34
2	制葡萄/苹果/梨酒、果子汁或类似饮料（不论是否经过发酵）的压榨机、轧碎机及类似机器；上述货品的零件（如水果渣块轧碎机等的带齿滚筒及刀片） 不包括：品目44.19、82.10或85.09所列的水果榨汁机；水果输送机（品目84.26或84.28）；水果去皮机、削皮机或去核机（品目84.38）等	84.35

续表

序号	商品描述	归类
3	其他农业、园艺、林业用机器（如动物饲料配制机、修剪树篱的机器、伐木机器、催芽设备）；家禽饲养业用的机器（如孵卵器、育雏器、照蛋机）；养蜂业用机器（榨蜜机、巢础机）；上述机器的零件 不包括：配有分选或分级装置的照蛋机（品目 84.33）；蜂箱（品目 44.21）等	84.36
4	种子、谷物或干豆的清洁、分选或分级机器（如风选机、筛选带）；谷物磨粉业加工机器（如碾碎机或轧碎机）；谷物或干豆的加工机器（如去壳机、特种磨粉机），但农业用机器除外；上述货品的零件（如粮食磨粉机的滚筒或变换器等） 不包括农场用的小型磨粉机（品目 84.36）等	84.37
5	本章其他品目未列名的食品、饮料工业用的生产或加工机器，但提取或加工动物油脂或固定植物油脂用的机器（品目 84.79）除外，包括：糕点加工机器及生产通心粉、面条或类似产品的机器；生产糖果、可可粉、巧克力的机器、制糖机器、酿酒机器、肉类或家禽加工机器；水果、坚果或蔬菜加工机器；鱼、贝壳动物等的加工机器等；上述机器的零件（如连续制面包用的模具或焙锅等） 不包括：品目 82.10 或 85.09 所列的家用器具（如绞肉机及切面包机）；火焰或辐射热去皮机（品目 84.17）等	84.38

其中，对于一同报验的挤奶机各种部件若符合第十六类注释四的规定，应作为一个功能机组归入本品目，但并不直接用于挤奶的设备及装置（如过滤器、冷藏设备、贮奶罐、挤奶杯及管道清洁装置等）应归入其他各自的相应品目。

品目 84.36 的催芽设备须装有机械装置（如泵、发动机或风扇）或热力装置；照蛋机须装有机械装置，包括光电检验装置。

（九）纸及纸制品加工机器、印刷机器的归类

1. 造纸机械及其专用零件的归类

造纸机械包括从原料准备、制浆、造纸，直到制成纸成品（卷筒或平张）的机器，以及纸、纸板和纸制品的加工机器。

序号	商品描述	归类
1	纤维素纸浆的制造机器（如滤浆器、磨碎机）、纸及纸板的抄造机器（如圆网造纸机）、纸及纸板的整理机器（如卷纸机、晾纸机），上述机器的零件（如伏辊、吸水箱、水印辊） 不包括研光辊（品目 84.20）、品目 84.43 的印刷机器等	84.39

续表

序号	商品描述	归类
2	书籍装订机器（如收集及缝合机、锁线订书机、纸页编码机），上述机器的零件 不包括办公室装订文件用的订书机（品目 84.72）等	84.40
3	切纸机；用纸浆、纸及纸板制造纸浆制品、纸制品或纸板制品的机器（如卷绕机、堆叠机、穿孔机、折叠机、制造包、袋或信封的机器）；上述机器的零件 不包括书页折叠机（品目 84.40），纸卡或文件的打孔机（品目 84.72）等	84.41

其中，品目 84.39 的组合机器有时装有品目 84.21 的过滤器、品目 84.20 所列的各种研光机、品目 84.41 所列的切纸机。若这些机器同时报验，应与组合机器一起归入本品目；单独报验的，则应归入其各自相应的品目中。

2. 印刷机械，打印、传真、复印设备及其专用零件的归类

印刷主要的工序包括排版、制版和印刷。其中，排版、制版机械归入品目 84.42，印刷机械归入品目 84.43。

归类时，注意品目 84.43 所列货品的进料方式。

序号	商品描述	归类
1	铸字、排字用的或制印刷版（片）、滚筒及其他印刷部件用的机器、器具及设备（品目 84.56 ~ 84.65 的机器除外）；印刷用版（片）、滚筒及其他印刷部件；制成供印刷用（例如刨平、压纹或抛光）的板（片）、滚筒及石板（如胶版印刷用印版、镌刻或蚀刻的滚筒）；上述机器的零件	84.42
2	用品目 84.42 的印刷用版（片）、滚筒及其他印刷部件进行印刷的机器；其他印刷（打印）机、复印机及传真机，不论是否组合式；上述机器的零件及附件（如静电感光复印设备用的感光鼓及感光板、导辊及已安装的供油垫） 不包括胶版复印机、油印机及地址印写机（品目 84.72）等	84.43

其中，归入品目 84.43 的机器在确定子目时，应考虑以下因素：是否是传统的印刷机器，是否可与自动数据处理设备或网络（包括计算机网络、电话网络、电报网络等）相连，是否具有打印、复印、传真等多种功能。例如，执行打印、复印或传真中两种及两种以上功能的机器，通常称为多功能机器，这类机器可与自动数据处理设备或网络连接，归入子目 8443.31；与自动数据处理设备或网络连接的具有打印、复印或传真中的单一功能的设备，归入子目 8443.32；不与自动数据处理设备或网络连接的其他设备归入子目 8443.39。

具有单一功能的打印机不能按自动数据处理设备的输出部件归入品目84.71，具有单一功能的传真机不能按通信设备归入品目85.17。

打印机墨盒（不装墨水，不含打印机头），应按构成材料归入子目3926.9090“其他塑料制品”；打印机墨盒（内装墨水，不含打印头），应按印刷油墨归入品目32.15；打印机墨盒（带有打印头），应按打印机零件归入品目84.43。

例4. “惠普”牌静电感光式多功能一体机，具有复印、扫描、打印和传真功能，可通过与电脑连接进行激光打印，与电话网络连接接发传真

【答案】8443.3110

【归类说明】本题货品是具有多种功能的机器，应归入本章。查阅品目，该货品符合84.43品目条文的规定，应归入品目84.43。然后根据其具有打印、复印、传真中两种或两种以上功能，可与自动数据处理设备或网络连接，以及属于静电感光式的条件，该货品归入子目8443.3110。

（十）纺织、皮革加工机械的归类

1. 纺织机械及其专用零件的归类

纺织机械主要包括织前机械、织造机械及织后染整机械。其中，织前机械包括对纺织纤维的成形、预处理、纺纱、织前准备等机械；织造机械是成形织物的机械，包括将纱线织成织物的机械，通常有机织、针织和特种织造（如缝编、刺绣、花边、无纺制造等）机械，还包括直接将纤维压成织物的机械，主要有毡呢、无纺布制造机械等；织后染整机械是主要进行一些染整工作（如洗涤、漂白、熨烫、染色、干燥、上浆、涂布、卷绕、剪切等）的机械。

织前机械归入品目84.44~84.45；织造机械归入品目84.46~84.47和84.49；专用于品目84.44~84.47机器的零件归入品目84.48；织后染整机械及其专用零件归入品目84.50~84.51；缝纫机械归入品目84.52。

序号	商品描述	归类
1	化学纺织纤维的挤压机器（挤出单丝或多根长丝）、拉伸机（将纤维拉长至原来的3~4倍）、合成纺织线变形机器、短纤切断机（将丝束切成短纤维）、丝束直接成条机、裂丝机（生产裂丝束）	84.44
2	纺织纤维的预处理机器（如整理机、精梳机、拉伸机）；纺纱机、并线机、加捻机及其他生产纺织纱线的机器；络纱机（包括卷纬机）或摇纱机；处理品目84.46或84.47机器所用纺织纱线的机器（如整经机、浆纱机） 不包括连接织造过程中断开的经纱的结经机（品目84.48），其他上浆机（品目84.51），卷绕绳索用的机器（品目84.79）等	84.45
3	织机（如地毯织机、剑杆织机）	84.46

续表

序号	商品描述	归类
4	针织机、缝编机及制粗松螺旋花线、网眼薄纱、花边、刺绣品、编织带、装饰带或网的机器；簇绒机	84.47
5	品目 84.44～84.47 所列机器的辅助机器（如多臂机、提花机、自停装置及换梭装置）；专用于或主要用于品目 84.44～84.47 所列机器的零件、附件（如喷丝头，钢丝针布、锭子，织机用筘、综丝及综框，沉降片、织针） 不包括：陶瓷制的喷丝头、喷丝嘴或导纱器（品目 69.09）；玻璃制的喷丝头、喷丝嘴或导纱器（品目 70.20）；纺纱线或绳索制的综丝或通丝（品目 59.11）；由玛瑙或其他宝石或半宝石制的导纱器（品目 71.16）；纱条及粗纱筒；分经棒（按其构成材料归类）	84.48
6	成匹、成形的毡呢或无纺织物制造或整理机器（如制毡机、缩呢机）；毡帽制造机器（如磨光机、帽边成形机）；帽模，包括试戴用的拉撑帽模；上述机器的零件 不包括：制毡前的预处理机器（品目 84.45）；主要用于对机织物进行缩呢处理的旋转缩绒机（品目 84.51）等	84.49
7	家用型或洗衣房用洗衣机和洗涤干燥两用机；上述机器的零件	84.50
8	纱线、织物及纺织制品的洗涤、清洁、绞拧、干燥、熨烫、挤压（包括熔压）、漂白、染色、上浆、整理、涂布或浸渍机器；列诺伦（亚麻油地毯）及类似铺地制品的布基或其他底布的浆料涂布机器；纺织物的卷绕、退绕、折叠、剪边或剪齿边机器；定型机；精炼机；上述机器的零件 不包括品目 84.20 所列的轧辊式熨烫机等	84.51
9	（电动）缝纫机；缝纫机专用的特制家具（可用作桌子或橱柜的缝纫机架及其零件，如抽屉、伸缩板）、底座及罩盖；缝纫机针（包括上述缝纫机用针、品目 84.40 所列锁线订书机用针及品目 84.47 所列刺绣机用针）；上述机器的零件（如机架及摆梭） 不包括缝编机（品目 84.47）等	84.52

其中，品目 84.46 包括用纺织纱线（包括泥炭纤维纱线）或其他纤维纱线（如金属纱线、玻璃纤维纱线或石棉纤维纱线）织造织物的纺织机器，如手织机、用金属丝或含金属纱线织布的织机等。作为活动式配件的特殊装置若与所用的织机同时报验，可归入品目 84.46；单独报验的，应归入品目 84.48。

品目 84.51 的许多机器仅是由桶、罐、槽或其他容器加上简单的机械部件配置而成。它们必须明显用于处理纺织品。本品目的干洗机不用水，而用汽油、四氯化碳等液体进行清洁。

干燥机依其功能、原理、用途归入品目 84.19、84.21、84.51 和 84.79。其中，利用温度变化处理材料的机器、装置归入品目 84.19；通过高速旋转产生的离心力使有关材料脱水的干燥机归入品目 84.21；专用于干燥纺织纱线、织物或纺织制品的干燥机归入品目 84.51；通常由风扇和空气过滤器组成，通过不断对吸入的空气进行分离水分的物理处理起到干燥环境作用的减湿机，归入品目 84.79

品目 84.52 的某些机器除具有缝纫功能外，还能对织物、皮革、纸张等进行裁剪、锯齿边切裁、穿孔或打裥。

2. 皮革加工机械及其专用零件的归类

品目 84.53 包括：生皮或皮革的处理、鞣制或加工机器（如脱毛机、刷皮机）；生皮或皮革制品（如鞋靴、手套、夹克衫、鞍具、书籍封面、手提包、旅行容器等）的制作或修理机器（如切片或削皮机）；上述机器的零件及这些机器所用的压模和其他可互换工具。但本品目不包括制木屐等的木材加工机器（品目 84.65）等。

（十一）金属冶炼及铸造机械的归类

1. 冶金机械及其专用零件的归类

冶金机械是将金属矿砂中的金属提取出来，并初步成型的机械，包括对金属的冶炼、铸造、轧延过程中使用的各种设备。其中，金属的冶炼、铸造机械归入品目 84.54，金属轧延机械（包括热轧和冷轧）归入品目 84.55。

序号	商品描述	归类
1	金属冶炼及铸造用的转炉、绕包、手工操作的铸造用铸勺、锭模及铸造机；上述机器的零件 不包括：白铁工等用的小手铸勺（品目 73.25 或 73.26）；石墨或其他碳或陶瓷材料制的锭模（品目 68.15 或 69.03）等	84.54
2	金属轧机（如轧管机、热/冷轧机或冷热联合轧机）；轧辊及其他零件 不包括滚轧非金属材料的研光机或其他滚压机器（品目 84.20）等	84.55

2. 各类机床及其专用零件与附件的归类

机床是按其功能、加工原理、加工工艺及加工对象的材质来分类。功能相同但加工工艺及加工材质不同，归类也相异。机床按功能可分为车、铣、刨、磨等类，而按加工原理可分为切削机床与非切削机床。

对于机床的归类，一般应按以下思路进行。

（1）加工半导体器件、集成电路或平板显示器的机床，归入品目 84.86。

（2）用激光、超声波、放电、离子束等处理各种材料的特种加工机床，归入品目84.56。加工金属的机床归入品目84.57～84.63。其中，金属切削机床归入品目84.57～84.61；压力加工机床归入品目84.62；其他非切削加工机床归入品目84.63。加工其他材料的机床归入品目84.64～84.65。

（3）确定某些子目时，还要考虑货品是立式机床还是卧式机床。立式是指机床的回转主轴为垂直方向，卧式是指机床的回转主轴为水平方向。

各种加工机床及其零件、附件具体归类如下：

序号	机床大类	机床分类	机床细类	归类
1	金属加工机床	特种加工机床	激光/放电/超声波/电解/电子束/离子束/等离子弧加工机床等；水射流切割机	84.56
2		金属切削机床	加工中心、组合机床	84.57
3			车床、心轴车床、切削金属的车削中心	84.58
4			钻、镗、铣、攻丝机床（包括直线移动式动力头机床），以及螺栓、螺丝等旋压螺纹机床。如加工三销轴毛坯件用数控铣床（子目8459.6190）	84.59
5			用磨石、磨料或抛光材料对金属等进行切磨加工的机器：去毛刺机、刃磨机床、磨床、珩磨或研磨机床、砂轮机、抛光机、雕刻机	84.60
6			刨床、牛头刨床、插床、拉床、切齿机、齿轮磨床及齿轮精加工机床、锯床、切断机、锉床及浊刻机	84.61
7		非切削加工机床	压力加工机床：锻造（包括模锻）或冲压机床及锻锤；弯曲、折叠、矫直或矫平机床；剪切机床；冲孔或开槽机床，包括冲剪两用机；挤压机；烧结金属粉模压机、金属碎料的压包机等	84.62

续表

序号	机床大类	机床分类	机床细类	归类
8	金属加工机床	非切削加工机床	其他机床：杆、管、型材、异型材、丝及类似品的拉拔机；螺纹滚轧机；金属丝加工机；铆钉机；旋锻机；旋压车床；电磁脉冲金属成形机等	84.63
9	非金属加工机床	加工矿物质等的机床	石料、陶瓷、混凝土、人造石、石棉水泥或类似矿物材料（包括大多数宝石或半宝石）的加工机床（如锯机、研磨或抛光机床、陶瓷产品的加工机床等）；玻璃的冷加工机床（如玻璃刻花机，光学玻璃、眼镜片或钟表玻璃的精修机或抛光机）	84.64
10		对木材、软木、骨、硬质塑料/橡胶及类似硬质材料（如角、象牙果、珍珠母、兽牙等）进行成形或表面加工的机床	不需更换工具即可进行不同机械加工的机器；加工中心；锯床；刨、铣或切削成形机器等	84.65
11	专用于或主要用于品目 84.56～84.65 所列机器的零件及附件（与这些机器连用的辅助装置），如工具夹具、工件夹具、分度头/表			84.66

其中，CNC 机床、CNC 车床及 NC 铣床均属数控机床。

品目 84.56 的特种加工机床须同时符合以下要求：用于切削加工；具备与配有普通刀具的机床相同的加工能力；采用激光、其他光或光子束、超声波、放电、电化学法、电子束、离子束或等离子弧等工艺中的一种进行加工。

根据本章注释三的规定，看似既可按特种加工机床归入品目 84.56，又可按其他机床归入品目 84.57～84.61、84.64～84.65 时，应归入品目 84.56。如利用激光在金属上钻孔的机床，看似既符合品目 84.56（激光加工机床）的描述，又符合品目 84.59（钻床）的描述，根据上述规定，其应按激光加工机床归入品目 84.56。

品目 84.57 所列的机床归入本品目的条件为：一是上述机床用于加工金属，且都是独立的设备，不包括将几种机器连接起来，由输送机输送工件的传输生产线；二是上述机床必须能进行多种机械操作（即一台机器中有多样的金属加工方式，例如集刨削、钻削、铣削三种不同切削方式的机床）。不同的是，加工中心是备有刀库并能自动更换刀具，对工件进行多种机械加工操作的数控机床。需人为更换刀具的数控机床，不能视为加工中心。单工位组合机床是一种多功能机器，能同时或顺序地自动使用不同的动力头对固定不动的工件进行加工。多工位组合机床必须配有多种动力头，各动力头按照一定的工序，固定安装在一定的位置上，输送部件将工件依次送到各动力头下面，逐次进行多种机械加工。

品目 84.57 不包括只能使用一个刀具或者同时或连续地使用多个刀具进行一种机械加工操作的机床，以及各种刀具不能自动更换的多功能机器（品目 84.59 ~ 84.61）。

品目 84.61 的切断机与锯床的区别在于，它们所使用的刀具不同。切断机所使用的刀具与车刀相似，或使用砂轮或金属研磨盘作刀具。锉床与往复式锯床相似，但使用锉刀而不是锯条进行操作。

品目 84.62 所述的机床是通过改变金属或硬质合金的形状而进行加工的。

品目 84.63 的旋压车床与品目 84.58 所列车床的区别在于，它是利用金属变形来进行加工的。

品目 84.64 不包括陶瓷坯泥的模制或成形机器（品目 84.74）等。

品目 84.65 不包括对加工时不具有硬质材料特征的材料进行加工的机器，如软塑料或未硬质橡胶的切割机或切片机（品目 84.77）。

此外，品目 84.59 ~ 84.65 的机床一般是用动力驱动的，也可以是手动或脚踏式的。这些非动力驱动机器与品目 82.05 的手工工具及品目 84.67 的手提式（风动、液压或电动）工具的区别在于：这些机床一般是安装在地板、工作台、墙壁或另一台机器之上，故通常配有底座或支架等。

3. 装有动力装置的手提式工具及其零件的归类

品目 84.67 包括手提式风动或液压工具及本身装有电动或非电动动力装置的手提式工具，如钻机、锯、研磨机、自动铲，以及上述工具的零件。但本品目不包括医疗或牙科用的手提式电动器具（品目 90.18）等。

这些工具（可配有三脚架、架空提升滑轮等辅助性的支撑装置）多采用切削或非（少）切削的方式工作，其工作方式与机床的相似。

本品目的手推式工具与第八十二章的手工工具的功能相似，其主要区别是：前者均由动力装置驱动，而后者的工具仅用手工驱动。

4. 焊接机器和装置、气体加温表面回火机器和装置的归类

品目 84.68 包括：利用气体或其他方式进行操作的焊接机器及装置，不论其是否兼有切割功能（如手提喷焊器、摩擦焊接机）；气体加温表面回火机器及装置；上述机器或器具的零件及附件，如支座（钢球、滚筒等）。但本品目不包括同时用气体及电进行焊接的机器及装置（品目 85.15），专用于或主要用于组装半导

体的焊接机器及装置（品目 84.86）等。

（十二）办公机械的归类

序号	商品描述	归类
1	计算器及具有计算功能的袖珍式数据记录、重现及显示机器（如带有计算功能的快译通、电子记事簿）；会计计算机；现金出纳机，不论是否带有计算装置，包括利用信用卡或借记卡进行电子支付用的终端机；配有计算装置的邮资盖戳机、售票机、赛马场用的赌金计算机 不包括圆盘/圆筒计算器及袖珍式加减器（品目 90.17）等	84.70
2	便携式自动数据处理设备；其他以系统形式报验的自动数据处理设备；单独报验的部件；未列名的磁性阅读机或光学阅读机，将数据以代码形式转录到数据记录媒体的机器及处理这些数据的机器 不包括调制解调器（品目 85.17）等	84.71
3	其他办公室用机器，如胶版复印机、油印机、碎纸机、订书机、自动柜员机、自动打字机及文字处理机 不包括电传打字机（品目 85.17）、计重式硬币计数机（品目 84.23 或 90.16）等	84.72
4	专用于或主要用于品目 84.70～84.72 所列机器的零件及附件，如专用于上述机器的台架	84.73

其中，电子计算器与品目 84.71 的电子计算机均能实现数据的录入、处理、存储和输出，但前者不能自动实现这些操作过程，须由人来操作完成，后者通过编制程序能够自动进行处理。此外，计算器使用的是固化的处理程序，只能完成特定的计算任务，而计算机借助操作系统平台和各类应用软硬件，可以无限扩展其应用领域。

品目 84.70 的邮资盖戳机、售票机、赛马场用的赌金计算机均能汇总金额。故本品目不包括仅可计算售出票数而不能汇总金额的机器（如公共汽车售票员使用的售票机）（品目 84.72）和投币式售票机（品目 84.76）。

品目 84.71 的自动数据处理设备（参见章注五）可以是各部件在同一机壳内的独立整体，如便携式电脑、独立的非便携式的一体机；或是一套由若干单独部件组成的系统，如台式微型机（PC 机）、服务器、小型机、中型机、大型计算机系统等。

子目 8471.4991 项下的分散型工业过程控制设备的配置包括现场控制站、操作员站及工程师站等。

子目 8471.90 主要包括光盘文件生成系统，它通常包括键盘、显示器、光盘驱动器、扫描器及打印机。

阅读机只有在单独报验时才归入品目 84.70；若与其他机器（如将数据以代码形式转录到数据记录媒体的机器以及处理这些数据的机器）结合使用并与这些机器同时报验，则其应与有关机器一并归类。

品目 84.72 所称的“办公室用机器”是指有关书信、文件、表格、记录、账目等的书写、记录、分类、归档等工作的各种机器。这些机器可以是用手工操作的，也可以是机动或电动的，且须装有底座以备安装或放置在桌上或台上等。

另外，文字处理机在修改及编辑文字的功能上强于自动打字机，但在数字运算方面却不能与品目 84.71 的自动数据处理机相比。两者的区别主要在于，文字处理机在运行过程中不能通过逻辑判断，对程序的执行进行修正。

（十三）其他行业机器、装置的归类

其他列名的行业机器、装置归入品目 84.74 ~ 84.78，包括矿物处理加工机械、玻璃热加工机械、商业机器、橡胶、塑料、烟草加工机械等；未列名的具有独立功能的机器、机械器具归入品目 84.79。具体归类如下：

序号	商品归类	归类
1	泥土、黏土、石料、矿石或其他固体（包括粉状、浆状）矿物质的分类、筛选、分离、洗涤、压碎、磨粉、混合或搅拌的机器（主要用在采掘工业中）；固体矿物燃料、陶瓷坯泥、未硬化水泥、石膏材料或其他粉状、浆状矿产品的黏聚、模制或成形机器；铸造用砂模的成型机器，包括多种利用压缩空气作用于活塞或直接作用于砂的表面进行操作的机器；上述机器的零件 不包括固定安装在铁路车辆及卡车底盘上的混凝土搅拌机（品目 86.04 或 87.05）等	84.74
2	白炽灯泡、灯管、放电灯管、电子管、闪光灯泡及类似品的封装机器；玻璃或玻璃制品的制造或热加工机器；上述机器的零件	84.75
3	出售邮票、火车票、饮料等的投币式自动售货机；钱币兑换机，以及在细长金属片上压印铭牌用的机器；上述机器的零件 不包括：不带收款装置的热饮或冷饮自动售货机（品目 84.19）；投币式游戏机（品目 95.04）；投币式自动擦鞋机（品目 84.79）等	84.76
4	本章其他品目未列名的橡胶或塑料及其产品的加工机器，如注射机、挤出机、吹塑机、真空模塑机器	84.77

续表

序号	商品归类	归类
5	本章其他品目未列名的烟草加工及制作机器，如烟叶去茎或切丝机器、雪茄或香烟制造机器（不论是否配有辅助性的包装装置）；上述机器的零件 不包括按其功能可归入其他品目的一些烟草加工机器，如烟草加工中的干燥设备（品目 84.19）、香烟的包装机（品目 84.22）	84.78
6	本章其他品目未列名的具有独立功能的机器及机械器具，包括通用机器（如电磁振动机、通用的工业机器人）、某种工业用的机器（如绳或缆的制造机器、处理木材用的机器）、杂项机器（如空气增湿机、水下喷焊器）；上述机器的零件	84.79

其中，品目 84.75 所列的玻璃加工机器是指对受热变软或变成液状的玻璃（包括熔融石英或其他熔融硅石）进行加工的设备。但硬质玻璃（即使稍经加热以利于加工）的加工机器，应按玻璃的冷加工机床归入品目 84.64。

品目 84.79 包括根据其功能、用途均无法在有列名的品目中归类的具有独立功能的机器及机械器具。以下机械装置应视为具有"独立功能"。

1. 可独立于其他机器设备之外执行其功能的机械装置（不论是否配有发动机或其他动力装置）。例如，单独报验的空气减湿器，即使准备安装在臭氧发生器上，但因其可以独立于臭氧发生器执行其功能，仍归入本品目。

2. 必须安装在另一台机器或器具上，或安装在一套较复杂的设备中才能执行其功能的机械装置。但其功能必须是，不同于所装机器设备的功能，在上述机器设备操作中并不起必不可少和不可分割的作用。例如，链式割线器装在工业缝纫机上，用于自动割线，它在缝纫机缝纫操作时并不起必不可少的作用，故具有独立功能。因没有其他列名更为具体的品目可归，链式割线器应归入本品目。但内燃机中的汽化器（化油器），尽管其功能与内燃机不同，但它在内燃机中起到必不可少的作用，故单独报验的汽化器不视为"独立功能"的机械装置，应作为内燃机的零件，归入品目 84.09。

另外，根据本章注释七的规定，具有一种以上用途的机器在归类时，其主要用途可作为唯一的用途对待。除本章注释二、第十六类注释三另有规定的以外，凡任何品目都未列明其主要用途的机器，以及没有哪一种用途是主要用途的机器，均应归入品目 84.79。

此外，某些"机器零件"在归类中被视为"具有独立功能的装置"，且在其他品目没有列名，可归入本品目。

例 5. 船舶用舵机

【答案】8479.8910

【归类说明】本题货品是在船舶改变方向时用来控制船舵的机械装置，它是船舶的一个零部件。因第八十九章不包括船舶零部件，故该货品应归入本章。查阅品目，本章没有“船舶用舵机”的列名品目，但该货品是一种具有独立功能的机器，故应按未列名的具有独立功能的机器归入品目 84.79。查阅子目，在三级子目中有“船舶用舵机”的列名，故该货品应归入子目 8479.8910。

（十四）半导体器件、集成电路、平板显示器制造设备的归类

品目 84.86 包括：制造半导体单晶柱或晶圆用的机器及装置（如研磨设备）；制造半导体器件或集成电路用的机器及装置（如薄膜沉积设备）；制造平板显示器的机器及装置（如磨削及抛光用的机器）；本章注释九（三）规定的机器及装置；上述机器及装置的零件及附件。

根据本章注释九（四）的规定，除本类注释一及本章注释一另有规定以外，符合品目 84.86 规定的设备及装置，应归入该品目而不归入其他品目。

（十五）通用机械零件的归类

列名的一些热加工用的模具和通用的机械零部件归入品目 84.80 ~ 84.84，未列名的通用机械零件归入品目 84.87。

序号	商品描述	归类
1	金属铸造用型箱；型模底板；阳模；金属、硬质合金用型模（如压铸模）；玻璃用型模（如制瓶模）；矿物材料用型模（如陶瓷坯泥用型模）；橡胶或塑料用型模（如硫化轮胎用囊式型模、制塑料制品用的型模） 不包括：石墨或其他碳精制的型模（品目 68.15）；陶瓷制的各种型模（品目 69.03 或 69.09）；玻璃制型模（品目 70.20）；金属拉拔或挤压用模具（品目 82.07）；帽模（品目 84.49）；金属锻造用锭模（品目 84.54）；制造半导体器件用的型模（品目 84.86）；制唱片用的电铸型模及母片（品目 85.23）；在压力机及其他机器上用以模制本品目未列名材料的型模（作为有关机器的零件归类）等	84.80
2	用于管道、锅炉、罐、桶或类似品的龙头、旋塞、阀门及类似装置，如减压阀、止回阀、安全阀、换向阀、内胎气门、排放旋塞、罐瓶机用龙头；上述机器的零件 不包括下列材料制的龙头、旋塞、阀门及类似装置：非硬化硫化橡胶制的（品目 40.16），陶瓷制的（品目 69.03 或 69.09）；玻璃制的（品目 70.17 或 70.20），以及带有计量装置的龙头，供出售冰激凌、酒类等用（品目 84.79）等	84.81
3	滚珠轴承、滚子轴承、滚针轴承及其零件 不包括轴承座及轴承架（品目 84.83）等	84.82

续表

序号	商品描述	归类
4	传动轴（包括凸轮轴及曲柄轴）及曲柄；轴承座；滑动轴承（包括报验时不带轴承座的）；齿轮及齿轮传动装置（包括摩擦轮）及链轮；滚珠或滚子螺杆传动装置；齿轮箱及其他变速装置，包括扭矩变换器；飞轮及滑轮，包括滑轮组；离合器及联轴器（包括万向节）；单独报验的带齿的轮、链轮及其他传动元件；上述货品的零件 不包括石墨轴承或其他碳精轴承（品目 68. 15），与动力机装配在一起的齿轮箱或其他变速装置（与动力机一同归类），电磁离合器（品目 85. 05）等	84. 83
5	用金属片和其他材料制成或用双层或多层金属片制成的密封垫或类似接合衬垫（用于某些发动机、泵或某些管道接头）；成套或各式不同材料的密封垫或类似接合衬垫；机械密封件（如滑动密封环及弹簧密封环） 不包括用金属丝或金属丝网加固的其他材料密封垫及接头衬垫（按其主要材料归类）	84. 84
6	本章其他品目未列名的各种非电气的机器零件，不具有电气接插件、绝缘体、线圈、触点或其他电气器材特征的	84. 87

其中，品目 84. 81 的阀门，简称“阀”，是用以控制流体流量、压力和流向的装置。被控制的流体可以是液体、气体、气液混合体或固液混合体。

由龙头、阀门与品目 90. 26 或 90. 32 所列恒温器、稳压器或其他测量、检验或自动控制仪器或装置所组成的部件，若上述仪器或装置已装在或准备直接装在龙头、阀门等之上，且该组合器件具有本品目所列物品的基本特征，该货品仍应归入本品目，否则按该货品的基本特征（功能）归入品目 90. 26 或 90. 32。例如，装有排水旋塞的液压表，按液压表归入品目 90. 26。

除子目 8481. 20 是按其用途来列名的以外，其他子目均是按阀门的功能来列名的。

例 6. 电磁换向阀，由阀体和两个电磁铁构成，阀体上带有四个通孔，阀芯有两个位置，属于二位四通阀，用于液压传动系统中改变液体的方向

【答案】8481. 8021

【归类说明】该阀门是用于液压传动系统中改变液体流动方向的管路附件，应归入本章。查阅品目，该阀门符合 84. 81 品目条文的规定，应按列名归入品目 84. 81。查阅子目，因该阀门属于液压传动系统中的阀门，依用途应归入子目 8481. 8021。

根据本章注释六的规定，品目 84. 82 还包括最大直径及最小直径与标称直径相差均不超过 1% 或 0. 05 毫米（以相差数值较小的为准）的抛光钢珠，其他钢珠归入品目 73. 26。另外，本章子目注释二对滚针轴承的货品特点做了规定，子目

8482.40 仅包括滚柱直径相同，最大不超过 5 毫米，且长度至少是直径三倍的圆滚柱轴承，滚柱的两端可以磨圆。

注意，传动设备（传动轴、离合器、齿轮等），若是作为机器零件，或用在车辆或飞机发动机内部的，可归入品目 84.83；若是专用在车辆或飞机发动机外部的，则应按照第十七类项下的相应子目进行归类，如汽车的传动轴归入子目 8708.9992。

成套或各式密封垫或类似接合衬垫必须至少配有两个及两个以上由不同材料（黏聚软木、皮革、橡胶、纺织品、纸板、石棉等）制成的密封垫或接合衬垫，才能归入品目 84.84。故在袋、套、盒等包装内如有五个全部用纸板制的密封垫或接合衬垫，应归入品目 48.23；但上述成套物品中如有一个橡胶密封垫，则整套物品应归入品目 84.84。

品目 84.87 所列的零件可确定为机器零件，但不能确定为任何一种机器的零件。它们须同时符合以下条件：具有机械工作特征；未列名；通用性，可适用于多个不同品目项下的商品；用于第十六类商品中。如不同行业的机器上可通用的手轮归入品目 84.87。故本品目不包括专用于或主要用于某种机器（包括品目 84.79 或 85.43、第十七类、第九十章等所列的机器）的非电气零件（应与有关机器归入同一品目）；品目 84.81 ~ 84.84 所列的机器零件；《税则》其他品目具体列名的零件，或按第十六类注释一或第八十四章注释一的规定不能归入本品目的零件。例如，皮革或再生皮革制的零件（品目 42.05），陶瓷或玻璃制的零件（第六十九章或第七十章），完全用宝石或半宝石（天然、合成或再造）制的机器零件（第七十一章）。

例 7. 不锈钢制造的手柄（可用于多种机床操作）

【答案】 8487.9000

【归类说明】 本题货品属于机床的零件，应归入本章。查阅品目，因该货品未在本章的品目列名，又不属于某一种机器或同一品目的多种机器的零件，应按第十六类类注二（三）的规定，作为品目未列名的机器零件归入品目 84.87，然后归入一级子目 8487.9000“其他”。

第八十五章　电机、电气设备及其零件；录音机及放声机、电视图像、声音的录制和重放设备及其零件、附件

一、本章商品范围及结构

本章共 10 条章注（新增注释三）、1 条子目注释、46 个品目（品目 85.20 和

85.24 已被删除），主要分成两大部分：第一部分为品目 85.01～85.19、85.21～85.23、85.25～85.31 和 85.43；第二部分为品目 85.32～85.42 和 85.44～85.48。前者主要包括电气设备及装置的整机及其专用零件；后者主要包括通用的电子元器件、连接件（装置）、绝缘零件等。这些电子元器件通常不单独使用，而是用在电气设备中，是电气设备的组成部分。在材料上本章与第八十四章不同的是：本章货品可由陶瓷材料或玻璃制成，但品目 70.11 所列的玻璃外壳（包括玻璃泡及玻璃管）除外。

本章 46 个品目的排列顺序如下：产生、变换、储存电能的装置（品目 85.01～85.07）→电能利用装置（品目 85.08～85.16）→声音、图像的录制、重放设备及记录媒体（品目 85.18～85.19、85.21～85.23）→通信、广播、电视及相关设备（品目 85.17、85.25～85.29）→电气音响或视觉信号装置（品目 85.30～85.31）→其他未列名的电气设备、装置及其零件（品目 85.43）→通用电子、电力元器件（品目 85.32～85.42、85.44～85.48）。

二、本章商品归类要点概述

（一）优先归类原则

除金属槽汞弧整流器应归入品目 85.04 外，既可归入品目 85.01～85.04 又可归入品目 85.11～85.12、85.40～85.42 的货品，应归入品目 85.11～85.12、85.40～85.42。例如，压燃式内燃发动机用的直流发电机应归入品目 85.11，而不按直流发电机归入品目 85.01；用于整流的闸流管优先归入品目 85.40，而不作为整流器的零件归入品目 85.04（参见章注二）。

二极管、晶体管及类似的半导体器件及集成电路在归类时，即使《税则》其他品目涉及上述物品，尤其是在物品的功能方面，也应优先归入品目 85.41 及 85.42，但涉及品目 85.23 的情况除外。例如，“智能卡”（装有集成电路或只读存储器芯片的卡）应归入品目 85.23，而不按集成电路归入品目 85.42。

（二）电气加热器具（或设备）等的归类

电气加热器具（或设备）应根据商品的原理、功能或用途等分别归入不同的章，具体如下：

1. 大多数电气加热器具归入第八十四章。例如，蒸汽锅炉及过热水锅炉归入品目 84.02，空气调节器归入品目 84.15，烘炉、蒸馏设备及其他设备归入品目 84.19，研光机和类似的滚压机器及其滚筒归入品目 84.20，家禽孵卵器及育雏器归入品目 84.36，供木料、软木、皮革等用的通用烫烙机归入品目 84.79。

2. 电热塞归入品目 85.11，电炉等归入品目 85.14，电热水器、空间加热设备、家用电热器具等归入品目 85.16。

3. 电暖的毯子、褥子、足套及类似品，电暖的衣服、靴、鞋、耳套或其他供人穿戴的电暖物品，一般归入供人穿戴的非电暖的同类物品所在类章。例如，腈纶电暖毯归入品目63.01。

4. 具有电热功能的医疗器械归入品目90.18。

5. 落地式的电热家具归入第九十四章。

（三）电动机的归类

振动电机归入子目8479.8999。点燃式或压燃式内燃发动机用的启动电机归入品目85.11。其中，机车、航空器及船舶的内燃发动机用启动电机归入子目8511.4010，其他内燃发动机用启动电机归入子目8511.409项下。常规的电动机归入品目85.01，然后根据货品的性能和工作参数（输出功率，使用交流电、直流电或交直两用，单相还是多相）确定货品的子目。例如，输出功率大于37.5瓦的交直流两用电动机归入子目8501.2000，输出功率1305瓦的三相交流电动机归入子目8501.5200。

（四）电气报警装置的归类

用于自行车或机动车辆的电气报警装置，应按“自行车或机动车辆用的电气信号装置”归入品目85.12；利用α射线、β射线或γ射线进行探测的电气报警装置，应按“α射线、β射线或γ射线的应用设备”归入子目9022.2；其他类型的电气报警装置，应按“防盗或防火报警器及类似装置”归入子目8531.1000。

（五）机器设备零件的归类

零件的归类一般可参阅第十六类类注二。

单独报验的电气零件一般归入本章。例如，电动机归入品目85.01，变压器归入品目85.04，电磁铁、永磁铁、起重机的电磁起重吸盘及电磁卡盘归入品目85.05，活塞式内燃机用的电起动装置归入品目85.11，电气开关、控制板、插头、接线盒等归入品目85.35～85.37，电子管归入品目85.40，二极管、晶体管及类似的半导体器件归入品目85.41，电子集成电路归入品目85.42，磁电极归入品目85.45，绝缘子归入品目85.46，绝缘材料制的某些零件归入品目85.47。

本章所列设备或装置的非电气零件，应按以下规则进行归类：

1. 许多非电气零件应归入其他各章，特别是第八十四章。例如，泵及风机、风扇归入品目84.13或84.14，龙头、旋塞等归入品目84.81，滚动轴承归入品目84.82，传动轴、齿轮传动装置等归入品目84.83。

2. 专用于或主要用于本章的某种电机（或用于本章同一品目中的几种设备）的其他非电气零件，应与有关设备一同归类，或归入品目85.03、85.22、85.29或85.38中的适当品目。

3. 其他非电气零件应归入品目84.87。

（六）某些电子存储器模件的归类

序号	商品描述	归类
1	自动数据处理设备的模件	84.73
2	其他特定机器或某一相同品目项下多种机器的模件	按该机器或该组机器的零件归类
3	无法确定其主要用途的模件	85.48

上述模件（如单列/双列直插式内存模块）既不能作为品目85.23所列产品或品目85.42的多元件集成电路归类，也不具有其他独立功能的，应运用第十六类注释二的规定，按上述规则进行归类。

三、本章商品与相关商品的归类

（一）产生、变换、储存电能的装置的归类

产生电能的机器包括电动机、发电机及发电机组。变换电能的机器包括旋转式变流机、变压器、静止式变流器及不间断供电电源。存储电能的装置包括电感器、电磁铁、永磁铁及利用电磁效应工作的装置，以及原电池、蓄电池。

序号	商品描述	归类
1	电动机；不带原动机的发电机；光电发电机 不包括：与原动机装在一起的发电机（品目85.02）；供自行车、机动车辆的照明或信号装置使用的交流发电机及直流发电机（品目85.12）；与时钟传动齿轮系装在一起的同步电动机（品目91.09）等	85.01
2	发电机组及旋转式变流机	85.02
3	专用于或主要用于上述两个品目所列机器的零件，如机壳、定子、转子、集电环、集电器、电刷夹子、励磁线圈	85.03
4	变压器（如放电灯用镇流器、感应线圈）；静止式变流器（如稳压电源、逆变器）；电感器，包括电感元件；上述货品的零件（如金属槽汞弧整流器） 不包括具有闭环控制功能的变频器（子目9032.8990）等	85.04
5	电磁铁；永磁铁及磁化后准备制永磁铁的物品；电磁铁或永磁铁卡盘、夹具及类似的工件夹具；电磁联轴节、离合器及制动器；电磁起重吸盘；上述货品的零件 不包括：非电磁的联轴器和离合器（子目8483.6000）；车用离合器（子目8708.93）；眼科或外科医生专用的电磁铁（品目90.18）；作为机器、器具、玩具、游戏品等的部件并与其同时报验的上述电磁铁、永磁铁或磁铁器具（应按有关机器、器具等归类）	85.05

续表

序号	商品描述	归类
6	原电池与原电池组及其零件（包括电池容器） 不包括：太阳能电池（品目85.41）；光电池（品目85.40）；废原电池、废原电池组及其废碎料（品目85.48）等	85.06
7	蓄电池（参见章注三）；报验时未装有电解质的蓄电池；蓄电池组及蓄电池的零件（如容器与盖）；铅板及铅网	85.07

其中，品目85.01的电动机与发电机的工作原理互逆。电动机是一种把电能转换成机械能的机器；而发电机是在力的驱动下，将机械能转换成电能的机器。

归类时，要注意电动机、发电机及发电机组输出功率的大小。电动机的“额定功率”是指电动机在规定的工作制下所能承担而不至于引起电动机过热的最大输出机械功率，一般用瓦（焦耳/秒）、千瓦、兆瓦表示。发电机的“额定功率”是指铭牌上规定的电机正常运行时的输出电功率，通常用千伏安或兆千伏表示。

供焊接设备用的发电机，若不带焊头或焊接器具而单独报验，应归入本品目；若与焊头或焊接器具一同报验，应归入品目85.15。

同样归类时，应注意品目85.04的变压器的额定容量（是指铭牌上所标明的电机或电器在额定工作条件下能长期持续工作的容量）和稳压电源的类型及其功率与精度。

品目85.05仅包括在其中列名的某些电磁装置，如上表所列，其他电磁原理工作的设备或装置，未在本品目列名的，不能归入本品目，应按其基本特征归类。例如，电磁阀门，在本品目中没有列名，可按阀门归入品目84.81。

原电池的主要特点是难以有效地再充电。原电池可用串联、并联或两者结合的方法组成电池组。蓄电池的特点是可以有效地再充电，充电与放电的循环过程反复进行，直到蓄电池寿命终止。

（二）电能利用装置的归类

电动装置归入品目85.08～85.10，有特定用途（如内燃发动机、车辆、个人用）的电气装置归入品目85.11～85.13，利用电热效应工作的装置归入品目85.14～85.16。

归类时，应注意品目85.08所列真空吸尘器的驱动方式，电动的真空吸尘器的功率及集尘器容积；品目85.09项下某些家用器具的机身重量；品目85.11所列货品的用途、功能及适用发动机的输出功率；品目85.14所列货品的用途（工业用、实验室用）及其加热原理；品目85.16所列电热的热水器的工作方式（储存式、即热式、浸入式等）。

序号	商品描述	归类
1	真空吸尘器；马或牛用的真空吸尘式理毛装置；上述器具的零件 不包括：气体的过滤除尘装置（品目 84.21）；用于医疗、外科、牙科或兽医的真空设备（品目 90.18）等	85.08
2	多种装有电动机的家用器具（参见章注四），如任何重量的地板打蜡机；重量在 20 千克及以下的物品；上述器具的零件 不包括：供餐馆或类似场所用的工业或商业用水果或蔬菜榨汁机、食品研磨机及搅拌器等（分别归入品目 84.35 或 84.38）；工业用空气增湿机、减湿机（重量不小于 20 千克）（子目 8479.8920）等	85.09
3	电动剃须刀、电动毛发推剪及电动脱毛器；上述货品的零件（如刀架、刀片） 不包括用一个独立的电动机通过软轴驱动的毛发推剪（品目 82.14）	85.10
4	点燃式或压燃式内燃发动机用的电点火和电启动装置（如火花塞、点火磁电机、永磁直流发电机、磁飞轮、分电器、点火线圈、启动电机、升压线圈）；附属于上述内燃发动机的发电机及断流器；上述货品的零件	85.11
5	自行车或机动车辆用的电气照明或视觉信号装置（如尾灯、喇叭、汽笛）；风挡刮水器、除霜器及去雾器；上述货品的零件 不包括可作除霜器或去雾器用的非电气汽车加热设备（品目 73.22 或 87.08）等	85.12
6	自供能源（如干电池、蓄电池或永磁发电机）的手提式电灯（如手电筒、矿工安全灯）；上述所列电灯的零件 不包括医疗专用（如用于咽喉或耳朵检查）的检查灯（品目 90.18）等	85.13
7	工业或实验室用的电炉及电烘箱（如电阻加热的炉及烘箱）；通过感应或介质损耗工作的炉及烘箱（如工业用微波炉）；其他通过感应或介质损耗对材料进行热处理的设备（包括装有感应线圈的机器和装有作为电容使用的电极的机器）；上述货品的零件（如电枢、炉门及金属电极） 不包括：非电热的工业或实验室用炉及烘箱（品目 84.17）；非电热的家用炉及烘箱（按材料归入第十五类相应章）；家用电热器具，包括煤气—电力两用炉（品目 85.16）；制造半导体圆片或平板显示器用的电炉及电烘箱（品目 84.86）等	85.14

续表

序号	商品描述	归类
8	电焊机、电子束焊机、光焊机、激光焊机、超声波焊机、磁脉冲或等离子弧焊接机，以及同时用气体及电进行焊接的机器及装置，不论是否兼有切割功能；用于热喷金属或金属陶瓷的电气机器及装置，以及焊接专用的工业机器人；上述货品的零件（如焊头及焊钳、电焊条夹） 不包括：手持式烙铁（非电烙铁）（品目 82.05）；打包或捆扎用的真空封焊机（品目 84.22）；水下喷焊机（品目 84.79）；气焊机、摩擦焊接机（品目 84.68）；专用于或主要用于组装半导体的焊接机器及装置（品目 84.86）等	85.15
9	电热的快速/储存式热水器、浸入式液体加热器；电气空间加热器及土壤加热器；电热的理发器具（如电吹风机）及干手器；电熨斗；其他家用电热器具（如微波炉）；加热电阻器；上述货品的零部件 不包括：非电热的快速热水器或贮备式热水器（如太阳能热水器）（品目 84.19）；由浸入式液体加热器固定装在水箱、水槽或其他容器内所组成的组合装置（品目 84.19）；工业用微波炉（如餐馆用微波炉）（品目 85.14）；碳制加热电阻器（品目 85.45）等	85.16

其中，家用电动器具主要归入品目 85.08～85.10；第八十四章也包括部分具体列名的家用电动器具，具体如下：

序号	商品描述	归类
1	电扇、排气扇、抽油烟机	84.14
2	离心干衣机	84.21
3	洗碟机	84.22
4	洗衣机	84.50
5	缝纫机	84.52

品目 85.13 的电灯或手电筒与钢笔、螺丝刀、钥匙圈等组成的组合物品，以照明为其主要功能的，仍归入本品目。

品目 85.14 的设备的加热方式有电阻加热、感应加热、电弧加热、电子束加热、红外线加热和介质损耗加热等。

品目 85.14 的电弧炉配有收集蒸馏液的冷凝器，则整套装置归入品目 84.19。旋转式变流机及高频发生器若与加热处理设备一同报验，也应归入品目 85.14。

只有配备特殊装置（如焊丝进料装置），明显为专用于或主要用于硬钎焊或软钎焊的机器或器具，才可归入品目 85. 15。其他器具应视为品目 85. 14 所列的炉、烘箱或加热设备。

品目 85. 15 的焊接机器及装置与品目 84. 68 的焊接机器及装置区别是：前者在焊接中利用电能进行熔焊、压焊和钎焊；后者不需要利用电能进行焊接。

品目 85. 16 的加热电阻器为通电时可发出高热的条、棒、板等或线段（一般绕成线圈），用特殊材料制成。若除了装有绝缘线圈架和电气接头以外，加热电阻器还与机器或器具的零件组装在一起的，则应作为有关机器或器具的零件归类（例如电熨斗的底板及电锅用的电热板）。未装配的电线只有在截成一定长度并已绕成线圈，或已制成形，可以确定为加热电阻元件时，才可归入本品目。这项规定同样适用于条、棒及板片。

即热式电热水器（子目 8516. 1020）与储存式电热水器（子目 8516. 1010）的区别在于前者没有储水容器。

家用电热水锅炉，带有循环装置的，归入品目 84. 03；家用电热水器，不带循环装置的，归入品目 85. 16。

例 1. 轿车用倒车雷达，装于轿车尾部，当倒车时距障碍物一定距离即发出警报声以提醒驾驶员

【答案】8512. 3019

【归类说明】本题货品是机动车辆用的一种音响报警装置，符合 85. 12 品目条文“自行车或机动车辆用的电气照明或信号装置（品目 85. 39 的物品除外）”的规定，应归入品目 85. 12。查阅子目，由于该货品未在相关子目中列名，故应归入子目 8512. 3019“其他”。

（三）声音、图像的录制、重放设备及记录媒体的归类

序号	商品描述	归类
1	单独报验的传声器、扬声器、耳机、耳塞机、产前听诊装置及音频扩大器；电气扩音机组；上述货品的零件 不包括：单独报验的外置电源（品目 85. 04）；无线耳机（子目 8517. 6294）；医疗、外科或兽医专用的电气诊断装置（品目 90. 18）等	85. 18
2	声音录制或重放设备及既能录制又能重放声音的设备（如自动唱片点唱机）；转盘（唱机唱盘）；电话应答机；磁带录音机、激光唱机、MP3 播放器；其他声音录制或重放设备（如电唱机、电影用放音机） 不包括：与电话机组成一体的电话自动应答机（品目 85. 17）；与无线电广播接收设备组装在同一机壳内的声音录制或重放设备（品目 85. 27）；与电视机组装在一起的声音录制或重放设备（品目 85. 28）等	85. 19

续表

序号	商品描述	归类
3	视频信号录制或重放设备，不论是否装有高频调谐器；激光视盘谍影机	85.21
4	专用于或主要用于品目 85.19 或 85.21 所列设备的零件、附件（如拾音头、磁头、激光视盘机的机芯、车载音频转播器或发射器）	85.22
5	记录声音或其他信息（如数字数据、文本、图像、视频或其他图形数据、软件）用的各种媒体，不论是否已录制，包括供复制圆盘用的母片及母盘：磁性媒体常见的类型为磁盘/条/卡/带；光学媒体常见的类型为光盘（如 CDs、DVDs），以及磁光媒体；半导体媒体（含有一个或多个集成电路）常见的类型为固态、非易失性数据存储器件（又称“闪存卡”，如各类记忆存储卡、U 盘等）（子目 8523.51）、“智能卡”（如邻近卡或牌、移动电话 SIM 卡、电子标签等）（子目 8523.52）及其他半导体媒体（子目 8523.59）；唱片等（参见章注五）	85.23

其中，耳机和耳塞的作用与扬声器的一样，可以把电信号转换成声音，唯一的区别是两者的功率不同，耳机与耳塞是一种用于产生低强度声音信号的电声接收机。品目 85.19 的电话应答机与电话机连用，但与电话机组成一体的电话自动应答机应归入品目 85.17。

品目 85.23 的记录媒体通常制作成盘、片、带、条等各种形状，其特点是：在记录过程中有电信号参与转换、记录。故本品目不包括某些不需要电信号参与工作就能完成记录的媒体，如胶卷、胶片（第三十七章），记有数据的纸带、穿孔卡片（第四十八章），以及硬盘驱动器和移动硬盘（品目 84.71），微电脑用内存条（子目 8473.3090）；游戏机用卡带（品目 95.04）。

当记录媒体与所用设备（指直接读取记录媒体信息的设备）一同报验时，记录媒体与所用设备应分别归类。例如，一盒录像带（已录制信息）与一台录像机一同报验，其中录像机属于录像带的所用设备，故应分别归类，录像带归入品目 85.23，而录像机归入品目 85.21。

当记录媒体与所用设备以外的物品一同报验时，若符合归类总规则三（2）所列零售成套货品规定的，则整套货品应按具有该套货品基本特征的货品进行归类，否则，应分别归入其适当的品目。例如，一台微波炉（含一张有使用说明和常用菜谱的光盘）一同报验，虽然该微波炉不属于光盘的所用设备，但光盘是介绍该微波炉的使用说明资料，其组合符合归类总规则三（2）所列零售成套货品的规定，因该微波炉具有该套货品的基本特征，本题商品应按微波炉归入品目

85.16，但一同报验的激光打印机与电脑游戏光盘则不构成零售的成套货品，应分别归类。

例 2. ABS（丙烯腈－丁二烯－苯乙烯共聚物）塑料制音箱外壳

【答案】8518.9000

【归类说明】本题货品是音箱零件，应归入本章。查阅品目，第十六类类注二规定，“机器零件应按下列规定归类：（一）凡在第八十四章、第八十五章的品目列名的货品，均应归入该两章的相应品目；（二）专用于或主要用于某一种机器或同一品目的多种机器的零件，应与该种机器一并归类。”因该货品未在上述两章列名，且其属于音箱的专用零件，该货品应与音箱归入同一品目 85.18，然后归入子目 8518.9000“零件”。

例 3. 带有录音功能的 MP3 音乐播放器（不能接受无线广播）

【答案】8519.8131

【归类说明】本题货品是一种电子产品，应归入本章。该货品带有录音功能，但不能接收无线广播，属于声音录制或重放设备，符合 85.19 品目条文“声音录制或重放设备”的规定，应归入品目 85.19。查阅子目，因该货品一般使用闪速存储器型的半导体媒体，该货品应归入子目 8519.8131。

（四）通信、广播、电视及相关设备的归类

归类时，应注意品目 85.17 所列货品的适用网络种类（蜂窝网络、无线网络、有线网络、以太网等），品目 85.25 所列的数字照相机及视频摄录一体机是否可装内置存储装置，品目 85.27 所列的货品是否需外接电源，品目 85.28 的电视接收装置是否带显示屏，品目 85.29 的零件的用途。

序号	商品描述	归类
1	电话机（如无绳/蜂窝电话机、对讲机）；发送或接收声音、图像或其他数据用的其他通信设备，包括有线或无线网络（如局域网或广域网）用的通信设备；电话或电报交换机；光端机；调制解调器；无线耳机；上述货品的零件（如手机用液晶显示屏/平板玻璃） 不包括：传真机（品目 84.43）；无线电广播或电视信号的发送或接收设备（品目 85.25、85.27 或 85.28）及通信卫星（品目 88.02）等	85.17
2	无线电广播、电视发送设备，不论是否装有接收装置或声音的录制、重放装置（如卫星地面站设备）；电视摄像机、数字照相机及视频摄录一体机（分为特种用途的或非特种用途的）	85.25

续表

序号	商品描述	归类
3	雷达设备（如飞机导航雷达设备）；无线电导航设备［如全球定位系统（GPS）接收机］；无线电遥控设备（如遥控航海模型及航空模型等的无线电设备） 不包括：红外线遥控器（品目 85.43）；有线遥控器（按适用设备的零件归类，如空调有线遥控器，按空调的专用零件归类）	85.26
4	无线电广播接收设备，不论是否与声音的录制、重放装置或时钟组合在同一机壳内，包括：家庭用收音机、汽车用收音机、与品目 85.25 所列的转播设备连用，但单独报验的接收装置；袖珍盒式磁带收放机；装有收音机的立体音响系统 不包括品目 85.17 或 85.25 的物品等	85.27
5	未装电视接收装置的监视器和投影机（如阴极射线管监视器）；电视接收装置，不论是否装有无线电收音装置或声音、图像的录制或重放装置（如数字电视接收机） 不包括影像投影仪（品目 90.08）等	85.28
6	专用于或主要用于品目 85.25～85.28 所列装置或设备的零件（如各种天线或天线反射器及其零件）；有机发光二极管显示屏；高频调谐器；品目 85.25～85.28 所列器具、设备的专用箱、壳；天线滤波器及分离器；支架（底架） 不包括：天线杆（如品目 73.08）；阴极射线管及其零件（品目 85.40）；天线放大器及无线电频率振荡装置（品目 85.43）等	85.29

其中，“摄像”与“摄影”的区分是：前者是将图像（光学信号）经镜头聚焦后，在光电转换器件中转换成电信号，符合摄像原理的电视摄像机、视频摄录一体机和数字式照相机归入品目 85.25；后者是将图像（光学信号）经镜头聚焦后，通过光化学反应在胶片上感光（曝光）以记录影像，此过程不具有电气效应，作为光学装置列名归入品目 90.06“照相机”和品目 90.07“电影摄影机”。

例 4. 钟控收音机

【答案】 8527.9200

【归类说明】 本题货品是一种既有接收无线电广播功能，又有计时功能的多功能机器，看似既可按钟表归入第九十一章，又可按无线电广播接收设备归入本章。根据第十六类类注三的规定，多功能机器应按其主要功能归类，故该货品应按其主要功能（接收无线电广播功能）归入品目 85.27。查阅子目，因该货品需外接电源，且不是用于汽车的，应归入一级子目 8527.9“其他”。因其带有时钟装置，应按列名归入二级子目 8527.9200“带时钟的收音机”。

品目 85.28 的监视器和投影机可从不同的信号源接收多种信号。但若它们带有电视调谐器，则应视为电视接收装置。

电视机和监视器在外观上极为相似，两者的主要区别在于接收的信号不同，故内部电路构成有差别。电视机的信号来源是载有视频信号（由电视台发出）的无线电波（也称“射频信号”，一种高频信号源）。监视器则直接接收来自视频重放设备（如 DVD 机、录像机等）或摄像机输出的视频信号（中频信号）。监视器无须天线、高频调谐器等射频电路装置，可通过电线、电缆直接与电视摄像机、录像机、计算机主机等相连接，多用于闭路电视系统（飞机场、火车站、钢铁厂、医院等）的监控，也用于电视台节目制作时的监看，或家庭或娱乐场所的视频观看。

投影机和投影仪的区别是接收的信号来源不同。投影机接收的是电信号。来自摄像机、录像机、DVD 机输出的视频信号，或是来自计算机的 R、G、B 三原电信号，通过投影机的显像，均转换成光线投射在屏幕上成像。而投影仪的信号来源是物体影像的光学信号。这些光信号进入投影仪后，经过一系列光学镜片的折射、反射后，改变了光路，最后光点被转移到了屏幕上，可以在屏幕上看到图像，例如幻灯片。

投影机的工作过程中必须有电信号参与，故具备了电气设备的特征，其应归入品目 85.28；投影仪的工作过程中无须有电信号参与，仅仅是光路的变化，具有光学仪器的特征，其应归入品目 90.08。

（五）其他电气设备的归类

1. 电气音响或视觉信号装置的归类

这些装置归入品目 85.30 ~ 85.31。这些货品通电后，最终产生声音或图像，以起到提示、警示、安全管理等信号作用。

序号	商品描述	归类
1	铁道或电车道（包括地下矿井铁道设备）及气垫火车运输系统设备，包括信号或安全设备；轨道控制设备（如道岔遥控设备）；道路、内河航道或停车场用的设备，包括平交道口自动信号装置（如闪烁信号灯、铃、发光停车信号灯）和交通灯；港口或机场用的电气交通管理设备；上述货品的零件 不包括品目 86.08 的机械操作的类似设备等	85.30
2	其他电气音响或视觉信号装置，如防盗或防火报警器；装有液晶装置（LCD）或发光二极管（LED）的显示板；其他装置，包括电铃、电峰音器、电门钟；电喇叭、电笛；间歇信号灯；上述货品的零件 不包括：品目 85.12 或 85.30 的货品；装有检烟器的防火报警器，其检烟器装有放射性物质的（品目 90.22）等	85.31

其中，品目85.31所列的电气信号装置是以音响（电铃、电笛等）或使用视觉显示（灯、活片、发光号码等）发出信号，可以是人工操作（如门铃），也可以是自动操作（如防盗警报器）。

装有液晶装置的显示板（品目85.31）与液晶装置（品目90.13）的区别是：液晶装置是液晶显示板中的成像部件。即，液晶显示板是完整品，而其液晶装置是它的零部件。

2. 其他未列名的电气设备、装置及其零件的归类

品目85.43包括不能归入本章其他品目，也没有在其他各章品目具体列名的，具有独立功能的电气设备、装置及其专用零件。本品目所列的大部分器具是电子产品或零件（电子管、变压器、电容器、扼流圈、电阻器等）的组合装置，完全用电气操作，也包括带有附属机械性能的电气产品（这些机器的机械性能附属于其电气性能），如粒子加速器；信号发生器（注意其输出信号频率范围）；电镀、电解或电泳机器及装置（如电化学还原槽）；调音台；高频或中频放大器（包括测量放大器及天线放大器）；上述货品的零件。

本品目不包括：电影摄影专用调音台（品目90.10）；专用于产生X光射线的电子感应加速器及其他粒子加速器（品目90.22）；品目90.27的电泳仪等。

本品目与品目84.79的区别是：前者是未列名的电气装置，后者是未列名的机械装置。

例5. 电功率为10瓦的空气清新器（负离子发生器）

【答案】 8543.7099

【归类说明】 本题货品属于电子设备，应归入本章。查阅品目，未见具体列出该货品的品目，故应归入品目85.43“本章其他品目未列名的具有独立功能的电气设备及装置”。查阅子目，因该货品未在有关子目列名，故归入一级子目8543.7“其他设备及装置”，最后归入四级子目8543.7099“其他”。

（六）通用电子、电力元器件的归类

电子、电力元器件是构成电子、电力设备的基本单元，通常不单独使用，但具有某种独立功能。这些元件分为有源元件和无源元件两类。有源元件是指电子电路中，当获得能量供给时，可以发挥放大、振荡等主动机能的零件（如二极管、发光二极管、晶体管、集成电路、真空电子器件等），它们除了输入信号外，还要有外加电源才可以正常工作。无源元件的特点是在电路中无须加电源即可在有信号时工作。无源元件主要有：电路类元件，例如电阻器、电感器、电容器、开关、按键等；连接类元件，例如连接器、插座、电缆、印刷电路板等。

1. 电容器、电阻器、印刷电路的归类

归类时，应注意品目85.32所列货品的额定无功功率、结构类型（单层、多层等和片式、非片式）、介质类型（单/多层瓷介，纸介质或塑料介质）；品目

85. 33 所列货品的额定功率、结构类型（片式、线绕式等）；品目 85. 34 所列货品的电路层数。

序号	商品描述	归类
1	固定、可变或可调（微调）电容器；组装在一个底座上或一个容器中的多个电容器（如由多个标准电容器组成的电容箱）；电容器的零件	85. 32
2	电阻器（包括变阻器及电位器），如稳流灯；电阻器的零件 不包括加热电阻器（品目 85. 16 或 85. 45）和光敏电阻器（品目 85. 41）	85. 33
3	完全由无源元件组成的薄膜或厚膜电路（参见章注六）	85. 34

2. 电路的开关、保护、连接及控制用电气装置的归类

序号	商品描述	归类
1	一般用于电力分配系统的电气装置（电压超过 1000 伏特）：电路开关装置（如隔离开关及断续开关、继电器）；电路的保护装置（如熔断器、自动断路器、避雷器、电压限幅器及电涌或电流峰值抑制器）；电路的连接装置（如插头及其他接触器、接线盒） 不包括：上述装置的组合体（简单的组合开关除外）（品目 85. 37）；利用放射性原理工作的避雷器（品目 90. 22）等	85. 35
2	一般供寓所或工业设备使用的电气装置（电压不超过 1000 伏特）（参见品目 85. 35）；光导纤维、光导纤维束或光缆用连接器（参见章注七） 不包括带有光缆的光导纤维用连接器（品目 85. 44 或 90. 01）等	85. 36
3	由品目 85. 35 的高压电器或品目 85. 36 的低压电器组成的通常装于盘、板、台上或柜子里的组合体，包括装有第九十章所列的仪器或装置，以及数控装置，如数控机床使用的装有自动数据处理机的数字控制板、家用电器的程序控制板、可编程序控制器等（子目 8538. 9000） 不包括：简单的组合开关（如由两个开关及一个连接器组成的组合开关）（品目 85. 35 或 85. 36）；无绳红外遥控器（品目 85. 43）等	85. 37
4	专用于或主要用于品目 85. 35、85. 36 或 85. 37 所列装置的零件，如品目 85. 37 所列货品用的盘、板、台、柜及其他基座，但未装有关装置；薄膜开关（子目 8538. 9000）	85. 38

其中，品目 85. 37 的装置可以是仅装有几个开关和熔断器等的小型配电盘，也可以是供机床、轧钢厂、发电站、无线电台等使用的复杂的电气控制盘、板、台、柜及其他基座等。这些电气控制或分配信号通常需要人为发出操作指令。故本品目不包括具有自动控制和调节功能的电气装置（品目 90. 32），这种设备一般不需要人为干预。

本品目的可编程控制器的硬件组成结构与自动数据处理设备较为相似。两者均由处理部件（CPU 模块）、存储部件（存储器）、输入/输出部件（输入/输出模块）、电源等部件构成。同时，两者都具备算术运算、逻辑运算等功能，而两者的区别主要在于其内部构件和功能用途。可编程控制器内部的存储器（或存储芯片）中大都存储有专用的数控软件，自动数据处理设备及其处理部件内部则通常不会存储有专用的数控软件。可编程控制器专用于实现工业控制，属于工业控制设备，换言之，该货品所进行的算术运算和逻辑运算都是为工业控制服务的；自动数据处理设备及其处理部件的具体用途通常并不确定，其所进行的算术运算和逻辑运算可为多种不同的行业和领域（如科研、科学实验、工程运算、工业控制、企业办公、个人家庭等）服务。

3. 电光源的归类

电光源是将电能转换成光能的器件或装置，各类发光装置中的灯管、灯泡应作为电光源归入品目 85. 39，如封闭式聚光灯、其他白炽灯泡（如卤钨灯）、放电灯管（如热阴极荧光灯、金属卤化物灯）、紫外线灯管或红外线灯泡、弧光灯、发光二极管（LED）灯泡（管）；上述货品的零件，包括白炽灯及放电灯及灯泡的底座；放电灯泡及灯管用的金属电极。但本品目不包括带碳灯丝的电阻灯及带铁灯丝的各种氢气灯（品目 85. 33）等。

归类时，应注意本品目所列货品的类型、功率及额定电压。

4. 真空电子器件的归类

品目 85. 40 仅包括利用阴极在真空或气体中发射出来的电子效应工作的电子管，具体为：热电子管、冷阴极管及光阴极管，如真空管或充气管、汞弧整流管、电视摄像管、微波管；上述货品的零件，如电极（阴极、栅极、阳极）；电子管外壳（玻璃制的除外）。本品目不包括金属槽汞弧整流器（品目 85. 04）、X 射线管（品目 90. 22）等。

归类时，应注意本品目所列货品的类型、荧光点距及是否彩色/单色。

例 6. 阴极射线彩色电视显像管

【答案】 8540. 1100

【归类说明】 本题货品是一种能将电信号转换为图像的电子束管，是电视机的一种零件，应归入本章。查阅品目，该货品看似既可按电视机的零件归入品目 85. 29，又可按阴极射线管归入品目 85. 40，但因品目 85. 40 已列有该货品，根据归类总规则三（1）“列名具体的品目优先于列名一般”的归类原则，故该货品应归入品目85.40。该货品是彩色的，故应归入二级子目8540.1100。

5. 半导体器件、已装配的压电晶体的归类

品目85.41包括：二极管、晶体管（如双极型晶体管，注意其耗散功率）及类似的半导体器件（如半导体开关元件）；光敏半导体器件，包括光电管（光敏电阻器）、光电池（如太阳电池、光电二极管、光电耦及光电继电器）；发光二极管［如图形化蓝宝石衬底外延片、红外外延片（均属于发光二极管的未制成品）］和激光二极管；已装配的压电晶体；上述货品的零件。本品目不包括未装配的压电晶体（品目38.24、71.03或71.04），利用外部光电效应（光电发射）进行工作的光电发射管（品目85.40）等。

6. 集成电路的归类

品目85.42的集成电路是一种由无源元件（电阻器、电容器、电感器等）及有源元件（半导体器件）或部件高密度组装而成的器件，包括存储器、微控制器、控制电路、逻辑电路、开关阵列、接口电路等，分为单片集成电路、混合集成电路、多芯片集成电路及多元件集成电路（MCOs）。集成电路按其用途（处理器及控制器用、存储器用、放大器用等）归入不同子目。本品目还包括上述货品的零件，但不包括完全由无源元件构成的膜电路（品目85.34），集成电路板（按第十六类类注二“机器零部件归类”的规定来归类）。

7. 绝缘电导体、石墨或碳精的电气制品、绝缘子及绝缘零件的归类

上述货品归入品目85.44～85.47。归类时，应注意品目85.44所列货品的结构类型（是否有接头，是否同轴电缆、同轴电导体）及电导体的额定电压。

序号	商品描述	归类
1	在电气机器、器具或设施中作为导体使用的绝缘（包括漆包或阳极化处理）电线、电缆及其他绝缘电导体（如编结带、条、棒），不论是否有接头，如绕组电线、同轴电缆及其他同轴电导体；由多根具有独立保护套的光纤组成的光缆，不论是否与电导体装配或装有接头	85.44
2	从形状、尺寸或其他特征确定为电气用的石墨制品或其他碳精制品（不论其是否含有金属），具体有：炉用/电解用碳电极、碳焊条、碳刷、弧光灯或其他灯碳棒（如电阻电灯用的碳灯丝）、电池碳棒、传声器的碳精零件（如碳精圆片）及石墨或其他碳精制品 不包括：非电器用的石墨或其他碳精制品（品目68.15）；碳电阻器（品目85.33）；碳刷座，不论是否装有碳刷（按机器零件归类，如归入品目85.03）	85.45

续表

序号	商品描述	归类
3	由各种绝缘材料（如瓷器、块滑石、玻璃、硬化橡胶、塑料等）制成的绝缘子（俗称“瓷瓶”），包括悬垂/刚性/引导式绝缘子 不包括构成避雷器的绝缘子（品目85.35）	85.46
4	电气机器、器具或设备用的绝缘零件（如开关、断路器等的顶盖、底座，熔断器用的底座及支架，灯座用的环，电阻器或线圈用的线圈架，未装有接头的接线条或连接块，各种线圈架及绕组芯子，火花塞体）；内衬绝缘材料的贱金属制电路导管及其接头（如直接头、十字接头） 不包括：通常具有同样用途的非绝缘金属管（第十五类）；全部由绝缘材料制成，但不是专供绝缘用的零件（如蓄电池用的容器、顶盖）（品目85.07）；装有通电用接线柱的T形接头、十字接头等（品目85.35或85.36）等	85.47

其中，电线、电缆等即使已切成一定长度，或在一端或两端装有接头（如插头、插座、接线片、插孔、套管或接线柱），仍归入品目85.44。

品目85.44所列货品由导电芯、绝缘层、密封护套和保护覆盖层构成。

此外，注意以下两组货品的区别：

（1）绝缘电线是包覆绝缘层的电线，而电缆由一根或多根相互绝缘的导电线置于密封护套中构成，因此，电缆要比绝缘电线的尺寸更大、结构更复杂；

（2）品目85.44的光缆主要用于光纤通信，品目90.01的光缆用于光学成像。

品目85.46的绝缘子常呈碗形、手风琴形、裙状、槽形、圆筒形或其他形状，可装有配件（如金属支架、螺丝、螺栓、夹子、悬带等），用于支承、悬挂带电导体并使其绝缘。

归入品目85.47的电气机器、器具或设备用的绝缘零件必须同时符合以下两个条件：

（1）全部用绝缘材料制成，或除了为装配需要而在模制过程中装上的小金属零件（螺丝、螺纹孔、套管等）以外，全部用绝缘材料制成；

（2）供绝缘用，尽管同时还具有其他作用（如起保护作用）。

上述绝缘零件可由各种绝缘材料（如玻璃、陶瓷、块滑石、硬化橡胶、塑料、经树脂浸渍的纸或纸板、石棉水泥或云母）制成。

8. 电池废碎料、废电池及未列名的通用电气零件的归类

品目85.48包括：原电池、原电池组及蓄电池的废碎料；废原电池、废原电池组及废蓄电池（参见章注十）；机器或设备的本章其他品目未列名的电气零件（可确定为机器或器具的电气零件，但又不是某一特定机器或器具零件的货品）。

这些货品应装有电气接头、绝缘零件、线圈、接触器或其他电气元件。

根据第十六类类注二（机器零件归类原则），归入本品目的零件须同时符合下列条件：具有电气特征；未列名；通用性，即可适用于多个不同品目项下的货品；用于第八十五章电气设备或第八十四章机械设备中的电气零件。

本品目不包括专用于或主要用于某一特定机器或器具的电气零件，以及归入本章其他品目的零件，或第十六类注释一规定不归入本类的零件。

第十七类　车辆、航空器、船舶及有关运输设备

一、本类商品范围及结构

本类共有 5 条类注、4 章。其中，各种铁道车辆及气垫火车归入第八十六章；其他陆上车辆，包括气垫车辆及其零件，归入第八十七章；航空器、航天器及其零件归入第八十八章；船舶、气垫船及浮动结构体归入第八十九章。

本类还包括与运输设备相关的某些具体列名货品，如集装箱、某些铁道或电车道轨道固定装置及附件和机械（包括电动机械）信号设备（第八十六章），以及降落伞、航空器发射装置、甲板停机装置或类似装置和地面飞行训练器（第八十八章）。

二、本类商品归类要点概述

（一）某些特殊运输工具的归类

既可在道路上又可在轨道上行驶的特殊构造的车辆，水陆两用机动车辆，均应归入第八十七章的相应品目；可兼作地面车辆使用的特殊构造的航空器应归入第八十八章的相应品目（参见类注四）。

（二）气垫运输工具及其相关产品的归类

气垫运输工具应按本类最相似的运输工具归类。即，在导轨上运行的气垫火车按火车归入第八十六章；在陆地上行驶或水陆两用的气垫车辆按车辆归入第八十七章；在水上航行的气垫运输工具，不论能否在海滩或浮码头登陆及能否在冰上行驶，一律归入第八十九章（参见类注五）。

气垫运输工具的零件、附件，应按照上述规定，与最相类似的运输工具的零件、附件一并归类。

气垫火车的导轨固定装置及附件应与铁道轨道固定装置及附件一并归类。气垫火车运行系统的信号、安全或交通管理设备应与铁路的信号、安全或交通管理设备一并归类。

（三）本类商品零件及附件的归类

1. 既可归入第十七类，又可归入其他类的零件及附件，应根据其主要用途归

类。例如，许多第八十四章所列移动式机器用的转向机构、制动系统、车轮及挡泥板等货品，与第八十七章货车用的几乎完全相同，由于它们主要用于货车，应按货车零件及附件归入本类。

2. 可归入本类中的两个或多个品目的零件及附件（如制动器、转向系统、车轮、车轴等）应归入其主要用于那种运输工具（摩托车、汽车、航空器等）的零件及附件的有关品目。

3. 专用于或主要用于第八十六章至第八十八章运输设备的零件及附件按专用零件及附件归入相应品目或与整车一同归类。例如，专用于品目87.11至87.13所列车辆用的零件及附件归入专用的零件及附件品目87.14，专用于短距离运输货物的机动车辆与整车一并归入品目87.09。

4. 不归入本类商品的零件及附件如下：

（1）本类注释二排除的零件及附件，具体有：任何材料制成的接头、垫片、垫圈及类似品（按其构成材料归类或归入品目84.84）或硫化橡胶（硬化橡胶除外）制成的其他制品（品目40.16）；第十五类注释二所规定的贱金属或塑料制的通用零件。（第十五类）或塑料制的类似品（第三十九章）；第八十二章的扳手、扳钳及其他工具；品目83.06的铃（如自行车用的铃）及其他物品；品目84.01～84.79的机器、机械器具及其零件；第八十四章的某些其他货品等。

（2）在《税则》其他品目列名更为具体的零件及附件。这些零件及附件应按具体列名归类。例如，车辆用硫化橡胶制传动带（品目40.10）；车辆用橡胶轮胎、可互换胎面、轮胎衬带及内胎（品目40.11～40.13）；皮革、再生皮革、钢纸等制的工具袋（品目42.02）；自行车或气球用的网（品目56.08）；拖缆（品目56.09）；后视镜（品目70.09）；车辆座椅（品目94.01）；速度计、转数计等用的软轴（品目84.83）等。

5. 除船体外的所有船舶或结构浮动体的零件及附件不能归入第八十九章，即使这些零件及附件确定为船舶等用，仍应归入其他章的相应品目。例如，船舶用舵机作为船舶的一个部件，应归入子目8479.8910。

第八十六章　铁道及电车道机车、车辆及其零件；铁道及电车道轨道固定装置及其零件、附件；各种机械（包括电动机械）交通信号设备

一、本章商品范围及结构

本章共3条章注、9个品目，包括：各种铁道或电车道（包括窄轨铁道、单轨铁道等）用的机车、车辆及其零件，以及某些轨道固定装置及附件；经特殊设

计、装备适于一种或多种运输方式的集装箱；各种机械（包括电动机械）信号、安全或交通管理设备（包括停车场用的在内）；在导轨上行驶的气垫火车及其零件、气垫火车导轨的固定装置及附件以及气垫火车运输系统的机械（包括电动机械）信号、安全或交通管理设备。

本章9个品目的排列顺序为：机动车辆（品目86.01～86.03）→维修或服务用车（品目86.04）→牵引车辆（品目86.05～86.06）→车辆零件（品目86.07）→轨道固定装置及附件、机械交通信号管理设备（品目86.08）→集装箱（品目86.09）。

二、本章商品归类要点概述

（一）根据归类总规则二（1）的规定，不完整或未制成的车辆，只要具有完整品或制成品的基本特征，应与相应的完整或已制成车辆一并归类。这些车辆包括：未装有动力装置、测量仪器、安全装置或维修设备的机车或铁道或电车道用的机动车辆；未安装座位的客车；已装有悬架及车轮的货车底架。

但未装在车架上的铁道或电车道用机动客车、货车、敞车、煤水车的车身，应作为铁道或电车道机车或车辆的零件归入品目86.07。

（二）机械（包括电动机械）的信号、安全或交通管理设备，例如臂板信号机、机械信号盘、平交道口控制器、信号及道岔控制器等（不论是否装有电力照明装置），归入品目86.08；电气的信号、安全或交通管理设备，归入品目85.30；无机械部分的道路、铁路等的路标（如限速路标、方向标志牌、坡度标志牌），按其构成材料归类（如归入品目44.21或83.10）。

（三）凡由两种动力驱动的机车，应按其所使用的主要动力归类。

三、本章商品与相关商品的归类

（一）机动车辆的归类

序号	商品描述	归类
1	由外部电力（如直流/交流电机）或蓄电池驱动的铁道电力机车	86.01
2	其他铁道机车，包括柴油机车、蒸汽机车（如采用电力传动装置的涡轮机车）；机车煤水车	86.02
3	铁道及电车道用的机动客车、货车及敞车	86.03

其中，铁道机车，俗称火车头，是牵引或推动其他铁路车辆的自推进车辆。

铁道或电车道用的机车与机动客车、货车及敞车的区别是：前者是用来牵引若干节车厢在铁路上行驶的动力车；后者不但配有动力装置且可以载运客货。这类车辆可以单独行驶，也可挂接在一辆或多辆同类型车辆或挂车上。其主要特点是它的驾驶室设在车辆的一端或两端，或设在车辆中部的凸起部位（驾驶指挥塔）。

例 1. 地铁直流电力机车

【答案】 8601.1019

【归类说明】 本题货品为铁道电力机车，应归入本章。查阅品目，该车应按列名归入品目 86.01。因该车是由外部电力驱动的，应归入一级子目 8601.1，然后按列名归入三级子目 8601.101“直流电机驱动的”。因其未在四级子目列名，应归入四级子目 8601.1019“其他”。

（二）维修或服务用车的归类

品目 86.04 包括专用于安装、维修或保养轨道及轨道旁设施的车辆（不论是否机动），如工场车、起重机车、绞盘车、道砟捣固车、装有搅拌轨道混凝土用机器的敞车、安装及维修电缆用的台架车、轨道校正车、检验车及查道车等。

各种机器、检验仪器及其他设备，若安装在真正的铁道或电车道用的底架上（因此构成真正的铁道或电车道用车辆），应归入本品目；若仅安装在简单的轮式平台上，则应归入其他列名更为具体的品目（品目 82.25、84.26、84.28 ~ 84.30 等）。

（三）牵引车辆的归类

序号	商品描述	归类
1	铁道及电车道用的非机动客车（如卧车、餐车、载客缆车）；铁道及电车道用的非机动特殊用途车辆（如行李车、邮政车、救护车）	86.05
2	铁道及电车道用的非机动有篷及无篷货车，如油罐货车、自卸货车、载运卡车的平板车	86.06

其中，品目 86.06 包括在铁道网（不论轨距宽窄）上载运货物的车辆及在矿区、建筑工地、工厂、仓库等处的轨道上运输货物的小型车辆或敞车。后者与真正铁路货车、客车等的区别，一般在于它们不装弹簧。

（四）车辆零件的归类

铁道及电车道机车或其他车辆的零件归入品目 86.07，包括：轴、轮、行走机构、金属轮箍、轮圈、毂及轮子的其他零件；车架及其零件（大梁、横梁、轴箱导轨等）、底架、转向架；轴箱及其零件；制动装置及其零件（制动蹄、气缸、杠杆等）；车辆缓冲器；钩或其他联结器及车厢走廊联结装置；车身等。

上述零件须能确定为专用于或主要用于上述车辆，且不属于第十七类注释所列不包括的货品范围。

例 2. 铁道机车两车厢间连接钩

【答案】 8607.3000

【归类说明】 本题货品是铁道车辆用的零件，应归入品目 86.07，然后按列名归入子目 8607.3000“钩、其他联结器、缓冲器及其零件”。

（五）轨道固定装置及附件、机械交通信号管理设备的归类

品目 86.08 包括：已装配的轨道、转车台、站台缓冲器、量载规；铁道及电车道、道路、内河航道、停车场、港口或机场用的臂板信号机、机械信号盘、平交道口控制器、信号及道岔控制器及其他机械（包括电动机械）信号、安全或交通管理设备，不论是否装有电力照明装置；上述装置的零件（如转车台的平台、信号指臂及信号盘、控制杆、辙尖锁套、联锁机构等）。

本品目不包括：可把铁道车辆从一轨道横向移送到另一轨道的机车或货车转车台（品目 84.28）；信号灯（品目 85.30 或 94.05）等。

本品目所称的“信号设备”是指能发出两种或多种信号，每种信号均可向车辆、船舶或飞机传递指示的设备。

（六）集装箱的归类

品目 86.09 包括经特殊设计、装备适用于各种运输方式（如公路运输、铁路运输、水上运输或空运），便于“门对门”货物运输的集装箱（包括装卸箱）（其规格为 20、40、45、48、53 等英尺，包括保温式及罐式等）。集装箱装有各种配件（如钩、环、小脚轮、撑条等），以便搬运并牢固地装在车辆、飞机或船舶上。

注意，运输液体或气体的集装箱（一般为圆筒形），须配有支撑物，使其适用于各种运输车辆或船舶，才能归入本品目，否则应按其构成材料归类。

例 3. 适于汽车运输已腐食品用保温集装箱（规格为 40 英尺，壁面为钢制）

【答案】 8609.0021

【归类说明】 集装箱在品目 86.09 有列名，应归入品目 86.09，然后按照“40 英尺”和“保温”的条件归入子目 8609.0021。

第八十七章　车辆及其零件、附件，但铁道及电车道车辆除外

一、本章商品范围及结构

本章共 4 条章注、16 个品目，包括除铁道及电车道外的所有陆路车辆和水陆两用的机动车辆，以及在陆上行驶或兼可在陆上及某些水域（沼泽地带等）行驶的气垫车辆和可确定为专用于或主要用于本章所列车辆的零件及附件（除第十七类注释另有规定的以外）。

本章的 16 个品目排列顺序为：牵引车、拖拉机（品目 87.01）→机动客车、

货车及特种车辆（品目87.02～87.05）→上述机动车辆的底盘、车身及零件、附件（品目87.06～87.08）→其他专有用途车辆及其零件（品目87.09～87.10）→摩托车、自行车、残疾人用车及其零件、附件（品目87.11～87.14）→婴儿车、挂车、半挂车等非机动车辆及其零件（品目87.15～87.16）。

二、本章商品归类要点概述

（一）根据归类总规则二（1）的规定，具有完整品或制成品基本特征的不完整或未制成的车辆，应按相应的完整或制成车辆归类。

不具有完整品或制成品基本特征的上述车辆，若已构成具体列名车辆总成的应归入该总成品目，如装有发动机的小轿车底盘应归入品目87.06，客车车身应归入品目87.07；其余应按零件、附件归类，如越野车用缓冲器应归入品目87.08。

（二）三轮车的归类如下：

序号	商品描述		归类
1	具有普通汽车特征的装有摩托车发动机及车轮等的三轮车	供载货用的	87.03
		供载人用的	87.04
2	其他三轮摩托车		87.11
3	三轮脚踏车		87.12
4	残疾人专用的三轮车		87.13
5	儿童三轮脚踏车		95.03

（三）汽车零部件的归类如下：

序号	商品描述	归类
1	发动机及其零件	84.07～84.09
2	车辆用点火装置	85.11
3	电气照明或信号装置、风挡刮水器等	85.12
4	机动车辆用布线组	85.44
5	装有发动机的汽车底盘	87.06
6	机动车辆用车身	87.07
7	机动车辆用其他零件及附件	87.08

此外，若汽车用传动装置、变速装置及传动零件或部件所服务的直接母体设备为本章以外的货品（特别是第八十四章、第八十五章或第九十章的货品，如品目84.07或84.08项下的发动机），则上述传动装置、变速装置及传动零件或部件

应归入品目84.83的相关子目；若汽车用传动装置、变速装置及传动零件或部件所服务的直接母体设备为本章的货品（如机动车辆的传动系统、机动车辆的传动系统用变速箱、离合器、驱动桥、非驱动桥、联轴器、万向节等），则上述传动装置、变速装置及传动零件或部件应归入品目87.08的相关子目。例如，用于汽车传动系统的变速箱、离合器（电磁离合器除外）等传动、变速机构应归入品目87.08，而用于汽车发动机的齿轮箱应归入品目84.83。又如，供汽车传动系统或汽车传动系统的变速箱、离合器、驱动桥、非驱动桥等使用的传动轴、齿轮等传动零件应归入品目87.08，但用于汽车发动机的上述传动零件则应归入品目84.83。

除硫化橡胶管（品目40.09）、硫化橡胶制传动带（品目40.10）及硫化橡胶制轮胎（品目40.11、40.12或40.13）外，汽车用硫化橡胶制零件均应归入品目40.16。其中，对于品目87.01～87.05所列机动车辆用的海绵橡胶制零件而言，若所服务的直接母体设备为第八十四章、第八十五章或第九十章的货品（如发动机、冷却剂泵、启动电机等），则应归入子目4016.1010（机器及仪器用）；若所服务的直接母体设备为本章的货品（如汽车门窗及车身、汽车变速箱、转向机构等），则应归入子目4016.1090（其他）。

对于品目87.01～87.05所列机动车辆用的硫化橡胶制垫片、垫圈及其他密封件而言，若所服务的直接母体设备为第八十四章、第八十五章或第九十章的货品（如发动机、冷却剂泵、启动电机等），则应归入子目4016.9310（机器及仪器用）；若所服务的直接母体设备为本章的货品，则应归入子目4016.9390（其他）。

对于品目87.01～87.05所列机动车辆用的硫化橡胶制其他物品而言，若所服务的直接母体设备为第八十四章、第八十五章或第九十章的货品，则应归入子目4016.9910（机器及仪器用）；若所服务的直接母体设备为本章的货品，则应归入子目4016.9990（其他）。

（四）品目87.08～87.10和87.15～87.16所述零件归入各自品目的条件为：它们必须是第十七类注释二未排除的货品；可确定为专用于或主要用于所在品目的车辆；未在《税则》其他品目内列名更为具体的货品。

三、本章商品与相关商品的归类

（一）主要机动车辆整车的归类

机动车辆整车包括品目87.01～87.05和87.09～87.10所述的车辆。归类时，应考虑汽车整车的结构特点、用途（牵引车、客车、货车、特殊用途车辆等）、发动机功率及使用发动机的类型、运行场所、客车的座位数、货车的车辆总重量、有无动力装置，以及是否可通过接插外部电源进行充电等因素。

<table>
<tr><th>序号</th><th colspan="2">商品描述</th><th>归类</th></tr>
<tr><td>1</td><td colspan="2">牵引车（如半挂车用的公路牵引车）、拖拉机，包括手扶拖拉机、装有绞车的拖拉机等
不包括用于火车站月台上的牵引车（品目 87.09 ）等</td><td>87.01</td></tr>
<tr><td>2</td><td rowspan="2">客运机动车辆</td><td>10 座及以上（包括驾驶座），如公共汽车、长途客运汽车</td><td>87.02</td></tr>
<tr><td>3</td><td>10 座以下，如：雪地行走专用车、高尔夫球车；汽车（如轿车）；特种运输车辆（如救护车、囚车）；旅宿汽车；四轮驱动汽车</td><td>87.03</td></tr>
<tr><td>4</td><td colspan="2">货运机动车辆，如货车、液罐车、运钞车、经专门设计适用于运输新拌混凝土的货车、自卸车、梭式矿车、自动装货车及公路铁路两用货车
不包括：混凝土搅拌运输车（品目 87.05）；在工厂、仓库、码头或机场用于搬运长形货物或集装箱的跨运车（品目 84.26）等</td><td>87.04</td></tr>
<tr><td>5</td><td colspan="2">不载人、不运货的特殊用途的机动车辆，如不适用于运货的起重车、钻探车、混凝土搅拌车、无线电通信车、环境监测车、医疗车、飞机加油车、除冰车、道路（包括跑道）扫雪车、道路清洁车、流动工场车、流动发电机组等
不包括可互换的扫雪或吹雪装置，不论报验时是否装在车上（品目 84.30）等</td><td>87.05</td></tr>
<tr><td>6</td><td colspan="2">未装有提升或搬运设备，用于工厂、仓库、码头或机场的短距离运输货物的机动车辆；火车站月台牵引车；用于火车站的小型油槽车（不论是否装有辅助泵）；上述车辆的零件，如底盘、车身、车轮（不论是否带有轮胎）、离合器、变速器、差速器、车轴、转向盘、制动系统及其零件等
不包括：装有起重机的跨式运货车及工作车（品目 84.26）；翻斗车（品目 87.04）等</td><td>87.09</td></tr>
<tr><td>7</td><td colspan="2">坦克（包括水陆两用坦克）及其他机动装甲战斗车辆，不论是否配有武器；上述车辆的零件，如装甲车身及其零件（炮塔、装甲门等）、坦克专用履带等</td><td>87.10</td></tr>
</table>

其中，子目 8704.10 的非公路自卸车是指符合下列条件之一的自卸车：长大于 12 米；车体宽大于 2.5 米；车体高（空载状态）大于 4 米；汽车总重量大于 30 吨。这类车是一般不能在公路上行驶的矿山专用自卸车。某些没有驾驶室及起保护作用的前凸部分，多用于矿山或隧道作业的翻斗车，不能视为自卸车。

归入品目87.02的客车再根据内燃机的点火方式和座位数（包括驾驶员座位在内的座位数，且不仅包括固定座位数，还包括折叠座）将车辆归入不同子目。例如，仅装有压燃式活塞内燃发动机（柴油或半柴油式）的车辆归入子目8702.10。

归入品目87.03的客车再根据车辆的用途、内燃机的点火方式和气缸容量将车辆归入不同子目。例如，仅装有点燃往复式活塞内燃发动机且气缸容量（排气量）不超过1000毫升的其他车辆归入子目8703.21。

归入品目87.04的货车再根据车辆的用途、内燃机的点火方式和车辆总重量将车辆归入不同子目。车辆总重量是指由生产厂家规定作为车辆最大设计载重量能力的车辆使用重量。该重量为车辆自重、最大设计载荷、驾驶员及装满燃油的油箱重量的总和。例如，装有压燃式活塞内燃发动机（柴油或半柴油发动机）且车辆总重量不超过5吨的其他货车归入子目8704.21。

品目87.09项下车辆的共同特征是：没有封闭式驾驶室，只设有一个工作台，供驾驶员站着驾驶车辆；其结构及其主要设计特点是不适于在马路或其他公用道路上载运客货的；满载时其最高时速一般不超过30~35公里；其转弯半径约等于车辆本身的长度。

品目87.09所列火车站月台牵引车一般比品目87.01所列的牵引车要更轻型一些，牵引能力也较低，主要用于在火车站月台、码头、仓库等处拖带或推动其他车辆（如小型挂车）等。

例1. 装有18个座位和4把折叠椅的普通中巴客车（汽油发动机）

【答案】8702.9020

【归类说明】本题货品属于机动车辆，应归入本章。查阅品目，该车符合87.02品目条文的规定，应归入品目87.02。查阅子目，因该车装的是汽油发动机，未在一级子目列名，应归入一级子目“其他”，然后按“座位数为22座”的条件归入三级子目8702.9020。

例2. “三菱”全电动小轿车，5座，使用锂电池，输出功率47千瓦

【答案】8703.9000

【归类说明】本题轿车属于机动车辆，应归入本章。因该车用于载人，且为5座，符合87.03品目条文的规定，应归入品目87.03。查阅子目，因该轿车既不用汽油，也不用柴油，而是电动的，应归入子目8703.9000。

例3. 货车（柴油发动机），车辆自重与最大设计载荷重量的总和为10吨

【答案】8704.2230

【归类说明】本题车辆是专用于载货的车辆，应归入本章。查阅品目，该货车符合87.04品目条文的规定，应归入品目87.04。查阅子目，因该车为柴油发动机，应归入一级子目8704.2，再根据该车的总重量归入二级子目8704.22，然后归入三级子目 8704.2230。

例 4. 机动放射性检验车

【答案】 8705.9020

【归类说明】 本题货品属于机动车辆，应归入本章。该车装有放射性检查设备，属于特种车辆，符合 87.05 品目条文的规定，应归入品目 87.05。因该车未在一级子目列名，应归入一级子目 8705.9 “其他”，然后按列名归入三级子目 8705.9020。

（二）机动车辆的底盘、车身及机动车辆的零件、附件的归类

序号	商品描述	归类
1	装有发动机的机动车辆底盘（为不带车身的机动车辆），品目 87.01～87.05 所列车辆用，包括非公路用自卸车底盘、货车底盘、大型客车底盘、汽车起重机底盘等	87.06
2	装有驾驶室和发动机的机动车辆底盘，不论其驾驶室是否完整（应按相应的整车归类）	87.02～87.04
3	未装有发动机和驾驶室的机动车辆底盘，不论是否装有各种机械零件（应按机动车辆的零件归类）	87.08
4	品目 87.01～87.05 所列机动车辆用的车身（注意其适用车型）；驾驶室	87.07
5	品目 87.01～87.05 所列车辆用的零件、附件（注意其适用车型）	87.08

其中，品目 87.07 的车身一般用钢、轻型合金、木材或塑料制成，可装有仪表板、行李箱、座位、坐垫、地席、行李架及电气装置等各种配件及附件。

汽车零件、附件的归类应按以下步骤进行：

1. 确定在其他类、章没有列名的前提下，才可以归入品目 87.08；

2. 在确定品目 87.08 项下的各级子目时，一般根据零件所在车辆的部位（缓冲器、车身、制动器、变速箱、驱动轮、车轮、悬挂系统等）确定一级子目；

3. 然后再逐级确定二级至四级子目。我国的七、八位子目大多是根据所属车辆类型来列目的，故须先确定整车所在的品目和子目，再确定本国零件、附件的七、八位子目。

例 5. 长途客运车辆（50 座，柴油发动机）安装的防抱死制动系统（ABS）

【答案】 8708.3029

【归类说明】 本题货品属于汽车零件，应归入品目 87.08。查阅子目，因该货品属于汽车的制动装置，应归入一级子目 8708.3，然后按列名归入三级子目

8708.302“防抱死制动系统（ABS）”。因该货品专用于50座的柴油客车（即是可归入子目8702.1091的客车），该货品应按其用途归入四级子目8708.3029“其他”。

（三）摩托车、自行车、残疾人用车及其零件的归类

归类时，应注意品目87.11所列车辆的发动机类型及其气缸容量（排气量），品目87.12所列自行车的用途（竞赛型、山地型、越野型等）及其轮径，品目87.13所列车辆的驱动方式（机动/非机动），品目87.14所列零件、附件的用途等。

序号	商品描述	归类
1	摩托车（包括机器脚踏两用车）及装有辅助发动机的脚踏车（如电动自行车），不论有无边车；未装有汽车驾驶系统及倒挡装置的三轮摩托车及各种边车 不包括装有汽车驾驶系统及倒挡装置的三轮摩托车（已具备普通汽车的特征）（品目87.03）	87.11
2	非机动脚踏车（即装有一个或多个车轮的脚踏车），包括：自行车、三轮脚踏车；装有边车的脚踏车等（参见章注四） 不包括：装有辅助发动机的脚踏车（品目87.11）；仅适于在游乐场使用的特种脚踏车（品目95.08）；儿童乘骑的无链条三轮脚踏车（品目95.03）	87.12
3	专用于载运残疾人的载运车、轮椅及类似车辆，不论是否机械驱动 不包括：经简单改装供残疾人使用的普通车辆，例如自行车装上一种特殊装置，以便能用一只脚踏动（品目87.12）；担架车（品目94.02）	87.13
4	品目87.11~87.13所列车辆用的零件及附件（如车架、轮叉、轮圈、辐条、飞轮、制动器）	87.14

其中，品目87.11的车须装有动力装置，属于机动的；品目87.12的车不能装有动力装置，属于非机动的；品目87.13的残疾人用车可带有或不带有动力装置。

例6. 两套缺少鞍座的摩托车未组装件（装在一个木箱内）一起报验，该摩托车装的是往复式活塞内燃发动机，排气量为250毫升

【答案】8711.2050

【归类说明】根据归类总规则二（1）的规定，具有完整品基本特征的不完整品应按完整品归类。因摩托车的鞍座不是摩托车的关键部件，故本题缺少鞍座的摩托车仍具有摩托车的基本特征，应按摩托车归入品目87.11，然后按“往复式

活塞内燃发动机”和“排气量为250毫升”的条件归入子目8711.2050。

（四）婴儿车、挂车、半挂车等非机动车辆及其零件的归类

序号	商品描述	归类
1	婴孩车及其零件	87.15
2	挂车及半挂车（如罐式挂车及半挂车）；其他非机械驱动车辆，包括手或脚驱动的车辆（如手推运货车、黄包车、超市等使用的购物车）、畜力拖曳的车辆（如四轮马车、畜力滑橇及雪橇）；上述车辆的零件 不包括：商场用小型带轮购物容器［按其构成材料归类，如塑料制带轮购物篮（子目3926.9090）］；助行车（品目90.21）；住宅、旅馆等用的食品推车（品目94.03）等	87.16

凡固定装有机器或器具的车辆，应按整套设备的基本特征归类。品目87.16包括以车辆为基本特征的设备，但不包括以所配有的机器或器具为基本特征的设备。例如，品目87.16包括装有油罐的手推车、畜力车或挂车，不论其是否配有罐油或抽油的辅助泵；但不包括手推车式、畜力车式或挂车式喷雾器（品目84.24），安装在简单的轮式底盘上以备拖带的机器或器具，例如，移动式泵及压缩机（品目84.13及84.14）及移动式起重机及机动梯（品目84.26或84.28），以及牵引式混凝土搅拌机（品目84.74）。

第八十八章　航空器、航天器及其零件

一、本章商品范围及结构

本章共1条子目注释、5个品目，主要包括：气球、飞艇及无动力航空器；其他航空器、航天器（包括卫星）及其运载工具；某些相关装置，如降落伞；航空器的发射装置、甲板停机装置及地面飞行训练器及上述设备零件。

本章5个品目的排列顺序为：航空器、航天器及其零件（品目88.01～88.03）→某些相关装置及其零件（88.04～88.05）。

二、本章商品归类要点概述

（一）航空器、航天器的模型不归入本章，一般按用途归类。例如，装饰用航空模型按所用材料归入品目44.20或83.06等，专供示范用的航空模型归入品目90.23，娱乐用的玩具航空模型归入品目95.03。

（二）根据归类总规则二（1）的规定，不完整或未制成的航空器（例如未装

有发动机或内部设备的航空器），只要它们具有完整品或制成品的基本特征，应按相应的完整或已制成的航空器归类。

不具有完整品或制成品基本特征的航空器，应作为相应航空器的零件，一般归入品目 88.03。

三、本章商品与相关商品的归类

（一）航空器、航天器及其零件的归类

归类时，应注意以下货品的用途、类型，以及品目 88.02 所列货品的空载重量。

序号	商品描述	归类
1	气球（如探测气球）及飞艇；滑翔机、悬挂滑翔机及其他无动力航空器（包括风筝式飞机） 不包括玩具气球、作为玩具的风筝（品目 95.03）	88.01
2	重于空气的机动航空器（包括飞机、旋升飞机及直升机，由地面或其他航空器控制的无线电制导航空器，经特制可用作道路车辆的航空器）；航天器（包括卫星）及其运载工具、亚轨道运载工具	88.02
3	品目 88.01 或 88.02 所列货品的零件 不包括：飞机及直升机的发动机（品目 84.07、84.08、84.11 或 84.12）；飞机及直升机用液压或气压动力装置（品目 84.12）；烟雾探测系统（品目 8531.1000）；空速表（子目 9014.8000）；滑行灯（子目 9405.4090）	88.03

其中，滑翔机是一种利用气流停在空中的重于空气的航空器，但不包括装有或可装发动机的滑翔机（品目 88.02）。

空载重量（子目 8802.11～8802.40）是指航空器在正常飞行状态下，除去机组人员、燃料及非永久性安装设备后的重量。品目 88.02 的其他航空器的归类一般按空载重量作为主要归类依据。例如，空载重量不大于 2 吨的直升机归入子目 8802.1100，空载重量大于 45 吨的特大型飞机及其他航空器归入子目 8802.4020。

品目 88.03 的零件必须是专用于或主要用于品目 88.01 或 88.02 所列货品，且不得列入第十七类注释规定不包括的货品范围。

例 1. 充气飞艇

【答案】 8801.0090

【归类说明】 本题货品应按“航空器”归入本章。查阅品目，该飞艇应按列名归入品目 88.01。查阅子目，因其未在三级子目列名，应归入三级子目

8801.0090“其他”。

例2. 波音747飞机（空载重量175090千克）

【答案】 8802.4020

【归类说明】 该飞机应按“航空器”归入本章。查阅品目，该飞机应按列名归入品目88.02。查阅子目，该飞机应按列名归入一级子目8802.4“飞机及其他航空器，空载重量超过15000千克”。因其空载重量为175090千克，其应归入三级子目8802.4020“空载重量超过45000千克”。

（二）相关装置及其零件的归类

序号	商品描述	归类
1	降落伞（包括可操纵降落伞及滑翔伞）、旋翼降落伞及其零件、附件（如伞包、降落伞背带、打开降落伞用的弹簧架）	88.04
2	航空器发射装置、甲板停机装置或类似装置、地面飞行训练器（如空战模拟器）；上述货品的零件 不包括：主要用于记录飞行员在恶劣飞行条件下（例如高速、缺氧等）所作反应的装置（一种反射能力测试装置）（品目90.19）；非供飞行员训练专用，仅适用于对机组人员进行一般教学的设备（如大型回转仪模型）（品目90.23）等	88.05

其中，滑翔伞由一个折叠伞盖或大罩（翼）、数条在气流中操纵方向的吊伞索及一条飞行员用的吊带构成，是一种设计成本身能从山上或崖顶等地飞出的物品。它与降落伞相似，但其空气动力特性却不一样，因为在某些条件下，若气流允许，滑翔伞可以划出一条上升弹道。

第八十九章　船舶及浮动结构体

一、本章商品范围及结构

本章共1条章注、8个品目，包括：船、艇及其他各种船舶（不论是否自航的）和浮动结构体（如潜水箱、浮码头、浮筒等）；专供在水上（海洋、港湾、湖泊）行驶的气垫船，不论其是否能够在海滩或浮码头登陆，或是否能够在冰上行驶；未制成或不完整的船舶（例如，未装配动力装置、导航仪器、起重或搬运机器、内部设施等的船舶）及用各种材料制成的船体。

本章的8个品目的排列顺序为：客运及货运船舶（品目89.01）→特殊用途的船舶（品目89.02～89.06）→浮动结构体（品目89.07）→供拆卸的船舶及其他浮动结构体（品目89.08）。

二、本章商品归类要点概述

（一）本章不包括：观赏用船舶模型（品目44.20、83.06等）；儿童乘骑的带轮玩具船舶及其他玩具（品目95.03）；旋转木马或其他游乐场娱乐设备用的小船（品目95.08）；水上飞机及飞船（品目88.02）等。

与第十七类其他各章的零件及附件的规定不同，本章不包括单独报验的所有船舶或浮动结构体的零件（船体除外）及附件。这些零件及附件应归入《协调制度》其他适当的品目。例如，第十七类注释二所指的零件及附件；木制的橹及桨（品目44.21）；纺织材料制的缆绳（品目56.07）；帆（品目63.06）；具有品目73.08所列金属结构体特征的船桅、舱口、舷梯、栏杆、舱壁及船体的零件；钢铁制的缆索（品目73.12）；钢铁制的锚（品目73.16）；舷外汽油发动机（子目8407.2100）；推进器及明轮（品目84.87）；舵（品目44.21、73.25、73.26等）及其他船舶转向及操舵装置（品目84.79）；船舶用照明装置（子目9405.4090）。

（二）报验时未装配或已拆卸的完整船舶、船体，以及未制成或不完整的船舶（不论是否已装配），若具有某种船舶的基本特征，应作为该种船舶归类，否则应归入品目89.06（参见本章章注）。

（三）救生船的归类如下：

序号	商品描述	归类
1	划桨救生艇	89.03
2	固定停泊的航空救生船	89.05
3	装在船上的救生艇，以及停泊在沿海某些地点上供救助遇险船舶用的救生船	89.06

（四）归类时，应注意本章货品的用途或功能，品目89.01及89.02所列货品的驱动方式（机动或非机动）。

三、本章商品与相关商品的归类

（一）客运及货运船舶的归类

品目89.01包括所有客运及货运船舶（如游览船、货船、冷藏船、机动滚装船）。

部分货船按不同的载重量、容积或可载标准集装箱数归入不同的子目，归类时应注意。

例1. 豪华游轮（游轮长128.3米、宽16.8米，载客量为390人）

【答案】8901.1010

【归类说明】该游轮应按“船舶”归入本章。查阅品目，该游轮符合89.01

品目条文的规定，应归入品目 89.01。查阅子目，该游轮应归入一级子目 8901.1。因该游轮是机动船舶，应归入三级子目 8901.1010。

（二）特殊用途船舶的归类

此类船舶不以客运或货运为主要目的。

序号	商品描述	归类
1	机动或非机动捕鱼船、鱼类产品加工船 不包括捕鱼用划船及运动用捕鱼船（品目 89.03）	89.02
2	娱乐或运动用快艇及其他船舶；划艇及轻舟；帆船，不论是否装有辅助发动机；汽艇，但装有舷外发动机的除外 不包括风帆滑水板（品目 95.06）	89.03
3	拖轮、顶推船、兼可用作顶推船及拖轮的顶推拖轮	89.04
4	不以航行为主而是在固定地点执行其主要功能的船舶（如消防船、挖泥船、起重船、明显用作浮吊底座的船体）；浮船坞；浮动或潜水式钻探或生产平台 不包括勘探或开采海底石油或天然气用的非浮动式或非潜水式固定平台（品目 84.30）等	89.05
5	品目 89.01～89.05 未具体列名的船舶（如军舰、实验船、破冰船、医院船、“拖囊”）	89.06

其中，拖轮与其他船舶的区别在于：它的船体外形特殊，并经特别加固；它的发动机功率特别大，超出船舶本身需要；它的甲板上装有各种装置，用以携带拖缆等。顶推船专用于顶推平底船、驳船等，其主要特征是狮子鼻式的船头（供顶推用）及其高架驾驶室（有时可伸缩）。

例 2. 未完工的机动游览船（不具有某种船舶的基本特征）

【答案】8906.9010

【归类说明】该机动游览船应按“船舶”归入本章。根据本章注释“已装配、未装配或已拆卸的船体、未完工或不完整的船舶以及未装配或已拆卸的完整船舶，若不具有某种船舶的基本特征，应归入品目 89.06”的规定，该游览船不具有某种船舶的基本特征，应归入品目 89.06。查阅子目，该游览船应归入一级子目 8906.9“其他”，然后归入三级子目 8906.9010“机动船舶”。

（三）浮动结构体的归类

品目 89.07 包括不具有船舶特征的某些浮动结构体，使用时一般是固定的，如盛装活甲壳类动物或活鱼用的浮柜、潜水箱（一种供建桥等用的浮箱）、浮码头、浮筒（如标志浮标、灯标）、指示航道等用的航标、打捞沉船用的再浮器、各种筏、作坞门用的浮动结构体等。

本品目不包括潜水钟（一种利用提升装置升陆的金属箱）（品目 84. 79）等。

（四）供拆卸用的船舶及其他浮动结构体的归类

品目 89. 08 仅包括报验时供拆卸用的品目 89. 01 ~ 89. 07 所列的船舶及其他浮动结构体。

第十八类　光学、照相、电影、计量、检验、医疗或外科用仪器及设备、精密仪器及设备；钟表；乐器；上述物品的零件、附件

一、本类商品范围及结构

本类共 3 章，基本上按照货品的用途来分列章次，主要包括第九十章的光学元件、光学仪器、医疗器械、计量、检验等用的精密仪器，第九十一章的钟表，第九十二章的乐器，以及它们的零件与附件。

二、本类商品归类要点概述

本类货品的共同特点是品目条文所列货品及其零件可用贵金属或包贵金属以及天然、合成或再造的宝石或半宝石制成。

本类货品的归类以第九十章的内容为最难，归类时应多从用途和功能角度考虑。

第九十章　光学、照相、电影、计量、检验、医疗或外科用仪器及设备、精密仪器及设备；上述物品的零件、附件

一、本章商品范围及结构

本章共 7 条章注、32 个品目（品目 90.09 已被删除），包括各种供科学研究（实验室研究、天文学研究、科学分析等）、各种专业技术或工业方面（计量、检验、检测等）及医疗方面使用的仪器及设备。

本章 32 个品目的排列顺序为：光学元件与仪器（品目 90.01～90.08 及 90.10～90.13）→特殊用途（测量、气象、称重、绘图、计算等）的仪器及器具（品目 90.14～90.17）→医疗仪器及设备（品目 90.18～90.22）→示范、测试、分析、检验、自动调节用仪器及器具（品目 90.23～90.32）→未列名的零件、附件（品目 90.33）。

二、本章商品归类要点概述

（一）除本章注释一另有规定的以外，本章的仪器、设备及其零件可用任何材料（包括贵金属或包贵金属，以及天然、合成或再造的宝石或半宝石）制成。

（二）仪器设备的零件及附件的归类如下。

1. 根据本章注释二的规定，章注一所列零件、附件不归入本章。例如，未经光学加工的玻璃光学元件归入第七十章；机器、设备、仪器或装置的某些零部件，以硫化橡胶制的，如橡胶垫片、垫圈及类似品归入品目 40.16；以皮革或再生皮革制的，如气量计上的皮制膜片归入品目 42.05；以纺织材料制的，归入品目 59.11；贱金属制通用零件归入第十五类，塑料制成的类似品归入第三十九章。

2. 属于本章、第八十四章、第八十五章或第九十一章已具体列名的零件、附件（品目 84.87、85.48 或 90.33 的除外），按列名归类。例如，电子显微镜用的真空泵仍应作为泵归入品目 84.14；电动机、变压器、永磁铁及电磁铁、电容器、电阻器、继电器、电灯泡、电子管、光电池、高频或中频放大器等仍归入第八十五章；品目 90.01 或 90.02 的光学元件，不论其将装配在何种仪器或设备上，均应归入前述两品目；钟表机芯则一律归入第九十一章；照相机即使其结构为专门用于其他仪器上的（例如与显微镜、频闪观测仪等配套使用），仍归入品目 90.06。

3. 其他零件、附件，凡可确定为专用于或主要用于本章机器、器具、仪器或设备的零件及附件，应与相应的机器、器具等一同归类。例如，万用表用温度探头在其他章没有列名，属于万用表专用零件，按万用表归入品目 90.30，由于子目中有零件子目，故归入一级子目 9030.9000“零件、附件”。

这些专用的零件、附件在确定子目时，若品目项下有零件、附件的子目，则将该商品归入相应的零件、附件的子目。例如，照相机用的光圈属于照相机的专用零件，品目 90.06 项下有零件、附件的子目 9006.9，应将该光圈归入子目 9006.9 。若品目（如品目 90.04、90.16、90.18、90.19、90.20、90.21 及 90.23）项下无零件、附件的子目，可将该商品与整机归入同一个子目。例如，B 型超声波诊断仪外壳不属于本章注释一所列商品的范围，也不属于本章或其他章已列名的商品；该商品具有特定的外形和尺寸，具有专用性，故根据本章注释二（二），该商品应按该诊断仪的专用零件归类；B 型超声波诊断仪的整机归入品目 90.18，而品目 90.18 项下无零件、附件的子目，故可将该零件与整机归入同一子目 9018.1210。

4. 非专用于或主要用于本章某一品目且在其他类和章又未具体列名的零件、附件归入品目 90.33。例如，信号变送器不属于本章、第八十四章、第八十五章或第九十一章具体列名的商品，可用于温度、压力、加速度等多种物理量的测量，故不能判定其专用于本章的某个品目的仪器，根据本章注释二（三），该商品应归入子目 9033.0000。

（三）根据本章注释三的规定，第十六类注释三的组合机器、多功能机器的归类原则也适用于组合仪器及设备和多功能仪器及设备，第十六类注释四的功能机组的归类原则也适用于由多个独立部件组成的成套仪器及设备。

若能确定组合仪器及设备或多功能仪器及设备的主要功能，则按其主要功能归类；若不能确定其主要功能，则按归类总规则三（3）从后归类。例如，带有照相功能的复式光学显微镜具有放大图像和拍照的功能，属于多功能仪器，因其主要功能仍是显微放大，故该货品仍按光学显微镜归入品目 90.11。

对于由多个相互独立的仪器或部件构成的功能机组，按其视为一个整体后所具有的功能一并归类（参见品目 90.32 的例子）。

（四）根据本章注释五的规定，计量或检验用的光学仪器、器具或机器，如果既可归入品目 90.13，又可归入品目 90.31，应优先归入品目 90.31。例如，自动光学检测设备，是基于光学原理对焊接生产中遇到的常见缺陷进行检测的设备，该货品属于光学仪器，但其主要功能是检测，故根据本章注释五的规定，该货品应归入品目 90.31 而不是归入品目 90.13。

（五）归类时，应注意本章货品的用途或功能及原理。

三、本章商品与相关商品的归类

（一）光学元件与仪器的归类

光学元件归入品目 90.01 ~90.02，简单光学器具归入品目 90.03 ~ 90.05，复杂光学仪器归入品目 90.06 ~ 90.13。

序号	商品描述		归类
1	经过研磨和抛光的玻璃制光学元件，不论是否经光学加工的非玻璃制光学元件；片状或板状偏振材料	未做固定装配的（如隐形眼镜片）	90.01
2		已装配（即带有镜筒或框架）同时又作为仪器或装置的零件、配件的光学元件（包括各种材料制透镜、棱镜、反射镜、物镜、目镜、附加镜、滤色镜、取景器、已装配的半色调网屏或类似的网目印刷网屏）	90.02

续表

序号	商品描述	归类
3	品目 90. 04 所列眼镜及其他物品的镜架及其零件（如眼镜脚及其芯、铰链、镜圈、鼻梁架等） 不包括眼科医生验眼用的特制眼镜（品目 90. 18）	90. 03
4	矫正视力、保护眼睛或其他用途的眼镜、挡风镜及类似品（如护目镜、风镜、太阳镜）	90. 04
5	双筒望远镜、单筒望远镜、其他光学望远镜及其座架；其他天文仪器及其座架（参见章注四）	90. 05
6	照相机（注意胶片宽度）；照相闪光灯装置及闪光灯泡；上述货品的零件及附件（其他品目未列名且能确定其属于专用于照相机的） 不包括：眼科专用的眼底照相机（品目 90. 18）；其他品目已列名的零件，如单独报验的照相机套（品目 42. 02）等	90. 06
7	电影摄影机与放映机（不论是否带有声音的录制或重放装置），报验时未带有光学元件的电影摄影装置；上述货品的零件及附件	90. 07
8	影像投影仪（电影用除外）；照片（电影用的除外）放大机和缩片机；上述货品的零件及附件 不包括：投影仪、投影板、显示装置或监视器（品目 85. 28）；轮廓投影仪（品目 90. 31）等	90. 08
9	本章其他品目未列名的照相（包括电影）洗印用装置及设备；负片显示器（在医学上用于检视射线照片或无线电传真照片）；银幕及其他投影屏幕（须具有投影屏幕的明显特征）；明显专用于或主要用于上述器具或设备的零件及附件	90. 10
10	复式光学显微镜；专用于或主要用于显微镜上的零件及附件	90. 11
11	电子显微镜、质子显微镜；电子衍射设备；专用于或主要用于显微镜或衍射设备的零件及附件（如镜架、镜筒及检件台）	90. 12
12	本章其他品目未列名的光学仪器及器具；上述货品的零附件	90. 13

其中，光学元件（如透镜、反射镜、棱镜、滤色镜）按加工程度可分为经光学加工和未经光学加工的两种，按材质可分为玻璃制光学元件和非玻璃制光学元件。

品目 90. 01 还包括光导纤维、光导纤维束及不归入品目 85. 44 的光缆，但不包括：未经光学加工的光学坯件（品目 70. 14）；未经光学加工的玻璃制品（如隐形眼镜等镜片的坯片、仪表玻璃的坯片等）（品目 70. 15）；由多根具有独立护套的光纤组成的光缆（品目85.44）等。品目90.02不包括：仅为运输安全而作暂时装配的光学元件（品目90.01）；具有独立功能，但不属于仪器或装置的零件、配件的已装配的光学元件（品目90.13或90.18）。

品目90.01的光导纤维束及光缆与品目85.44的光缆的区别是：前者的各单根纤维均未被包覆，只是在一束或多束光导纤维束外有包覆层，故从其横断面上无法分出光导纤维的根数，它们常用于光学设备上，特别是用于内窥镜或光学检测仪器上传输光学图像；后者由每单根均被包覆的多根光纤组成，故从其横断面上可分出光纤的根数，其结构类似于电缆，它们主要用于光学通讯。

此外，报验后仍需作切割等加工才能使用的偏光片（大片或成卷），归入子目9001.2000；报验后可直接装配使用的偏光片（已裁切成型），归入子目9001.9090。

品目90.06的照相机是将光学系统的图像或光曝光在感光胶卷、底片或纸张上，还需作进一步的处理，才能得到看得见的图像。品目90.22的照相设备工作原理是将X射线透射过被检查部位后照射到感光硬片或软片上，从而把影像记录下来，这些设备既可用于射线检查，也可用于射线照相。品目85.25的数码照相机的工作原理是通过将图像聚焦到光敏装置，如互补金属氧化物半导体（CMOS）或电荷耦合器件（CCD）上来捕捉图像，由光敏装置发送电子图像，经进一步处理成为图像的模拟或数字记录。

品目90.07项下电影摄影机在工作原理上与品目90.06项下照相机的类似，但又具有快速连续拍摄连贯影像的特点，它是将活动影像放大投影到屏幕上，而品目90.08的影像投影仪是将静止的影像通过光学系统放大投影到屏幕上。

电影放映机、影像投影仪与品目85.28项下投影机的区别是：电影放映机、影像投影仪是通过光学系统（光源、反射镜、聚光及投影透镜等）将电影胶片或幻灯片上的影像直接投影到屏幕上，中间没有图像的电信号与光学信号之间的转换过程；而投影机是通过显示器件将视频（图像）的电信号转换成光信号后投影到屏幕上，中间必定有将视频的电信号转换成光信号的过程。

电视摄像机（品目85.25）是一种可捕获图像并将其转换为电信号的装置，这种电信号是被记录的信号源，并通过录像机的电磁转换系统变成磁信号记录在录像带上或直接记录存储在芯片上。电影摄影机（品目90.07）是用照相的方法把运动物体的不同相位按一定时间间隔逐幅地记录在电影胶片上的光学设备，它所使用的记录媒体为电影胶片。

子目9010.1的货品与子目9010.5的货品的区别是：前者所显影或曝光的感光胶片或感光纸须满足卷状的要求，而后者的感光材料是非卷状的。

特种照相用洗印装置及设备归入子目9010.5022，其他照相用洗印装置及设备则归入子目9010.5029。

外科显微镜（品目 90.11）的主要功能是将细微处放大以方便外科医生施行手术，其光源产生的独立光路能形成一个三维图像。而眼科用双目显微镜（品目 90.18）不是以放大图像为主，而是以检查诊断为主要功能，这种显微镜在国内医院又称裂隙灯显微镜，一般由裂隙灯、显微镜和仪器台三个基本部分组成，整个仪器安装在可调节的机座上。

品目 90.11 的光学显微镜是将微小物体的影像放大的光学仪器，其最大放大倍率约为 2000 倍，其主要部件包括光学系统（物镜、目镜）、支架、载物台及调焦机构等。品目 90.12 的电子显微镜由镜筒、真空系统和电源柜三部分组成，其最大放大倍率约为 100 万倍。两者不同的是，电子显微镜根据电子光学原理，用电子束代替光束，用电子透镜代替光学透镜，使物质的细微结构在非常高的放大倍数下成像。例如，数码显微镜通过光学 CCD 摄像头成像，不符合电子显微镜的描述，而完全符合光学显微镜的特征，应归入子目 9011.8000。

质子显微镜的结构及功能与电子显微镜的差别不大，不同的是以质子枪代替电子枪及以氢气作为气源。

电子衍射设备在原理上与电子显微镜的区别不大，并具有相同的主要部件（电子枪、阴极射线管、电磁线圈、检件夹等）。

归入品目 90.13 的光学仪器须是其他品目未列名的，例如手持式放大镜、体视镜等简单的光学仪器。而光学经纬仪、光学水准仪等在品目 90.15 已列名，眼科用双目放大镜、检眼镜、电脑验光镜和内窥镜等在品目 90.18 已列名，用于理化分析用光谱仪、折光仪等在品目 90.27 已列名。

子目 9013.8030 液晶装置（又称液晶显示板）不带有主板。带有主板、各类显示接口的液晶显示装置归入品目 85.28。

品目 90.13 的放大器具仅做一级放大，其放大率较低，而品目 90.11 的复式光学显微镜具有用以观察已放大物体影像的第二级放大透镜系统。另外，品目 90.13 的双目放大镜与品目 90.11 的立体显微镜不同，只有目镜而无物镜。

例 1. 经光学加工的隐形眼镜片

【答案】9001.3000

【归类说明】本题货品是经光学加工的光学元件，应归入本章。查阅品目，该货品符合 90.01 品目条文的规定，应归入品目 90.01，然后按列名归入子目 9001.3000。

例 2. 万次闪光灯

【答案】9006.6100

【归类说明】本题货品又称电子闪光灯，应按照相闪光灯装置归入本章。查阅品目，因该货品符合 90.06 品目条文的规定，故应归入品目 90.06，然后按列名归入子目 9006.6100。

（二）特殊用途（测量、气象、称量、绘图、计算等）的仪器及器具的归类

序号	商品描述	归类
1	定向罗盘；其他导航仪器及装置；上述货品的零件及附件 不包括无线电导航设备（品目 85.26）等	90.14
2	大地测量（包括摄影测量）、水道测量、海洋、水文、气象或地球物理用仪器及装置；上述货品的零件及附件	90.15
3	感量为 50 毫克或更精密的天平（包括电子天平）及与其一起报验的砝码；上述货品的零件及附件（包括已装配或未装配的玛瑙刀口、轴承、平面） 不包括单独报验的砝码（品目 84.23）及感量低于 50 毫克的天平（品目 84.23）	90.16
4	手用绘图、划线或数学计算器具；本章其他品目未列名的手用长度测量器具 不包括摄影测量用的坐标制图器（品目 90.15）	90.17

其中，品目 90.14 的导航装置是利用其他方式导航的装置，如八分仪、自动驾驶仪等，而品目 85.26 的导航装置是通过无线电导航的装置。

品目 90.15 的大地测量等用的仪器及装置一般为野外作业所用，例如绘图（地形图或水道图）、平面制图、三角测量等，而普通手用测量、绘图、计算仪器及器具则归入品目 90.17。另外，品目 90.15 的风速计是测定风速的气象仪器，而品目 90.26 的风速计是主要由特殊叶轮及度盘构成的专用风速计，用于测量矿井、隧道、烟囱、炉膛或其他气流通道中气流速度。

（三）医疗仪器及设备的归类

医疗器械及器具一般归入品目 90.18 ~ 90.22。其中，品目 90.18 主要根据用途（医疗、外科、牙科或兽医等）列目，而品目 90.19 ~ 90.22 主要根据功能或原理（按摩、呼吸功能，X 射线应用等）列目。

序号	商品描述	归类
1	机械疗法器具；按摩器具；心理功能测验装置；臭氧治疗器；氧气治疗器、喷雾治疗器、人工呼吸器或其他治疗用呼吸器具；上述设备或器具的零件及附件 不包括：高压室或减压室（品目 90.18）；既可用来娱乐，又可用于智力测验的积木及建筑玩具等物品（第九十五章）等	90.19

续表

序号	商品描述	归类
2	飞行员、潜水员或消防队员等用的呼吸器具；与气密潜水服配套的潜水头盔；带呼吸装置的辐射防护服和防污染保护服；防毒面具；上述设备或器具的零件及附件 不包括：由多层无纺织物构成但不可更换过滤层的防尘、隔味口罩，以及外科医生、护士等在对病人进行诊治时所用的纺织材料制口罩（品目 63.07）；麻醉用面罩（品目 90.18）；不连氧气瓶或压缩空气瓶的潜水呼吸面具，以及游泳和潜泳用的水下呼吸管（品目 95.06）等	90.20
3	矫形器具（参见章注六）；上述装置或器具的零件及附件	90.21
4	X 射线或 α、β 或 γ 射线的应用设备，不论是否用于医疗、外科、牙科或兽医；上述设备的零件及附件	90.22
5	探测 α、β、γ 或 X 射线的仪器	90.30
6	未在其他品目列名的医疗、外科、牙科或兽医用仪器及器具（已在其他品目列名的按已列名品目归类）；上述设备或器具的零件及附件	90.18

其中，矫形器具还包括用于矫正畸形的鞋和特种鞋垫，但需符合下列任一条件：定制的；成批生产的，单独报验且不成双的，设计为左右两脚同样适用的。

一些医疗或外科（包括兽医的）器械实际上和普通工具或刃具无多大区别（如锤、槌、锯、凿、钳、压舌板、剪刀、刀具等），这些器械只有通过如形状上的某些特殊之处、宜于拆卸消毒、生产质量上乘或所用金属材料的性质及其配套组成（常装于箱盒中的接生、解剖、妇科、耳外科及牲畜生产等专用的成套器械）等情况，可确定为明显用于医疗或外科方面的，才能归入品目 90.18。

品目 90.19 的机械疗法器具与品目 95.06 的健身器械的区别是：前者是病人在医生的指导下通过机械模仿各种运动形式来治疗关节或肌肉疾病（如旋转活动腕部/脚部的器具、手指功能恢复器具）；后者（如拉力器、各种弹簧握力器等）通常用于正常人健身，使用时不需要医生的指导。

品目 90.19 的呼吸器具与品目 90.20 的呼吸器具的区别是：前者主要是起治疗作用（如呼吸机）；后者主要是起防护或保护作用（如登山运动员、消防队员使用的呼吸器具）。

此外，在其他品目列名的医疗器械及器具主要包括：眼底照相机及体内器官检查用的特种照相机（品目 90.06）；观察病理切片的生物显微镜（品目 90.11 或 90.12）；测量体温的体温表（品目 90.25）；分析、检验血液、组织液、尿液等的仪器设备和检镜切片机（品目 90.27）。

例 3. 外科手术刀，不锈钢制

【答案】9018.9090

【归类说明】本题货品属于外科用器械，应归入本章。查阅品目，该货品符合90.18 品目条文的规定，应归入品目 90.18。查阅子目，该货品未在一级子目列名，应归入一级子目“其他仪器及器具”。因该货品未在三级子目列名，应归入三级子目 9018.9090“其他”。

例 4. 电子眼压记录仪，通过记录眼动脉压、眼静脉压的变化，对眼睛进行诊断

【答案】9018.1990

【归类说明】本题货品是用于测量眼球内压的仪器，应按“医疗仪器”归入本章。查阅品目，该货品符合90.18 品目条文的规定，应归入品目 90.18。查阅子目，该货品属于电气诊断装置，应归入一级子目 9018.1。因该货品未在二级子目列名，应归入二级子目“其他”，最后归入三级子目 9018.1990“其他”。

例 5. X 射线治疗仪（治疗肿瘤用）

【答案】9022.1400

【归类说明】本题货品属于医疗仪器，应归入本章。查阅品目，该货品符合90.22 品目条文的规定，应归入品目 90.22。查阅子目，该货品属于 X 射线的应用设备，应归入一级子目 9022.1，然后归入二级子目 9022.1400“其他，医疗、外科或兽医用”。

（四）示范、测试、分析、检验、自动调节用仪器及器具的归类

专供示范用的仪器、模型归入品目 90.23；按测量对象（如温度、压力、流量、电量等及理化分析）列名的测量、检验仪器归入品目 90.24～90.30；其他品目未列名的测量、检验仪器归入品目 90.31；自动控制调节用的仪器及设备归入品目 90.32。具体归类如下：

序号	商品描述	归类
1	专供示范而无其他用途的仪器、装置及模型；上述装置或器具的零件及附件 不包括品目 96.18 的自动模型	90.23
2	各种材料的硬度、强度、压缩性、弹性或其他机械性能的试验机器及器具；上述机器或器具的零件及附件	90.24
3	记录式或非记录式的液体比重计及类似的浮子式仪器、温度计、高温计、气压计、湿度计、干湿球湿度计及其组合装置；单独报验的上述装置或仪表的零件及附件	90.25

续表

序号	商品描述	归类
4	检测液体或气体流速及流量的装置（流量计、风速计）；检测液体液位或气体体积量的仪表及装置（液位指示器及贮罐贮气量指示器）；检测液体或气体压力的仪表及装置；（热电偶）热量计；单独报验的上述仪表或装置的零件及附件 不包括品目 90.14、90.15、90.28 或 90.32 的仪器或装置，检测固体材料物位的仪表（酌情归入品目 90.22 或 90.31）等	90.26
5	理化分析仪器及装置；测量或检验黏性、多孔性、膨胀性、表面张力及类似性能的仪器及装置；测量或检验热量、声量或光量等的仪器及装置（如光度计、量热器）；检镜切片机；上述仪器、设备的零件及附件	90.27
6	生产或供应气体、液体及电力用的计量仪表，包括其校准仪表；单独报验的上述货品的零件及附件 不包括伏特计、安培计等仪表（只测量电参量而不用于记录消耗电量或电能的总量）（品目 90.30）	90.28
7	显示以各种计算单位（转数、次数、长度等）计得的累计数或应付款额的计数器：转数计、产量计数器、车费计、里程计、步数计；速度计及转速计（显示单位时间内的转数、速度、产量等）；频闪观测仪；单独报验的上述仪器、仪表的零件及附件	90.29
8	离子射线的测量或检验仪器及装置；示波器（注意其测试频率）、频谱分析仪及其他用于电量测量或检验的仪器和装置，如万用表；瓦特计；串音测试器、失真度表；单独报验的上述仪器、设备的零件及附件	90.30
9	本章其他品目未列名的测量或检验仪器、器具及机器（面积仪、铅垂线、负荷传感器）；轮廓投影仪；用于上述机器、装置及仪器的零件及附件（参见章注五）	90.31
10	液体或气体的流量、液位、压力或其他变化量的自动控制仪器及装置或温度自动控制仪器及装置；电量自动调节器及自动控制非电量的仪器或装置，依靠要控制的因素所发生的电现象来进行工作；上述所列仪器或装置的零件及附件	90.32

其中，品目 90.24 所列的机器及器具一般在工业或科研中用于测试制成品（通常为抽样或标准样品），测试常用的方法包括拉伸、压缩、弯曲、扭转、剪切、磨损等，测量的指标包括硬度、强度、冲击韧性、耐磨度等，所测试的对象包括金属、木材、混凝土、纺织纱线及织物、纸或纸板、橡胶、塑料、皮革等。

品目 90. 26 的流量计用于指示流速（单位时间内的体积流量或质量流量）及测量明渠（河流、水道等）及管道（输送管等）中的流量，而品目 90. 28 的生产或供应气体、液体的计量仪表是用体积单位测量流经一管道的流体总量。

压力表（品目 90. 26）与气压表（品目 90. 25 ）的不同之处在于：前者是测量密闭空间中的液体或气体压力的；后者是测量大气压力的。

品目 90. 26 的热量计与品目 90. 27 的量热器的区别是：前者是指用于测量一个系统装置（如热水供热系统）的热量消耗的仪器，该仪器主要由一个液位测量仪表，分别安装于管道出入口的两支温度计及计数和累计机械装置构成；后者是指在物质发生化学反应时用于测量固体、液体或气体吸收或放出热量的装置。

归入子目 9027. 3 和 9027. 5 的使用光学射线的仪器及装置中的“光学射线”只包括紫外线、可见光、红外线，不包括使用其他光学射线（如 X 射线、γ 射线等）的仪器。例如，定量 PCR（基因扩增仪或热循环仪）归入子目 9027. 5000。对于荧光光谱仪而言，归类时要区分其所用光源的类型。例如，以 X 射线管为光源的 X 射线荧光光谱仪应按 X 射线的应用设备归入子目 9022. 1990，以激光器、氙气汞灯的可见光为光源的荧光光谱仪应按使用光学射线的仪器归入子目 9027. 3000。

另外，既可归入品目 90. 27，也可归入品目 70. 17（实验用玻璃器皿）的货品，应按下述规则归类：首先，如果物品具备玻璃器皿的基本特征（不论是否刻度、标度，也不论是否附带有橡胶等材料制的塞头、接头等），即使可作为某种仪器或装置看待，也应归入品目 70. 17（如检验乳制品的奶油计、乳脂计及类似仪器；清蛋白计及尿素计；量气管；体积计；基普或克耶达器具及类似品；碳酸计；测定分子量等用的冰点测定器及沸点计）；其次，一般来说，仅部分以玻璃制成，而主要还是以其他材料制成，或者虽以玻璃制部件构成，但带有固定安装在框架、台座、箱壳及类似品上的，不视为具备玻璃器皿的基本特征；最后，对于带有测量仪（如压力计、温度计）的玻璃组件，可作为本品目的仪器归类。

品目 90. 30 所列的“万用表”可用于快速测量电压（直流或交流）、电流（直流或交流）、电阻及电容；所称的“带记录装置”指可将测量结果直接打印出来或存入记录媒体以备日后查询与分析的装置；“量程在五位半”指显示板上可显示 0 ~ 9 中的任一个数字的位数为五位，而左边的首位只能显示 1 或不显示，即半位，在这种情况下，它的量程范围为 00000 ~ 199999；“量程在五位半以下”指可显示 0 ~ 9 中的任一个数字的位数不足五位。

品目 90. 31 所列的“其他品目未列名的检测仪器及装置”是指不能归入品目 90. 24 ~ 90. 30 或其他章的其他仪器及装置。其中，其他光学仪器及器具（子目 9031. 4）不包括其他品目的光学仪器，尤其是品目 90. 13 所列的非检测用的光学仪器。

品目 90.32 所列的自动调节或控制仪器及装置通常由测量装置、控制装置、启停或操作装置组成。其中，测量装置（传感装置、转换器、电阻测温器探头、热电偶等）用于测定受控变量的实际值并将其转换成相应的电信号；电气控制装置用于比较测定值和给定值并发出信号（通常为已调电流）；启停或操作装置（一般为接触器、开关或断路器、换向开关等）根据控制装置发出的信号启动执行机构。

由相互独立的测量装置、控制装置、启停或操作装置组成的功能机组，同时报验的，可一并按功能机组归入品目 90.32；分别报验的，可按以下规定归类：测量装置一般归入品目 90.25、90.26、90.30 或按其功能归入相应的品目；控制装置一般按不完整的自动控制装置归入本品目，若此处的电气控制装置是可编程序控制器，则应归入品目 85.37；启停或操作装置一般归入品目 85.36（开关、继电器等）或其他相关品目。

例 6. 测试频率在 400 兆赫兹至 800 兆赫兹范围的阴极射线通用示波器

【答案】9030.2090

【归类说明】本题货品应按检测仪器归入本章。查阅品目，该货品按列名归入品目 90.30。查阅子目，该货品按“示波器”的列名及“测试频率在 400 兆赫兹至 800 兆赫兹范围”的指标归入三级子目 9030.2090“其他”。

第九十一章　钟表及其零件

一、本章商品范围及结构

本章共 4 条章注、14 个品目，有主要用于计时或进行与时间有关的某些操作的器具，包括适于个人随身佩戴的时计（手表及秒表）、其他时计（普通钟、装有表芯的钟、闹钟、航海时计、机动车辆用钟等）、时间记录器、时间间隔测量仪、定时开关，以及它们的零件。

本章 14 个品目的排列顺序为：钟表及计时装置（品目 91.01 ~ 91.07）→钟、表机芯（品目 91.08 ~ 91.10）→表壳、钟壳、表带及其他钟表零件（品目 91.11 ~ 91.14）。

二、本章商品归类要点概述

（一）本章物品可用各种材料（包括贵金属）制成，也可用天然或养殖珍珠，或用天然、合成或再造的宝石或半宝石进行装饰。

（二）表芯与钟芯的区别如下：表芯的厚度不超过 12 毫米，长、宽或直径不超过50毫米；超出这些尺寸要求的机芯就是钟芯。例如，装有表芯的钟及闹钟归入品目91.03，而带有其他可确定时间间隔的调节装置且其钟芯厚度超过12毫米或长、宽、直径超过50毫米的钟应归入品目91.05。

（三）钟表零件的归类如下：

1. 不归入本章的钟、表零件有：贱金属制的通用零件（第十五类）；塑料制的类似品（第三十九章）；贵金属或包贵金属制的类似品（品目71.15）；钟表玻璃及钟锤（按其构成材料归类）；表链（品目71.13或71.17）；供自上发条表用的滚珠轴承及轴承滚珠（品目84.82或73.26）；第八十五章的物品，本身未组装在或未与其他零件组装在钟、表机芯内，也未组装成专用于或主要用于钟、表机芯零件的。

2. 除上述不包括的货品外，既适于用作钟表，也适于用作其他物品的零件，例如可用于玩具、仪表、测量仪器或精密仪器上的零件（发条、齿轮系、宝石轴承、指针等），都应归入品目91.14。

3. 其他钟、表零件应归入本章，主要有：钟、表机芯（品目91.08～91.10）；表壳、钟壳及其零件（品目91.11～91.12）；表带及其零件（品目91.13）；其他钟、表零件，包括钟表机芯的零件、报时装置零件、宝石轴承、钟面或表面、指针（品目91.14）。

（四）表链是将表佩戴在脖子上的装置，表链应按首饰或仿首饰归入品目71.13或71.17；而表带是将手表系紧于手腕上的装置，应归入品目91.13。

（五）钟表与其他物品（如家具、灯具、墨水台、压纸器、拍纸簿、烟草罐、打火机、手提包、脂粉盒、烟盒、活动铅笔、手杖等）组装在一起的组合物，应首先确定该组合物的主要功能，即按归类总规则三（2）的基本特征来确定，不能确定其主要功能时则采用归类总规则三（3）的从后归类原则。例如，带有石英钟的台灯，从其主要的使用功能和外观判断该组合物的基本特征为照明功能，应按灯具归入品目94.05，而内部装有照明装置的钟表仍归入本章。但条文另有规定的除外，如带有时钟的收音机，不论哪种功能为主要功能均应归入品目85.27。

三、本章商品与相关商品的归类

（一）钟表及计时装置的归类

完整的钟表归入品目91.01～91.05。其中，具有表壳及表芯的机械及电气（大部分是电子）计时器具归入品目91.01～91.02；钟归入品目91.03～91.05，其中以表芯制成的钟归入品目91.03，特定用途的钟（如仪表板钟、车辆用钟）归入品目91.04，其他钟归入品目91.05。具体归类如下：

序号	商品描述	归类
1	手表、怀表及其他表，包括秒表；与表一起报验的表带（不论是否已装在表上）	91.01
2	手表、怀表及其他表，包括秒表（见品目91.01）	91.02
3	以表芯装成的钟 不包括：品目91.04的摆钟；钟芯没有调节装置的钟（如同步马达驱动的钟）、带有其他可确定时间间隔的调节装置且其钟芯厚度超过12毫米或长、宽、直径超过50毫米的钟（品目91.05）等	91.03
4	车辆、航空器、航天器或船舶用的仪表板钟及类似钟（带有钟壳及钟芯，不论钟芯的类型及厚度如何），如电钟（大部分是电子钟）、自动上弦钟；车辆用计时钟 不包括装有表芯的钟及闹钟（品目91.03）等	91.04
5	装有表芯以外的机芯的钟，如商店、家庭等用钟；闹钟；电子钟；航海时计 不包括仅具有分针及秒针的钟或只有秒针的钟（供调校表等用）（品目91.06）等	91.05
6	装有钟、表机芯或同步电动机的时间记录器及测量、记录或指示时间间隔的装置（如考勤钟、时刻记录器、量时器）	91.06
7	装有钟、表机芯或同步电动机的定时开关；用于接通或关闭电气设备（电视机、电熨斗、洗衣机等）电源电路的开关	91.07

其中，品目91.01仅包括表壳完全以贵金属或包贵金属制得的表，以及用贵金属或包贵金属与品目71.01～71.04的天然、养殖珍珠或宝石、半宝石（天然、合成或再造）合制的表。具有镶嵌贵金属的贱金属制表壳的表，以及具有贵金属或包贵金属表壳的表（若其背面是用钢制成的），均应归入品目91.02。

品目91.05的钟可由摆锤、发条、电气或电子驱动的，通常用摆锤、摆轮及游丝、音叉或压电石英晶体进行调节。它们一般装有报时机械装置，每隔一小时、半小时或一刻钟敲击一次铃或锣，或引发一次多铃的谐音机构。

品目91.06的器具可具有指示时、分或秒的面板，但考勤钟及信鸽计时器有时没有表示时间的面板。

品目91.07的定时开关与品目91.06的进程计时器不同之处在于，到了给定时间不是驱动报时装置，而只把电路“接通”或“断开”。

例1. 包贵金属表壳、带有光电显示器的电力驱动手表

【答案】 9101.1910

【归类说明】 本题货品作为计时器具应归入本章。查阅品目，因该手表带包贵金属表壳，根据本章章注二的规定，应归入品目91.01。查阅子目，该手表是电力驱动手表，应归入一级子目 9101.1“电力驱动的手表”，因“带有光电显示器的”未在二级子目列名，应归入二级子目“其他”，然后按列名归入三级子目 9101.1910“仅有光电显示器的”。

例 2. 表壳镀金的自动上弦的机械手表

【答案】9102.2100

【归类说明】本题货品作为计时器具应归入本章。查阅品目，因该手表为镀金手表，而非包金手表，根据本章章注二的规定，镀金手表不能归入品目 91.01 而应归入品目 91.02。查阅子目，该手表是机械手表，不属于电力驱动，应归入一级子目 9102.2“其他手表”，然后按列名归入二级子目 9102.2100“自动上弦的”。

（二）钟、表机芯的归类

序号	商品描述	归类
1	不带表壳的已组装的完整表芯（机械/电子/石英表芯）（参见章注三）	91.08
2	已组装的完整钟芯	91.09
3	未组装或部分组装的完整钟、表机芯（机芯套装件）；已组装的不完整钟、表机芯；未组装的不完整钟、表机芯	91.10

品目 91.08 的表芯主要供品目 91.01～91.03 的钟、表使用。其中，带数字时间显示器的电子表芯（固体电路），其显示管与机芯组合成一体，缺少显示管，表芯即不能起作用，故不能作为本品目所指的已组装的完整表芯。

品目 91.09 的钟芯主要供品目 91.04～91.07 的货品使用，具有模拟时间显示器（或指针），可带有或不带有钟面或指针。

品目 91.08 的表芯及品目 91.09 的钟芯是可即供使用的完整品，即使用于装在其他章的仪器或器具（测量仪表或精密仪表等）上，也应分别归入这两个品目。

例 3. 不完整的全电子表芯（已组装）

【答案】9110.1200

【归类说明】本题货品属于钟表零件，应归入本章。查阅品目，该货品符合 91.10 品目条文的规定，应归入品目 91.10。因该货品是表芯，应归入一级子目 9110.1“表的”，然后按列名归入二级子目 9110.1200“已组装的不完整机芯”。

（三）表壳、钟壳、表带及其他钟表零件的归类

序号	商品描述	归类
1	表壳及其零件	91.11
2	钟壳和本章其他物品用的类似外壳及其零件	91.12

续表

序号	商品描述	归类
3	表带及其零件 不包括与表一起报验但未装在一起的表带（品目 91.01 或 91.02）	91.13
4	钟、表的其他零件（参见章注四），包括表芯零件、钟或闹钟机芯的零件、报时装置零件、宝石轴承、钟面或表面及指针	91.14

其中，品目 91.11 的表壳，不论是否带表面玻璃，但不能带表芯。品目 91.14 的宝石轴承仅指已加工（经车削、切削、抛光、钻孔、挖孔等）或已装配（镶嵌在底座或螺丝上）宝石，钟表面通常刻有用以指示时、分及秒的分度或数字。

例 4. 不锈钢制手表用主发条

【答案】9114.1000

【归类说明】本题货品属于手表零件，应归入本章。查阅品目，该货品未在相关品目列名，应按“钟、表的其他零件”归入品目 91.14，然后按列名归入子目 9114.1000“发条，包括游丝”。

第九十二章　乐器及其零件、附件

一、本章商品范围及结构

本章共 2 条章注、8 个品目（品目 92.03、92.04 已被删除），包括乐器及其零件和附件。

本章 8 个品目主要按先整机后零件的顺序列目，具体为：管弦乐器（品目 92.01 ~ 92.02 及 92.05）→打击乐器（品目 92.06）→电子乐器（品目 92.07）→其他未列名乐器（品目 92.08）→零件、附件（品目 92.09）。

二、本章商品归类要点概述

本章的乐器可用任何材料制成，包括用贵金属或包贵金属制成，也可镶嵌宝石或半宝石（天然、合成或再造的）。

乐器归类的关键是确定其种类（弦乐器、管乐器、打击乐器、电子乐器、其他未列名乐器）。

带有电气拾音器及扩音器的某些乐器（如钢琴、手风琴、吉他），在没有电气装置时仍可像普通乐器一样演奏，应按普通乐器归入本章相应的品目；没有电气或电子设备时即不能演奏的电气或电子乐器，包括静电或电子的吉他、风琴、钢琴、手风琴、钟琴及类似乐器（品目 92. 01 的自动钢琴除外）应归入品目 92. 07。

乐器带有的电气拾音器及扩音器，如果与乐器构成不可分割部分或与乐器装于同一机壳内，应与乐器一并归类，否则应归入品目 85. 18。

三、本章商品与相关商品的归类

（一）管弦乐器的归类

序号	商品描述	归类
1	钢琴，如竖式钢琴、大钢琴、自动钢琴；大键琴、拨弦古钢琴、翼琴	92. 01
2	其他弦乐器，包括弓弦乐器（如小提琴）、拨弦乐器（如吉他、竖琴）和其他乐器（如风鸣琴）	92. 02
3	管乐器，包括铜管乐器（如小号、军号）及其他管乐器（如键盘管风琴、手风琴、簧风琴、口琴、风笛）	92. 05

其中，品目 92. 02 项下吉他的声音可用电子扩音器扩大，但本品目不包括没有共鸣箱的吉他（品目 92. 07）。

例 1. 古筝

【答案】9202. 9000

【归类说明】本题货品属于中国弹弦乐器，应按“乐器”归入本章。查阅品目，该货品是一种弦乐器，应归入品目 92. 02。查阅子目，古筝未在一级子目列名，应归入子目 9202. 9000“其他”。

例 2. 用黄金制成的手风琴，风琴键盘镶嵌有钻石

【答案】9205. 9020

【归类说明】本题货品看似可按“黄金”制品为基本特征归入第七十一章，也可按“乐器”为基本特征归入本章。但根据第七十一章章注三（十一）“本章不包括第九十二章的物品”的规定，该货品应归入本章。查阅品目，该货品属于管乐器，应归入品目 92. 05，然后按列名归入 9205. 9020“手风琴及类似乐器”。

（二）打击乐器的归类

品目 92. 06 的打击乐器用同类物体进行打击演奏，或用棒或类似器具演奏，或直接用手演奏，包括用皮革绷面的乐器（如鼓）及其他打击乐器（如木琴、钹、铃、响板、响葫芦），但不包括不属乐器范围的门铃、台铃、门钟等（品目 83. 06 或 85. 31），以及电子打击乐器（品目 92. 07）等。

（三）电子乐器的归类

品目 92. 07 包括通过电气（含电子）产生或扩大声音的乐器，如电风琴、电吉他、电手风琴、电子打击乐器。这类乐器不论是否与钢琴一同报验，仍应归入本品目。

例 3. 带有电气拾音及扩音器的吉他（无电气装置仍可演奏）

【答案】9202. 9000

【归类说明】本题货品应按“乐器”归入本章。该货品虽带有电气拾音及扩音器，但它在没有电气装置时仍可像普通的吉他一样演奏，故该货品应归入品目 92. 02。查阅子目，该货品不属于弓弦乐器，应归入一级子目 9202. 9000“其他”。

（四）其他未列名乐器的归类

品目 92. 08 包括本章其他品目未列名的乐器，有：百音盒、游艺场风琴、手摇风琴、机械鸣禽、乐锯及其他花式乐器（如沙锤及口吹笛）；媒诱音响器及口吹音响信号器（如号角、哨子）。

注意，卡片、圆盘及带卷，不论是否与本品目的乐器一同报验，均应归入品目 92. 09。

（五）乐器零件及其附件的归类

不归入本章的零件、附件有：乐器用的贱金属制通用零件（如钢琴用的螺钉）（第十五类），塑料制的类似品（第三十九章），贵金属制的类似品（第七十一章）；乐器用的传声器、扩大器、扬声器、耳机、开关、频闪观测仪及其他附属仪器、器具或设备，虽用于本章物品但未与该物品组成一体或安装在同一机壳内（第八十五章或第九十章）；调音工具（品目 82. 05）；钢琴凳（品目 94. 01）；落地式乐谱架或乐谱台（品目 94. 03）；模制成一定形状的弓弦用松香（品目 96. 02）；清洁乐器用的刷子（品目 96. 02）。

按乐器归类的乐器零件及附件如下：

一是用于演奏品目 92. 02 弦乐器的弓及拨子、品目 92. 06 打击乐器的棒（包括软头棒）及槌，如果与该乐器一同报验且数量合理，用途明确的，应归入有关乐器的相应品目而不归入品目 92. 09（单独报验的除外）；

二是其他零件主要归入本章品目 92. 09，包括节拍器、音叉及定音管（不论其是否供演奏音乐用或其他用途的）；百音盒的机械装置；乐器用弦；钢琴、风琴、簧风琴及类似乐器的零件（如完整的键盘、共鸣板）；弦乐器的零件及附件（如弓及弓零件）；品目 92. 07 所列乐器的零件及附件（如专用风琴用的踏板、键盘）；品目 92. 05 所列“木管乐器”的零件及附件（如簧片、按键）；固定乐器用的乐架；演奏乐器用的机械装置；自动乐器用的卡片、圆盘、带卷，不论其是否与有关乐器一同报验（参见章注二）。

第十九类　武器、弹药及其零件、附件

第九十三章　武器、弹药及其零件、附件

一、本章商品范围及结构

本章共2条章注、7个品目，包括：军事武装部队、警察或其他有组织的机构（海关、边防部队等）在陆、海、空战斗中使用的各种武器；个人自卫、狩猎及打靶用武器；靠爆炸药进行发射的其他装置；弹药及导弹等；武器的零件、附件（如左轮手枪或其他手枪用；品目93.03的猎枪或步枪用）及弹药零件。

本章7个品目的排列顺序为：军用的各种武器（品目93.01~93.02）→靠爆炸药发射的其他武器（品目93.03）→其他武器（品目93.04）→上述武器的零件、附件（品目93.05）→弹药及导弹（品目93.06）→剑、刺刀、长矛等类似兵器（品目93.07）。

二、本章商品归类要点概述

武器用的望远镜瞄准具及其他光学装置，如适合武器使用并能装在武器上或与有关武器一同报验的，应与武器一并归类。单独报验的此类光学装置应归入第九十章。

军事专用的运载工具，不论是否装有武器，均不归入本章，而应按所属的运输工具类别归类。例如，铁路装甲车辆归入第八十六章，坦克及装甲车归入品目87.10，军用飞机归入品目88.01或88.02，军舰归入品目89.06等。但这些运载工具上使用的武器（枪炮、机枪等），单独报验的，应归入本章。

本章所列武器及其零件可含有贵金属、包贵金属、天然或养殖珍珠、宝石及半宝石（天然、合成或再造）、玳瑁壳、贝壳、兽牙及类似品。

三、本章商品与相关商品的归类

（一）军用的各种武器的归类

序号	商品描述	归类
1	军用武器：固定的或装在轮子或履带等上的各种火炮（如自推进的火炮武器）；能做连射和速射的武器（如机枪）；军用火器（如步枪）；其他军用发射器（如军用火箭发射器及火焰喷射器） 不包括除草专用的喷火枪（品目 84.24）及品目 93.07 的兵器等	93.01
2	左轮手枪（带有旋转弹膛的单枪管火器）及其他手枪，包括制成其他形状（如铅笔、小刀或烟盒形状）的类似武器 不包括品目 93.03 或 93.04 的货品	93.02

例 1. 装有望远镜瞄准仪的冲锋枪

【答案】 9301.9000

【归类说明】 本题货品属于装有光学仪器的武器，看似可按“望远镜瞄准仪”归入第九十章，也可按“冲锋枪”归入本章。但根据本章章注一（四）的规定，该货品应按“武器”归入本章。查阅品目，该货品属于军用武器，能做连射和速射，符合93.01 品目条文的规定，应归入品目 93.01。查阅子目，冲锋枪未在一级子目列名，该货品应归入 9301.9000“其他”。

（二）靠爆炸药发射的其他武器的归类

品目 93.03 包括除品目 93.01 及 93.02 所列货品以外的各种火器和靠爆炸药发射的器具。例如，运动、狩猎或打靶用猎枪及步枪；野鸭枪（猎船枪，专打水鸟）；前装枪；维利式信号枪及专为发射信号弹的其他装置；发射空包弹的左轮手枪和其他手枪（如赛跑起步枪、舞台道具枪）；弩枪式无痛捕杀枪（类似发射空包弹的手枪，用以杀死或击昏动物）；抛缆枪；捕鲸炮；报警枪、炮及类似装置；防雹炮；复核射孔器（已装配）。

（三）其他武器的归类

品目 93.04 包括除品目 93.01 ~ 93.03 的火器及品目 93.07 的武器以外的其他武器，如警棍、灌铅手杖、指节铜套、弹射器（手杖形状的）、弹簧枪、气枪、装有催泪弹毒气的烟雾喷射器。

（四）上述武器的零件、附件的归类

品目 93.05 包括品目 93.01 ~ 93.04 所列物品的零件、附件（如炮架、枪架、瞄准器、消音器），但不包括枪盒（品目 42.02）等。

例 2. 军用步枪的枪托

【答案】 9305.9100

【归类说明】本题货品属于军用火器的零件，应归入本章。查阅品目，枪托属于枪的零件，该货品应归入品目93.05。因步枪归入品目93.01，步枪的枪托应归入二级子目9305.9100“品目93.01的军用武器用”。

（五）弹药及导弹的归类

品目93.06包括弹药（如炮弹、子弹）、弹道导弹、装有发射后自动推进的武器（如鱼雷、空中导弹）、其他军火（如地雷、深水炸弹、手榴弹）、捕鲸炮用鱼叉、运载/探空火箭、高能气体压裂弹等油气井用射弹，以及军火、弹药的零件（如子弹壳、鱼雷的弹头及浮箱）。但本品目不包括制成的炸药及发射药（品目36.01及36.02）等。

（六）剑、刺刀、长矛等类似武器的归类

品目93.07包括剑（包括藏有剑的手杖）、短弯刀、刺刀、长矛、梭镖、戟、曲刀、短剑及匕首等武器及其零件，如剑身（包括坯件）、柄、护罩、把手，以及剑、刺刀、短刀等的鞘与套。但本品目不包括佩挂剑、刺刀等用的挂带及类似装备，皮革制的（品目42.03）或纺织材料制的（品目62.17）；剑结（一般归入品目42.05或63.07）；贵金属或包贵金属制的鞘和套（品目71.15）；钝头击剑（品目95.06）等。

上述武器通常用优质钢作刃，可只作仪仗或装饰用，或只用作舞台道具。

第二十类　杂项制品

一、本类商品范围及结构

本类所称的杂项制品主要是前述各类、章、品目未包括的货品，按商品的属性分成3章。其中，家具、寝具及各种填充制品、未列名灯具及照明装置、发光标志、活动房屋归入第九十四章；玩具、游戏品、运动用品及其零件、附件归入第九十五章；已加工的雕刻材料、帚、刷、筛等杂项制品归入第九十六章。

二、本类商品归类要点概述

本类的最大特点是商品种类繁杂，归类时须结合《税则》前述各类、章、品目的归类规定综合考虑。例如，本类所指未列名照明装置的范围是不可能脱离《税则》前述各类、章、品目包括的灯具单独界定的。

第九十四章　家具；寝具、褥垫、弹簧床垫、软坐垫及类似的填充制品；未列名灯具及照明装置；发光标志、发光铭牌及类似品；活动房屋

一、本章商品范围及结构

本章共4条章注、6个品目，主要包括：各种家具及其零件；弹簧床垫、床褥及其他寝具或类似用品，装有弹簧、内部用任何材料填塞、衬垫或用海绵橡胶或泡沫塑料制成，不论是否包面；用各种材料制成的（第七十一章注释一所列的材料除外）未列名灯具和照明装置、装有固定光源的发光标志、发光铭牌和类似品；上述货品的未列名零件；活动房屋。

本章6个品目的排列顺序为：家具及其零件（品目94.01～94.03）→弹簧床垫及其他寝具用品（品目94.04）→未列名灯具等（品目94.05）→活动房屋（品目94.06）。

二、本章商品归类要点概述

（一）家具的归类

序号	商品描述	归类
1	具有实用价值的落地式的家具（如船用椅子，用于庭院、广场等的凳子）；悬挂、固定在墙壁上的、叠摞的或并置的碗橱、书柜、其他架式家具及组合家具，以及单独报验的组合家具备件；悬挂或固定在墙壁上的坐具或床（参见章注二）	品目94.01~94.03（该见章注二）
2	作家具使用，但其结构只适于放置在其他家具上或架子上，或悬挂在墙壁或天花板上的物品，如衣帽架及类似品、挂匙板、衣刷挂钩及报纸架；陈设品（如散热器屏罩）；非落地式的以下货品：小型精细木器及小型木制装饰品（品目44.20）、塑料或贱金属制的办公室设备（如文件分类箱、文件格）（品目39.26或83.04）	按材料归类
3	冷藏或冷冻设备专用的特制家具	84.18
4	机器设备专用的家具（一般按该机器设备的零件归类）	品目85.18所列设备用的，归入品目85.18；品目85.19~85.21设备用的，归入品目85.22；品目85.25~85.28用的，归入品目85.29
5	缝纫机专用的特制家具	84.52
6	装有缩放仪等仪器的绘图台	90.17
7	装有品目90.18所列牙科用器具或漱口盂的牙科用椅	90.18
8	按摩座椅	9019.10
9	X光治疗专用的台及坐具	90.22
10	玩具家具	95.03
11	台球桌或其他供游戏用的特制家具（如有象棋盘、跳棋盘等桌面的桌子）	95.04

续表

序号	商品描述	归类
12	魔术用的特制家具	95.05
13	独脚架、双脚架、三脚架及类似品	96.20

其中，品目 94.01 ~ 94.03 包括由木、柳条、竹、藤、塑料、贱金属、玻璃、皮革、石、陶瓷等制成的家具，不论是否内部填料或外部包面，也不论是否已作表面加工、雕刻、镶嵌、油漆装饰或装有镜子、其他玻璃配件及脚轮等，但若家具中配有的贵金属或包贵金属超出小配件（如小标志、条纹、套圈等）范围的，该家具则应归入第七十一章。

报验时已拆卸或未组装的家具，若其零部件是同时报验的，可作为组装家具归类。这同样适用于不论是否装有玻璃、大理石或其他材料制的板片、配件或其他零件的家具（如装有玻璃台面的木台、装有镜子的木制衣橱、装有大理石台面的餐具柜）。

（二）灯具及照明装置的归类

对灯、灯具进行归类时，一般考虑的因素有是否带有灯座、何种用途等。不带灯座的各种灯泡、灯管等电光源归入品目 85.39，带有灯座的灯具归入品目 94.05。

序号	商品描述	归类
1	贵金属或包贵金属制的灯具及照明装置	第七十一章
2	自行车及机动车辆用的其他电气照明装置	85.12
3	自供能源的手提式电灯	85.13
4	交通路口用的信号灯	85.30
5	白炽灯、放电灯管（包括密封式聚光灯及紫外线灯管或红外线灯泡）、弧光灯	85.39
6	照相用闪光灯（包括电气点火的照相闪光灯泡）	90.06
7	医疗用诊断、探查、照射用的灯	90.18
8	玩具灯或玩具照明装置	95.03
9	装饰品中国灯笼	95.05
10	其他品目未列名的灯具及照明装置，如电气的台灯、圣诞树用的成套灯具、非电气的灯具及照明装置、发光二极光灯、探照灯及聚光灯	94.05
11	特殊功能灯具，如灭蚊灯	85.43

（三）零、部件的归类

根据其形状或其他特征可确定为专用于或主要用于品目 94.01 ~ 94.03 及

94.05（不论是否为坯件），且在其他章没有具体列名品目的零、部件，应归入本章相应品目。例如，明显作为椅子靠背用的木制品应归入品目94.01。

玻璃（包括镜子）、大理石或其他石料以及第六十八章及第六十九章所列任何其他材料的片、块，不论是否切割成型，未与其他零件组合并明显作为家具的零、部件的，应按其构成的材料归类。例如，圆形大理石桌面应按已加工的大理石归入第六十八章，而不按家具的零件归类。

品目94.04的货品，若单独报验，不能作为品目94.01、94.02或94.03所列货品的零件归类。例如，单独报验的软座垫及褥垫，不论是否装有弹簧，内部用任何材料填塞、衬垫，或用海绵橡胶或泡沫塑料制成，也不论是否包面，均应归入品目94.04。

三、本章商品与相关商品的归类

（一）家具及其零件的归类

首先应确定家具的品目。品目94.01是除了品目94.02以外的坐具；品目94.03是除了品目94.01~94.02以外的其他家具，包括办公室用金属家具、其他金属家具、办公室/厨房/卧室等用木家具、塑料家具、其他材料（如藤、柳条、竹或类似材料）制的家具。

确定品目94.01项下的子目时，主要考虑用途、结构、材质等因素。装软垫的坐具是指填有一层柔软材料，如填絮、落纤、动物毛发、泡沫塑料或海绵橡胶的坐具。确定品目94.03项下的子目时，主要考虑材质和用途等因素。

对于由多种材质构成的家具，应先判断家具的基本特征，再根据归类总规则三（2）或三（3）确定归类。具体归类如下：

序号	商品描述	归类
1	坐具，包括可调高度的转动坐具；能作床用的两用椅（如扶手椅、长靠椅，但庭园坐具或野营设备除外）、凳子、机械式摇椅；明显为坐具的零件（如靠背、扶手，座椅调角器） 不包括：可调整速度的反射试验用旋转椅（品目90.19）；用以搁脚的凳及脚凳及可兼作坐具用的婴儿学步车、内衣箱及类似箱子（品目94.03）等	94.01
2	医疗、外科、牙科或兽医用家具（如手术/检查台、医生用的特制坐具、装有机械装置的床、没有装上品目90.18所列牙科器械的牙科用椅，包括麻醉椅床）；有旋转、倾斜或升降装置的理发用椅及类似椅；上述货品的零件，如明显用于牙科椅的零件（如背靠、搁脚板、扶手） 不包括：无机械装置的床（品目94.03）；X光治疗专用的台及坐具（品目90.22）等	94.02

续表

序号	商品描述	归类
3	通用家具与特殊用途的家具：住宅、旅馆等用的家具（橱柜、床）、办公室用的家具（文件柜）、学校用的家具（课桌）、教堂用的家具（读经台）、商店、车间等用的家具（柜台、组合货架）、实验室或技术室用的家具（显微镜台、无绘图仪器的绘图台）；上述货品的零件	94.03

其中，软座垫及褥垫与坐具的其他零件组装在一起，或与有关坐具一同报验的，仍可归入品目94.01，但单独报验的软坐垫及褥垫应归入品目94.04。另外，座椅调角器归入子目9401.9011，座椅移动执行器归入子目9401.9019，机动车或其他交通工具内用于携带婴幼儿的安全座椅归入子目9401.8090。

品目94.03还包括未装配或不能装配有源制冷装置，而仅用玻璃纤维、软木、羊毛等使之隔热的冷藏箱、柜及隔热柜。

例1. 一款家庭两用沙发（晚上放开可当床睡觉），由木框架、弹簧加上软垫和化纤布面制成

【答案】9401.4090

【归类说明】本题货品属于家具中的坐具，应按"家具"归入本章。查阅品目，该货品符合94.01品目条文的规定，应归入品目94.01。因该沙发可作床用，应归入一级子目9401.4。该沙发是布面的，应归入三级子目9401.4090"其他"。

例2. 未装牙科设备的牙科用转椅

【答案】9402.1090

【归类说明】本题货品属于家具，应归入本章。查阅品目，该货品符合94.02品目条文的规定，应归入品目94.02。查阅子目，该货品应按列名归入一级子目9402.1。因牙科用转椅未在三级子目列名，该货品应归入三级子目9402.1090"其他"。

（二）弹簧床垫及其他寝具用品的归类

品目94.04包括：弹簧床垫；装有弹簧或内部用任何材料填充、衬垫或用海绵橡胶或泡沫塑料制成的寝具及类似用品［如褥垫，被褥及床罩、鸭绒被、被褥护罩、长枕、枕头、靠垫、坐垫等，睡袋（不论是否电热式）］。但本品目不包括：内部无填充物的床上用品及寝具，如床单、床罩、枕头套、鸭绒被套、靠垫套、毯子等（第六十三章）；水褥垫（品目39.26或40.16）、充气褥垫或枕头（品目39.26、40.16或63.06）或充气靠垫（品目39.26、40.14、40.16、63.06或63.07）；坐垫的皮革套（品目42.05）；枕头套及鸭绒被套（品目63.02）；靠垫套（品目63.04）等。

例 3. 席梦思床垫

【答案】 9404.1000

【归类说明】 本题货品属于弹簧床垫，应归入本章。查阅品目，该货品符合 94.04 品目条文的规定，应归入品目 94.04，然后按列名归入子目 9404.1000。

（三）未列名灯具的归类

品目 94.05 包括：其他品目未列名的灯具及照明装置［包括用于室内照明的灯具及照明装置（如吊灯），户外照明用的灯具（如街灯），特殊用途灯（如暗室灯、电气彩灯串），飞机、船舶或第八十六章所列车辆用的灯具及照明装置（如火车前灯、船舶用灯），便携式灯具（如防风灯，但品目 85.13 的物品除外），枝形烛台、烛台、烛架］；装有永久性固定光源的发光标志/铭牌及类似品；上述物品的零件（如灯口、反射镜、反光罩）。

本品目所列物品的非电气零件，若与电气零件组合在一起的，仍应归入本品目。单独报验的电子配件（如开关、灯座、花线插头、变压器、起辉器、镇流器）应归入第八十五章。

上述灯具及照明装置可用任何材料制成，使用任何光源（烛、灯油、汽油、煤油、煤气、乙炔、电等）。电气灯具及照明装置可配有灯座、开关、花线及插头、变压器等。荧光灯可有启辉器或镇流器。

例 4. 家用台灯（装有白炽灯泡）

【答案】 9405.2000

【归类说明】 本题货品属于其他品目未列名的灯具，应归入本章。查阅品目，该货品符合 94.05 品目条文的规定，应归入品目 94.05。查阅子目，因该货品装有白炽灯泡，属于电气的台灯，应按列名归入子目 9405.2000。

（四）活动房屋的归类

活动房屋，又称“工业化房屋”，是指在工厂制成成品或部件并一同报验，供以后在有关地点组装的房屋，如工地用房、办公室、店铺、工作棚、车房及温室等。归类时，应注意其所用材质及内部配置。

未装配或已完全装配好的房屋以及具备活动房屋基本特征的不完整的房屋，归入品目 94.06。

与房屋一起报验，作为正常应固定装在房屋里的设备，包括电气配件（电线、插座、开关、断路器、门铃等）、暖气及空调设备（锅炉、暖气散热器、空调机等）、卫生设备（浴缸、淋浴器、热水器等）、厨房设备（洗涤槽、抽油烟罩、炉灶等）及固定装于或准备装于房屋内的家具（橱柜等）、组装或装修活动房屋用的数量合理的材料（如钉、胶水、石膏、灰浆、电线及电缆、管道、油漆、壁纸、地毯），与房屋一同归类；但单独报验的活动房屋零件及设备，应归入各自相应的品目。

第九十五章　玩具、游戏品、运动用品及其零件、附件

一、本章商品范围及结构

本章共5条章注、1条子目注释、6个品目（品目95.01、95.02已被删除），包括：各种儿童或成人玩具，户内及户外游戏用设备，运动、体操、竞技用具及器械，某些钓鱼、狩猎或射击用具，旋转木马和其他游乐场用娱乐设备，以及本章注释一所列货品以外的明显为专用于或主要用于本章所列货品的零件、附件（如玩具用小型活塞式内燃发动机及其他发动机）。

本章6个品目的排列顺序为：玩具（品目95.03）→游戏娱乐用品（品目95.04～95.05）→体育用品（品目95.06）→钓鱼、狩猎用品（品目95.07）→游乐场用的娱乐设备、流动马戏团等（品目95.08）。

二、本章商品归类要点概述

（一）本章货品一般可用各种材料制成，但天然或养殖珍珠、宝石或半宝石（天然、合成或再造）、贵金属或包贵金属除外。装有上述材料制的小配件的物品仍可归入本章（参见章注二）。

归类时，应注意本章货品的品名、种类及用途。

（二）主要供人娱乐用的玩具归入品目95.03，专供动物（如宠物）玩赏的玩具不归入本章，而应按其构成材料归类（参见章注五）。

（三）本章所列物品的零件、附件的归类如下：

1. 本章章注一已排除的零件、附件，即使专用于本章所列的物品也不能归入本章；

2. 根据本章章注三的规定，凡专用于或主要用于本章各品目所列物品的零件、附件，应与有关物品一并归类。例如，跑步机的专用零件与跑步机的整机归入同一子目9506.9111。

三、本章商品与相关商品的归类

（一）玩具的归类

品目95.03包括：供儿童乘骑的带轮玩具（如踏板车）；玩偶车（如手推玩偶车）及其寝具；玩偶及其零件与附件（如头、身体、假发、玩偶衣服、鞋）；其他玩具（供人娱乐用，大部分是机动或电动的）；按比例缩小的模型及类似娱乐用模型（如按比例缩小的船舶、飞机、车辆等的工作模型或其他模型及制造这些

模型的套装材料及零件）；各种智力玩具；专用于或主要用于本品目货品的零件、附件，包括音乐盒机构，用于飞机、船舶模型的小型活塞式内燃发动机及其他发动机（品目85.01的电动机除外）。

根据章注四的规定，除本章注释一另有规定的以外，对于某些零售成套货品，即使它们不符合归类总规则三（2）所指“零售成套货品”的条件，只要它们属于零售包装且组合后具有玩具的基本特征（如化学、缝纫等的成套教学玩具），仍可归入品目95.03。若单独报验，它们应归入其他品目。

本品目不包括：玩具用的电气装置，如电动机（品目85.01）等；品目95.04的具有竞技游戏性质的套装件（如遥控赛车及其轨道的套装件）。

（二）游戏娱乐用品的归类

序号	商品描述	归类
1	视频游戏控制器及设备（包括与电视机配套使用的）、游艺场所、桌上或室内游戏用品，包括弹球机、台球、娱乐专用桌及保龄球自动球道设备及器具、扑克牌、中国象棋等棋类用品、麻将、带有竞技性质的遥控赛车及轨道成套设备、投镖、所列多种游戏的通用附件（如骰子、计数器）等 不包括第九十四章的玩牌桌	95.04
2	节日（包括狂欢节）用品或其他娱乐用品，如圣诞老人、面具、花环、灯笼、纸飘带；魔术道具及嬉戏品（如专用于魔术表演的纸牌、桌）	95.05

其中，子目9504.5的视频游戏控制器或设备主要包括两类货品：一是在电视机、监视器或其他外部屏幕或表面上重放图像的视频游戏控制器（本身不含显示屏幕）；二是自带显示屏的视频游戏设备，不论是否便携式。这些货品一般用于家庭或只供个人使用，故本子目不包括用硬币、钞票、银行卡、代币或任何其他支付方式使其工作的视频游戏控制器或设备（子目9504.30）。

另外，视频游戏控制器和游戏机，如其客观性及主要功能均显示其专供娱乐（游戏）用，无论其是否符合第八十四章注释五（一）所列关于自动数据处理设备的条件，仍应归入品目95.04。

例1. 掌上电子游戏机，自带液晶显示装置，无须连接电视机即可玩游戏

【答案】 9504.5099

【归类说明】 本题货品是一种“游戏品”，应归入本章。本题中的游戏机带有视频，符合95.04品目条文的规定，应归入品目95.04。查阅子目，该游戏机是手持式的，应归入一级子目9504.5。因该游戏机无须连接电视机，故归入子目9504.5099。

（三）体育用品的归类

品目95.06包括：其他运动及户外运动用具（如滑雪屐、滑水板；高尔夫球棍；乒乓球及网；网球、羽毛球拍及类似的球拍；溜冰鞋及旱冰鞋，包括装有冰刀的溜冰靴；网球、羽毛球、排球、足球、篮球等球赛用的网；射箭用具）；一般的体育活动、体操或竞技用品及设备（如吊环、单杠、标枪、铅球、跳板）；游泳池及戏水池。

本品目不包括：围栏用网及装足球、网球等用的网兜（品目56.08）；与氧气或压缩空气瓶一起使用的呼吸面具（品目90.20）等。

例2. 羽毛球

【答案】9506.9900

【归类说明】羽毛球属于运动用品，应归入本章。查阅品目，该货品符合95.06品目条文的规定，应归入品目95.06。查阅子目，根据《税则》注释的解释，羽毛球不属于一般的体育活动、体操、竞技用品，故应归入一级子目“其他”。因羽毛球未在二级子目列名，故归入二级子目9506.9900“其他”。

（四）钓鱼、狩猎用品的归类

品目95.07包括：钓鱼竿、钓鱼钩及其他钓鱼用具（如钓线轮、绕线架）；捞鱼网、捕蝶网及类似网；某些狩猎或打猎用品（如囮子“鸟”及诱鸟镜）。但本品目不包括：品目42.02、43.03或43.04的运动用袋及其他容器（如钓鱼竿袋及狩猎袋）；陷阱、捕捉器等（按其构成材料归类）等。

（五）游乐场用的娱乐设备、流动马戏团等的归类

品目95.08包括：旋转木马、射击用靶、碰碰车设备、迷宫、杂耍道具、中彩游戏（如幸运转轮）等；流动马戏团、流动动物园及流动剧团，以及与上述游乐场等同时报验并作为它们的一个组成部分的附属设备，例如帐篷、动物、乐器、发电机、马达、灯具、座位（单独报验的，应归入其他相应品目）；其他专用于或主要用于上述设备的零件、附件（如秋千船、滑漕船）。

例3. 游乐园的碰碰车

【答案】9508.9000

【归类说明】本题货品属于游乐场的娱乐设备，应归入本章。查阅品目，该货品符合95.08品目条文的规定，应归入品目95.08。查阅子目，碰碰车未在一级子目列名，应归入子目9508.9000“其他”。

第九十六章　杂项制品

一、本章商品范围及结构

本章共4条章注、19个品目，包括雕刻和模塑材料及其制品、某些扫把、刷

子和筛、某些缝纫用品、某些书写及办公用品、某些烟具、某些化妆用具、某些具有吸收性的卫生产品［任何材料制的卫生巾（护垫）及止血塞、婴儿尿布及尿布衬里和类似品］及《协调制度》其他品目未具体列名的其他物品。本章是第二十类的兜底的章，包括许多难以按材料归类的物品。

本章 19 个品目的排列顺序为：已加工的动植物质及矿物质雕刻材料及其制品（品目 96.01～96.02）→帚、刷、筛（品目 96.03～96.04）→缝纫用品（品目 96.05～96.07）→书写及办公用品（品目 96.08～96.12）→个人用品（品目 96.13～96.16）→其他（品目 96.17～96.19）。

二、本章商品归类要点概述

根据章注四的规定，品目 96.07～96.14 及 96.16～96.18 所列物品可以全部或部分用贵金属、包贵金属、天然或养殖的珍珠、宝石或半宝石（天然、合成或再造）制成，但品目 96.01～96.06 及 96.15 所列物品可以装有上述材料制成的小配件（如花押字、首字母、环、圈等），例如品目 96.03 的刷子可带有上述材料制成的小配件。但这些物品若含有超出小配件范围的贵金属或包贵金属、天然或养殖珍珠、宝石或半宝石（天然、合成或再造），则一律归入第七十一章。

本章包括的动物质雕刻制品是由第五章的产品经进一步加工制得的，植物质雕刻制品是由品目 14.04、15.21 的产品经进一步加工制得的，而矿物质雕刻制品是由品目 25.30、27.14、34.04 等的产品经进一步加工制得的。

三、本章商品与相关商品的归类

（一）已加工的动植物质雕刻材料及其制品的归类

序号	商品描述	归类
1	已加工的兽牙、骨、玳瑁壳、角、鹿角、珊瑚、珍珠母及其他动物质雕刻材料及其制品（包括模塑制品），如相框、刀架、牙签	96.01
2	已加工的植物质或矿物质雕刻材料及其制品（如小盒子、抛光圆片）；蜡、硬脂、天然树蜡、天然树胶或塑型膏制成的模塑或雕刻制品及其他品目未列名的模塑或雕刻制品（如蜡珠、人物雕像）；已加工的未硬化明胶及未硬化明胶制品（如药用胶囊）（参见章注二）	96.02

其中，动物质材料主要通过雕刻或切割进行加工，其中大多数也可通过模塑进行加工。

超过第五章简单整理（洗涤或刮擦、简单锯切以除去无用部分或切割及粗刨，或漂白、矫正、修整或剖切）的下列方法视为“已加工”：已切削成形（包括正方形和长方形）；抛光或用磨、钻、铣、车等方法制成板、片、棒等形状；模制（用玳瑁壳鳞片、板或爪或用品目 96.01 所列雕刻材料的粉末及废料重新合成的材料制成）。

植物质或矿物质雕刻材料的加工程度要求基本与动物质雕刻材料的相同，但用天然海泡石和琥珀的废碎料经过黏聚或模制而成的板、棒、条及类似形状的黏聚琥珀、黏聚海泡石成型后未经加工的产品不视为已加工。

例 1. 已切割的牛角棒

【答案】 9601.9000

【归类说明】 本题货品看似既可归入第五章的品目 05.07，又可按“动物角的制品”归入本章的品目 96.01。但该货品已切割成形，符合 96.01 品目条文的规定，应归入品目 96.01。查阅子目，该货品未在一级子目列名，应归入子目 9601.9000“其他”。

（二）帚、刷、筛的归类

序号	商品描述	归类
1	帚、刷（如牙刷、化妆用刷、油漆刷、画笔、毛笔及化妆用的类似笔）、非机动的手工操作地板清扫器、拖把、抹子及毛掸；供制帚、刷用的成束或成簇的材料；油漆块垫及滚筒；橡皮扫帚 不包括：牙科、医疗、外科、兽医等专用的刷（品目 90.18）；装有马达装置的扫地机（品目 84.79）；橡皮辊（品目 90.10）等（参见章注三）	96.03
2	按颗粒大小筛选固体物质用的手用粗筛、细筛，如用于砂子、种子等的筛子、用于筛面粉的家用筛子、实验室用筛子、用于分选钻石等的精密筛子 不包括：具有固定性质的粗筛及细筛，如放于地上供筛选泥土、砂砾用的网筛（品目 73.26）；装在机器或用具上的粗筛及细筛，应作为机器等的零件，一般与专用或主要使用筛子的机器一同归类（如品目 84.37 或 84.74）等	96.04

其中，品目 96.03 的其他帚及刷，用于化妆、家庭清洁、涂刷油漆和其他黏性和液体产品，以及某些工业用途（清洁、抛光等）。

（三）缝纫用品的归类

序号	商品描述	归类
1	个人梳妆、缝纫或清洁鞋靴、衣服用的成套旅行用具，包括成套梳妆箱、针线盒及擦鞋套具（注意其内装货品） 不包括修剪指甲套具（品目 82.14）等	96.05

续表

序号	商品描述	归类
2	纽扣、揿扣、纽扣芯及纽扣和揿扣的其他零件（如纽脚/座/头）；纽扣坯（模制坯、木坯等） 不包括袖扣等装饰用扣（品目 71. 13 或 71. 17）	96. 06
3	拉链及其零件（咪牙齿、拉链头、端头等）	96. 07

其中，按钮及类似品的零件，即使分开装在条带上供应的，仍应归入本品目。

例 2. 成套梳妆箱，内装有模制塑料盒、梳子、镜子、剪子等梳妆物品，皮革制

【答案】9605. 0000

【归类说明】由于本题中的货品没有相关章的列名，只能按“杂项制品”归入本章。查阅品目，该货品是个人梳妆用的成套旅行用具，应按列名归入品目 96. 05，并归入子目 9605. 0000。

（四）书写及办公用品的归类

序号	商品描述	归类
1	可重复使用的笔，包括圆珠笔、毡尖或其他渗水式笔尖笔及唛头笔，包括自来水笔型的笔；自来水笔、铁笔型自来水笔及其他钢笔；蜡纸铁笔；活动铅笔，包括置于笔内的正常备用笔芯；钢笔杆、铅笔套及类似笔套（如绘画炭笔套）；上述物品的零件（笔头、笔夹、圆珠笔芯、墨水流量调节器等） 不包括自来水笔的装有墨水的芯（品目 32. 15）、圆珠笔的笔尖钢珠（品目 73. 26 或 84. 82）、数学绘图笔（品目 90. 17）等	96. 08
2	不可重复使用的笔，如石笔、铅笔、铅笔芯、彩色笔及蜡笔、图画炭笔、书写或绘画用粉笔及裁缝划粉 不包括药用笔（品目 30. 04）、化妆或盥洗用笔（品目 33. 04 或 33. 07）、台球粉块（品目 95. 04）等	96. 09
3	具有书写或绘画面的石板、黑板及类似板，不论是否镶框 不包括不能即供使用的书写或绘画石板（品目 25. 14 或 68. 03）	96. 10
4	手用日期戳、封缄戳、编号戳及类似印戳（包括标签压印器）；手工操作的排字盘及带有排字盘的手印器 不包括装有凸版印刷底板的手工操作印戳（品目 84. 72）等	96. 11
5	打字机色带或类似色带，已上油或经其他方法处理能着色的，不论是否装轴或装盒；日期戳等用的印台，不论是否已加印油或带盒子 不包括：未上油墨，未经浸渍、涂层等加工，不能留下印记的带子（第三十九章或第十一类等）；空卷轴、手工操作的油墨辊（均按其构成材料归类）	96. 12

（五）打火机与烟具的归类

序号	商品描述	归类
1	机械/电气/化学打火机、非机械打火机及其零件（如外壳、有纹缘的轮子、空的或灌满燃料的燃料筒）；汽车或其他车辆用的点烟器 不包括品目 36. 03 的点火器、品目 36. 06 的打火石、打火机芯（品目 59. 08 或 70. 19）等	96. 13
2	烟斗、烟斗头、烟嘴及其零件，如烟斗的柄及嘴、烟斗盖、烟斗衬等 不包括烟斗刮子及烟斗清洁器等附件（应归入其各自适当的品目）	96. 14

其中，品目 96. 13 的打火机有袖珍式或台式的，也可安装于墙上或煤气炉内等。与其他物品（如香烟盒、香粉盒、装有数字显示器的手表、电子计算器）组合而成的打火机应按归类总规则的规定归类。

（六）梳妆用具的归类

序号	商品描述	归类
1	梳子（含用于动物的梳子）、发夹及类似品、发卡、卷发夹、卷发器或类似品及其零件 不包括品目 85. 16 的货品、纺织材料的束发带（第十一类）	96. 15
2	香水、润发油及类似化妆品的喷雾器及其座架、喷头；施敷脂粉或化妆品（脸香粉、胭脂、爽身粉等）用的粉扑及粉拍 不包括单独报验的香水喷雾器用贮液容器（普通瓶、长颈瓶等）（按其构成材料归类）、品目 84. 24 的散布或喷雾器具、品目 84. 76 的香水喷雾机	96. 16

其中，品目 96. 16 的香水喷雾器与品目 82. 24 的喷射、喷雾装置的区别在于用途：香水用、盥洗用的喷雾器归入品目 96. 16，而其他用途的喷射、喷雾装置（普通喷雾器）归入品目 84. 24。

例 3. 牛骨制的梳妆用梳子

【答案】9615. 1900

【归类说明】梳子是一种杂项制品，用牛骨制的梳子应归入本章。查阅品目，该货品应按列名归入品目 96. 15，再按列名归入一级子目“梳子、发夹及类似品”。因该货品是牛骨制的，应归入二级子目 9615. 1900“其他”。

例 4. 海绵橡胶制粉拍，用于化妆时施敷香粉

【答案】9616. 2000

【归类说明】粉拍是一种化妆用品，看似可归入品目 33. 04，但因本章品目 96. 16 已有具体列名，应归入品目 96. 16，然后按列名归入子目 9616. 2000。

（七）其他货品的归类

序号	商品描述	归类
1	带壳的保温瓶和其他类似真空容器及其零件（金属、塑料等制成的外壳、瓶盖及杯子） 不包括单独报验的玻璃瓶胆（品目 70.20）	96.17
2	裁缝用的人体模型、其他人体活动模型及类似品、橱窗装饰用的自动装置和其他活动陈列品 不包括剪影式或轮廓式人体模型（应按其构成材料归类）、专供示范用的装置或模型（品目 90.23）等	96.18
3	任何材料制的卫生巾（护垫）及卫生棉条、婴儿尿布及尿布衬里和类似品；具有吸收性的卫生护理垫、用于大小便失禁的成人尿布及内裤衬垫 不包括一次性外科手术铺单及病床、手术台、轮椅用的吸收垫、非吸收性的护理垫或其他非吸收性的物品（应按其组成材料归类）	96.19
4	独脚架、双脚架、三脚架及类似品（配有四条腿及以上，在减轻晃动方面具有相同功能的器械）；自拍架（自拍杆） 不包括：麦克风支架（品目 85.18）；安放乐器用的架座（品目 92.09）；第九十三章的制品专用的独脚架、双脚架、三脚架及类似品	96.20

例 5. 儿童用纸尿裤

【答案】9619.0019

【归类说明】本题货品没在相关章列名，应按“杂项制品”归入本章。查阅品目，该货品符合 96.19 品目条文的规定，应归入品目 96.19。因该货品是供儿童使用的，应归入四级子目 9619.0019“其他”。

第二十一类　艺术品、收藏品及古物

第九十七章　艺术品、收藏品及古物

一、本章商品范围及结构

本章共5条章注、6个品目，主要包括：艺术品；使用过或未使用过的邮票、印花税票及类似票证、邮戳印记、首日封、邮政信笺（印有邮票的纸品）及类似品；具有动植物学、矿物学、解剖学、历史学、考古学、古生物学、人种学或钱币学意义的收集品及珍藏品；超过100年的古物。

本章商品的最大特点是具有一定的收藏价值。

本章6个品目的排列顺序为：艺术品（品目97.01～97.03）→各种票证（品目97.04）→动植物等的标本、收集珍藏品（品目97.05）→超过100年的古物（品目97.06）。

二、本章商品归类要点概述

根据章注四（一），可归入本章各品目的物品，均应归入本章的相应品目而不归入《税则》的其他品目。例如，艺术家设计并创造的铜合金塑像原件应归入本章品目97.03而不能归入第八十三章。

根据章注五，已装框的本章各类画及类似装饰板，如果框架的种类及其价值与作品相称（即加上的框架不改变原来作品的基本特征），应与作品一并归类，否则应将框架按木制品、金属制品等分别归入相应的品目中。

三、本章商品与相关商品的归类

（一）艺术品的归类

其中，品目97.02的印制的原本即使经过修描，仍应归入本品目。上述画的原本往往带有印版留下的印记，而在副本或复制品上可发现使用网目铜版（照相制版及照相凹版）印制的痕迹。

序号	商品描述	归类
1	古代或现代完全用手工绘制的油画、粉画及其他手绘画（如蜡画、水彩画）及其复制品；拼贴画及类似装饰板 不包括：品目 49.06 的图纸；作舞台、摄影的布景及类似用途的已绘制画布（品目 59.07 或 97.06）；手工描饰的制品（归入各自适当的品目）	97.01
2	古代或现代的雕版画、印制画、石印画的原本（参见章注二）	97.02
3	用各种材料制的古代或现代的雕刻品及塑造品原件，包括最初的模型、“黏土模型”“石膏模型”“复制品”（参见章注三） 不包括成批生产的复制品及具有商业性质的传统手工艺品（品目 71.16 或 71.17 或按其构成材料归类，木制的归入品目 44.20，石制的归入品目 68.02 或 68.15，陶瓷制的归入品目 69.13，贱金属制的归入品目 83.06 等）	97.03

例 1. 超过 100 年的水墨画原件，有收藏价值

【答案】 9701.1010

【归类说明】 本题中的物品已超过 100 年，应按“艺术品、收藏品及古物”归入本章。查阅品目，该货品看似既可按“手绘画”归入品目 97.01，也可按“超过 100 年的古物”归入品目 97.06，但根据本章注释四（二）“品目 97.06 不适用于可以归入本章其他各品目的物品”的规定，该物品应归入品目 97.01，然后按“原件”的列名归入子目 9701.1010。

（二）各种票证的归类

品目 97.04 包括使用过或未使用过的邮票、印花税票（即收据/登记/流通许可/领事税票、印花税票带等）、邮戳印记（即在邮票使用以前盖有邮戳但没有邮票的信件）、附在信封和明信片上的邮票（包括首日封及集邮大型张）及邮政信笺（印有邮票的纸品，即盖有免费邮戳的信封、封缄信片、明信片、邮寄报纸的包皮等）。

例如，已使用的清光绪邮票应归入子目 9704.0010，已盖邮戳的首日封应归入子目 9704.0090，未盖邮戳但印有图画的纸制首日封应归入子目 4911.9910，未印有图画的首日封（未贴邮票）应归入子目 4817.1000。

本品目的物品可以呈散装形式报验（零散邮票、整张的物品等），或成套报验。内装有成套上述物品的集邮簿，如其具有收藏价值的，可作为上述物品的组成部分归类。

本品目不包括：未附有邮票的集邮大型张及首日封（品目 48.17 或第四十九

章)；在承认或将承认其面值的国家流通或新发行且未经使用的邮票、印花税票、邮政信笺或类似票证（品目 49.07）；私人团体或商业团体对顾客发行的“储蓄邮票”及零售商发给顾客的优惠货券（品目 49.11）。

关于邮品的归类，请参考第四十九章的有关内容。

例 2. 未使用的普通新邮票，在不承认其面值的国家流通

【答案】 9704.0010

【归类说明】 本题货品属于印刷品，看似可归入品目 49.07，也可归入品目 97.04。但品目 49.07 的邮票是指在承认其面值的国家流通且未经使用的邮票。而本题邮票在不承认其面值的国家流通，没有使用价值，只有收藏价值，故应归入品目 97.04，然后按“邮票”的列名归入子目 9704.0010。

（三）动植物等的标本、收集珍藏品的归类

品目 97.05 包括：具有动物学、植物学、矿物学、考古学意义的收集品及珍藏品（如通过液体浸泡保存的各种动物标本、植物标本集、矿物标本、化石标本），如陕西出土的唐代青花瓷，具有考古学意义，应归入子目 9705.0000；具有历史学、人种学、古生物学、考古学意义的收集品及珍藏品（如木乃伊、石棺）；具有钱币学意义的收集品及珍藏品（报验时为成套的或零散的硬币，不再作为法定货币使用的钞票及纪念币，年代久远且稀少）。

本品目不包括：装镶成为首饰的硬币或纪念币（第七十一章或品目 97.06）；不再作为法定货币且既非珍藏品，也非收集品的钞票（品目 49.07）等。

（四）超过 100 年古物的归类

序号	商品描述	归类
1	超过 100 年的珍珠、宝石或半宝石	71.01～71.03
2	超过 100 年的品目 97.01～97.05 的物品	原品目
3	其他超过 100 年的古物［参见章注四（二）］	97.06

品目 97.06 包括因年代久远而十分珍稀的古物。例如，古家具、框架及镶板；花瓶及其他陶瓷产品；珠宝首饰；金银器皿（水罐、杯子等）；枝形吊灯及灯具；乐器；钟表；宝石雕刻品（浮雕、石刻）及印鉴（印章）等，以及经过修理或修复但仍保持其原有特性的古物，如装镶在现代木架上的古壁毯、皮革或织物。

例 3. 120 年前的家具，仍可使用

【答案】 9706.0000

【归类说明】 本题中的家具是超过 100 年的古物，应归入本章。因其不属于品目 97.01～97.05 所列物品，应归入品目 97.06，并归入子目 9706.0000“超过 100 年的古物”。

参考文献

［1］海关总署关税征管司．进出口税则商品及品目注释（上、下册）．北京：中国海关出版社，2017.

［2］宗慧民．进出口商品归类．北京：中国海关出版社，2014.

［3］钟昌元．进出口商品归类教程（第四版）．上海：格致出版社，2015.

［4］林青．进出口商品归类实务（第二版）．北京：中国海关出版社，2013.

［5］海关总署关税征管司．中国海关进出口货物申报技能．北京：中国海关出版社，2015.

［6］倪淑如．进出口商品归类实务精讲．北京：中国海关出版社，2014.

［7］温朝柱．进出口机电商品归类．北京：中国海关出版社，2012.

［8］刘文丽．商品归类基础．北京：中国商务出版社，2011.

［9］杜连莹，等．重点商品归类差错解析．北京：中国海关出版社，2016.

［10］天津海关．出口退税商品归类差错案例选．北京：中国海关出版社，2014.

［11］宗慧民．进出口商品归类习题集．北京：中国海关出版社，2015.

［12］张慧如．商品归类重点提示及强化训练．广州：暨南大学出版社，2012.

［13］中国海关协会．进出口商品编码查询手册（2019 年版）．北京：中国海关出版社，2019.

［14］唐卫红．进出口报关实务．南京：南京大学出版社，2016.

［15］海关总署报关员资格考试教材编写委员会．报关员资格全国统一考试．北京：中国海关出版社，2013.

［16］《中国海关报关实用手册》编写组．中国海关报关实用手册 2021. 北京：中国海关出版社有限公司，2021.

［17］海关总署关税征管司．中华人民共和国海关进出口商品规范申报目录．北京：中国海关出版社有限公司，2021.

书目介绍

乐 贸 系 列

书名	作者	定价	书号	出版时间

国家出版基金项目

书名	作者	定价	书号	出版时间
1. "一带一路"国家投资并购指南	冯 斌 李洪亮 Gvantsa Dzneladze(格) Tamar Menteshashvili(格)	98.00 元	978-7-5175-0422-1	2020 年 3 月第 1 版
2. "质"造全球:消费品出口质量管控指南	SGS 通标标准技术服务有限公司	80.00 元	978-7-5175-0289-0	2018 年 9 月第 1 版

跟着老外学外贸系列

书名	作者	定价	书号	出版时间
1. 优势成交:老外这样做销售(第二版)	Abdelhak Benkerroum(阿道)	58.00 元	978-7-5175-0370-5	2019 年 10 月第 2 版

外贸 SOHO 系列

书名	作者	定价	书号	出版时间
1. 外贸 SOHO,你会做吗?	黄见华	30.00 元	978-7-5175-0141-1	2016 年 7 月第 1 版

跨境电商系列

书名	作者	定价	书号	出版时间
1. 跨境电商全产业链时代:政策红利下迎机遇期	曹 磊 张周平	55.00 元	978-7-5175-0349-1	2019 年 5 月第 1 版
2. 外贸社交媒体营销新思维:向无效社交说 No	May(石少华)	55.00 元	978-7-5175-0270-8	2018 年 6 月第 1 版
3. 跨境电商多平台运营,你会做吗?	董振国 贾 卓	48.00 元	978-7-5175-0255-5	2018 年 1 月第 1 版
4. 跨境电商 3.0 时代——把握外贸转型时代风口	朱秋城(Mr. Harris)	55.00 元	978-7-5175-0140-4	2016 年 9 月第 1 版
5. 118 问玩转速卖通——跨境电商海外淘金全攻略	红 鱼	38.00 元	978-7-5175-0095-7	2016 年 1 月第 1 版

外贸职场高手系列

书名	作者	定价	书号	出版时间
1. 外贸会计上班记(第二版)	谭 天	55.00 元	978-7-5175-0439-9	2020 年 7 月第 2 版
2. 开发:在外贸客户发掘中出奇制胜	蔡译民(Chris)	55.00 元	978-7-5175-0425-2	2020 年 6 月第 1 版
3. MR. HUA 创业手记(纪念版)——从 0 到 1 的"老华"创业思维	华 超	69.00 元	978-7-5175-0430-6	2020 年 6 月第 1 版
4. 新人走进外贸圈 职业角色怎么选	黄 涛	45.00 元	978-7-5175-0387-3	2020 年 1 月第 1 版
5. Ben 教你做采购:金牌外贸业务员也要学	朱子赋(Ben)	58.00 元	978-7-5175-0386-6	2020 年 1 月第 1 版
6. 思维对了,订单就来:颠覆外贸底层逻辑	老 A	58.00 元	978-7-5175-0381-1	2020 年 1 月第 1 版
7. 从零开始学外贸	外贸人维尼	58.00 元	978-7-5175-0382-8	2019 年 10 月第 1 版
8. 小资本做大品牌:外贸企业品牌运营	黄仁华	58.00 元	978-7-5175-0372-9	2019 年 10 月第 1 版

书名	作者	定价	书号	出版时间
9. 金牌外贸企业给新员工的内训课	Lily 主编	55.00 元	978-7-5175-0337-8	2019 年 3 月第 1 版
10. 逆境生存:JAC 写给外贸企业的转型战略	JAC	55.00 元	978-7-5175-0315-6	2018 年 11 月第 1 版
11. 外贸大牛的营与销	丹 牛	48.00 元	978-7-5175-0304-0	2018 年 10 月第 1 版
12. 向外土司学外贸 1:业务可以这样做	外土司	55.00 元	978-7-5175-0248-7	2018 年 2 月第 1 版
13. 向外土司学外贸 2:营销可以这样做	外土司	55.00 元	978-7-5175-0247-0	2018 年 2 月第 1 版
14. 阴阳鱼给外贸新人的必修课	阴阳鱼	45.00 元	978-7-5175-0230-2	2017 年 11 月第 1 版
15. JAC 写给外贸公司老板的企管书	JAC	45.00 元	978-7-5175-0225-8	2017 年 10 月第 1 版
16. 外贸大牛的术与道	丹 牛	38.00 元	978-7-5175-0163-3	2016 年 10 月第 1 版
17. JAC 外贸谈判手记——JAC 和他的外贸故事	JAC	45.00 元	978-7-5175-0136-7	2016 年 8 月第 1 版
18. Mr. Hua 创业手记——从 0 到 1 的“华式”创业思维	华 超	45.00 元	978-7-5175-0089-6	2015 年 10 月第 1 版
19. JAC 外贸工具书——JAC 和他的外贸故事	JAC	45.00 元	978-7-5175-0053-7	2015 年 7 月第 1 版
20. 外贸菜鸟成长记(0 ~ 3 岁)	何嘉美	35.00 元	978-7-5175-0070-4	2015 年 6 月第 1 版

外贸操作实务子系列

书名	作者	定价	书号	出版时间
1. 外贸高手客户成交技巧 3:差异生存法则	毅 冰	69.00 元	978-7-5175-0378-1	2019 年 9 月第 1 版
2. 外贸高手客户成交技巧 2——揭秘买手思维	毅 冰	55.00 元	978-7-5175-0232-6	2018 年 1 月第 1 版
3. 外贸业务经理人手册(第三版)	陈文培	48.00 元	978-7-5175-0200-5	2017 年 6 月第 3 版
4. 外贸全流程攻略——进出口经理跟单手记(第二版)	温伟雄(马克老温)	38.00 元	978-7-5175-0197-8	2017 年 4 月第 2 版
5. 金牌外贸业务员找客户(第三版)——跨境电商时代开发客户的 9 种方法	张劲松	40.00 元	978-7-5175-0098-8	2016 年 1 月第 3 版
6. 实用外贸技巧助你轻松拿订单(第二版)	王陶(波锅涅)	30.00 元	978-7-5175-0072-8	2015 年 7 月第 2 版
7. 出口营销实战(第三版)	黄泰山	45.00 元	978-7-80165-932-3	2013 年 1 月第 3 版
8. 外贸实务疑难解惑 220 例	张浩清	38.00 元	978-7-80165-853-1	2012 年 1 月第 1 版
9. 外贸高手客户成交技巧	毅 冰	35.00 元	978-7-80165-841-8	2012 年 1 月第 1 版
10. 报检七日通	徐荣才 朱瑾瑜	22.00 元	978-7-80165-715-2	2010 年 8 月第 1 版
11. 外贸实用工具手册	本书编委会	32.00 元	978-7-80165-558-5	2009 年 1 月第 1 版
12. 快乐外贸七讲	朱芷萱	22.00 元	978-7-80165-373-4	2009 年 1 月第 1 版
13. 外贸七日通(最新修订版)	黄海涛(深海鱿鱼)	22.00 元	978-7-80165-397-0	2008 年 8 月第 3 版

出口风险管理子系列

书名	作者	定价	书号	出版时间
1. 轻松应对出口法律风险	韩宝庆	39.80 元	978-7-80165-822-7	2011 年 9 月第 1 版

书名	作者	定价	书号	出版时间
2. 出口风险管理实务(第二版)	冯 斌	48.00元	978-7-80165-725-1	2010年4月第2版
3. 50种出口风险防范	王新华 陈丹凤	35.00元	978-7-80165-647-6	2009年8月第1版

外贸单证操作子系列

1. 跟单信用证一本通(第二版)	何 源	48.00元	978-7-5175-0249-4	2018年9月第2版
2. 外贸单证经理的成长日记(第二版)	曹顺祥	40.00元	978-7-5175-0130-5	2016年6月第2版
3. 信用证审单有问有答280例	李一平 徐珺	37.00元	978-7-80165-761-9	2010年8月第1版
4. 外贸单证解惑280例	龚玉和 齐朝阳	38.00元	978-7-80165-638-4	2009年7月第1版
5. 信用证6小时教程	黄海涛(深海鱿鱼)	25.00元	978-7-80165-624-7	2009年4月第2版
6. 跟单高手教你做跟单	汪 德	32.00元	978-7-80165-623-0	2009年4月第1版

福步外贸高手子系列

1. 外贸技巧与邮件实战(第二版)	刘 云	38.00元	978-7-5175-0221-0	2017年8月第2版
2. 外贸电邮营销实战——小小开发信 订单滚滚来(第二版)	薄如骢	45.00元	978-7-5175-0126-8	2016年5月第2版
3. 巧用外贸邮件拿订单	刘 裕	45.00元	978-7-80165-966-8	2013年8月第1版

国际物流操作子系列

1. 货代高手教你做货代——优秀货代笔记(第二版)	何银星	33.00元	978-7-5175-0003-2	2014年2月第2版
2. 国际物流操作风险防范——技巧·案例分析	孙家庆	32.00元	978-7-80165-577-6	2009年4月第1版

通关实务子系列

1. 外贸企业轻松应对海关估价	熊 斌 赖 芸 王卫宁	35.00元	978-7-80165-895-1	2012年9月第1版
2. 报关实务一本通(第二版)	苏州工业园区海关	35.00元	978-7-80165-889-0	2012年8月第2版
3. 如何通过原产地证尽享关税优惠	南京出入境检验检疫局	50.00元	978-7-80165-614-8	2009年4月第3版

彻底搞懂子系列

1. 彻底搞懂信用证(第三版)	王腾 曹红波	55.00元	978-7-5175-0264-7	2018年5月第3版
2. 彻底搞懂关税(第二版)	孙金彦	43.00元	978-7-5175-0172-5	2017年1月第2版
3. 彻底搞懂提单(第二版)	张敏 张鹏飞	38.00元	978-7-5175-0164-0	2016年12月第2版
4. 彻底搞懂中国自由贸易区优惠	刘德标 祖月	34.00元	978-7-80165-762-6	2010年8月第1版
5. 彻底搞懂贸易术语	陈 岩	33.00元	978-7-80165-719-0	2010年2月第1版
6. 彻底搞懂海运航线	唐丽敏	25.00元	978-7-80165-644-5	2009年7月第1版

外贸英语实战子系列

1. 十天搞定外贸函电(白金版)	毅 冰	69.00元	978-7-5175-0347-7	2019年4月第2版
2. 让外贸邮件说话——读懂客户心理的分析术	蔡泽民(Chris)	38.00元	978-7-5175-0167-1	2016年12月第1版

书名	作者	定价	书号	出版时间
3. 外贸高手的口语秘籍	李　凤	35.00 元	978-7-80165-838-8	2012 年 2 月第 1 版
4. 外贸英语函电实战	梁金水	25.00 元	978-7-80165-705-3	2010 年 1 月第 1 版
5. 外贸英语口语一本通	刘新法	29.00 元	978-7-80165-537-0	2008 年 8 月第 1 版

外贸谈判子系列

1. 外贸英语谈判实战（第二版）	王慧　仲颖	38.00 元	978-7-5175-0111-4	2016 年 3 月第 2 版
2. 外贸谈判策略与技巧	赵立民	26.00 元	978-7-80165-645-2	2009 年 7 月第 1 版

国际商务往来子系列

国际商务礼仪大讲堂	李嘉珊	26.00 元	978-7-80165-640-7	2009 年 12 月第 1 版

贸易展会子系列

外贸参展全攻略——如何有效参加 B2B 贸易商展（第三版）	钟景松	38.00 元	978-7-5175-0076-6	2015 年 8 月第 3 版

区域市场开发子系列

中东市场开发实战	刘军　沈一强	28.00 元	978-7-80165-650-6	2009 年 9 月第 1 版

加工贸易操作子系列

1. 加工贸易实务操作与技巧	熊　斌	35.00 元	978-7-80165-809-8	2011 年 4 月第 1 版
2. 加工贸易达人速成——操作案例与技巧	陈秋霞	28.00 元	978-7-80165-891-3	2012 年 7 月第 1 版

乐税子系列

1. 外贸企业免退税实务——经验 · 技巧分享（第二版）	徐玉树 罗玉芳	55.00 元	978-7-5175-0428-3	2020 年 5 月第 2 版
2. 外贸会计账务处理实务——经验 · 技巧分享	徐玉树	38.00 元	978-7-80165-958-3	2013 年 8 月第 1 版
3. 生产企业免抵退税实务——经验 · 技巧分享（第二版）	徐玉树	42.00 元	978-7-80165-936-1	2013 年 2 月第 2 版
4. 外贸企业出口退（免）税常见错误解析 100 例	周朝勇	49.80 元	978-7-80165-933-0	2013 年 2 月第 1 版
5. 生产企业出口退（免）税常见错误解析 115 例	周朝勇	49.80 元	978-7-80165-901-9	2013 年 1 月第 1 版
6. 外汇核销指南	陈文培等	22.00 元	978-7-80165-824-1	2011 年 8 月第 1 版
7. 外贸企业出口退税操作手册	中国出口退税咨询网	42.00 元	978-7-80165-818-0	2011 年 5 月第 1 版
8. 生产企业免抵退税从入门到精通	中国出口退税咨询网	98.00 元	978-7-80165-695-7	2010 年 1 月第 1 版
9. 出口涉税会计实务精要（《外贸会计实务精要》第二版）	龙博客工作室	32.00 元	978-7-80165-660-5	2009 年 9 月第 2 版

书名	作者	定价	书号	出版时间
专业报告子系列				
1. 国际工程风险管理	张　燎	1980.00元	978-7-80165-708-4	2010年1月第1版
2. 涉外型企业海关事务风险管理报告	《涉外型企业海关事务风险管理报告》研究小组	1980.00元	978-7-80165-666-7	2009年10月第1版
外贸企业管理子系列				
1. 外贸经理人的MBA	毅　冰	55.00元	978-7-5175-0305-7	2018年10月第1版
2. 小企业做大外贸的制胜法则——职业外贸经理人带队伍手记	胡伟锋	35.00元	978-7-5175-0071-1	2015年7月第1版
3. 小企业做大外贸的四项修炼	胡伟锋	26.00元	978-7-80165-673-5	2010年1月第1版
国际贸易金融子系列				
1. 国际结算单证热点疑义相与析	天九湾贸易金融研究汇	55.00元	978-7-5175-0292-0	2018年9月第1版
2. 国际结算与贸易融资实务（第二版）	李华根	55.00元	978-7-5175-0252-4	2018年3月第1版
3. 信用证风险防范与纠纷处理技巧	李道金	45.00元	978-7-5175-0079-7	2015年10月第1版
4. 国际贸易金融服务全程通（第二版）	郭党怀　张丽君　张贝	43.00元	978-7-80165-864-7	2012年1月第2版
5. 国际结算与贸易融资实务	李华根	42.00元	978-7-80165-847-0	2011年12月第1版
毅冰谈外贸子系列				
毅冰私房英语书——七天秀出外贸口语	毅　冰	35.00元	978-7-80165-965-1	2013年9月第1版

"创新型"跨境电商实训教材

跨境电子商务概论与实践	冯晓宁	48.00元	978-7-5175-0313-2	2019年1月第1版

"实用型"报关与国际货运专业教材

1. 国际货运代理操作实务（第二版）	杨鹏强	48.00元	978-7-5175-0364-4	2019年8月第2版
2. 集装箱班轮运输与管理实务	林益松	48.00元	978-7-5175-0339-2	2019年3月第1版
3. 航空货运代理实务（第二版）	杨鹏强	55.00元	978-7-5175-0336-1	2019年1月第2版
4. 进出口商品归类实务（第三版）	林　青	48.00元	978-7-5175-0251-7	2018年3月第3版
5. e时代报关实务	王　云	40.00元	978-7-5175-0142-8	2016年6月第1版
6. 供应链管理实务	张远昌	48.00元	978-7-5175-0051-3	2015年4月第1版

书名	作者	定价	书号	出版时间
7. 电子口岸实务（第二版）	林　青	35.00 元	978-7-5175-0027-8	2014 年 6 月第 2 版
8. 报检实务（第二版）	孔德民	38.00 元	978-7-80165-999-6	2014 年 3 月第 2 版
9. 现代关税实务（第二版）	李　齐	35.00 元	978-7-80165-862-3	2012 年 1 月第 2 版
10. 国际贸易单证实务（第二版）	丁行政	45.00 元	978-7-80165-855-5	2012 年 1 月第 2 版
11. 报关实务（第三版）	杨鹏强	45.00 元	978-7-80165-825-8	2011 年 9 月第 3 版
12. 海关概论（第二版）	王意家	36.00 元	978-7-80165-805-0	2011 年 4 月第 2 版

“精讲型”国际贸易核心课程教材

1. 国际贸易实务精讲（第七版）	田运银	49.50 元	978-7-5175-0260-9	2018 年 4 月第 7 版
2. 国际货运代理实务精讲（第二版）	杨占林　汤　兴　官敏发	48.00 元	978-7-5175-0147-3	2016 年 8 月第 2 版
3. 海关法教程（第三版）	刘达芳	45.00 元	978-7-5175-0113-8	2016 年 4 月第 3 版
4. 国际电子商务实务精讲（第二版）	冯晓宁	45.00 元	978-7-5175-0092-6	2016 年 3 月第 2 版
5. 国际贸易单证精讲（第四版）	田运银	45.00 元	978-7-5175-0058-2	2015 年 6 月第 4 版
6. 国际贸易操作实训精讲（第二版）	田运银　胡少甫　史　理　朱东红	48.00 元	978-7-5175-0052-0	2015 年 2 月第 2 版
7. 进出口商品归类实务精讲	倪淑如　倪　波　田运银	48.00 元	978-7-5175-0016-2	2014 年 7 月第 1 版
8. 外贸单证实训精讲	龚玉和　齐朝阳	42.00 元	978-7-80165-937-8	2013 年 4 月第 1 版
9. 外贸英语函电实务精讲	傅龙海	42.00 元	978-7-80165-935-4	2013 年 2 月第 1 版
10. 国际结算实务精讲	庄乐梅　李　菁	49.80 元	978-7-80165-929-3	2013 年 1 月第 1 版
11. 报关实务精讲	孔德民	48.00 元	978-7-80165-886-9	2012 年 6 月第 1 版
12. 国际商务谈判实务精讲	王　慧　唐力忻	26.00 元	978-7-80165-826-5	2011 年 9 月第 1 版
13. 国际会展实务精讲	王重和	38.00 元	978-7-80165-807-4	2011 年 5 月第 1 版
14. 国际贸易实务疑难解答	田运银	20.00 元	978-7-80165-718-3	2010 年 9 月第 1 版

“实用型”国际贸易课程教材

1. 进出口商品归类教程	李锐文　林坚弟	60.00 元	978-7-5175-0518-1	2021 年 9 月第 1 版
2. 外贸跟单实务（第二版）	罗　艳	48.00 元	978-7-5175-0338-5	2019 年 1 月第 2 版
3. 海关报关实务	倪淑如　倪　波	48.00 元	978-7-5175-0150-3	2016 年 9 月第 1 版
4. 国际金融实务	李　齐　唐晓林	48.00 元	978-7-5175-0134-3	2016 年 6 月第 1 版
5. 国际贸易实务	丁行政　罗　艳	48.00 元	978-7-80165-962-0	2013 年 8 月第 1 版

中小企业财会实务操作系列丛书

1. 做顶尖成本会计应知应会 150 问（第二版）	张　胜	48.00 元	978-7-5175-0275-3	2018 年 6 月第 2 版
2. 小企业会计疑难解惑 300 例	刘　华　刘方周	39.80 元	978-7-80165-845-6	2012 年 1 月第 1 版
3. 会计实务操作一本通	吴虹雁	35.00 元	978-7-80165-751-0	2010 年 8 月第 1 版

教师反馈及课件、各章重点解析申请表

为更有针对性地为广大教师服务，提升教学质量，在您确认将本书作为指定教材后，请您填好以下表格，并经系主任签字盖章后寄回，我们将免费为您提供相应教学资料。

书名/书号				
所需要的教学资料				
您的姓名		E－mail		
院/校		系		
您所讲授的课程名称	电子商务概论			
每学期学生人数	______人______年级		学时	
您目前采用的教材				
您准备何时用此书				
您的联系地址				
邮政编码		联系电话		
您对本书的建议：			系主任签字	
			盖章	

我们的联系方式：
地址：北京市朝阳区东四环南路甲 1 号　中国海关出版信息大厦 6 层
邮编：100023
联系人：熊　芬
电话：010－65194242－7528
传真：010－65194234